Lebenswelten entdecken

Wandel beruflicher Lebenswelten

1982 - 2022

Hans-Joachim Puch

Lebenswelten entdecken

Wandel beruflicher Lebenswelten

1982 - 2022

Impressum

ISBN: 978-9-40-369941-7

Covergestaltung: Hans-Joachim Puch

Verlagsportal: bookmundo
Gedruckt in Deutschland

Die Deutsche Nationalbibliothek verzeichnet diese Publikation in der Deutschen Nationalbibliografie

„Denn alles muss in Nichts zerfallen,
wenn es im Sein beharren will."

Johann Wolfgang von Goethe

Inhalt

Prolog

Das Buch ist eine Sammlung sozialwissenschaftlicher Texte. Ich habe sie aus meinen Veröffentlichungen und Vorträgen aus der Zeit von 1982 bis 2022 ausgewählt. Die Anthologie hat mehrere Bezüge. Zum einen ist sie ein persönliches Dokument der wissenschaftlichen Lebenswelt in der ich mich über 40 Jahre bewegt habe. Darüber hinaus ist sie ein Zeitdokument des Wandels beruflicher Lebenswelten in sozialen Berufsfeldern und den Hochschulen. Schließlich gibt sie einen Einblick, welche Strategien und Konzepte die Akteure in den beruflichen Lebenswelten entwickelt haben, um den Herausforderungen des Wandels erfolgreich zu begegnen.

40 Jahre kritisches Nachdenken öffnet den Blick auf ein breites Themenfeld. Dieses reicht von Analysen des gesellschaftlichen Wandels und geht über den Wandel ausgewählter Berufswelten bis zu Interpretationen der Hochschulentwicklung. Das zunächst getrennt Erscheinende hat jedoch einen inneren roten Faden, der sich aus einer soziologischen Perspektive ergibt. Zum einen ist dies die soziologische Makroanalyse, die aus einer Helikopterperspektive den gesellschaftlichen Transformationsprozess beschreibt und damit allgemeine Muster der Dynamik des gesellschaftlichen Wandels offen legt. Zum anderen ist der Wandel unterschiedlicher beruflicher Lebenswelten dokumentiert. Im Fokus steht jedoch nicht die biographische Einordnung persönlicher Wahrnehmungen und Deutungen, sondern das geteilte Berufswissen in spezifischen beruflichen Lebenswelten. In diesem Sinne ist die Anthologie auch ein Zeitdokument.

Der Mensch in der modernen Gesellschaft ist ein Wanderer zwischen Lebenswelten. Er begegnet dabei ihm vertrauten aber auch fremden Lebenswelten. Zweierlei ist deshalb vorab zu klären: Zum einen die Frage, welche gedanklichen Zugänge zu fremden und eigenen Lebenswelten möglich sind? Damit ist der Bereich der Erkenntnistheorie angesprochen. Zum anderen die Ebene der persönlichen Bewertung fremder Lebenswelten. Legt man den Anspruch einer „offenen Gesellschaft“ (*Karl Popper*) zugrunde, sind die Bedingungen eines toleranten Umgangs mit fremden Lebenswelten zu klären. Diesen Fragen wird in dem ersten Abschnitt: *„Wege der Erkenntnis“* nachgegangen.

Der Befund der Sozialwissenschaften ist eindeutig. Die Gesellschaft der Moderne ist eine segmentierte und fragmentierte Gesellschaft. Sie zerfällt in eine Vielzahl von Teilsysteme. *Ulrich Beck* hat dies in den 80er Jahren des 20. Jahrhunderts mit dem Begriff der *„Individualisierung"* auf den Punkt gebracht. *Andreas Reckwitz* entwickelte es 2017 in seinem Buch: *„Die Gesellschaft der Singularitäten"* weiter. In dem zweiten Abschnitt: *„Gesellschaftliche Transformationen"* lege ich diesen makrosoziologischen Blick am Beispiel von *„Inszenierten Gemeinschaften„* und dem Streben von Jugendlichen nach eigenen Wohnformen in den 70er und 80er Jahren des 20. Jahrhunderts frei.

Die ausgewählten Lebenswelten im dritten Abschnitt: *„Wandel beruflicher Lebenswelten"* sind Ausdruck gesellschaftlicher Differenzierungen und Fragmentierungen der Berufswelt. Sie repräsentieren Subsysteme der Gesellschaft bzw. berufliche Lebenswelten. In ihnen spiegeln sich allgemeine Tendenzen der Gesellschaft wider. Die Subsysteme entfalten diese Tendenzen aber in ihrer jeweils eigenen Dynamik. Darüber hinaus verfügen ihre Mitglieder über sozialisierte Wahrnehmungs- und Deutungsmuster, mit deren Hilfe die eigene aber auch die fremden Welten wahrgenommen und interpretiert werden. Der Begriff der „Lebenswelten" fasst diese Bedeutungen zusammen. Er verbindet das Allgemeine der globalen Gesellschaftsanalyse mit dem Besonderen der spezifischen Innensicht.

Die Selbsthilfegruppen und das Ehrenamt sind Subsysteme, in denen sich der allgemeine Strukturwandel der Gesellschaft in einer spezifischen Ausprägung zeigt. Mein Zugang geht auf den Beginn meiner Berufsbiographie zurück. Damals war ich als Berater und Unterstützer in diesem Feld tätig. Später nutzte ich diese Erfahrungen, um als Soziologe diese Lebenswelt differenzierter zu analysieren und darauf aufbauend Konzepte eines neuen Umgangs mit dem Ehrenamt zu entwickeln. In dem Kapitel: *„Selbsthilfegruppen und Ehrenamt"* wird zunächst die wachsende Bedeutung von Selbsthilfegruppen zum Ende des 20. Jahrhunderts analysiert. Darüber hinaus werden die Ergebnisse einer Studie über veränderte Motive des ehrenamtlichen Engagements in der Evangelischen Landeskirche in Bayern vorgestellt und Empfehlungen für einen veränderten institutionellen Umgang mit Ehrenamtlichen gegeben.

Ab den 70er Jahren des 20. Jahrhunderts hat sich die Berufswelt der Angehörigen von Sozial-, Gesundheits- und Bildungsberufen grundlegend geändert. Die Tendenz zur Akademisierung, aber auch die Verlagerung von sozialen Dienstleistungen aus familiären und nachbarschaftlichen Bezügen in den beruflich organisierten Bereich, haben das Berufsbild gewandelt. Im

Vergleich mit den „eigentlichen" Professionen - wie Juristen und Ärzte – wurden die sozialen Berufe zunächst als „Semi-Profession" charakterisiert. Dies änderte sich um die Jahrhundertwende. In dem Kapitel „*Professionalität*" wird dieser Weg nachgezeichnet und insbesondere die sich aus der Ökonomisierung ergebenden Herausforderungen für ein professionelles Selbstverständnis der sozialen Berufe beschrieben.

Was für die Gesellschaft im Allgemeinen gilt, zeigt sich auch im Besonderen des sozialen Sektors. Ab den 90er Jahren des 20. Jahrhunderts wird dieser von einer Ökonomisierungswelle erfasst. Heftige Debatten über das „Für" und „Wider" prägen diese Zeit. Die Öffnung für eine wirtschaftliche Betrachtungsweise hatte zur Folge, dass der soziale Sektor als Teil eines Marktes wahrgenommen wurde. Ein neues Label musste gefunden werden. So wurde aus dem „sozialen Sektor" die „Sozialwirtschaft". Im Auftrag und mit Unterstützung des Bayerischen Sozialministeriums habe ich im Jahr 2000 die erste Studie über die wirtschaftliche Bedeutung des Sozialmarkts in Bayern vorgelegt. Die Ergebnisse und Folgerungen aus der Studie sind im Kapitel „*Der Sozialmarkt*" wiedergegeben.

Die Ökonomisierungswelle hat die Wohlfahrtsverbände enorm herausgefordert. Im Verhältnis der Leistungsanbieter wurde deutlich, dass Markt Wettbewerb bedeutet. Es galt nun, sich im Kreis der Mitanbieter neu zu positionieren und darüber hinaus die persönlichen Erwartungen und Ansprüche der Adressaten und Adressatinnen wahrzunehmen. Kundenperspektive wurde zum neuen Zauberwort. Nach innen wurden organisatorische Abläufe auf ihre Effektivität und Effizienz überprüft und in sich wiederholenden Prozessen der Organisationsentwicklung neu aufgestellt. Bereitschaft zu Innovation und Veränderung wurde zur treibenden Kraft. Diese Entwicklung und ausgewählte Herausforderungen werden in dem Kapitel: „*Die Wohlfahrtsverbände*" beschrieben. Es zeigt die dramatische Veränderung des Selbst- und Fremdbildes der Verbände.

Ohne eine Neuausrichtung der Führungskultur in Verbänden und Organisationen bleibt die Organisationsentwicklung auf halber Strecke stehen. Dieser Zusammenhang geriet nach anfänglichem Zögern immer klarer in den Fokus. Das Top-Management auf der Leitungsebene, wie auch die Führungskräfte auf der mittleren Organisationsebene waren und sind gefordert, ein neues berufliches Rollenverständnis zu entwickeln. Leitung und unterstützende Führung auf der einen Seite und Dezentralisierung der Verantwortung von Mitarbeiterinnen und Mitarbeitern auf der anderen Seite kann nur gelingen, wenn die beiden Rollen in ihrer komplementären Verflechtung gesehen und verändert werden. Diesem neuen Rollenverständnis auf der Leitungs- und Führungsebene wird in dem Kapitel *„Leadership"* nachgegangen.

Quer zu den Lebenswelten der sozialen Berufe habe ich mich in der Lebenswelt der Hochschule bewegt. Zunächst in meiner Funktion als Professor für Soziale Arbeit und Soziologie und später in leitender Funktion als Dekan und Präsident. Es kam mir entgegen, dass ich an den Erfahrungen und Erkenntnissen, die ich in den unterschiedlichen Lebenswelten meiner beruflichen Biographie bis dahin gewonnen hatte, anknüpfen konnte. Die Zeiten der Herausforderungen und Umbrüche hatten vor den Toren der Hochschulen nicht haltgemacht. Die strategische Herausforderung bestand darin, die Hochschulstruktur den veränderten Bedingungen anzupassen, den Wissenstransfer mit Sozialunternehmen neu zu konzipieren, die Lehrinhalte internationalen Standards anzugleichen, den internationalen Austausch aufzubauen und vieles mehr. Darauf wird in dem Kapitel *„Die Hochschule"* eingegangen. Mit dem letzten Kapitel endet mein Wandern zwischen beruflichen Lebenswelten. Es war mein Anliegen, diese Lebenswelten zu verstehen und darin ein proaktiver Teil des erfolgreichen Handelns zu sein. Offenheit und Neugierde auf die Erkundung neuer und fremder Lebenswelten bleibt als Anspruch jedoch auch in meinem Ruhestand eine treibende Kraft.

Eggolsheim, im Juni 2023

Lebenswelten entdecken

Wege der Erkenntnis

2022

Handeln erklären - Sinn verstehen – sich selbst erkennen[1]

Vorbemerkung

Zu dem Thema „Wege der Erkenntnis“ erhielt ich von verschiedenen Seiten Anregungen. Die Evangelische Hochschule Nürnberg hat dabei einen wichtigen Anteil. Ich nehme die Verabschiedung von Frau *Präsidentin Professorin Barbara Städtler-Mach* deshalb gerne zum Anlass, meine Gedanken in diesem Beitrag niederzulegen. Die Evangelische Hochschule Nürnberg verkörpert einen Ort der kritischen Reflexion und wird darüber hinaus durch ein christliches Profil geprägt. Dies zeigt sich auch darin, dass die drängenden Fragen nach Erkenntnis und Sinn in allen Fakultäten präsent sind. In der Sozialen Arbeit steht die Frage im Vordergrund wie beispielsweise in prekären Lebensverhältnissen oder in partnerbezogenen bzw. persönlichen Lebenskrisen Hilfe und Sinn gefunden werden kann. In der Pflege werden Menschen mit gesundheitlichen Krisen konfrontiert. Die verzweifelte Frage: „Warum gerade ich?“ liegt hier sehr nahe und wird angesichts des Todes noch einmal eindringlicher. In der Religionspädagogik gehört die Antwort auf die Frage der Begründung des Transzendenten zum konstitutiven Element des Nachdenkens über Religion und der persönlichen Haltung zu Gott. Es ist deshalb nicht verwunderlich, dass ich im Laufe meiner aktiven Zeit an der Evangelischen Hochschule Nürnberg viele Möglichkeiten des kritischen Austausches wahrnehmen konnte.

Nach meinem Ruhestand vor acht Jahren habe ich weitere und ergänzende Räume des Austauschs gefunden. Mein vorliegender Beitrag steht so auch in engem Zusammenhang mit dem „Philosophischen Nachtcafe“, das *Dr. Jens*

[1] Veröffentlicht in: König, Joachim - Evangelische Hochschule Nürnberg (Hrsg.) (2022): Kontinuität im Wandel. Nürnberg. Festschrift anlässlich der Emeritierung von Professorin Dr. Barbara Städtler-Mach. S. 285 – 297.

Wimmers[2] in der Stadtbibliothek Forchheim anbietet. Ohne den Austausch und die Diskussionen in diesem Kreis, wäre der Beitrag wohl nicht in dieser Form entstanden.

Wege der Erkenntnis

Wissenschaft ist ein Ort des kritischen Nachdenkens und der Reflexion. Was aber zeichnet kritisches Nachdenken aus und welchen Beitrag kann ein rationaler Diskurs zur Erkenntnis leisten? Das sind Fragen, die ich im ersten Teil näher untersuche. Ich betrachte dazu das Märchen der Gebrüder Grimm: „Hans im Glück".[3] Entgegen eines ersten Eindrucks lässt sich an dem Märchen zeigen, wie die Struktur rationalen Denkens und Handels aufgebaut ist. In den Begründungen von Hans arbeite ich die Struktur rationaler Erkenntnis heraus. Eine rein formale, d.h. logisch-rationale Betrachtung kommt ohne einen inhaltlichen Maßstab der Bewertung schnell an ihre Grenzen. Diese Grenzen will ich in zweifacher Form überwinden. Zum einen durch die Begründung eines methodischen Skeptizismus und zum anderen durch eine inhaltliche Auseinandersetzung mit der Frage des Sinns. Was heißt es, dass wir Menschen durch die Suche nach Sinn definiert sind und wie hängen Glück und Lebenssinn zusammen? Diese Reflexionen münden in Fragen, wie ein gelingendes Leben begründet werden kann und welchen Sinn es macht, zwischen einem „getriebenen" und einem „eudämonischen" Glück zu unterscheiden? Letztlich geht es in dem Beitrag um unterschiedliche Wege der Erkenntnis. Der wissenschaftlich-rationale Weg erschließt Erkenntnisse über das „Greifbare" der Welt. Der ethisch-reflektierende Weg begründet und fundiert eine Haltung des Skeptizismus gegenüber eigenen und fremden Erkenntnissen. Die Suche nach Sinn eröffnet den Blick für das „Verborgene", das „Nicht-Greifbare", „das Transzendente". Alle drei Wege sind integraler Bestandteil einer Suche nach Erkenntnis.

---

[2] Wimmers, Jens (2017): Linjis Weg zum Glück. Wie sich Rationalität und Achtsamkeit zur Lebenskunst verbinden. Berlin. Springer.
Wimmers, Jens (2020): Was ist wesentlich? Orientierung in einer komplexen Welt. Berlin. Springer.

[3] Die Idee dazu geht auf das Buch von Jens Wimmers (2017) a.a.O. zurück. Allerdings interpretiere ich das Märchen von „Hans im Glück" anders als Jens Wimmers.

Handeln erklären

„Hans im Glück": Ich fasse kurz zusammen. *Nach Beendigung einer siebenjährigen Lehrzeit erhält Hans von seinem Meister einen „kopfgroßen Goldklumpen" als Lohn. Auf seiner Wanderung zurück zu seiner Mutter ereignet sich allerdings Seltsames. Das Gewicht des Goldklumpens macht Hans schwer zu schaffen und als ihm ein Reiter begegnet und ihm zum Tausch sein Pferd anbietet, willigt Hans sofort ein. Er ist froh, die schwere Last los zu haben. Nach einem kleinen Reitunfall, den Hans unverletzt übersteht, tauscht er das Pferd in eine Kuh und ist wiederum glücklich, weil er der Gefahr des Reitens entkommen ist. Der Ausgang der Geschichte ist bekannt. Die Kuh wird in ein Schwein getauscht, das Schwein in eine Gans, die Gans in zwei Wetzsteine. Die Wetzsteine fallen in einen Brunnen, sodass Hans am Ende mit leeren Händen dasteht. Als Leser oder Leserin dieser Geschichte denken wir: „Das ist aber für Hans schlecht ausgegangen, er steht ja nun mit leeren Händen da und ist um seinen Lohn geprellt!" Für Hans stellt sich die Situation jedoch ganz anders dar. Er ist froh, von der Schwere der Last und der Verantwortung befreit zu sein und fühlt sich als glücklichster Mensch der Welt.*

Auf den ersten Blick erscheint das Handeln von Hans unvernünftig, denn er wurde bei jedem einzelnen Tausch zu seinen Ungunsten übervorteilt. Ich werde aber zeigen, dass Hans keinesfalls unvernünftig handelt, sondern durchaus vernünftig bzw. rational. Der Begriff des Rationalen wird sehr anschaulich in dem Buch von *Umberto Eco:* Der Name der Rose[4] entfaltet. *William von Baskerville*, die Hauptfigur, verfängt sich nur deshalb nicht in den Fallstricken mystischer Deutungen über seltsame Todesfälle im Kloster, weil er seine Beobachtungen mit Schritten des logisch-rationalen Denkens kombiniert. *William von Baskerville* greift dazu auf das deduktiv-nomologische Modell der Erklärung („Hempel-Oppenheim-Schema")[5] zurück. Ein Ereignis oder in unserem Fall ein Handeln gilt dann als erklärt (Explanandum), wenn die Randbedingung des Handelns (Antezedenzbedingungen) und ein allgemeiner Grund (Gesetz/Hypothese) in einen logischen Zusammenhang

[4] Eco, Umberto (1982): Der Name der Rose. München. Carl Hanser.

[5] Hempel, Carl Gustav & Oppenheim, Paul (1948). Studies in the Logic of Explanation. Philosophy of Science, 15, 135-175.

gebracht werden (Explanas). Bei einer wissenschaftlichen Erklärung wird davon ausgegangen, dass der allgemeine Grund in einer Theorie zu finden ist.

Suchen wir nach Begründungen für das Handeln von Hans, dann kann der rationale Kern der Argumentation rekonstruiert werden. Warum tauscht Hans den Goldklumpen mit einem anderen „Gegenstand" und löst damit eine Kette weiterer Tauschentscheidungen aus? (= Explanandum). Im Märchen wird argumentiert, dass die veränderten Randbedingungen die Wahrnehmung von Hans beeinflussen haben und deshalb eine Entscheidung erforderlich ist. So begründet Hans den Tausch damit, dass das Gewicht des Goldes ihn beim schnellen Vorankommen behindert und wenn er das Schwein bei sich führt, er als Dieb gebrandmarkt werden könnte. Um aus seiner Sicht den veränderten Situationen besser entsprechen zu können, tauscht er sein jeweiliges Objekt gegen ein anderes ein. Dieser Tausch wird aus seiner_subjektiven Sicht in einer kausalen Logik begründet (Wenn-Dann). Legen wir die Definition von Rationalität im Sinne der Erklärungen von Handlungen als Messlatte an das Handeln von Hans an, dann zeigt sich, dass die Entscheidungen von Hans den Kriterien zweckrationalen Handelns entsprechen. Es wird ein logischer Zusammenhang zwischen veränderten Rahmenbedingung und dem zu erreichenden subjektiven Zweck begründet. Nun könnte man einwenden, dass es sich bei den Begründungen von Hans um keinen „allgemeinen Grund" (Theorien) handelt, sondern um subjektive Gründe. Dieser Einwand greift zu kurz, da rationales Handeln hier nur auf der Prozessebene und damit nur auf der formalen Ebene von Aussagen betrachtet wird. Als ein logisches Schema der Begründung kann es damit auf das Alltagshandeln übertragen werden. Die Sozialpsychologie spricht in diesem Fall von „subjektiven Theorien", die als Begründungen eingesetzt werden. Subjektive Theorien haben zwar nicht den Status von wissenschaftlichen (d.h. empirisch überprüften) Theorien, sie haben aber formal die gleiche Funktion in Bezug auf Begründungen wie wissenschaftliche Theorien.

Ich habe gezeigt, dass Hans rational - genauer zweckrational - handelt. Jetzt gehe ich einen Schritt weiter und frage, ob das Handeln von Hans auch sinnvoll ist? Wer meint, dass ich mich dazu auf eine ethische Kontroverse über „gute" Gründe einlassen muss, den werde ich vorerst enttäuschen. Was meint sinnvolles Handeln? Ich beziehe mich dazu auf den soziologischen Klassiker *Max Weber*[6]. Er unterscheidet zwischen „Erklären" und „Verstehen", um soziales Handeln charakterisieren zu können. „Handeln" unterscheidet er von „Verhalten". Während Verhalten ein Tun ist, das ohne Absicht geschieht (z.B. das Stolpern über einen Stein), ist Handeln immer mit einer subjektiven Absicht bzw. einem „subjektiv gemeinten Sinn"[6] verbunden. Es ist dabei unbedeutend, ob dieser Sinn von einem Dritten geteilt wird oder nicht. Der subjektiv gemeinte Sinn gibt dem Handeln Bedeutung, mit dem der Handelnde sich selbst und Dritten gegenüber seine Handlung begründen kann bzw. seine Absicht zum Ausdruck bringt.[7]

Damit kann das Argument, dass Hans rational handelt, noch erweitert werden. Das Tun von Hans und seine Begründung gegenüber sich selbst oder einem imaginären Dritten stellt ein soziales Handeln dar, indem er einen subjektiven Sinn bzw. eine Absicht für sein Handeln angibt. Hans handelt also nicht nur rational, sondern darüber hinaus auch sinnvoll. Diese Aussage mag irritieren, weil im allgemeinen mit „sinnvoll" eine Bewertung im Sinne von „gut" oder „schlecht" verbunden wird. Methodologisch gesehen bedeutet die Sinnzuschreibung gegenüber eigenen Handlungen bzw. Entscheidungen aber nichts anderes, als Gründe für das eigene Handeln zu formulieren, die in einem situativen Bezugsrahmen für den oder die Argumentierende(n) „stimmig sind". Hier gibt es durchaus eine Überschneidung zu dem weiter oben angeführten Argument der „Alltagstheorien" im „Hempel-Oppenheim-Schema. Alltagstheorien stellen einen subjektiven Begründungszusammenhang dar. Um das Handeln von Personen zu verstehen, können und müssen subjektive Alltagstheorien rekonstruiert werden. Das sagt aber noch nichts darüber aus, ob diese subjektiven Theorien einer Überprüfung standhalten. Denn, „verstehen", schließt nicht ein, dass sie „gut" geheißen werden. Dies zeigt die Debatte über Verschwörungstheorien. Verschwörungsnarrative haben in einem logischen Begründungsschema die Funktion von „Theorien", genauer Alltagstheorien.

---

[6] Weber, Max (1980): Wirtschaft und Gesellschaft. S. 4. Tübingen. J.C.B. Mohr.

[7] Die theoretische Einbettung der Sinnstrukturen von Tätigkeiten siehe dazu: Mösken, Gina: (2017): Der (Eigen)Sinn frei-gemeinnütziger Tätigkeit. Lengerich. S. 33 – 46.

Allerdings halten sie einer empirisch-kritischen Überprüfung (Fakten!) nicht stand, was aus Sicht der Anhänger und Anhängerinnen von Verschwörungstheorien aber kein Problem darstellt, weil die subjektiven „Theorien" als „wahr" angenommen werden[8]. Um aus dieser Falle zu entkommen, muss geklärt werden, wie man zu generalisierbaren Maßstäben der Beurteilung kommt.

Ich komme noch einmal auf die Eingangsüberlegungen in Bezug auf die Beurteilung des Handelns von Hans zurück. In einem ersten Impuls sagte ich, kann das Handeln als irrational charakterisiert werden, da Hans den Lohn seiner Lehrjahre auf dem Nachhauseweg „verspielt". Diese Aussage macht nach dem bisher Gesagten aber nur Sinn, wenn ein Maßstab der Bewertung zugrunde gelegt wird, der sich von Hansens Maßstab unterscheidet. Nur wenn die Maßstäbe der Bewertung zwischen handelnder Person und einer Betrachtung durch Dritte auseinander fallen, erscheint das Handeln und dessen Begründung als irrational. Betrachten wir das Beispiel deshalb aus unterschiedlichen Perspektiven.

Aus der Sicht eines Ökonomen oder einer Ökonomin, der oder die den Fokus auf den materiellen Wert der Objekte legt, macht das Handeln von Hans tatsächlich keinen Sinn, denn der materielle Wert der Tauschobjekte verringert sich für ihn ständig. Der Maßstab, der dieser Bewertung zugrunde liegt, ist jedoch ein wirtschaftlicher. Rekonstruiert lautet er: „Ein Handeln wird dann als gut angesehen, wenn sich durch ein Tauschgeschäft ein Gewinn erzielen lässt". Hans macht sich jedoch den materiellen Maßstab nicht zu eigen. Hans argumentiert mit dem subjektiven Gebrauchswert, den das Tauschobjekt für ihn in wechselnden Situationen hat. Sein Bewertungsmaßstab lautet: „Ein Tausch wird dann als gut angesehen, wenn - bei veränderten Rahmenbedingungen - der Gebrauchswert eines Objekts erhalten bleibt oder sich gegebenenfalls noch erhöht." Mit diesem Bewertungsmaßstab erleidet Hans aus seiner Sicht keinen Verlust, sondern er zieht einen persönlichen Nutzen für sich daraus.

[8] Auf das Thema „Wahrheit" gehe ich im 3. Abschnitt ein.

Die Unterscheidung zwischen „Tauschwert" und „Gebrauchswert" entspringen einem unterschiedlichen Werteverständnis. Um dieses zu analysieren, nehme ich eine ethische Betrachtung vor. Ethik bedeutet zweierlei: Zum einen gibt sie Auskunft darüber, welche Werte und moralische Maßstäbe dem Handeln zugrunde gelegt werden können. Zum anderen gibt die Ethik Reflexionshilfen, wie Wertentscheidungen begründet werden können. Bei Letzteren steht der Diskurs über die Begründung von Werten im Vordergrund.

Um herauszufinden, welcher moralische Maßstab dem Handeln von Hans zugrunde liegt, frage ich in einem ersten Schritt, welche ethische Begründung für das Handeln von Hans herangezogen wird. Erinnern wir uns dazu noch einmal an die Begründung des Handelns von Hans, wie diese bereits in dem Abschnitt zum rationalen Handeln vorgestellt wurde. Dort heißt die Begründung: „Wenn ich den Klumpen Gold gegen ein Pferd eintausche, dann komme ich schneller voran". „Wenn ich das Schwein gegen eine Gans eintausche, dann entgehe ich dem Vorwurf des Diebstahls". Die Beispiele zeigen, dass Hans mit seinen Tauschgeschäften seinen persönlichen Gebrauchswert, oder allgemeiner ausgedrückt, seinen persönlichen Nutzen steigern möchte. Diese Art der Begründung wird in der Ethik als Utilitarismus bezeichnet. Der Nutzen ist im Utilitarismus nicht nur über einen materiellen Wert definiert, sondern kann Vieles umfassen. So kann beispielsweise die Steigerung des subjektiven Wohlempfindens ebenfalls als Nutzen erfasst werden. Ich halte fest, dass die wertbezogene Begründung des Handelns von Hans als utilitaristisch zu charakterisieren ist. Die Entscheidung von Hans, seine Objekte zu tauschen, hat damit einen klaren Wertebezug, der die inhaltliche Begründung für das Handeln liefert. Das schließt aber nicht aus, dass eine andere Person mit einem anderen Wertemaßstab auch zu einem anderen Urteil kommt.

Ich ziehe eine erste Bilanz meiner Überlegungen. „Welche Möglichkeiten der Erkenntnis bietet rationales Denken?" so lautete die Frage für diesen Abschnitt. Rationale Wege der Erkenntnis zeigen erstens Maßstäbe auf, mit deren Hilfe ein Ereignis mit den Mitteln der Logik erklärt werden kann. Wir können zweitens den subjektiven Sinn von Handlungen rekonstruieren und somit das Handeln von Personen „verstehen". Der subjektive Sinn baut letztlich auf Werturteilen auf, die, wenn sie rekonstruiert werden, einen

Diskurs über ihre ethische Begründung ermöglichen und damit auch kritisch hinterfragt werden können. Übertragen auf die Geschichte von Hans im Glück heißt dies: Hans handelt in dreifacher Hinsicht rational a) *zweck-rational,* in dem er eine logisch widerspruchsfreie Begründung für sein Handeln anführt, er handelt b) *sinn-rational* in dem er sein Handeln mit seiner subjektiven Absicht (Sinn) begründet und er handelt c) *wert-rational,* weil seine Entscheidung auf ethisch begründeten Wertmaßstäben beruht, die im Hinblick auf ihre Angemessenheit kritisch diskutiert werden können. Zweck-rationales, sinn-rationales und wert-rationales Begründen bzw. Handeln sind damit die Bedingungen der Möglichkeit, den eigenen Erkenntnisprozess kritisch reflektieren und kommunizieren zu können. Wo aber liegen die Grenzen der rationalen Erkenntnis?

Sinn verstehen

Schon Platon hat in seinem „Höhlengleichnis" die Grenzen der Wahrnehmung und der Erkenntnis diskutiert und damit die Differenz zwischen wahrnehmendem Subjekt und wahrzunehmendem Objekt begründet.[9] Die menschliche Wahrnehmung unterliegt in mehrfacher Weise einer „Täuschung"[10] und begrenzt damit die Erkenntnis. Die Gegenstände der Erkenntnis können nur *relativ* wahrgenommen werden, weil unsere Sinne nur einen begrenzten Zugang zu den Dingen der Erkenntnis haben. Die Wahrnehmung ist *perspektivisch,* weil sie von einem bestimmten Beobachtungspunkt aus erfolgt, der andere Beobachtungspunkte ausschließt. Schließlich ist sie *nicht vorurteilsfrei,* weil eigene Bewertungen die Wahrnehmung beeinträchtigen können. Um „kognitiven Verzerrungen"[11] in der Wahrnehmung zu kontrollieren, bedarf es einer Distanz zu den

---

[9] Platon: Politeia. 514a1-517c6.

[10] Wimmers, Jens (2017) a.a.O. S. 54ff. Wimmers bezieht sich hier auf den buddhistischen Mönch Linji Yixuan der im neunten Jahrhundert lebte und eine „Achtsamkeitslehre" entwickelte. Siehe: Sari, Laszlo (Hg.) (2003): Shulazi - Morgengespräche im Kloster des Abtes Linji. Schiedlberg.

[11] Zum Thema „kognitive Verzerrungen" verweise ich auf das Buch: Kahnemann, Daniel, Sibony Olivier & Sunstein, Cass R. (2021): Noise. Was unsere Entscheidungen verzerrt – und wie wir sie verbessern können. München.

Gegenständen der Erkenntnis. Die empirische Sozialforschung versucht Distanz herzustellen, indem sie methodische Regeln definiert, die diese Distanz garantieren sollen. Damit ist die Subjekt-Objekt-Problematik aber nicht aufgelöst, sondern nur kontrollierenden Bedingungen unterworfen.

Die konstatierte Differenz von Subjekt und Objekt im Erkenntnisprozess hat Auswirkungen auf den Umgang mit den Erkenntnissen. Dies führt zu der Frage: „Was bedeutet Wahrheit"? Es ist im Rahmen dieser Ausführungen nur eingeschränkt möglich, auf die vielschichtige erkenntnistheoretische Debatte zum Begriff der Wahrheit einzugehen. Ich beschränke mich deshalb nur auf die für meine Argumentation erforderlichen Aussagen. Wahrheit wird in der „*Korrespondenztheorie*"[12] als eine Übereinstimmung der gedanklichen Vorstellung mit der Wirklichkeit verstanden. Wie ich aber begründet habe, gehe ich von einer prinzipiellen Differenz zwischen dem erkennenden Subjekt und dem zu erkennenden Objekt aus. Die Annahme, dass wir im Sinne der Korrespondenztheorie zu wahren Aussagen kommen können, muss deshalb zurückgewiesen werden. Was aber folgt aus der Zurückweisung der Aussage? Wenn das erkennende Subjekt von einer Differenz zu dem zu erkennenden Objekt auszugehen hat, dann bedarf es einer Haltung, die in einer kritische Distanz zum eigenen Erkenntnisprozess und dessen Ergebnissen steht. Der „*Skeptizismus*" findet seinen Ausdruck im „*Kritischen Rationalismus*"[13]. Dieser hält an dem Begriff der Wahrheit fest, betrachtet die Möglichkeit der gesicherten Erkenntnis von Wahrheit jedoch skeptisch. Der Prozess der Erkenntnis beinhaltet immer nur eine Annäherung an die Wahrheit, die Wahrheit selbst entzieht sich der absoluten Erkenntnis. Dies bedeutet, dass wir uns nie sicher sein können, wie nahe wir der Wahrheit gekommen sind oder wie es im „*Fallibilismus*"[14] formuliert wird: Es

---

[12] Aussagen sind aus korrespondenztheoretischer Sicht dann wahr, wenn die Aussagen über einen „Gegenstand" mit dem Gegenstand selbst übereinstimmen.

[13] Popper, Karl (2003[8]): Die offene Gesellschaft und ihre Feinde I. Der Zauber Platons. Tübingen. S. 269.

[14] Fallibilismus ist eine von Karl Popper so benannte erkenntnistheoretische Position, nach der Irrtümer der Erkenntnis nicht ausgeschlossen werden können. Demnach gibt es keine absolute Gewissheit der Erkenntnis.

gibt keine Gewissheit über die Erkenntnis und ein möglicher Irrtum kann nicht ausgeschlossen werden. Damit begründet *Karl Popper* das *„Falsifikationsprinzip"* für die empirische Forschung. Wird an einem absoluten Wahrheitsbegriff jedoch festgehalten, besteht die Gefahr eines Fundamentalismus bzw. Dogmatismus. Eine skeptische Haltung im Sinne von Offenheit für konkurrierende Erkenntnisse und methodische Regeln der Kontrolle schützen vor dieser Gefahr und stärken eine offene, demokratische und tolerante Gesellschaft.

Sich selbst erkennen

Im zweiten Abschnitt habe ich ausgeführt, was Rekonstruktion des subjektiven Sinns im Rahmen rationalen Denkens und Handelns bedeutet. In diesem Abschnitt gehe ich darüber hinaus und frage nach dem Zusammenhang von der Suche nach Sinn und Erkenntnis. Die Suche nach Sinn unterscheidet den „homo sapiens" von anderen Arten.[15] Kein anderes Lebewesen stellt die Frage: Wer bin ich? Woher komme ich? Warum existiere ich? Überleben können wir vermutlich auch ohne diese Fragen, wie ein Blick auf das Karussell einer entfesselnden Spaßgesellschaft zeigt. Dennoch, und das ist das Erstaunliche, lassen wir nicht davon ab, diese Fragen immer wieder aufs Neue zu formulieren. So machen sich nach einer aktuellen Umfrage etwa 80 % der Deutschen Gedanken über den Sinn.[16] Anscheinend ist die Suche nach Sinn eine anthropologische Grundkonstante, um unser Dasein und unser Handeln gegenüber uns selbst und unserer sozialen Umwelt zu begründen und daraus Kraft für ein gelingendes Leben zu schöpfen.

Die Suche nach Sinn ist ein aktiver Prozess der Reflexion oder um es mit *Viktor E. Frankl* zu formulieren: „Sinn kann nicht gegeben werden, sondern muss gefunden werden."[17] Mit dieser Aussage verändert sich die Perspektive der Erkenntnis. Ging es bisher darum, in dem Prozess der Erkenntnis die

[15] Sehr anschaulich wird dies bei Yuval Noah Harari: „Eine kurze Geschichte der Menschheit" dargestellt.

[16] ZEIT Magazin Nr. 52, 16.12.2021.

[17] Frankl, Viktor (1997): Das Leiden am sinnlosen Leben. Psychotherapie für heute. Freiburg, Basel, Wien. S. 28.

Beziehung zwischen einem erkennenden Subjekt und einem zu erkennenden äußeren Objekt (Gegenstand) zu analysieren, so beschreiten wir mit der Frage: „Wo und wie finden wir Sinn"? einen anderen Weg.[18] Der Fokus liegt nicht mehr auf der Beziehung zwischen einem Subjekt und einem Objekt, also auf der Fremderkenntnis, sondern nun wird nach der Beziehung zwischen dem erkennendem Subjekt und Repräsentanz der Welt in dem erkennenden Subjekt gefragt. Damit verweist die Frage nach der Suche des Sinns auf den Weg der Selbsterkenntnis.

Um diese Aussage zu konkretisieren, greife ich das Bild eines Regenbogens auf, den ich in all seiner Schönheit schon oft bewundern konnte. Mit den Mitteln der logisch-rationalen Erkenntnis, kann das Phänomen klar physikalisch erklärt werden. Die Optik erklärt das Farbspektrum eines Regenbogens mit der Brechung des Lichts, wodurch dieses in seine Spektralfarben aufgelöst wird und dadurch für den Menschen sichtbar wird. Es gibt also eine logisch-rational Erklärung für das Phänomen.

Der Erkenntnisweg ist aber ein anderer, wenn dieser Erklärungsrahmen verlassen wird und wir danach fragen, was an Erkenntnis in unserem Inneren ausgelöst wird bzw. welcher Sinn der äußeren Erscheinung des Regenbogens in unserer innerer Wahrnehmung zugesprochen wird. In meiner Kindheit war ich fasziniert davon, einen Regenbogen zu betrachten. Eine physikalische Erklärung hätte diese Faszination entzaubert. Es geht deshalb um mehr als um naturwissenschaftliche Erklärungen, die mit den Sinnen erfassbar sind. Es geht um Erkenntnisse des Geistes, die hinter dem physikalisch Greifbaren stehen. Es geht darum, das Unbegreifbare begreifbar zu machen. Bei dem Anblick eines Regenbogens kam für mich häufig der Wunsch auf, zu den Orten zu wandern, an denen der Regenbogen die Erde berührt. Dieser unwiderstehliche Drang sich auf den Weg zu machen, ist mit der Suche nach Lebenssinn vergleichbar. Wir suchen nach Orten, an denen sich Himmel und Erde berühren. Das Streben ist darauf gerichtet, dort anzukommen. Das Bild

[18] Platon unterscheidet zwischen Erkenntnissen, die über unsere Sinne wahrgenommen werden (greifbare Welt) und Erkenntnisse, die über unseren Geist wahrgenommen werden (Reich der Ideen).

des Ortes liegt einerseits klar vor Augen, dennoch werden wir die Orte nie „begreifen" können. Die Suche nach Sinn bleibt damit eine dauerhafte Herausforderung. Wir müssen uns ihr im Laufe unseres Lebens immer wieder neu stellen. *Viktor E. Frankl* hat das in die Worte gekleidet: „Es wird nicht einfach eine Figur wahrgenommen, die uns vor einem ‚Hintergrund' in die Augen springt, sondern bei der Sinn-Wahrnehmung handelt es sich um die Entdeckung der Möglichkeit vor dem Hintergrund der Wirklichkeit. Und diese Möglichkeit ist jeweils einmalig. Sie ist vergänglich."[19] Das heißt aber auch, dass wir ständig aufs Neue aufgefordert sind, über den Weg der Selbsterkenntnis den für uns einzigartigen, subjektiven Sinn zu finden. Denn, es gibt nicht nur einen Sinn, sondern er begegnet uns in vielerlei Gestalt und er variiert je nach persönlicher Lebenssituation.

Ich habe zu Beginn dieses Abschnitts die These formuliert, dass die Suche nach Sinn eine anthropologische Grundkonstante sei, ohne diese These weiter zu begründen. Das will ich nun nachholen. Ich greife dazu aber nicht auf philosophische Theorien und Modelle zurück, sondern beziehe mich auf Gedanken der „Systemtheorie".[20] Meine Frage lautet: Warum können wir nicht davon ablassen, immer wieder nach Sinn zu suchen? Die Systemtheorie kann dazu Erhellendes beitragen. Drei Gedanken aus der Systemtheorie sind mir wichtig: 1. Systeme sind bestrebt, ein dynamisches Gleichgewicht herzustellen, andernfalls werden sie instabil und drohen zu zerfallen. 2. Systeme sind durch Kontingenz gekennzeichnet, d.h. es gibt nicht nur eine Möglichkeit, sondern unzählige, was in der Philosophie als „Freiheit" beschrieben wird. 3. Schließlich bedürfen Systeme des Austauschs mit ihrer Umwelt, um überleben zu können. Bei dem Austausch mit der Umwelt kommt es darauf an, den Komplexitätsgrad der Umwelt für das Innere des Systems zu reduzieren und damit bearbeitbar zu machen.

Übertragen auf die Sinnfrage bedeutet dies. Menschen müssen darauf achten, in einer instabilen Welt ihre „Ordnung" und ihr Gleichgewicht zu halten. Dies wird in einer hochkomplexen und dynamischen Welt, wie wir

---

[19] Frankl, Viktor, E. (1997): a.a.O. S. 28.

[20] Siehe Willke, Hartmut (1987): Systemtheorie. Insbesondere Seite 29 – 50.

sie momentan erleben immer schwieriger und bedarf deshalb nicht nur mehr Aufmerksamkeit, sondern auch mehr persönlichen Aufwand. Das erklärt die aktuell verstärkte Suche nach Sinnangeboten und Reflexionen über Sinn. In der Moderne ist das Sinnangebot nicht durch eine allgemeinverbindliche göttliche Ordnung vorgegeben. Die Sinnsuche wird damit in die Hand und in die Verantwortung der Individuen gelegt. Eine offene, demokratische und individualisierte Gesellschaft bietet eine Optionsvielfalt („Multioptionsgesellschaft")[21] und die Freiheit der individuellen Entscheidung auf der Suche nach Sinn. Der Sinn wird durch keine „höheren Instanz" oder eine fremde Autorität vorgegeben. Die Soziologie zeigt in ihren Analysen, dass die moderne Gesellschaft durch eine wachsende Komplexität gekennzeichnet ist. Diese „Neue Unübersichtlichkeit"[22] überfordert die Individuen und gefährdet deren inneres Gleichgewicht. Die Komplexität der Umwelt muss deshalb reduziert werden, damit sie übersichtlicher wird. Diese Reduktion der Komplexität kann nur dann gelingen, wenn einerseits gesellschaftliche Widersprüche ausgehalten werden und andererseits aus der Vielfalt der Optionen eine Auswahl getroffen wird. Aus einer systemtheoretischen Perspektive hat die Suche nach Sinn die Funktion, Ordnung in einer komplexen Umwelt zu ermöglichen und zu sichern. Damit ist aber noch nicht ausgesagt, worauf sich die Suche nach Sinn richtet. Um diese Frage zu klären gehe ich zwei Wege. Zum einen verweise ich auf die Ergebnisse der empirischen Sinnforschung, zum anderen werde ich im letzten Abschnitt auf die Themen „Glück" und „gelingendes Leben" eingehen.

Tatjana Schnell und ihr Team an der Universität Innsbruck haben umfangreiche Befragungen zu dem Thema Suche nach Sinn durchgeführt und ihre Ergebnisse in einem Modell zusammengefasst[23]. Demnach erfahren Menschen Sinn dann, wenn sie ihr eigenes Leben als kohärent, bedeutsam, orientiert und zugehörig erfahren. Kohärent meint unterschiedliche Lebensbereiche als schlüssig oder stimmig zu erfahren. Bedeutsam meint, das

[21] Gross, Peter (1994): Die Multioptionsgesellschaft. Frankfurt am Main.

[22] Habermas, Jürgen (1985): Die Neue Unübersichtlichkeit. Frankfurt am Main.

[23] Schnell, Tatjana (2016): Psychologie des Lebenssinns. Berlin. Heidelberg.

eigene Handeln als wirksam zu erfahren. Orientierung meint die inhaltliche Ausrichtung des Lebensweges und schließlich meint Zugehörigkeit die Erfahrung, selbst Teil eines größeren Ganzen zu sein. [24]

Diesen vier Erfahrungen der Sinnhaftigkeit sind verschiedene Werte- und Sinnebenen zugeordnet. Auf der ersten Ebene sind Werte verortet, die dem subjektiven Wohlfühlen entsprechen. Dazu gehört u.a. das sich Wohlfühlen in sozialen Bezügen (z.B. Wirgefühl). Die zweite Ebene beschreibt Werte, die dem Leben einen Ordnungsrahmen (z.B. Moral) geben. Das können kognitive Muster der Wahrnehmung von anderen (z.B. Menschenbilder) oder der Welt (Weltbilder) sein. Die dritte Werteebene bezieht sich auf die Selbstverwirklichung. Im Zentrum steht hier die persönliche Entwicklung, aber auch Kreativität oder Leistung. Die vierte und die fünfte Ebene sind auf transzendente Werte gerichtet. Die vierte Ebene beinhaltet die sogenannte horizontale Transzendenz. Damit ist z.B. die Suche nach sozialem Engagement (Ehrenamt) oder nach einer Verbundenheit zur Natur angesprochen. Die fünfte Ebene beinhaltet die vertikale Transzendenz, also die Verankerung der Sinnsuche in Religiosität und/oder Spiritualität.

Die fünf Ebenen können als Aufforderung verstanden werden, sich nicht nur in bloßen Äußerlichkeiten zu verlieren, sondern die eigene Grundhaltung, seine Lebensführung kritisch in den Blick zu nehmen, so wie es in dem Spruch über dem Orakel von Delphi stand: „Erkenne dich selbst!" Ein eher therapeutischer Ansatz dazu findet sich bei *Friedemann Schulz von Thun*[25] in seinem Buch: „Erfülltes Leben:" Er sortiert die verschiedenen Felder eines erfüllten Lebens nach dem griechischen Alphabet. Bei dem Typus Alpha steht das Nachdenken über die Wünsche, die von einem selbst an das Leben gerichtet sind im Fokus. Im Typus Beta wird der Bezug zur sozialen Umwelt hergestellt und danach gefragt, was sich durch einen selbst für andere erfüllt hat. Im Typus Gamma steht die biografische Perspektive mit ihren Höhen und Tiefen des erfahrenen Lebens im Fokus. Im Typus Delta

---

[24] Schnell, Tatjana: Ebenda, S. 7f.

[25] Schulz von Thun, Friedemann (2021): Erfülltes Leben. Ein kleines Modell für eine große Idee. München.

steht Erfüllung im Gewahrsein einer Allverbundenheit und damit das „Mysterium unseres Gewordenseins" im Zentrum. Die vier Typologien kumulieren im Typus Omega. Hier stellt sich die Frage nach dem eigenen Wesen, der eigenen Sinnerfüllung und wie stimmig wir uns in Bezug auf die verschiedenen Bezugspunkte von Sinnerfüllung selber wahrnehmen. Antworten darauf können durch Selbsterkenntnis gefunden werden indem wir uns selbst zum Gegenstand der Erkenntnis machen und uns damit im vorurteilsfreien Nachdenken und im „Auge der anderen"[26] selbst erkennen. Was aber ist das Ziel der Selbsterkenntnis? Mit dieser Frage begebe ich mich auf die Suche nach dem „Glück" bzw. einem „gelingenden Leben".

Gelingendes Leben

Ich komme nochmals auf das Märchen von „Hans im Glück" zurück. Hans steht am Ende seiner Tauschgeschäfte mit leeren Händen da. Für viele von uns würde das ein Gefühl des Versagens auslösen. Ganz anders bei Hans: *„So glücklich wie ich, rief er aus, ist kein Mensch unter der Sonne. Mit leichtem Herzen und frei von aller Last ging er nun fort, bis er daheim bei seiner Mutter angekommen war."*[27] Zweifelsohne, Hans bezeichnet sich selbst als glücklicher Mensch. Seine subjektive Interpretation soll hier auch nicht in Frage gestellt werden. Wie sieht es aber aus, wenn wir die Aussage kritisch hinterfragen? Können wir Hans dann als glücklichen Menschen begreifen und wie hängen Glück und gelingendes Leben zusammen? Dazu sind die Begriffe „Glück" und „gelingendes Leben" zu klären.

Das Handeln von Hans habe ich als zweckrationales Handeln charakterisiert. Die jeweiligen Tauschobjekte werden als Mittel eingesetzt, um einen Zustand der Erleichterung bzw. ein vordergründiges Wohlbefinden zu erreichen. Wenn sich die Rahmenbedingungen verändern, verändert sich das Wohlbefinden. Das, was zunächst subjektiv als Vorteil wahrgenommen wurde, stellt sich unter veränderten Bedingungen als Nachteil heraus. Der empfundene Nachteil schmälert das Wohlbefinden und löst die Suche nach

[26] Siehe dazu das berühmte Spiegelbeispiel von Sokrates in Alkibiades I, 132b – 133c.

[27] Hans im Glück – Wikipedia

neuen Mitteln der Befriedigung aus. Im Vordergrund steht bei dieser Form des Glücks die Optimierung von Lust bzw. die Vermeidung von Unlust. Die Psychologie bezeichnet diesen Zustand als *„hedonistisches Wohlbefinden"*[28]. Da diese Strategie aber kein nachhaltiges Wohlbefinden erzeugt, werden immer neue Surrogate der vordergründigen Glückbefriedigung gesucht. So entsteht ein „Teufelskreis". Ich bezeichne deshalb diese Form des Glücks als „getriebenes Glück". Im getriebenen Glück sind die neuen Reize lediglich Versprechungen von Glück, die schnell ihre Halbwertszeit verlieren und uninteressant werden.

Hans begründet sein Glücksempfinden mit dem subjektiven Wohlbefinden. Legen wir die Unterscheidungen von *Tatjana Schnell* zugrunde, dann befindet sich Hans bei seiner Suche nach Glück auf der ersten Stufe. Da sein Wohlbefinden durch veränderte Bedingungen gefährdet wird, sucht er nach neuen Mitteln der Befriedigung. Ein nachhaltiger Zugang zum Glück stellt sich dadurch aber nicht ein. Um den Teufelskreis zu durchbrechen, ist deshalb ein anderer Zugang erforderlich. Die antike Philosophie spricht in diesem Zusammenhang von „Eudaimonie"[29]. Der Begriff meint mehr, als nur ein vordergründiges Glück. Im Kern geht es um die Frage eines gelingenden Lebens". Eudaimonie beschreibt keinen Zustand der Lustbefriedigung, sondern eine „gute Lebensführung", die Bedingung eines gelingendes Lebens ist.

In der griechischen Mythologie gilt *Sisyphos,* der Sohn des Thessalischen Königs *Aiolis* als Metapher für ein sinnloses Handeln. *Sisyphos* verrät dem Flussgott *Asopos,* dass *Zeus,* der Göttervater, *Asopos* Tochter geraubt hat. Als Strafe für seine Taten wird er in der Unterwelt festgehalten und muss dort einen Felsblock auf ewig einen Berg hinauf rollen. Ist er ist fast am Gipfel angelangt, entgleitet ihm der Stein und rollt wieder ins Tal. Sisyphos muss von Neuem beginnen. *Albert Camus* hat in seinem Buch: „Der Mythos des Sisyphos" [30] eine eigene Interpretation vorgenommen. In dem er den Mythos

---

[28] Kahnemann D., Diener E., & Schwarz N. (1999): Well-being. Foundations of hedonic psychology. S. 102.

[29] Ich beziehe mich hier auf Aristoteles, wie er „Eudaimonie" in der „Nikomachischen Ethik" entwickelt.

existenzialistisch interpretiert, bekommt das zunächst als sinnlos angesehene Handeln einen Sinnbezug. Sisyphos begreift seine eigentliche Lebensaufgabe in dem unentwegten Rollen des Steines, darin hat er seinen Lebenssinn gefunden. *Albert Camus* kommt deshalb zu dem berühmten Schluss: „Der Kampf gegen Gipfel vermag ein Menschenherz auszufüllen. Wir müssen uns Sisyphos als einen glücklichen Menschen vorstellen."[31]

Die Interpretation von *Albert Camus* gibt einen Hinweis, wie „gelingendes Leben" erlangt werden kann. Nicht die Erfüllung eines vordergründigen Zwecks, wie das „getriebene Glück" es darstellt, führt zu einem „gelingenden Leben", sondern in der dauerhaften Suche nach Erkenntnis liegt die eigentliche Quelle des Glücks. Sie beginnt immer wieder von Neuem. Das, was heute als gesichert angesehen wird, kann morgen schon überholt sein. Dort, wo die Annäherung an eine Erkenntnis gelungen erscheint, wird sie schon morgen von neuen Erkenntnissen in Frage gestellt. Gewissheit gibt es nicht. Auf der Suche nach Erkenntnis gibt es kein Ende, es ist eine Lebensaufgabe, die nur durch den Tod begrenzt wird.

Die Konsequenz aus dieser Einsicht ist eine Haltung, die sich kritisch auf eigene und fremde Erkenntnisse bezieht. Es geht nicht um die Gewissheit von Aussagen, sondern um eine Einsicht in die Irrtumswahrscheinlichkeit von Erkenntnissen.[32] So stimmig Erkenntnisse aus einer subjektiven Perspektive auch sein mögen, so wenig haben sie absolute Gültigkeit. Eine skeptische Haltung wird deshalb von einer „Leichtigkeit des Seins" auf der Suche nach Erkenntnis, Glück und Lebenssinn getragen. Dies kommt auch in der Aussage von *Sokrates*: „Ich weiß, dass ich nichts weiß!" zum Ausdruck. Eine Einsicht in die Grenzen der Erkenntnis schützt vor Dogmatismus. In diesem Sinne möchte ich *Sisyphos* als glücklichen Menschen bezeichnen.

[30] Camus, Albert (2004): Der Mythos des Sisyphos. Hamburg.

[31] Camus, Albert (2004): a.a.O. S. 159.

[32] „Wer keinen Grund sieht, sich selbst in Frage zu stellen, erwährt sich immer im Recht und hat fast immer Unrecht." Christian Schüle (2022): Vom Glück unterwegs zu sein. S. 249.

Gesellschaftliche Transformationen

Strukturwandel der Moderne

1991

Inszenierte Gemeinschaften.

Gruppenangebote der Moderne[33]

Der moderne Mensch ist ein Nomade der zwischen verschiedenen Gruppenwelten wandert. Neben den traditionellen Beziehungen zu Verwandten, Freunden und Nachbarn steht ihm in der Moderne ein wachsendes Angebot an Freizeitgruppen zur Verfügung. Dies fängt schon in der Phase der Kindheit an: Die Ballett-, und Tennisgruppe erweitert die sozialen Beziehungen von Familie und Peer-Group. Auch die Erwachsenen sind versorgt: Keine Volkshochschule kommt ohne ein wohlsortiertes Gruppenprogramm im Kreativitäts-, Therapie- und Gesundheitsbereich aus. In der Freizeit wird die Geselligkeit, die sportliche Betätigung oder die Entspannung als gemeinsames Gruppenerlebnis organisiert. Die psychosozialen Gruppenangebote, selbstorganisiert oder professionell angeleitet, haben ihren Gründungshöhepunkt noch nicht überschritten. Auch die Jugendarbeit steht nicht abseits und strukturiert von der Erlebnis- bis zur Videogruppe die Freizeit der Jugendlichen.

Gruppenbeziehungen boomen seit Anfang der siebziger Jahre in der Bundesrepublik Deutschland. Ich untersuche den gegenwärtigen Boom vor dem Hintergrund gesellschaftlicher Strukturveränderungen. Dabei gehe ich von der These aus, dass der „Gruppenboom" nur dann angemessen verstanden werden kann, wenn er als Teil eines gesellschaftlichen Wandlungsprozesses begriffen wird, den *Ulrich Beck* 1986 als „Individualisierungsschub" moderner Gesellschaften beschrieben hat.

---

[33] Veröffentlicht in: neue praxis – Zeitschrift für Sozialarbeit, Sozialpädagogik und Sozialpolitik. 21. Jahrgang. 1/1991. S. 12 – 25. Die hier veröffentlichte Fassung ist sprachlich leicht verändert. Grundlage des Artikels ist meine Dissertation mit dem Titel: Inszenierte Gemeinschaften. Gesellschaftlicher Wandel und lebensweltliche Handlungsstrategien in der sozialen Arbeit, Frankfurt 1988.

Individualisierung bedeutet, dass die Menschen aus ihren traditionellen sozialen Bindungen und angestammten soziokulturellen Milieus freigesetzt werden und zunehmend selbst darüber entscheiden, welche neuen, d. h. „künstlich" geschaffenen sozialen Beziehungen sie eingehen wollen. Damit ist zweierlei verbunden. Einerseits eröffnet der gesellschaftliche Wandel eine Vielzahl neuer Entscheidungs- und Handlungsmöglichkeiten; andererseits wird der Zwang zur Entscheidung in die Verantwortung des Individuums gelegt.

Dies geht nicht bruchlos vonstatten. Die neu gewonnenen Freiheiten werden subjektiv nicht selten als Verlust von Orientierung empfunden. Neue Stabilität erscheint nur durch den Rückzug in die Geborgenheit einer überschaubaren Kleingruppe möglich. Diese verspricht dort Sicherheit, wo die Familie längst an ihre Grenzen gestoßen ist. Die Entstehung künstlich geschaffener sozialer Gruppen oder „Inszenierter Gemeinschaften" ist sowohl Bedingung als auch Folge des Vergesellschaftungsprozesses der Moderne. In dem Beitrag soll geklärt werden, welche Bedeutung die neuen Kleingruppenangebote in dem gegenwärtigen Strukturwandel der Gesellschaft für die Orientierung und Stabilität von Individuen haben und inwiefern diese „Inszenierten Gemeinschaften" einen neues Modus der gesellschaftlichen Integration darstellen.

Inszenierte Gemeinschaften lassen sich mit den herkömmlichen Unterscheidungen von Primär- und Sekundärgruppe nicht hinreichend beschreiben. Sie sind weder identisch mit den kommunikativen Beziehungsformen des privaten noch mit den zweckrationalen des öffentlichen Lebens. Marktwirtschaftlich oder wohlfahrtsstaatlich initiiert, aber lebensweltlich organisiert, stellen sie eine neue Form sozialer Beziehungsmuster dar. Dies bedeutet, dass sie gegensätzliche Anforderungen integrieren müssen: gefühlsbezogene wie rationale, persönlichkeitsbezogene wie rollenzentrierte, spontane wie geplante, ganzheitliche wie spezifische. Im aktuellen gesellschaftlichen Wandel übernehmen inszenierten Gemeinschaften hybride Funktionen: Sie vermitteln individuelle Stabilität und Orientierung in einer pluralisierten Gesellschaft. Sie können ein Ort der Geborgenheit sein in einer zunehmend rationaler und anonymer werdenden Welt. Sie geben Hilfestellung in biographischen Umbruchsituationen und leisten damit Unterstützung bei der Identitätsarbeit. Letztlich bieten sie bieten Hilfe bei nicht mehr individuell oder im privaten Netzwerk zu lösenden sozialen Problemen.

Inszenierte Gemeinschaften und gesellschaftlicher Wandel

Im Zentrum der gegenwärtigen sozialwissenschaftlichen Debatten steht die Auseinandersetzung mit dem Strukturwandel der Moderne. Die Zunahme der sozialräumlichen Mobilität, der Wandel der Arbeitsplatzstrukturen, die Veränderung der Ehe- und Familienbeziehungen, gestiegene Scheidungszahlen und immer mehr Einpersonenhaushalte und Alleinerziehende sind nur einige der in vielen Veröffentlichungen diskutierten Tendenzen (*Beck, 1986; Berger, 1986; Nave-Herz, 1988*).

Mit dem Wandel von der Vormoderne zur Moderne verändern sich die grundlegenden Leitideen, nach denen Menschen ihr Leben organisieren und die durch die Dynamik sozialer und gesellschaftlicher Lebenszusammenhänge bestimmt ist. Die grundlegende Orientierung und die gesellschaftlichen Maßstäbe werden nun nicht mehr in traditionellen, religiösen oder transzendenten Leitbildern gesehen. An deren Stelle ist die Rationalität getreten, wie sie durch die moderne Wissenschaft repräsentiert wird. Die bisher im Dunkeln liegende Welt wird »entzaubert« (*Weber, 1972 a*), das Räderwerk der Geschichte und die Dynamik gesellschaftlicher Gegenwart wird offengelegt und dadurch dem Zugriff des Menschen ausgeliefert: Die natürliche und soziale Ordnung wird nicht mehr als schicksalhaft begriffen, sondern als machbar erlebt. Anhand der Rationalisierung, der Individualisierung sowie der Pluralisierung von Lebenswelten charakterisiere ich den gesellschaftlichen Strukturwandel näher.

Erstens: Schon *Max Weber* hat die *Folgen des Rationalisierungstrends* der Moderne untersucht. Er kommt zu dem Ergebnis, dass unpersönliche, instrumentelle und zweckrationale Beziehungsformen immer stärker in das menschliche Alltagsleben eindringen und es entscheidend prägen. Das menschliche Miteinander bekommt den Charakter einer Vertragsbeziehung, deren grundlegendes Element der Tausch auf der Basis von wechselseitigem Nutzen ist (*Weber 1972 b*). Darüber hinaus werden immer mehr Bereiche der mitmenschlichen Hilfe dem privaten Bereich der Familie, Verwandtschaft und Nachbarschaft entzogen und in eigens dafür geschaffenen Institutionen bürokratisch und zweckrational neu organisiert. Dies ist die Geburtsstunde der Sozialpolitik und der Sozialarbeit. Soziale Hilfe und Unterstützung wird beruflich organisiert und in der Folge professionalisiert und institutionalisiert. Der Erfolg sozialer Hilfen wird dadurch verstärkt an zweckrationalen Zusammenhängen gemessen. (*Olk/Otto, 1987*).

Seit den siebziger Jahren sind allerdings Gegentrends erkennbar. Die Kritik an einer zunehmenden Verberuflichung, Professionalisierung, Bürokratisierung und Verrechtlichung sozialer Hilfe wurde besonders von den neuen sozialen Bewegungen (Ökologie-, Frauen- und Alternativbewegung) mit Nachdruck formuliert (*Brand/Büsser/Rucht 1986).* Viele Menschen schlossen sich in kleinen überschaubaren Gruppen zusammen und versuchten, ihre Bedürfnisse nach sozialer Hilfe und Unterstützung sowie politischer Teilnahme und Einflussmöglichkeit selbst zu organisieren. Ein anschauliches Beispiel für diese Art von Gruppenneugründungen sind die Selbsthilfegruppen (*Moeller 1978 und 1981 ; Trojan 1986; Puch 1989*). Einander zunächst fremde Menschen schließen sich aufgrund ihrer eigenen Betroffenheit in Gruppen zusammen, teilen ihre Gefühle und Stimmungen, geben Rat und Unterstützung in schwierigen Situationen und spenden Trost und Mitgefühl gegenüber anderen Gruppenmitgliedern. Nach Schätzungen von Experten gibt es in der Bundesrepublik Deutschland gegenwärtig rund 40 000 Selbsthilfegruppen, die in den verschiedensten Lebensbereichen wirken (*Vilmar/Runge 1986*). Die Trends zur Rationalisierung und Bürokratisierung moderner Gesellschaften entwickeln sich damit nicht linear und bruchlos fort. Gegentendenzen, die vermehrt selbstorganisierte Kleingruppen, neue Gemeinschaften und überschaubare soziale Netze hervorbringen, sind gerade gegenwärtig verstärkt wahrzunehmen.

Zweitens: Eine weitere *Tendenz* gesellschaftlicher Entwicklung ist durch einen nachhaltig wirksamen *»Individualisierungsschub«* zu kennzeichnen. Der Soziologe *Ulrich Beck* ist der Auffassung,

»dass wir Augenzeugen eines Gesellschaftswandels innerhalb der Moderne sind, in dessen Verlauf die Menschen aus den Sozialformen der industriellen Gesellschaft —

Klasse, Schicht, Familie, Gesellschaftslagen von Männern und Frauen — freigesetzt werden, ähnlich wie sie im Laufe der Reformation aus der weltlichen Herrschaft der Kirche »entlassen« wurden« (Beck, 1986: 115).

Boten familiäre und nachbarschaftliche Bindungen in vormodernen Zeiten noch Schutz gegen die Risiken des Lebens, konnten in ihnen Sicherheit und Orientierung für das persönliche Verhalten gewonnen werden, so sind sie im Zuge des Freisetzungsprozesses immer weniger in der Lage, diese Aufgaben erschöpfend zu übernehmen. Der Einzelne ist deshalb gezwungen neue und ihm fremde soziale Beziehungen einzugehen, die neue Möglichkeiten der sozialen Hilfe garantieren und emotionale und soziale Sicherheit in einer unübersichtlicher und komplexer gewordenen Welt gewähren sollen. Es entsteht ein breiter Markt von Freizeit-, Therapie-, Selbsterfahrungs-, Gesundheits-, Gesprächs- und Erwachsenenbildungsgruppen, der für die unterschiedlichsten Lebenslagen Hilfs- und Unterstützungsangebote bereithält. Nun gab es auch schon zu Beginn der Industrialisierung ein breites Feld unterschiedlicher Gruppenangebote. Ich erinnere in diesem Zusammenhang an das Vereinswesen, das in dem letzten Jahrhundert eine rasche Ausdehnung und Blüte erlebte, oder an die Gruppengründungen der bürgerlichen Jugendbewegung, wie sie für den Beginn unseres Jahrhunderts charakteristisch waren (*Giesecke*, 1981).

Was ist also das eigentlich Neue an diesem Prozess? Wodurch unterscheiden sich frühere Gruppenangebote von der Gegenwart? Der entscheidende Unterschied besteht darin, dass um die Jahrhundertwende der gesellschaftliche Individualisierungsschub von den traditionellen sozialen Bezugsgruppen und soziokulturellen Milieus aufgefangen werden konnte. Die soziale Klassen- oder Schichtzugehörigkeit prägte in einem wesentlich umfassenderen Sinne den Alltag und die persönlichen Lebensentscheidungen. Dies wird in der Moderne schwächer. Die Familie, die Nachbarschaft, die Verwandtschaft oder die Bezugsgruppen in der Freizeit sind nicht mehr in ausreichendem Maße in der Lage, ihrer Stabilisierungs- und Orientierungsfunktion nachzukommen. »Gemeinsamkeiten ‚bestehen' nicht mehr nur im unmittelbaren Lebenszusammenhang der Menschen, in ihren überschaubaren, örtlich geschlossenen Subkulturen, sondern sie können und müssen in besonderen organisatorischen Kontexten, auf überregionaler Ebene und mit besonderen

Methoden gezielt ‚hergestellt' werden. Dies bedeutet zweifellos, dass die Gemeinsamkeiten aus der Spontaneität und ‚Stallwärme' erlebter subkultureller Milieus herausgelöst und insgesamt gegenüber den Besonderheiten regionaler Kulturen und Lebenszusammenhänge abstrakt werden« (*Beck, 1983: 63*).

Das Individuum wird damit mit seinen Entscheidungen immer mehr auf sich selbst gestellt. Die persönliche Identität lässt sich immer weniger aus einer kollektiven Identität begründen und macht in zunehmendem Maße eigene Definitionsversuche notwendig, die in einem mühsamen Verfahren von »Versuch und Irrtum« immer wieder neu zu erarbeiten sind.

»Individualisierung bedeutet in diesem Sinne, dass die Biographie der Menschen aus vorgegebenen Fixierungen herausgelöst, offen, entscheidungsabhängig und als Aufgabe in das individuelle Handeln eines jeden einzelnen gelegt wird. Die Anteile der prinzipiell entscheidungsverschlossenen Lebensmöglichkeiten nehmen ab und die Anteile der entscheidungsoffenen, selbst herzustellenden Biographie nehmen zu . . . Entscheidungen über den Beruf, die Ausbildung, den Wohnort, den Ehepartner, die Kinderzahl usw. mit all ihren Unter- und Unterunterscheidungen können nicht nur, sondern müssen getroffen werden, und keiner kann diese Entscheidung einem anderen letztendlich abnehmen« (Beck, 1983: 58 f.).

Die individuelle Entscheidung wird so nach je sozialen, situativen oder persönlichen Erfordernissen getroffen. So werden Gruppenangebote auf ihre persönliche Brauchbarkeit untersucht, um bei Bedarf und für einen begrenzten Zeitraum auf sie zurückgreifen zu können. Die Einstellung des Menschen in der Moderne verlangt nach einer »Bastelmentalität« (*Gross, 1985*), mit der aus den Versatzstücken einer segmentierten und heterogen gewordenen Welt die individuelle Lebenswirklichkeit zusammengefügt wird, ohne dass daraus ein einheitlicher oder geschlossener Lebensentwurf entstehen würde. Das, was heute noch gültig ist, ist morgen schon überholt.

Es wäre ein Missverständnis, den Prozess der Individualisierung als eine schier unbegrenzte Ausweitung der individuellen Entscheidungsmöglichkeiten zu interpretieren und dabei deren gesellschaftliche Normierung und Standardisierung zu übersehen. Die individuellen Entscheidungen werden durch gesellschaftliche Steuerungsmechanismen, wie etwa den Markt, das Recht, die Sozialpolitik oder die Sozialarbeit wieder vereinheitlicht. Gerade im Freizeitbereich wird diese Tendenz besonders deutlich. So besteht zwar die Möglichkeit, zwischen einer verwirrenden Vielzahl an Angeboten auf dem Freizeit- und Urlaubsmarkt zu entscheiden, andererseits bewegen sich diese Entscheidungen in den engen Grenzen gesellschaftlich definierter Standards. Der Abenteuerurlaub, als Ausbruch aus einer uniformierten Alltagswelt geplant, kann so nur auf der Basis eines normierten Pauschalangebots realisiert werden. Die Bindungen an einen ökonomisch vorgegebenen »Massenmarkt« und »Massenkonsum« führen zwar zu einem differenzierteren Angebot und einer gesteigerten Auswahl, bindet den Einzelnen aber gleichzeitig an die Gesetze und Regelungen des Marktes.

Als *dritten charakteristischen Prozess der Moderne* akzentuiere ich die Tendenz zur *Pluralisierung und Differenzierung sozialer Lebenswelten.* Als Kontrastfolie für diese Entwicklung soll wieder das Leben in der Vormoderne herangezogen werden. So war zwar auch diese nicht homogen, aber,

> *»welche Unterschiede auch zwischen den verschiedenen Sektoren des Gesellschaftslebens bestanden, sie standen doch im Zusammenhang einer Ordnung mit einem integrierenden Gesamtsinn, der alle umfasste. Diese integrierende Ordnung war in aller Regel religiöser Natur. Für den einzelnen bedeutete das ganz einfach, dass die gleichen integrierenden Symbole die verschiedenen Sektoren seines Alltagslebens durchdrangen. Im Kreise seiner Familie oder bei der Arbeit, ob er an politischen Geschehnissen oder an Festen und Zeremonien teilnahm: Der einzelne befand sich stets in der gleichen »Welt«« (Berger/Berger/Kellner, 1975, 60).*

Im Gegensatz dazu ist das Leben in der Moderne in hohem Grade parzelliert, segmentiert und pluralisiert. Die Lebenswelt der modernen Menschen ist in viele Einzelteile zersplittert. »Die verschiedenen Bereiche ihres Alltagslebens bringen sie in Beziehung zu außerordentlich verschiedenartigen und oft sehr gegensätzlichen Bedeutungs- und Erfahrungswelten« (ebd., 60). Dies gilt nicht nur für die grundlegende Dichotomisierung der modernen Industriegesellschaft in einen privaten und öffentlichen Sektor, sondern in hohem Maße innerhalb dieser Bereiche selbst. Wir leben in einer differenzierten, zersplitterten und komplexen Welt, die eine größer werdende Zahl von Institutionen, Sozialformen und Gruppen hervorgebracht hat. Soziale Beziehungsformen, die für die unterschiedlichsten Situationen unseres Lebens soziale Hilfs- und Unterstützungsmöglichkeiten bereithalten, werden immer seltener. Für jede besondere Lebenslage stehen auch schon besondere Gruppenangebote bereit, auf die bei Bedarf zurückgegriffen werden kann. Dadurch wird der moderne Mensch zum Wanderer zwischen unterschiedlichen Gruppenwelten. In jeder Gruppe muss er sich auf neue Gruppenmitglieder, Symbole, Verhaltensweisen und Gruppennormen einstellen. Kontinuität und Geborgenheit in einer Gruppe für eine relative Dauer wird durch das rastlose Anpassen an immer neue Gruppensituationen ersetzt.

Die Pluralisierung und Differenzierung von sozialen Gruppen gilt sowohl für die gewachsenen und tradierten als auch für die künstlich geschaffenen oder inszenierten Gruppen. Die Diskussion um den Wandel der Familienformen hat gezeigt, dass neben der traditionellen Familie eine breite Palette unterschiedlicher Formen des Zusammenlebens entstanden sind. Die Zwei-Generationen-Familie mit standesamtlicher und verwandtschaftlicher Absicherung hat Konkurrenz durch Alleinerziehende, Ehen ohne Trauschein, Einpersonenhaushalte u. v. m. erhalten (*BMJFG 1985*). *Liegle*, der die Folgen dieses Differenzierungsprozesses untersucht, zeigt, dass vor diesem Hintergrund eine Reihe von neuen Kooperations- und Gruppenangeboten entstehen, die besonders die Folgekosten des Modernisierungsprozesses für Familien aufzufangen versuchen. Es entsteht ein »Spektrum von Assoziationsformen«, das lose Kooperationsringe umfasst: von Familien zur gegenseitigen gelegentlichen Hilfe, Vereine von Eltern zur gemeinsamen Organisation von Betreuungseinrichtungen für Kinder, Eltern-Kind-Gruppen zur Betreuung der eigenen Kinder, selbstorganisierter Nachbarschaftshilfe zum Zweck der Betreuung von Kindern oder von alten und kranken Menschen u. v. a. Formen (*vgl. Liegle, 1987: 5*).

Der in den siebziger Jahren im Zuge des »Psychobooms« (*Nagel/Seifert, 1979*) mit besonderen Wachstumsraten ausgestattete Gruppentherapiemarkt zeigt, dass neben den tradierten die professionell angeleiteten und inszenierten Gruppen sich ebenfalls stark ausdifferenziert haben. In der Regel gekoppelt an unterschiedliche psychologische Schulen, entwickelte sich ein breites Feld verschiedener Gruppentherapieangebote für die verschiedensten sozialen Probleme oder individuellen Krisen. Als Indikator für die wachsende

Bedeutung der Gruppe als Ort der Selbsterfahrung und sozialen Veränderung kann das Buch von *Horst Eberhard Richter*: »Die Gruppe. Hoffnungen auf einem neuen Weg, sich selbst und andere zu befreien« (*Richter, 1972*) angesehen werden. Nachdem die Hoffnungen auf eine revolutionäre Veränderung gesellschaftlicher Strukturen enttäuscht waren, richteten sich die neuen Bestrebungen auf die individuelle und soziale Veränderung. Das neue Leitmotiv für die Arbeit in Gruppen hieß dann auch: »Man kann sich nur selbst heilen, wenn man zugleich daran arbeitet, andere zu heilen.« (ebd. 30).

Strukturmerkmale Inszenierter Gemeinschaften

Der Prozess gesellschaftlicher Rationalisierung, Individualisierung und Pluralisierung bringt eine Vielfalt unterschiedlicher Gruppenangebote hervor, die ich als »Inszenierte Gemeinschaften« bezeichne. Auf den ersten Blick betrachtet, scheint die Begriffswahl widersprüchlich zu sein und eine Reihe von Fragen zu provozieren. Wie können Gemeinschaften, die etwas Gewachsenes zum Ausdruck bringen, gleichzeitig inszeniert, also künstlich sein? Sind die Begriffe »Gemeinschaft« und »Gesellschaft« in unserem Sprachgebrauch nicht polar und gegensätzlich definiert, so dass sich ihre gedankliche Verknüpfung ausschließt? Wie sieht es mit dem normativen Gehalt des Begriffes Gemeinschaft aus? Steht er nicht im deutschen Sprachraum in einer sehr ideologieverdächtigen Tradition? Es ist deshalb zu klären, in welchem Sinn dieser Begriff hier verwendet wird, bzw. welcher erkenntnistheoretische Stellenwert ihm zugrunde liegt.

Einen ersten Anhaltspunkt finden wir bei dem Soziologen F. Tönnies, der das Begriffspaar »Gemeinschaft« und »Gesellschaft« entwickelt hat (Tönnies, 1963). Die Gemeinschaft ist für Tönnies durch Emotionalität, Vertrauen, Authentizität, Geborgenheit, Hilfsbereitschaft, Freundschaft, Liebe und Solidarität gekennzeichnet. Die Mitglieder sind miteinander vertraut, begegnen einander als Person und sind sich sympathisch. Er unterscheidet drei Arten der Gemeinschaft: die des Blutes (Verwandtschaft), die des Ortes (Nachbarschaft) und die des Geistes (Freundschaft) (vgl. ebd. 14 ff.). Im krassen Gegensatz dazu wird die Gesellschaft beschrieben. Sie ist eine »Maschine«, ein künstliches Gebilde und mechanisch konstruiert. In der Gesellschaft begegnen die Menschen einander als Fremde. Sie definieren ihre Beziehung als gegenseitigen Austausch von Leistung und Gegenleistung (vgl. ebd. 40 ff.) Die Beziehungsformen des modernen Menschen sind für Tönnies eher gesellschaftsorientiert. Sie werden zunehmend anonymer und führen dazu, dass der Einzelne nur noch seinen eigenen Nutzen in den Vordergrund stellt.

Die Gegenüberstellung der beiden Begriffe führte sehr schnell zu Missverständnissen. Dazu gehörte, dass sie je nach Bedarf von unterschiedlichen ideologischen Positionen in Anspruch genommen wurden. Vor dem Hintergrund starker kulturpessimistischer Strömungen kam es zu einer Idealisierung der Gemeinschaft, zu Lasten der Gesellschaft. Gemeinschaftliche Beziehungsformen wurden als höherwertig betrachtet. Dies führte zu einer Abwertung des Gesellschaftlichen. Es lassen sich eine Reihe historischer Beispiele anführen, die diese Entwicklung illustrieren. So spielte etwa zu Beginn dieses Jahrhunderts in der bürgerlichen Jugendbewegung die Überbetonung des Gemeinschaftlichen, die Suche nach der Geborgenheit der Gruppe und die Identifikation mit einer Kollektiv-Identität eine zentrale Rolle. In zahlreichen Veröffentlichungen wurde diese Entwicklung beschrieben und analysiert (Rüegg, 1974; Laqueur, 1978; Giesecke, 1981 ; Schäfers, 1983). Eine auch heute noch lesenswerte und differenzierte Kritik der »Gemeinschaftsgesinnung« findet sich bei dem Sozialphilosophen Helmut Plessner (Plessner, 1981). Er warnte schon in den zwanziger Jahren unseres Jahrhunderts eindringlich vor einer Verabsolutierung des Gemeinschaftsgedankens, die seiner Meinung nach die Einmaligkeit und Besonderheit des Individuums missachtet und dadurch der Vielfalt menschlicher Daseinsformen nicht gerecht wird.

Um aus der stark ideologisch belasteten Diskussion einen Ausweg zu finden, musste die Polarität der Begriffe »Gemeinschaft« und »Gesellschaft« aufgehoben werden. Gemeinschaft und Gesellschaft stellen in dieser veränderten Sichtweise kein Gegensatzpaar dar, sondern beschreiben die jeweiligen Endpunkte auf einer Skala abgestufter Beziehungsformen. Soziale Gruppen lassen sich damit nicht dem Gemeinschafts- oder Gesellschaftstypus zuordnen, sondern könnten darüber charakterisiert werden, welche gemeinschafts- und gesellschaftsorientierten Merkmale in ihnen ausgeprägt auszumachen sind. Gemeinschaft und Gesellschaft sind hier keine normativ-moralischen Begriffe mehr, mit denen die Wirklichkeit bewertet wird. Sie sind analytische Begriffe, die dazu beitragen gesellschaftliche Entwicklungsprozesse zu beschreiben und zu analysieren.

In diesem Sinne ist auch der Vorschlag von Gerhard Wurzbacher zu verstehen, der in Anlehnung an Ferdinand Tönnies Merkmale formuliert, mit denen eine abgestufte Charakterisierung von sozialen Beziehungsformen möglich wird (Wurzbacher, 1961: 29).

Gemeinschaftliche Beziehungsformen sind charakterisiert durch:

1. *Soziale Bindung dominant.*
2. *Vielfältige funktionale Bindungen auf rationaler, aber vorwiegend auf nicht rationaler Grundlage.*
3. *Betonung der Einheitlichkeit der Gefühle, Werte, Interessen und des Verhaltens.*
4. *Bindung primär auf die Person gerichtet.*
5. *Bestreben auf Überwindung der sozialen Distanz.*
6. *Bestreben zu informalem Verhalten.*

Gesellschaftliche Beziehungsformen sind charakterisiert durch:

1. *Individuelle Freiheit dominant.*
2. *Partielle Bindung vorwiegend auf rationaler Grundlage.*
3. *Betonung der Unterschiedlichkeit der Interessen.*
4. *Bindung primär auf die Sache gerichtet.*
5. *Bestreben auf Erhaltung der sozialen Distanz.*
6. *Bestreben zu formalem Verhalten.*

In der Übertragung auf die Gruppe können Gemeinschaft und Gesellschaft als Gestaltungsprinzipien sozialer Beziehungen begriffen werden. Gemeinschaft bezeichnet den »Innenaspekt der Gruppe«, der sich in einem Wir-Gefühl und einer gemeinsamen Verbundenheit und gegenseitigem Vertrauen ausdrückt. Gesellschaft verweist auf den »Außenaspekt«, der den Zusammenhang zu einer künstlich geschaffenen Ordnung herstellt. »Gemeinschaft und Gesellschaft wären dann nicht zwei Formen oder Arten menschlicher Verbundenheit, zwei Qualitäten der Kollektivität, sondern einander ergänzende, korrelative Strukturelemente, die jeder Gruppe wesensnotwendig sind« (*Geiger, 1959: 175*).

Inszenierte Gemeinschaften lassen sich nach dem bisher Gesagten in den Koordinaten mindestens zweier unterschiedlicher Bezugssysteme verorten. Eingebettet in das wohlfahrtsstaatliche System sozialer Hilfe, stehen die inszenierten Gemeinschaften unter den Rationalitäts- und Effektivitätsanforderungen bürokratischer Organisationen. Als sozialpolitische Instrumente sind sie an den Handlungsdruck instrumenteller Rationalitätskriterien gebunden und müssen sich an diesen Kriterien messen lassen. Sie geraten damit unter verstärkten Erfolgsdruck ihrer Wirkungsweise. Auf der anderen Seite steht die Binnenstruktur des Bezugssystem. Hier sind die Mitglieder Inszenierter Gemeinschaften mit ihren ganzheitlichen, authentischen und auf mitmenschliche Verständigung ausgerichteten Erwartungshaltungen zu sehen. Menschliche Wärme, Emotionalität, Vertrauen, Geborgenheit, Sich-Verstanden-Wissen u. v. m. stehen hier im Vordergrund.

Wie können diese unterschiedlichen Erwartungshaltungen in Einklang gebracht oder zumindest einem vorübergehenden Konsens zugeführt werden? Zum einen verlangen Inszenierte Gemeinschaften ein hohes Maß an flexiblen Verhaltensweisen von ihren Mitgliedern. So müssen verständigungsorientierte Formen des Umgangs mit strategischen in Einklang gebracht werden, ohne dass damit die Grundlage der Gruppenbeziehung in Frage gestellt wird. Dies stellt hohe Anforderungen an die Fähigkeit der Mitglieder, situationsspezifisch angemessen reagieren zu können. Inszenierte Gemeinschaften setzen deshalb eine Gruppenfähigkeit voraus, die i. d. R. erst das Ergebnis von wechselnden Gruppenerfahrungen ist. Zum anderen können in den inszenierten Gemeinschaften, ganz anders als in den gewachsenen, ein gemeinsamer Vorrat an Regeln, Normen, Orientierungsmustern, Symbolen, Einstellungen usw. nicht vorausgesetzt werden. Diese müssen erst in einem oft mühsam und langwierigen Prozess gemeinsam geschaffen oder inszeniert werden. Inszenierte Gemeinschaften bringen damit eine eigene Art von Rationalität hervor, die »kommunikative Rationalität« (*Jürgen Habermas, 1981*). Die Mitglieder müssen sich, wenn die Gruppe erhalten bleiben soll, auf eine dialogische oder diskursive Verständigung einlassen. Das Aushandeln von Regeln, Zielen, Inhalten usw. ist so eine notwendige Voraussetzung von inszenierten Gemeinschaften, um einen ausreichenden Vorrat an gruppenspezifischen Gemeinsamkeiten zu schaffen.

Ich fasse zusammen: Inszenierte Gemeinschaften lassen sich als das Ergebnis eines gesellschaftlichen Wandlungs- und Differenzierungsprozesses beschreiben. Das Individuum wird aus seinem angestammten soziokulturellen Milieu freigesetzt und ihm damit die Entscheidung über soziale Zugehörigkeiten und Bindungen aufgebürdet. Durch die Anbindung an sozialpolitische Steuerungsinstrumente wird der Prozess der sozialen Integration institutionalisiert. Inszenierte Gemeinschaften sind deshalb in einem doppelten Sinne inszeniert. So sind sie das Ergebnis einer Gesellschafts- und Sozialpolitik, die immer mehr Bereiche der Hilfe und Unterstützung in den primären Beziehungsformen ausgedünnt hat und an deren Stelle „künstliche" Angebote stellt. Zum anderen bezieht sich die Inszenierung auf die Binnenstruktur dieser Gruppen und unterstreicht, dass auch der notwendige Vorrat an Gemeinsamkeiten in diesen Gruppen erst inszeniert werden muss. Inszenierte Gemeinschaften verweisen damit auf unterschiedliche Handlungsanforderungen. Während die zweckrationalen Anteile instrumentell-strategischen Anforderungen entsprechen, sind die kommunikativen Anteile dialogisch und verständigungsorientiert ausgerichtet. Beide Anteile müssen in ihren eigenen Bestandteilen und in ihrer Relation aber erst ausgehandelt werden.

Soziale Integration und individuelle Autonomie

Wenn ich als Bezugspunkt der folgenden Überlegungen eine strukturfunktionalistische Perspektive zugrunde lege, dann stellt sich zunächst die Frage, wie die durch die beschriebenen Pluralisierungs- und Individualisierungstendenzen geschaffenen gesellschaftlichen Teilbereiche durch Strukturen wieder miteinander verknüpft werden können. Soll die Gesellschaft nicht in eine atomisierte und segmentierte Vielfalt gesellschaftlicher Teilgruppen zerfallen, dann bedarf es integrierender Institutionen, die wieder einen Zusammenhang zwischen Individuen, segmentierten Gruppen und gesellschaftlichen Organisationen herstellen. Als neue Verbindungsglieder zwischen Makro- und Mikroebene, bzw. zwischen Individuum, sozialen Gruppen und gesellschaftlichen Organisationen entstehen »intermediäre Instanzen«, die dazu beitragen, dass der Zusammenhalt zwischen Makro- und Mikroebene, bzw. zwischen Gesellschaft und Individuum, wieder hergestellt wird. In diesem Sinne können die inszenierten Gemeinschaften als intermediäre Institutionen bezeichnet werden, »die in vielfältiger Weise zwischen Individuum und komplexen Verflechtungen und Großstrukturen der Gesellschaft Beziehungen und Kanäle der wechselseitigen Anregung, Initiative, Steuerung, Übertragung und Vermittlung herstellen.« (*Wurzbacher, 1971: 113*).

Inszenierte Gemeinschaften haben eine integrative Funktion und tragen dazu bei, den Einzelnen vor dem Abgleiten in »anomische« *(Émile Durkheim)* Strukturen zu bewahren. Unter sozialisationstheoretischen Überlegungen können Inszenierte Gemeinschaften deshalb auch als »Sozialisationsorganisationen« (*K. Plake, 1981*) betrachtet werden. Denn, die einmal in einem primären Sozialisationsprozess erworbenen Einstellungen und Verhaltensweisen reichen auf Dauer nicht aus, um den in verschiedenen Phasen des Lebenslaufes neu auftretenden Erwartungshaltungen gerecht zu werden. Als Institutionen der Erwachsenensozialisation können in den Inszenierten Gemeinschaften neue Orientierungsmuster und Identitätsmaßstäbe entwickelt werden, die zur Bewältigung gesellschaftlicher Anforderungen beitragen.

Schließlich zeigt sich die sozialintegrative Funktion auch unter einer sozialpolitischen Perspektive. Inszenierte Gemeinschaften sind ja gerade nicht gewachsen oder im Laufe verschiedener Generationen tradiert, sondern als Teil eines umfassenden Systems personenbezogener Leistungen (*Badura/Gross, 1976; Gross, 1983*) künstlich geschaffen. In modernen Wohlfahrtsstaaten sichert das System sozialer Hilfe neben den materiellen Risiken auch die immateriellen Risiko- und Problemlagen ab. So entstand mit dem Ausbau der Sozialpolitik zur umfassenden Gesellschaftspolitik ein weit geknüpftes Netz sozialer und personenbezogener Dienstleistungen, das beratende, therapeutische, pädagogische und pflegerische Hilfen bereit hält. Neben den individuellen Hilfen spielen dabei die Gruppenangebote eine immer wichtigere Rolle.

Durch die Pluralisierung und Differenzierung sozialer Gruppen verändert sich die Beziehung zwischen Individuum, Gemeinschaft und Gesellschaft. Lebensgeschichtlich wird der Einzelne mit einer steigenden Zahl sozialer Gruppen konfrontiert, deren Orientierungsmuster, Normen und Definitionen von Wirklichkeit in Konkurrenz und Widerspruch zueinander stehen. Garantierte eine überschaubare Zahl von Gruppen und Gemeinschaften in einem homogenen sozialen Milieu noch individuelle Stabilität sowie personale und soziale Identität durch Identifikation, so gelingt dies dann nicht mehr, wenn das Individuum in verschiedenen, sich widersprechenden sozialen Situationen erfolgreich agieren soll. Nicht Identifikation mit oder Anpassung an vorgegebene gesellschaftliche und soziale Normen, sondern situationsspezifisches Aushandeln und Definieren von Normen, Werten und Handlungsorientierungen auf der Basis autonomer Ich-Interessen ist dazu erforderlich.

Was aber heißt selbstverantwortliches Handeln von Individuen in inszenierten Gemeinschaften? Handlungskompetenz in der modernen Gesellschaft bedeutet, sich in einer Vielzahl unterschiedlicher Gruppen mit den jeweils persönlichen Interessen einzubringen und diese auch gegenüber dem Gruppendruck zu behaupten. Dies gelingt aber nur auf der Basis persönlicher Stärke. *Hermann Giesecke* weist auf diese für die Zielsetzung der Gruppenpädagogik entscheidende Überlegung hin, wenn er feststellt, dass individuelle Autonomie unter den Bedingungen gesellschaftlicher und sozialer Wandlungsbedingungen, von Statusunsicherheit und Wertepluralismus, von Orientierungslosigkeit und Desorganisation nur „durch eine neue Art von *Ich-Stärke,* von verinnerlichter Selbstregulierung" (*Giesecke, 1981: 99*) erreicht werden kann.

Inszenierte Gemeinschaften stehen damit in einem Spannungsverhältnis von Anpassung an gruppenspezifische Erwartungshaltungen, gesellschaftlichen Integrationsanforderungen und individueller Selbstbestimmung gegenüber der Gemeinschaft. Die Identifikation mit einer Gemeinschaft stellt in einer komplexen und pluralisierten Gesellschaft kein erfolgversprechendes Mittel dar, um soziale Stabilität und persönliche Verhaltenssicherheit zu erlangen. Die partikularen Werte und Lebensstile einer Gemeinschaft reichen nicht aus, um sich auf Dauer in einer modernen Gesellschaft zurecht zu finden. Die moderne Gesellschaft »verlangt die Kenntnis, Anerkennung und das Kalkulieren unterschiedlicher Weltsichten und gegensätzlicher Interessen« (*Wiegand, 1986: 75*). Für die Sozialarbeit & Sozialpädagogik schließt sich damit die Frage nach ihrem normativ-ethischen Bezugspunkt an: Werden die im Zusammenhang mit gesellschaftlichen Modernisierungs- und Differenzierungsprozessen auftretenden persönlichen Verunsicherungen durch eine Integration in geschlossene Deutungs- und Handlungssysteme oder auf der Basis von Ich-Stärke sowie selbst- wie sozialverantwortlichem Handeln gelöst?

Heiner Keupp zielt in seiner Antwort auf eine »Vermittlung der beiden Pole Individualität und solidarische Lebensform. Eine auf den Individualitätspol alleine setzende Utopie versackt in einem diffusen Psychokult, in einem zur Lebensform erhobenen Narzissmus, der als die protestantische Ethik der Moderne bezeichnet wurde. Eine Vergesellschaftungsidee, die eine Entscheidung für die »Gruppe« ohne die Möglichkeit zu emanzipatorischer Subjektivität fordert, führt in den kollektiv-autoritären Infantilismus der Sekten. Vertretbar scheinen . . nur konkrete Utopien zu sein, in denen Formen der Selbstorganisation die Chance zu neuen kollektiven Handlungsfähigkeiten erschließen« (*Keupp, 1985: 325*). Ich-Stärke und die Fähigkeit zur Selbstregulierung von Handlungen bilden damit einen zentralen normativen Bezugspunkt sozialarbeiterischen Handelns in der Gruppe.

Inszenierte Gemeinschaften und Identität

Identität gehört zu jenen schillernden Begriffen, welche die engen Fesseln der wissenschaftlichen Gemeinde längst gesprengt haben. Vor Jahren eher nur einem kleinen esoterischen Kreis vertraut, ist er heute zum Allgemeinplatz feuilletonistischer Beredsamkeit und öffentlicher Diskurse geworden. Die breite Verwendung des Identitätsbegriffes nur als Ausdruck einer vorübergehenden Mode zu begreifen, scheint mir in der Analyse zu kurz zu greifen. Ich gehe vielmehr davon aus, dass es die bereits beschriebenen Prozesse des gesellschaftlichen und sozialen Wandels dem Individuum immer schwerer machen, eine stabile personale und soziale Identität zu entwickeln. Gelang dies unter anderen historischen Voraussetzungen noch im Rahmen gruppenspezifischer und soziokultureller Milieus, so wird dies unter den Bedingungen einer »Enttraditionalisierung industriegesellschaftlicher Lebensformen« (*Beck, 1986*) oder »Pluralisierung der sozialen Lebenswelten« (*Berger/ Berger/Kellner, 1975*) für das Individuum immer konfliktträchtiger. Der einhellige Befund darauf aufbauender sozialwissenschaftlicher Analysen mündet in der Feststellung einer »Sinnkrise« des Individuums, das nun mühsam damit beschäftigt ist, die brüchig gewordene Identität durch verschiedene Formen der »Identitätsarbeit« (*Cohen/Taylor, 1977*) wieder zu stabilisieren. Die vielfältigen Formen und Angebote an gemeinschaftsorientierten Gruppen stellen für das Individuum dabei eine wichtige Stütze dar.

In den siebziger Jahren setzte in der Pädagogik eine zunehmende Verwendung des Identitätsbegriffes ein, die bis heute ungebrochen geblieben ist. Einen besonderen Anteil an dieser Entwicklung hat *Klaus Mollenhauer*, der den Begriff Identität in seine »Theorie zum Erziehungsprozess« aufnimmt und ein »kommunikatives Erziehungsverständnis«, mit einem emanzipatorischen Anspruch der Pädagogik zu verbinden sucht (*Mollenhauer, 1982, 4. Aufl.*). *Klaus Mollenhauer* bezieht sich in der normativen Bestimmung der Pädagogik auf die Ideale der Aufklärung und sieht als Zweck des pädagogischen Handelns die Fähigkeit des Individuums, die Bedingungen seines Handelns rational reflektieren zu können. Im Rückgriff auf die Identitätskonzepte, wie sie von *Jürgen Habermas und Lothar Krappmann* vorgelegt wurden, bedeutet dies bei *Klaus Mollenhauer* die Fähigkeit des Individuums, die durch soziale Bezugsgruppen formulierten Erwartungen diskursiv überprüfen, und eventuell davon Abstand nehmen zu können. Ebenso gehört dazu die Fähigkeit zur Selbstreflexion. Für *Klaus Mollenhauer* wird die bereits thematisierte Spannung von Individualität und Sozialität bzw. Individualität und Anpassung zu einem zentralen Bezugspunkt sozialpädagogischen Handelns. In diesem Sinne leisten Identitätskonzepte einen wichtigen Beitrag zu der Frage, mit welcher Zielsetzung sozialpädagogische Gruppenangebote auf die Prozesse des gesellschaftlichen Wandels reagieren können. Davor möchte ich aber kurz auf eine nähere Bestimmung des Identitätsbegriffes eingehen.

Einen wichtigen Beitrag für die pädagogische Diskussion des Identitätsbegriffes bildet — wie schon erwähnt — die Arbeit von *Lothar Krappmann*. In der Tradition des Symbolischen Interaktionismus, begreift er Identität als kein konstantes Persönlichkeitsmerkmal, sondern als Bestandteil von Interaktionsprozessen, in denen immer wieder aufs Neue Identität hergestellt werden muss. Identität wird in dieser Betrachtungsweise zur Fähigkeit des Individuums, die Besonderheit seiner biographischen Erfahrung in bestehende Situationen einbringen zu können und dabei gleichzeitig interaktionsfähig zu bleiben. Zum zentralen Begriff bei *Lothar Krappmann* wird die »Identitäts-Balance«, d. h. die Fähigkeit, unterschiedliche und sich widersprechende Elemente der Identität in Einklang zu bringen. Da die »Identitäts-Balance« sich unmittelbar auf die Kompetenz des Individuums bezieht, hat der Begriff einen zentralen Stellenwert als Ziel pädagogischen Handelns bekommen. Ein Individuum, das seine Identität ausbalancieren kann, verfügt damit über folgende Fähigkeiten: »Es soll divergierende Erwartungen in seinem Auftreten berücksichtigen und dennoch Konsistenz und Kontinuität behaupten. Es soll einen vorläufigen Konsens über die Interpretation der Situation zustimmen, aber seine Vorbehalte gleichzeitig deutlich machen. Es soll sich um gemeinsame, eindeutige Handlungsorientierungen durch identifizierbare Präsentation seiner eigenen Erwartungen bemühen und gleichzeitig anzeigen, dass vollständige Übereinstimmung gar nicht denkbar ist« (*Krappmann, 1971: 101*).

Die Voraussetzung für eine angemessene »Identitäts-Balance« ist nach *Lothar Krappmann* dann gegeben, wenn das Individuum »Rollendistanz«, »Empathie«, »Ambiguitätstoleranz« und »Identitätsdarstellung« beherrscht. »Rollendistanz« beschreibt die Fähigkeit, sich den sozialen Erwartungen gegenüber reflexiv verhalten, sie interpretieren und verändern zu können. »Empathie« meint die Fähigkeit, die Perspektive des Interaktionspartners übernehmen zu können. »Ambiguitätstoleranz« bezieht sich auf die Fähigkeit, Widersprüche in den Rollenerwartungen aushalten zu können, und »Identitätsdarstellung« schließlich bedeutet die Fähigkeit, sich an Interaktionen kompetent beteiligen zu können (*Krappmann, 1972: 141 ff.*). In der »Identitätsdarstellung« werden die Fähigkeiten zur Rollendistanz, Empathie und Ambiguitätstoleranz verhaltensrelevant.

Mit der theoretischen Konzeptualisierung des Identitätsbegriffes haben wir nun einen Maßstab in der Hand, mit dessen Hilfe wir das Ziel sozialpädagogischer und sozialarbeiterischer Hilfe und Unterstützung unter den Bedingungen des Wandels der Moderne näher bestimmen können. Andererseits ist damit aber noch nicht deutlich geworden, unter welchen spezifischen gesellschaftlichen Rahmenbedingungen die Prozesse des Identitätswandels virulent werden und wie sie sich qualitativ voneinander unterscheiden lassen. Ein Blick in die Literatur zeigt, dass ein nicht unerheblicher Teil der Handlungskonzepte zur Identitätsarbeit durch einen intensiven Bezug auf krisentheoretische Kontexte bezogen sind. Diese Perspektive gerät leicht in die Gefahr, das Individuum handlungsunfähig und orientierungslos im Strudel der Identitätsbewältigung treiben zu sehen. Persönliche Umorientierungen werden so manchmal vorschnell als

»Identitätskrisen« gedeutet und zur Grundlage einer therapeutischen »Gefühls- und Identitätsarbeit« gemacht. Die Strategie der Therapeutisierung und Pädagogisierung und deren Kritik ist in der Literatur vielfältig dokumentiert (*Münchmeier, 1981; von Kardoff, 1982*).

Die Annahme, gesellschaftliche Modernisierungsprozesse provozieren beim Individuum Identitätskrisen oder gar »Dauerkrisen«, ist bei genauerer Betrachtung zu pauschal und müsste auf bestimmte soziale Gruppen oder soziokulturelle Milieus spezifiziert werden. Zwar lässt sich schon jetzt sagen, dass bestimmte Gruppen wie etwa arbeitslose Jugendliche und junge Erwachsene oder geschiedene Frauen besonders davon betroffen sind. Bei der breiteren Adressatengruppe der psychosozialen Gruppen- und Beratungsangebote dürfte die »Suche nach dem Lebenssinn« aber weitaus undramatischer verlaufen, als dies krisentheoretische Beratungs- und Therapiekonzepte vermuten lassen. Vor dem Hintergrund dieser Überlegungen schlagen *Dieter Frey und Karl Haußer* deshalb vor, den Begriff »Identitätskrise« ganz fallen zu lassen und statt dessen von »identitätskritischen Lebenslagen« zu sprechen. Dies soll »den falschen Zungenschlag vermeiden helfen, als handle es sich dabei immer um Leben und Tod, wie etwa beim medizinischen Krisenkonzept« (*Frey/Haußer, 1987: 12*). Damit wird unterstrichen, dass Identitätsbildungsprozesse nicht zwangsläufig Gegenstand institutioneller und professioneller Handlungsstrategien sein müssen, sondern durchaus auch in der Eigenverantwortung des Individuums oder selbstorganisierter Gruppen — wie dies etwa die Selbsthilfegruppen praktizieren — liegen können. Nach *Dieter Frey und Karl Haußer* lassen sich drei "Typen von »identitätskritischen Lebenslagen« unterscheiden, die jeweils Thema und Gegenstand unterschiedlicher Gruppenangebote sein können (*Frey/Haußer, 1987: 12 f.*):

»Gesellschaftlich periodisierte Krisenlagen« treten in modernen Gesellschaften in bestimmten Phasen des Lebenslaufes auf. Die jugendsoziologische Literatur hat sehr nachdrücklich die Konfliktträchtigkeit der Statuspassage zwischen Jugend und Erwachsenendasein herausgearbeitet. Mit der Ausweitung der Perspektive auf den gesamten Lebenslauf sind weitere typische Statuspassagen deutlich geworden. Häufig genannt werden der Übergang vom Studium in den Beruf, die Krise in der Lebensmitte, die Kontraktionsphase im Familienzyklus, wenn die Kinder die

Herkunftsfamilie verlassen, und das Ausscheiden aus dem Erwerbsleben. Gesellschaftlich periodisierte Krisenlagen bezeichnen Schaltstellen im Lebenslauf des Individuums, bei denen mit hoher Wahrscheinlichkeit typische soziale Umorientierungen auftreten.

»Individuelle Krisenlagen« treten nicht kohortenspezifisch auf und sind Ausdruck plötzlicher, meistens nicht vorhergesehener Ereignisse. Diese können positiv oder negativ bewertet sein. Als Beispiele lassen sich die plötzliche Krankheit oder der Tod eines Familienangehörigen oder auch undramatischer, die in der Folge von sozialräumlichen Veränderungen auftretenden Orientierungs- und Umorientierungsprozesse benennen. Da in diesen Situationen i. d. R. die routinisierten und stabilisierten Handlungsstrategien nicht mehr ausreichen, müssen neue Einstellungs- und Orientierungsmuster bzw. Verhaltensweisen gefunden werden.

»Individuelle Sinnkrisen« sind schließlich das Ergebnis eines oftmals »schleichenden« Prozesses, bei dem sich die sozialen Bedeutungszuschreibungen und Orientierungsmuster langsam verändern. Als Beispiel dafür kann die Veränderung von geschlechtsspezifischem Rollenmuster herangezogen werden. Individuelle Sinnkrisen sind von Umdeutungsentscheidungen begleitet, die im Bewusstsein des Individuums als Identitätsänderung wahrgenommen werden. Die gestiegene Nachfrage nach den »neuen Gruppentherapien« (*Ruitenbeek, 1974*) und die umfangreiche populäre Lebensberatungsliteratur können als Ausdruck zunehmender individueller Sinnkrisen interpretiert werden.

Mit der so gewonnenen Typologie lässt sich idealtypisch unterscheiden, ob es sich um manifeste Symptome existenzbedrohlicher Ereignisse oder um konflikthafte Umorientierungen von weniger dramatischem Ausmaß handelt. Es kann untersucht werden, ob die Ursachen dieser Ereignisse und Prozesse struktureller oder individueller Art sind, und es kann schließlich auch begründet entschieden werden, ob institutionelle Hilfeleistung sinnvoll oder individuelle Problemlösungskompetenzen ausreichend sind.

Wenn die Identitätsbildung nicht mehr ausschließlich auf die Jugendphase reduziert werden kann, sondern auch in verschiedenen anderen Phasen des Lebenslaufes von Bedeutung wird, dann erscheint es sinnvoll, die Prozesse der Identitätsbildung im Erwachsenenalter unter einem erweiterten Sozialisationskonzept zu betrachten. Notwendig ist dazu ein Konzept der Erwachsenensozialisation, das Identitäts- und Verhaltensänderungen auf der Basis von Einstellungsänderungen untersucht. Einstellungsänderungen werden, wie gezeigt, insbesondere an »Schaltstellen« des Lebenslaufes von Bedeutung. Damit werden »Wendepunkte in der Biographie« markiert, bei denen Erwartungshaltungen an den Einzelnen herangetragen werden, die mit den bisherigen in Konflikt treten. Die zur Verfügung stehenden Handlungsstrategien und Einstellungsmuster reichen nicht mehr aus, so dass es zu einer verdichteten Konfliktsituation kommt. Dabei spielt es nur eine untergeordnete Rolle, ob die Umorientierungen zugespitzt krisenträchtig oder relativ konfliktfrei ablaufen. In jedem Fall sind Einstellungsänderungen notwendig. Denn, sie sind, wie die Identitätsbildungsprozesse selbst, an interaktive und situative Bedingungen geknüpft und unterliegen dem Wandel gerade an den »Schaltstellen« biographischer Entwicklung. Die Identität ist dabei jene Instanz, »die sich vermittelnd und dirigierend zwischen Einstellungen und Verhalten schiebt, dass die drei in der Regel isoliert und theoretisch unverbunden diskutierten Themenkomplexe gemeinsam und in ihrem Verhältnis zueinander analysiert werden müssen. Während das Selbstbild als Identitätsdimension vor allem die sozialen Einstellungen tangiert, ist das reale Verhalten von der Art und Struktur der Ich-Identität . . abhängig« (*Griese, 1979: 225*).

Inszenierte Gemeinschaften als sozialpädagogische und sozialarbeiterische Gruppenangebote können als »Identitätswerkstätten« (*Matzat, 1987*) bezeichnet werden, in denen Unterstützungs- und Hilfsangebote für die »Identitätsarbeit« organisiert werden. Sie ermöglichen »eine gezielte erwachsenenpädagogische Arbeit hinsichtlich des Reflexivmachens der eigenen gesellschaftlichen und soziopsychischen Situation, sowie ein Aufzeigen und Durchspielen alternativer Orientierungen, Wertmuster und Verhaltensweisen und eine Konfrontation mit bisher unbekannten Informationen über Einstellungsobjekte« (*Griese, 1979: 227*).

Sozialarbeiterische und sozialpädagogische Gruppen verstehen sich als Sozialisationsangebote, die Erfahrungen und Widersprüche des Alltags und der darin eingelagerten Umorientierungen des Individuums selbst zum Gegenstand von Lernprozessen machen. Die Theorien des Lernens, die diesem Selbstverständnis zugrunde liegen, versuchen über die traditionellen lern- und entwicklungspsychologischen Ansätze hinaus, neue Formen eines alltagsnahen Lernens fruchtbar zu machen. Im Gegensatz zum Reiz-Reaktion-Schema meint das »Identitätslernen« einen bewussten und reflektierten Prozess der Einstellungsänderung. Damit wird betont, »dass die besondere Möglichkeit menschlichen Lernens in seiner Reflexivität begründet liegt. Der Mensch lernt nicht nur bewusst, sondern er wird sich seiner selbst bewusst, er vermag seine eigenen Grenzen und Möglichkeiten zu erkennen und sich über sein eigenes Tun und Lassen Rechenschaft abzulegen sowie seine Perspektiven mit denen anderer zu verschränken« (*Siebert, 1983: 62*).

Selbsthilfegruppen, psycho-soziale Gesprächsgruppen, Freizeitgruppen u. v. a. stellen in diesem Sinne ein Feld dar, in dem unter professioneller Anleitung oder selbstorganisiert, neue Einstellungen, Orientierungsmuster und Identitäten ausprobiert und eingeübt werden können. Die Aufgabe von Sozialarbeit besteht also darin, eine Palette von Gruppenangeboten für die verschiedensten Altersgruppen zu initiieren und pädagogisch zu begleiten. Neben dieser direkten Intervention wird es zunehmend zur Aufgabe von Sozialarbeit die Rahmenbedingungen zu organisieren, die die Schaffung und Gestaltung von Gruppenangeboten überhaupt erst möglich machen. Auf diesen Aspekt soll hier noch abschließend eingegangen werden.

Sozialpolitische Perspektiven

Ende der siebziger Jahre trat in der Diskussion um Sozialarbeit und Sozialpädagogik eine »sozialpolitische Wende« (*Böhnisch, 1982*) ein. Die Debatte um die »Grenzen des Wohlfahrtsstaates« (*Olk/Otto, 1985 a*) führte dazu, dass die Sozialarbeit ihre eigenen sozialpolitischen Voraussetzungen und Rahmenbedingungen kritischer wahrnahm und reflektierte. Unter steuerungspolitischen Aspekten wurde diskutiert, wie eine zunehmende Verrechtlichung der Sozialpolitik flexible und situationsangemessene Handlungsstrategien der Sozialarbeit behindert. Ordnungspolitische Analysen zeigten, wie bürokratische Organisationsformen politische und administrative Macht- und Herrschaftsinteressen gegenüber Klienten zur Geltung bringen. Berufssoziologische Untersuchungen verwiesen darauf, dass eine zunehmende Professionalisierung zu einer Schwächung der natürlichen Hilfssysteme wie Familie, Verwandtschaft und Nachbarschaft führt und diese immer mehr in Abhängigkeit von professionellen Hilfssystemen bringt (*Olk/Otto, 1985 b*).

Die Kritik war Anlass, neue administrative Organisationsmodelle und sozialpolitische Handlungskonzepte zu entwickeln. Die neuen Modelle gingen davon aus, dass immer mehr Leistungen »natürlicher« Hilfssysteme staatlich oder halbstaatlich erbracht werden und dies zu einer Schwächung personaler und sozialer Hilfskompetenz führt. Dieser »Gesellschaftsoption«, die steigenden Wohlstand und mehr Lebensqualität in mehr staatlichen Leistungen sieht, wird die »Gemeinschaftsoption« gegenübergestellt. So schreiben *Bernhard Badura und Peter Gross*: »Wenn es richtig ist, dass Anomie, Entfremdung, soziale Isolation, psychische Depression mit all ihren gesellschaftlichen Implikationen Folgen sozial schrankenlos fortgeschrittener Vergesellschaftung sind, dann stellt sich der Sozial- und allgemein der Gesellschaftspolitik die Aufgabe, dieser Entwicklung entgegenzuwirken, sie keinesfalls mit zu verstärken, zu einer Akzentverlagerung von der Vergesellschaftung zur Vergemeinschaftung beizutragen« (*Badura/Gross, 1976: 130*).

Die »Gemeinschaftsoption« zielt darauf, dass neben der Stärkung von Familie, Nachbarschaft und Verwandtschaft neue Formen solidarischer Selbsthilfe unterstützt und entwickelt werden. Vor diesem Hintergrund entstanden die unterschiedlichen Arten von Selbsthilfegruppen, die sich als »Korrektiv eines verfehlten Professionalisierungskurses« (*Kühl, 1983*) verstanden und Unterstützung und Hilfe bei der Bewältigung von kritischen Lebenslagen anboten. Neben diesen im engeren Sinne als Gesprächsgruppen zu verstehenden Selbsthilfegruppen entstanden aber auch Aktionsgruppen, Initiativgruppen, Nachbarschaftsgruppen, Eltern-Kind-Gruppen, Freizeit- und Kulturgruppen u. v. m. Indem diese Gruppen mehr Selbst- und Mitbestimmungsrechte einklagten und in ihrem sozialräumlichen Umfeld bessere Lebensbedingungen und mehr Lebensqualität forderten, erzwangen sie auch eine Umorientierung sozialarbeiterischer Handlungsperspektiven. Neben der direkten Beratung und Unterstützung von Gruppen wurde die Schaffung von infrastrukturellen Rahmenbedingungen als Voraussetzung für die Entstehung inszenierter Gemeinschaften immer wichtiger.

Die Handlungsperspektiven der Sozialarbeit richteten sich damit auf die sozialräumliche Umwelt ihrer Klienten und Adressaten, d. h. die Wohnbedingungen, die Lebensräume und das soziokulturelle Milieu. Methoden der direkten Intervention werden damit durch strukturorientierte oder »feldorientierte« (*Pankoke, 1986*) ergänzt, die sich auf die Förderung und Entwicklung der sozialen Infrastruktur richten. Das Methodenrepertoire erschöpft sich damit nicht mehr ausschließlich in den klassischen Konzepten der Gruppenpädagogik und Gruppentherapie. Der professionell Handelnde wird zusätzlich zum »Netzwerker« (*Kähler, 1983*), der Ersatz für versagende Gruppen organisiert, bestehende Gruppen durch Bereitstellung von Ressourcen unterstützt und bestehende Gruppen miteinander verbindet.

Die Erschließung von Netzwerken wird »zur Suche nach »Gemeinschaft« in der modernen Gesellschaft. Verwandtschaft tritt zurück hinter Bekanntschaften und Mitgliedschaften in Vereinen und Clubs« (*Wendt, 1986: 55 f.).* Gerade die unter dem Stichwort der Kulturarbeit sich entwickelnden Angebote können als Beispiel hierfür herangezogen werden. Ihnen geht es u. a. darum, nachbarschaftliche Netzwerke gegen die Anonymisierung und Parzellierung des Alltags wieder zurückzuerobern und neu zu gestalten. »Gegen die Vereinzelung der Bewohner, die Abgrenzung der Rollen und Sphären formieren sich so Festgemeinschaften, Bürgerinitiativen und Komitees, die Geselligkeit, Baupolitik, Rechtsberatung und Nachbarschaftshilfe in einem leisten. Gegen Kolonialisierung und bürokratische Fremdherrschaft baut sich stadtteilkultureller Eigensinn, gemeinschaftsgetragenes Selbstbewusstsein auf« (*Fuchs/Schnieders, 1982, 19*).

Der Gruppenarbeit fällt unter einer feldorientierten Perspektive die Aufgabe zu, soziale Freiräume und Nischen zu schaffen, die neue selbstorganisierte Beziehungsformen gemeinschaftlicher Hilfe möglich machen. Dies gelingt nur dann, wenn neben der direkten Beratung von Gruppen die lokalen und sozialpolitischen Rahmenbedingungen sozialarbeiterischen Handelns zum Ziel professioneller Einmischung und Veränderung gemacht werden. Gruppenarbeit in der Moderne hat nicht nur die Folgewirkungen einer individualisierten und pluralisierten Gesellschaft pädagogisch aufzufangen, sondern auch die Rahmenbedingungen dieser Veränderungen kommunalpolitisch und administrativ zu gestalten.

Literatur

Badura, B./Gross, P., 1976: Sozialpolitische Perspektiven. Eine Einführung in Grundlagen und Probleme sozialer Dienstleistungen, München.

Beck, U., 1983: Jenseits von Stand und Klasse? In: Kreckel, R. (Hrsg.): Soziale Ungleichheit. Soziale Welt. Sonderband 2, Göttingen.

Beck, U., 1986: Risikogesellschaft. Auf dem Weg in eine andere Moderne, Frankfurt.

Berger, P. L./Berger, P./Kellner, H., 1975: Das Unbehagen in der Modernität, Frankfurt/New York.

BMJFG (Hrsg.), 1985: Nicht-eheliche Lebensgemeinschaften in der Bundesrepublik Deutschland, Stuttgart.

Böhnisch, L., 1982: Der Sozialstaat und seine Pädagogik. Sozialpolitische Anleitung zur Sozialarbeit, Neuwied/ Darmstadt.

Brand, K.-W./Büsser, D./Rucht, D., 1986: Aufbruch in eine andere Gesellschaft, Frankfurt/New York.

Cohen, St./Taylor, L., 1977: Ausbruchversuche. Identität und Widerstand in der modernen Lebenswelt, Frankfurt.

Frey, H.-P./Haußer, K. (Hrsg.), 1987: Identität, Stuttgart.

Fuchs, A. H./Schnieders, H.-W. (Hrsg.), 1982: Soziale Kulturarbeit. Berichte und Analysen, Weinheim/Basel.

Giesecke, H., 1981: Vom Wandervogel bis zur Hitlerjugend. Jugendarbeit zwischen Politik und Pädagogik, München.

Griese, H., 1979: Identitäts- und Verhaltensänderung bei Erwachsenen. In: Ders.: Sozialisation im Erwachsenenalter, Weinheim/Basel.

Gross, P., 1983: Die Verheißungen der Dienstleistungsgesellschaft. Soziale Befreiung oder Sozialherrschaft, Opladen.

Gross, P., 1985: Bastelmentalität: ein »postmoderner« Schwebezustand? In: Schmid, Th. (Hrsg.): Das pfeifende Schwein, Berlin.

Habermas, J., 1981: Theorie des kommunikativen Handelns. 2 Bände, Frankfurt.

Kähler, H. D., 1983: Der professionelle Helfer als Netzwerker — oder: Beschreib' mir Dein soziales Netzwerk, vielleicht erfahren wir, wie Dir zu helfen ist. In: Archiv für Wissenschaft und Praxis der sozialen Arbeit. 4/1983: 225—244.

Kardoff, E. von, 1982: Die Strategie der Therapeutisierung — Zum veränderten Handlungstyp in der Sozialarbeit. In: Neue Praxis 1/1982: 1—11.

Keupp, H., 1985: Perspektiven psychologischer Praxis in einer sich spaltenden Gesellschaft. In: Neue Praxis 4/1985: 322-327.

Kühl, W. , 1983: Selbsthilfegruppen — Modeerscheinung oder Korrektiv eines verfehlten Professionalisierungskurses der Sozialpädagogik? In: Neue Praxis 1/1983: S. 37—45.

Laqueur, W., 1978: Die deutsche Jugendbewegung, Köln.

Liegle, L., 1987: Freie Assoziationen von Familien als »postmoderne« Lebensformen. In: Neue Praxis 1/1987: 1—14.

Matzat, J., 1987: »Identitätswerkstätten« zum (wieder) leben lernen. In: Das Parlament, 19/20.

Moeller, M. L., 1987: Selbsthilfegruppen, Reinbek.

Moeller, M. L., 1981: Anders helfen. Selbsthilfegruppen und Fachleute arbeiten zusammen, Stuttgart.

Münchmeier, R., 1981: Zugänge zur Geschichte der Sozialarbeit, München.

Nagel, H./Seifert, M. (Hrsg.), 1979: Inflation der Therapieformen. Gruppen- und Einzeltherapien in der sozialpädagogischen und klinischen Praxis, Reinbek.

Olk, Th./Otto, H. U. (Hrsg.), 1985 a: Der Wohlfahrtsstaat in der Wende. Umrisse einer künftigen Sozialarbeit, Weinheim/München.

Olk, Th./Otto, H. U. (Hrsg.), 1985 b: Gesellschaftliche Perspektiven der Sozialarbeit 4. Lokale Sozialpolitik und Selbsthilfe, Neuwied/Darmstadt.

Olk, Th./Otto, H.-U., 1987: Institutionalisierungsprozesse sozialer Hilfe — Kontinuitäten und Umbrüche. In: Dies. (Hrsg.): Soziale Dienste im Wandel, Neuwied/Darmstadt.

Pankoke, E., 1986: Ökologische Intervention und soziale Arbeit: Zur »Feldorientierung« aktiver Sozialpolitik. In: Brennpunkte Sozialer Arbeit. Ökologische Konzepte der Sozialarbeit, Frankfurt.

Plake, K., 1981: Die Sozialisationsorganisationen, Opladen.

Plessner, H., 1981: Grenzen der Gemeinschaft. Eine Kritik des sozialen Radikalismus. In. Ders. : Gesammelte Schriften Band V, Frankfurt.

Puch, H.-J., 1988: Inszenierte Gemeinschaften. Gesellschaftlicher Wandel und lebensweltliche Handlungsstrategien in der sozialen Arbeit, Frankfurt.

Puch, H.-J., 1990: Inszenierung wechselseitiger Hilfe und sozialer Unterstützung: Die Selbsthilfegruppen. In: Brennpunkte Sozialer Arbeit. Gruppenarbeit, Frankfurt.

Richter, H. E., 1972: Die Gruppe. Hoffnungen auf einen neuen Weg sich selbst und andere zu befreien, Reinbek.

Rüegg, W. (Hrsg.), 1974: Kulturkritik und Jugendkult, Frankfurt.

Ruitenbeek, H. M., 1974: Die neuen Gruppentherapien, Stuttgart.

Schäfers, B., 1983: Gruppenbildung als Reflex auf gesamtgesellschaftliche Entwicklungen am Beispiel der deutschen Jugendbewegung. In: Neidhardt, F. (Hrsg.): Gruppensoziologie, Opladen.

Tönnies, F., 1963: Gemeinschaft und Gesellschaft. Grundbegriffe der reinen Soziologie, Darmstadt.

Trojan, A. (Hrsg.), 1986: Wissen ist Macht. Eigenständig durch Selbsthilfe in Gruppen, Frankfurt.

Vilmar, F./Runge, B., 1986: Auf dem Weg zur Selbsthilfegesellschaft? 40 000 Selbsthilfegruppen; Gesamtüberblick, politische Theorie und Handlungsvorschläge, Essen.

Weber, M., 1972 a: Gesammelte Aufsätze zur Religionssoziologie. Band I, Tübingen.

Weber, M., 1972 b: Wirtschaft und Gesellschaft, Tübingen 1972 b.

Wendt, W. R., 1986: Die ökosoziale Aufgabe: Haushalten im Lebenszusammenhang. In: Umwelt — Lebenswelt, Frankfurt.

Wiegand, R., 1986: Gemeinschaft gegen Gesellschaft. Problematische Formen der Geborgenheit, Frankfurt.

Wurzbacher, G., 1961: Primärgruppen in der »Massengesellschaft«. In: Ders. (Hrsg.): Gruppe—Führung—Gesellschaft, München.

Wurzbacher, G., 1971: Die öffentliche freie Vereinigung als Faktor soziokulturellen, insbesondere emanzipatorischen Wandels im 19. Jahrhundert. In: Rüegg, W./Neuloh, O. (Hrsg.): Zur soziologischen Theorie und Analyse des 19. Jahrhunderts, Göttingen.

1982

Jugend und Gemeinschaftswohnen[34]

Einleitung

„Es gibt ein Bedürfnis, das wie kein anderes die Jugend bewegt, dessen Erfüllung ihnen das meiste bedeuten würde, das aber trotzdem in keiner Jugendproklamation, in keinem Jugendprogramm zu entdecken ist: das Bedürfnis nach einer Wohnung, einem eigenen Raum."[35)] Man könnte annehmen, dass diese Aussage im Zusammenhang mit der derzeitigen öffentlichen Diskussion um die jugendlichen Hausbesetzer gefallen ist. Tatsächlich ist diese Feststellung aber fast 50 Jahre alt. Schon in den 1930er und 1940er Jahren wurde die Bedeutung des sozialen Raums erkannt und in wissenschaftlichen Veröffentlichungen diskutiert.[36)]

Betrachtet man die gegenwärtige Diskussion um die Hausbesetzungen, so hat diese frühe Aussage nichts an ihrer Aktualität verloren: Die Verknappung des innerstädtischen Wohnraums, die Erhöhung der Mietpreise, die Vernichtung intakter Wohnbereiche und die Forderung nach neuen Formen des Gemeinschaftswohnens haben ein explosives Potential geschaffen, das in Selbsthilfeaktionen von Jugendlichen und jungen Erwachsenen kulminierte. „Instandbesetzung", ein Synonym für Gegenwehr und Selbsthilfe, wurde zum Schlagwort in der Öffentlichkeit und zum Programm der Hausbesetzer.

Die Suche nach einem geeigneten Wohnraum stellt in dieser Bewegung allerdings nur einen Teil der Forderungen dar. Von gleicher Bedeutung ist

---

[34] Veröffentlicht in: Archiv für Wissenschaft und Praxis der sozialen Arbeit. Heft 1/1982. Deutscher Verein für öffentliche und private Fürsorge. Frankfurt am Main. S. 29 – 43.

[35)] Reich, W.: Was ist Klassenbewusstsein? Kopenhagen-Paris-Zürich 1934, Reprint, S. 19.

[36)] Eine sehr interessante Studie aus den vierziger Jahren zum sozialräumlichen Verhalten, die nun wieder veröffentlicht wurde, liegt von M. Muchow/H. H. Muchow, Der Lebensraum des Großstadtkindes, Bernsheim 1978, vor.

die Suche von Jugendlichen nach geeigneten öffentlichen Räumen für selbstverwaltete Jugend- oder Kulturzentren. Nachdem aufgrund der sich überstürzenden Ereignisse in den Städten aber auch in der Provinz immer deutlicher wurde, dass mit den üblichen ordnungspolitischen Maßnahmen das Problem nur verdeckt, aber nicht gelöst werden kann, versuchen Städte wie Berlin oder Bern die Ursachen der Probleme stärker in die politischen Überlegungen miteinzubeziehen. Die Wissenschaft ihrerseits ist gefordert, abseits der tagespolitischen Entscheidungszwänge, ihren Beitrag in der Beschreibung und Erklärung dieser Ereignisse zu leisten. Denn mit dem Begriff „Instandbesetzung" verbindet sich nicht nur eine Kritik an der bestehenden Wohnungspolitik und ein tiefes Misstrauen gegenüber administrativen Planungs- und politischen Entscheidungsinstanzen, sondern auch ein Wandel der Einstellungen und Haltungen dem Wohnen gegenüber.

Die amtliche Statistik zeigt eine Zunahme der Einpersonenhaushalte zwischen den Jahren 1961 und 1978 um 8,7 % von 20,6 % auf 29,3 %)[37)], und bei einer Repräsentativbefragung bejahten 13,6 % der 14- bis 24jährigen und 6,5 % der 25 bis 34jährigen die Frage, ob sie selbst in eine Wohngemeinschaft ziehen würden (*Korczak 1979, S. 118*). Auffallend ist, dass die Haushaltsform der Wohngemeinschaft doch eine verhältnismäßig große Popularität gerade bei Jugendlichen und jungen Erwachsenen genießt. Eine Rolle spielt dabei, dass die in den späten sechziger Jahren vorherrschende negative Einstellung der Öffentlichkeit den Kommunen gegenüber einer wohlwollenderen Beurteilung gewichen ist (*Korczak 1979, S. 120*). Trotzdem bürgt der Begriff „Wohngemeinschaft" auch heute noch für eine nachhaltig kontroverse Beurteilung in der Öffentlichkeit. Während Jugendliche die Zerstörung von großen, alten Wohnungen beklagen, die als ideale Voraussetzungen für Wohngemeinschaften angesehen werden, sehen besorgte Erwachsene in der Ausbreitung von Wohngemeinschaften den Zusammenhalt und das Fundament der Familie gefährdet.

[37)] Statistisches Bundesamt: Private Haushalte, in: Presse- und Informationsamt der Bundesregierung (Hrsg.): Gesellschaftliche Daten 1979, S. 19.

Sieht man einmal von diesem politischen Streit — der durch das jeweilige Weltbild stark geprägt ist — ab, so fällt auf, dass die Vorstellung des Gemeinschaftswohnens in erster Linie von Jugendlichen und jungen Erwachsenen artikuliert wird. Auch bei den 25- bis 34jährigen sind Wohngemeinschaften zunehmend beliebter. Hin und wieder erfährt die Öffentlichkeit etwas über die Existenz von „Rentnerkommunen", aber zahlenmäßig betrachtet sind die 17- bis 24jährigen diejenige Altersgruppe, die am häufigsten in Wohngemeinschaften ohne Kinder wohnen und wo die meisten Sympathien für diese Wohnform geäußert werden (*Cyprian 1978, S. 193*). Deshalb kann man vermuten, dass das gegenwärtig aktuelle Problem des Gemeinschaftswohnens nur dann ausreichend erfasst werden kann, wenn allgemeine Erklärungen über die Phase der Jugend mit herangezogen werden. Es soll deshalb der Frage nachgegangen werden, warum gerade bei Jugendlichen das Wohnen so besonders konfliktreich geworden ist.

Zunächst wird eine lebenszyklische Perspektive herangezogen die zeigen soll, dass das Wohnen sich nicht ausschließlich auf die Form eines einheitlichen Familienwohnens reduzieren lässt. Dann wird das Wohnen unter der besonderen Situation des Jugendlichen diskutiert und gezeigt, dass der Ablösungsprozess des Jugendlichen von der Herkunftsfamilie Konflikte produziert, durch die Bestrebungen nach mehr räumlicher Autonomie verstärkt werden. Schließlich wird auf einige Möglichkeiten und Grenzen von Wohngemeinschaften eingegangen, um ihre spezifischen Leistungen besser beurteilen zu können.

Wohnen in der Familie, allein und in der Gemeinschaft

Das vorherrschende Bild vom Wohnen in unserer Gesellschaft hängt eng mit den Vorstellungen und Einschätzungen von der Familie als Institution zusammen. „Die Familienwohnung als Raumtatsache wird überhaupt erst sinnhaft als ein Stück Umwelt erschlossen, wenn sie als Gegenstand und Rahmenbedingung für familiäres oder familiär geprägtes Verhalten interpretiert und genutzt wird" (*Bahrdt 1974, S. 125*). Die Vorstellung vom familiären Verhalten wird nicht einheitlich beurteilt und unterliegt außerdem einem historischen Wandel. So machte sich gerade im vergangenen Jahrzehnt eine zunehmende Skepsis gegenüber der Leistungsfähigkeit der Familie breit.

Das familiensoziologische Paradigma von der „isolierten Kernfamilie" (*Talcott Parsons,* 1902-1979) ging von der gestiegenen Abschottung der Kleinfamilie gegenüber ihrer Umwelt, von dem Verlust bisher ausgeübter Funktionen (*William Fielding Ogburn,* 1902-1979), von der gesellschaftlichen Desintegration (*René König, 1906-1992*) und von der Schrumpfung zur Kleinfamilie (*Emile Durkheim, 1858-1917*) aus. Damit verband sich die Vorstellung, dass die Familie der Aufgabe der Erziehung nicht mehr gerecht werden kann, dass sie tradierte Rollenerwartungen zementiere, die eine Benachteiligung der Frau zur Folge haben. (*Feil 1972,* S. 20) und dass zunehmende Scheidungsziffern und wachsende Kommunikationsunfähigkeit zwischen den Familienmitgliedern ein Indiz für die Krise der Familie seien. Neuere Untersuchungen über die Familie gehen in ihren Einschätzungen nicht so weit. Sie sprechen zwar auch davon, dass die Familie Funktionen abgeben musste, weisen aber darauf hin, dass neue Aufgaben und Funktionen hinzugekommen sind (*Bahrdt 1980).* Auch die Isolierung der Kernfamilie scheint nicht so dramatisch zu sein, wie das bisher angenommen wurde, so existieren doch horizontale und vertikale Verbundsysteme, in welche die Kernfamilie eingebettet ist (*Litwak, Sussman*). Damit bestätigt sich, dass die Auflösungserscheinungen der Institution Familie nicht so tiefgreifend anzusehen sind, wie manche pessimistische Einschätzungen glauben machen wollten).[38)] Bedeutet das nun — im Sinne unserer Eingangsthese —, dass das Familienwohnen sich als ausschließliche oder dominante Wohnform im Bewusstsein der Bevölkerung festgesetzt hat? Gibt es tatsächlich überwiegend nur diese Wohnform?

Mit der Kritik an der Kernfamilie in den späten sechziger Jahren war die ihr entsprechende Wohnform obsolet geworden. Wesentliche Kritikpunkte daran waren die dem Familienwohnen inhärente Tendenz der „Trennung eines

---

[38)] So etwa bei Feil 1972: „Die bürgerliche Kleinfamilie scheint eine überholte Erscheinung in der Leistungsgesellschaft zu sein" (S. 20).

[39)] Rieck, Horst: Zwangsfamilie oder Terror der offenen Tür?, in: J. A. Schülein, Kommunen und Wohngemeinschaften, Gießen 1978: „Als sie im Mai 1969 endlich zusammenziehen konnten — 13 Erwachsene und 2 Kinder — machten sie sich erstens daran, das Symbol ihres Kollektivs zu schaffen: den Gemeinschaftsraum" (S. 155).

Privat- und Intimbereichs vom öffentlichen Leben, geschlechtsspezifische Rollendefinitionen, die wie naturgewachsene Gegebenheiten hingenommen werden müssen, strenge Arbeitsteilung zwischen Mann und Frau und wirtschaftliche Abhängigkeit der Kinder von den Eltern" (*Kommune 2 1969, S. 11*). In den Kommunen erhielt deshalb das Kollektiv Vorrang vor dem Individuum, Gemeinschaftsräume Präferenz vor Einzelräumen[39)] Es wurden theoretische Anleihen bei historischen Vorläufern der Kommunebewegung gemacht, wobei besonders stark auf die Kommunen der nachrevolutionären Sowjetunion Bezug genommen wurde (*Reich 1969, S. 264 ff.)*. Es waren aber gerade die restriktiven Bedingungen dem Einzelnen gegenüber, welche das Scheitern dieser Modelle bewirkte (*Rieck 1978, S. 155*). Aus den gemachten Erfahrungen entwickelten sich neue Formen des Zusammenlebens — die Wohngemeinschaften — die zum Teil mit einem ziemlich pragmatischen Anspruch eine ausgewogene Balance zwischen Individuum und Gemeinschaft herzustellen versuchten. Damit hatte sich, auf der Kritik der Kernfamilie basierend, eine neue Wohnform entwickelt, die, wenn auch erst in ihren Anfängen und zahlenmäßig noch recht bescheiden, eine Alternative zu der Form des Familienwohnens bedeutete.

Die Gegenüberstellung von Wohngemeinschaften und Familienwohnen bleibt allerdings unzulänglich. Geht man von einem weniger statischen Bild der Familie aus und untersucht ihre verschiedenen Phasen der Entwicklung so zeigt sich, dass das Familienwohnen als keine einheitliche, in sich geschlossene Wohnform anzusehen ist. Anhand des Familienzyklus ist zu erkennen, dass verschiedene Phasen der Interaktionsverdichtung und -verdünnung jeweils eigene Probleme und Lösungen im Bereich des Wohnens hervorbringen und damit die Betrachtung des Familienwohnens als ein einheitliches und undifferenziertes Orientierungsmuster eine unzulässige Vereinfachung darstellt (*Familie und Wohnen 1976, S. 34 ff.)*. So werden unterschiedliche Anforderungen an die Wohnung und die Wohngestaltung eines kinderlosen Ehepaares, der Familie mit Kindern und schließlich des Ehepaares der „nachelterlichen Gefährtenschaft" (*Rosenmayr, L. 1966, S. 59*) gestellt: Unter diesem Gesichtspunkt verwandelt sich die statische Sicht des Familienwohnens in eine dynamische und gibt eine differenzierte Struktur des Wohnens der Familie frei. Bezieht man weiter das Konzept des Lebenszyklus in die Überlegungen mit ein (*Matthes 1978*), so sind das Alterswohnen als eine besondere Form des Einzelwohnens und das vorfamiliale Wohnen mit seiner Tendenz sowohl zum Einpersonenhaushalt als auch zum Mehrpersonenhaushalt in Form von Wohngemeinschaften zusätzlich zu diskutieren.

In der Bundesrepublik, aber nicht nur dort, ist eine starke Tendenz zum Einpersonenhaushalt festzustellen. Belief sich der Anteil dieser Haushaltsform im Jahre 1950 noch auf 19,4 %, so stieg er im Jahre 1978 auf 29,3 % der Gesamthaushalte.[40)] Die Gründe dafür sind in der steigenden Zahl der Gastarbeiterhaushalte, dem häufigeren Alleinwohnen von älteren Menschen (Witwenhaushalte), der Zunahme von Ehescheidungen, wodurch die Partner — wenn auch nur vorübergehend — gezwungen sind, einen eigenen Haushalt zu gründen, und in dem früheren Verlassen der Herkunftsfamilie zu suchen. So zeigt die Sozialerhebung des Deutschen Studentenwerks, dass im Sommersemester 1979 zum Beispiel nur noch 22 % der Studenten bei ihren Eltern beziehungsweise Verwandten wohnten[41]).

Gerade bei diesem Personenkreis hat sich eine starke Veränderung der Wohnnormen bemerkbar gemacht. So wird in der oben erwähnten Erhebung ein Anteil von 18 % der Studenten, die in Wohngemeinschaften leben, genannt, und Schätzungen, die sich auf alle Personengruppen beziehen, liegen zwischen 30000 und 65 000 Wohngemeinschaften (*Korczak 1978, S. 147; Korczak 1980, S. 23*) bei einer durchschnittlichen Zahl von 5 bis 6 Mitgliedern. Das Leben in der Gemeinschaft aus ökonomischen Gründen, aus Angst vor einer eventuellen Isolation durch das Einzelwohnen oder zur Organisierung von persönlichen Lernerfahrungen (*Korczak 1979, S. 104, Cyprian 1978, S. 24 ff.)* erfreut sich wachsender Beliebtheit. Besonders unter Studenten ist eine positive Bewertung stark verbreitet. So gaben bei der schon erwähnten Sozialerhebung 31 % der Befragten an, dass sie gerne in einer Wohngemeinschaft wohnen möchten.[42)] Politischen Zündstoff enthält diese Entwicklung dann, wenn der dafür notwendige Wohnraum wegen

---

40) Statistisches Bundesamt, a.a.O., S. 19.

41) 9. Sozialerhebung des Deutschen Studentenwerks, Ausgewählte Daten, in: Deutsches Studentenwerk, Jahresbericht 1979, Bonn 1980, S. 60.

42) 9. Sozialerhebung des Deutschen Studentenwerks, a.a.O.

Sanierungen oder gestiegenen Mietpreisen nicht mehr zur Verfügung steht. Denn trotz der Zunahme von Wohngemeinschaften bei älteren, erwerbstätigen Personen mit besseren finanziellen Verdienstmöglichkeiten sind es überwiegend sozial schwache Personengruppen, die in der Gemeinschaft wohnen wollen. Der moderne Wohnungsbau sieht diese Wohnform aber nicht vor. Kommt dann noch die Vernichtung von großen Altbauwohnungen, die gerade günstige Voraussetzungen für Wohngemeinschaften bieten, dazu, führt dies zu einer drastischen Verknappung der Wohnmöglichkeiten in der Gemeinschaft.

Dieser kurze Überblick soll verdeutlichen, dass es nicht gerechtfertigt erscheint, von einer einheitlichen Form des Wohnens — dem Familienwohnen — auszugehen. Greift man das Familienwohnen, als zweifellos häufigste Wohnform, heraus, so zeigt sich bei näherer Betrachtungsweise seine Uneinheitlichkeit und Vielgestaltigkeit. Daneben existieren noch weitere Formen: das Einzel- und Gemeinschaftswohnen. Beide erfreuen sich einer wachsenden Beliebtheit. Während Wohnraum der ersten Art, wenn auch nicht ausreichend, so doch vorhanden ist, (1972 standen den 26,2 % der Einpersonenhaushalte 2,1 % an Wohnungen mit einem Raum und 8,0 % mit zwei Räumen gegenüber[43]) ist es für junge Leute nach wie vor schwierig, ausreichend großen Wohnraum für Wohngemeinschaften zu finden. Werden die Altbauten in Großstädten - die gute Voraussetzungen für Wohngemeinschaften bieten - luxusmodernisiert, steigen die Mietkosten enorm an und lassen eine Finanzierung durch sozial schwache Gruppen nicht mehr zu. Will eine Wohnungspolitik auf geäußerte Bedürfnisse und sich anbahnende Entwicklungen eingehen, kann ihr Leitbild nicht die Uniformität, sondern nur die Pluralität von Wohnformen sein. Wohnungsnot 1981, inzwischen zum Schlagwort geworden, macht deutlich, dass die Krise des Wohnens ihren Ursprung auch in den gewandelten Einstellungen zum Wohnen hat.

---

43) Statistisches Bundesamt: Private Haushalte und Qualitätsmerkmale des Wohnungsbestandes, a.a.O., S. 19 und 237.

Die sozialräumliche Verselbständigung von Jugendlichen

Die Jugend wird im allgemeinen als eine krisenhafte Phase in der Entwicklung des Individuums vom Status des Kindes zu dem des Erwachsenen verstanden (*Allerbeck/ Rosenmayr 1976, S. 19*). Dieser Übergang kann in der Familie allein nicht realisiert werden, da die Verhaltensmuster der Familie anderen Regeln und Erwartungen unterliegen als die in den sekundären Gruppen der Gesellschaft praktizierten (*Eisenstadt 1966*). Die Ursache dieser Entwicklung liegt in einer Ausweitung des Rollensets, die eine Distanz zu den vorangegangenen sozialen Beziehungen notwendig macht, um die Inhalte der bisherigen Rollenerwartungen kritisch zu prüfen und neue Rollenerwartungen in den Prozess der Persönlichkeitsentwicklung integrieren und modifizieren zu können (*Döbert/Nunner-Winkler 1975*). Die Rollen- beziehungsweise Verhaltenserwartungen haben neben einer Handlungs- und normativen Ebene auch eine sozialräumliche. Diese hebt darauf ab, dass Interaktionen zwischen Individuen durch ein gegebenes räumliches Zueinander bestimmt sind (*Simmel 1908*).

Damit sind zwei Aspekte verbunden. Erstens scheinen sozialräumliche Gebilde außerhalb von Individuen zu existieren und den Einzelnen die Bedingungen des Handelns vorzugeben: So schließen Grenzen Interaktionsbeziehungen aus oder erschweren sie, mit symbolhafter Bedeutung besetzte sozialräumliche Gebilde lassen — wie die Beispiele Theater und Kirche zeigen — nur bestimmte Formen der Interaktion zu und Gebietshoheit dokumentiert Herrschaftsansprüche und Definitionsmacht, bei deren Missachtung mit Sanktionen zu rechnen ist.

Zweitens werden sozialräumliche Gebilde von Individuen immer wieder aufs Neue gestaltet und umdefiniert. Ebenso wie vorgegebene Rollenerwartungen für das Individuum keine sklavenhafte Bindung und Übernahme dieser Erwartungen bedeuten, ist es auch unerlässlich, sozialräumliche Gebilde und sozialräumliches Verhalten einer Interpretation und Eigendefinition zu unterziehen: So hat der Einzelne zu bestimmen, wie das sozialräumliche Verhältnis von Nähe und Distanz zu gestalten ist, wie die Bedeutung sozialräumlicher Gebilde erschlossen werden kann, wo eigene „sozialräumliche Drehpunkte" (*Simmel 1908*) gebildet und gegenüber

Grenzüberschreitungen behauptet werden können und wie eine besondere Form der Fixierung sozialer Drehpunkte — das Wohnen — definiert und realisiert werden soll (*Matthes 1978*). Der Prozess der Definition und Re-Definition bedarf des Aushandelns zwischen den Individuen. Die soziologische Bedeutung der sozialräumlichen Ebene erschließt sich damit in ihrer Doppelbedeutung als Strukturierung des Raums durch handelnde Individuen und des vorstrukturierten Raums auf handelnde Individuen.

Die besondere Schwierigkeit in der Jugendphase besteht gerade in der Einschränkung der Strukturierungsmöglichkeit des sozialen Raums durch den Jugendlichen. 1972 verfügten 70,0 % der in Familien lebenden 15- bis 18jährigen Jugendlichen über ein eigenes Zimmer[44)]. Die Autonomie konnte dadurch aber nur begrenzt erhöht werden. So zeigt *Ruede-Wissmann* in seiner Untersuchung, „dass durch eine räumliche Zuweisung allein eine konfliktmindernde Autonomie nicht erzeugt wird und eine isolierte Betrachtung des eigenen Zimmers nicht die Wechselwirkung zwischen räumlicher Tatsächlichkeit und Verhaltensweisen berücksichtigt"[45)]. Andererseits ist es gerade für das spätere Wohnverhalten von großer Bedeutung, welche Lernerfahrungen in Bezug auf das sozialräumliche Verhalten gemacht wurden. Wir bewegen uns hier zwar auf einer hypothetischen Ebene, weil empirische Arbeiten über diesen Zusammenhang nicht ausreichend vorhanden sind, die Forschungsergebnisse über die Entwicklung des räumlichen Denkens (*Mühlich 1978, S. 75 ff.)* lassen einen solchen Zusammenhang aber als sehr plausibel erscheinen.

So wichtig es wäre, dem Jugendlichen flexible sozialräumliche Lernerfahrungen zu ermöglichen, so wenig kann davon ausgegangen werden, dass diese konfliktfrei zu realisieren sind. Der Grund ist in der Jugendphase selbst zu suchen, die durch eine eher ambivalente Entwicklung gekennzeichnet ist. Der Jugendliche gerät aufgrund des notwendigen Ablösungsprozesses vom Elternhaus in ein Dilemma, das nur schwer zu

---

[44)] Statistisches Bundesamt (Hrsg.): Wirtschaft und Statistik, Heft 1/1975, Wohnungen, S. 43.

[45)] Ruede-Wissmann, Wolf: Wohnen und Wahrnehmen. Eine Untersuchung über Wohnerfahrung von Jugendlichen, Berlin 1979, S. 187.

lösen ist. Einerseits gehen seine Bestrebungen dahin, möglichst die sozialräumliche Distanz zu den Eltern zu vergrößern, um Konflikte leichter verarbeiten zu können, andererseits ist er aufgrund der sozialräumlichen Bindungen an das Elternhaus gezwungen, die räumliche Nähe zu den Eltern aufrechtzuerhalten (*Matthes 1978, S. 160*). Diesem Dilemma versuchen Jugendliche dadurch zu entgehen, dass sie die Forderung nach einem eigenen Raum oder der eigenständigen Nutzung von Gemeinschaftsräumen verstärken. Damit kann die elterliche Kontrolle gemildert werden und eigene Vorstellungen der Raumgestaltung und Lebensweise sind leichter zu verwirklichen. Sind diese Möglichkeiten nicht gegeben, werden die Aktivitäten zunehmend mehr auf öffentliche Plätze verlagert. Straßenecken, Kneipen, Kinos, Jugendzentren etc. sind dann die Orte, an denen ein unkontrollierter Umgang mit Gleichaltrigen gesucht wird[46)].

Die Gleichaltrigen und ihre Form des Sozialkontaktes, die altershomogene Gruppe, haben für die Persönlichkeitsentwicklung des Jugendlichen eine große Bedeutung. In ihr eröffnet sich die Möglichkeit, unabhängig von dem Einfluss Erwachsener neue Formen von Autoritätsbeziehungen einzuüben, in einer Identitätskrise neue Arten des Selbstbewusstseins aufzubauen, das Solidaritätspotential auf außerfamiliale Gruppen auszuweiten und gegenüber dem Leistungs- und Anpassungsdruck der Erwachsenenwelt eine entlastende Funktion einzunehmen (*Neidhardt 1970, S. 71 f.*). Die altershomogene Gruppe ist der direkten elterlichen Kontrolle nicht mehr so massiv ausgesetzt und bekommt dadurch den Charakter eines Übungsfeldes zum Erlernen außerfamilialer Rollenerwartungen (*Eisenstadt 1966*). In Bezug auf das Wohnen ergeben sich durch die Gruppe der Gleichaltrigen einige Probleme. Will der Jugendliche seine gleichaltrigen Freunde mit nach Hause bringen, setzt er sie und sich der direkten elterlichen Kontrolle aus. Ist kein eigenes Zimmer vorhanden, sind die Möglichkeiten des Besuchs von vorneherein reduziert. Während die altershomogene Gruppe gerade eine Rückzugsmöglichkeit garantieren soll, kommt es unter den Bedingungen des Familienwohnens zu einer doppelten sozialen Kontrolle. Wird der

---

46) Unter diesem Gesichtspunkt ist die Forderung nach einem „Autonomen Jugendzentrum" von großer Bedeutung.

Freundeskreis von den Eltern nicht akzeptiert, muss der Jugendliche die Berechtigung seines Sozialkontaktes legitimieren. Wird der Besuch von Freunden erlaubt, unterliegt die Art und Weise der Gestaltung der Beziehung der direkten oder indirekten elterlichen Kontrolle.

Eigenständigkeitsbestrebungen im Umgang mit gleichaltrigen Freunden und Autonomieforderungen gegenüber der direkten elterlichen Kontrolle lassen das Bedürfnis nach einem eigenen, unkontrollierten Raum besonders stark hervortreten. Unter den Bedingungen eines beengten Wohnraums ist die Verwirklichung dieses Wunsches nur bedingt möglich. Damit nehmen die Bestrebungen zu, außerhalb der elterlichen Wohnung zu einer Kompensation der mangelhaft gestalteten sozialräumlichen Beziehungen zu kommen. Gerade der öffentliche Raum lässt eine individuelle, privat begründete Grenzziehung nicht zu und ermöglicht nur bedingt Rückzugsstrategien für den einzelnen. Das Prinzip der sozialräumlichen Fixierung von Interaktionsbeziehungen wird dadurch partiell in Frage gestellt und es kommt zu einer Phase „sozialräumlicher Diffusion" (*Matthes 1978, S. 161*).

Ganz besonders verschärft sich diese Situation, wenn das Bedürfnis nach gegengeschlechtlichen Kontakten verstärkt auftritt. Unter den gegenwärtigen Bedingungen hat sich eine Liberalisierung der Sexualmoral durchgesetzt, die nicht von vornherein den Sexualkontakt von Jugendlichen denunziert und mit massiver Sanktionsgewalt verfolgt. Wenn er auch nicht direkt gebilligt oder etwa noch gefördert wird, so wird er doch zumeist als Tatsache toleriert oder notgedrungen hingenommen. Damit drängt sich die Frage auf, ob eine freizügigere Sexualmoral nicht zusätzliche Schwierigkeiten provoziert. Will man keine restriktive Handhabung der jugendlichen Sexualkontakte, so ist die notwendige Konsequenz, die sozialräumlichen Bedingungen für einen gegengeschlechtlichen Kontakt von Jugendlichen nicht zu erschweren[47)]. Unter diesem Gesichtspunkt erhält die Tendenz von Jugendlichen und jungen Erwachsenen, immer früher ihre Herkunftsfamilie zu verlassen und

[47)] Ob das Beispiel Japan, wo in Tokio Stundenhotels für junge Leute geschaffen wurden, der richtige Weg ist, bleibt allerdings fraglich.

nach eigenen Wohnmöglichkeiten zu suchen, einen hohen Grad an Rechtfertigung.

Nun erklärt das bisher Diskutierte nur, warum bei Jugendlichen und jungen Erwachsenen verstärkte Bestrebungen nach Unabhängigkeit von den Eltern und einer eigenen Wohnung anzutreffen sind, nicht aber hinreichend, warum gerade die Form des gemeinschaftlichen Wohnens sich wachsender Beliebtheit erfreut. Ein Hinweis ist in der Bedeutung der altershomogenen Gruppe zu finden. Warum soll nur die aushäusige Freizeit in altershomogenen Gruppen verbracht und nicht auch der Alltag des Wohnens gemeinsam erfahren werden? Diese Überlegung ist sicherlich nicht von der Hand zu weisen. Andererseits ermöglicht auch die Form des Einzelwohnens einen hohen Grad an Kontakt zu Gleichaltrigen, wenn dies überhaupt angestrebt wird. Wie eine Untersuchung der Gesellschaft für angewandte Sozialpsychologie zeigt, besteht kein Zusammenhang zwischen Art und Größe des Bekanntenkreises und der Wohnform. „Jeder Mensch, folglich auch jeder Alleinlebende, wünscht sich im Grunde das Eingebundensein in einen Freundes- und Bekanntenkreis und wünscht sich die Erfüllung seiner Bedürfnisse nach Zärtlichkeit und Erotik. Wohl aber besteht die Abhängigkeit von der psychischen Befindlichkeit in der Fähigkeit zur Realisierung solcher Wünsche" (*Schreiber 1978, S. 282*).

Die Zunahme der Wohngemeinschaften muss also neben den Autonomiebestrebungen des Jugendlichen und der Kontaktsuche zu Gleichaltrigen noch aus anderen Ursachen erklärt werden. Diese sind in einer veränderten Wertorientierung zu suchen. Es sind ja in der Regel Jugendliche, die wie Seismographen gegenüber Veränderungen von bestehenden Normen und Werten reagieren und diese auch einer kritischen Überprüfung unterziehen. Diese Wert- und Normensensibilität im Jugendalter ist Ausdruck der Entwicklung des moralischen Bewusstseins, als allgemeine Prüfinstanz für ein gegebenes Wertsystem (*Kohlberg / Kramer 1963 ; Habermas 1973 und 1976*). Die Bedeutung liegt in der „Transformation der strikt rollengebundenen Identitätsformationen der vorangegangenen Periode in eine stärker individualisierte, relativ rollenunabhängige Form der Integration des Persönlichkeitssystems" (*Döbert / Nunner-Winkler 1975, S. 41*).

Ausgelöst wird die Entwicklung durch eine qualitative und quantitative Ausweitung des Rollensets. Rollenkonflikte werden nun nicht mehr aufgrund von hierarchisierten Rollenschemata gelöst. Auf der kognitiven Ebene werden Fähigkeiten des formal-operationalen Denkens erworben, mit deren Hilfe abstrakte Alternativen der Wirklichkeit erkannt werden. Mit dieser Möglichkeit kann das eigene Selbst alternativ gedacht werden, was zu einer Problematisierung der bisherigen Rollenidentität und zu einer übersteigerten ich-bezogenen Reflexion führt. Neben der alternativen Reflexion des eigenen Selbst erfolgt eine Reflexion des gesamten sozialen Systems. Da aufgrund des „adoleszenten Egozentrismus" (*Piaget 1972*) die eigene Sichtweise nicht als relative durchschaut werden kann und wegen der geringen Partizipationsmöglichkeit an gesamtgesellschaftlichen Planungs- und Entscheidungsprozessen eine Korrektur von außen nicht möglich ist, werden gesellschaftliche Tatbestände utopisch spekulativ reflektiert.

In der Frühadoleszenz (ab dem 13. Lebensjahr) kommt es, da die dogmatischen Gehalte der alten Rollenidentität erst einmal überdacht werden, zu einer Distanzierung vom Elternhaus. Hat sich der Jugendliche als unabhängiges Subjekt von den Eltern erfahren, können verbindliche Wertorientierungen, als Realisierung des Selbst, gefahrlos entwickelt werden.

Die Auseinandersetzung mit bestehenden Wertorientierungen findet auch hinsichtlich des Wohnens statt. Es konnte schon weiter oben kurz auf die Entstehung von Wohngemeinschaften im Zusammenhang mit der Studentenbewegung der späten 60er Jahre eingegangen werden. Gerade in dieser Anfangsphase prägte die Kritik an der Kleinfamilie — eingebettet in eine umfassende Gesellschaftskritik — in weitreichendem Maß die Entscheidung, eine Wohngemeinschaft zu gründen. Aufhebung der Trennung von privatem und öffentlichem Bereich, Transparentmachung der gesellschaftlichen Ursachen individueller Verhaltensweisen, Abbau der geschlechtsspezifischen Arbeitsteilung und Relativierung der elterlichen Autorität gegenüber den Kindern waren wesentliche Ansprüche an diese neue Form des Gemeinschaftswohnens (*Kentler 1972, S. 9 f.)*. Da man zu wenig bedacht hatte, dass die Erfahrungen und Prägungen aus der Kleinfamilie nicht in einem voluntaristischen Akt beseitigt werden konnten, führten diese Vorstellungen zu neuen Konflikten in der Gemeinschaft und nicht selten zur Auflösung der kollektiven Wohnform.

Mit der dann aufkommenden ökologischen Diskussion und einem sich immer weiter ausbreitenden Misstrauen gegenüber administrativen Planungs- und politischen Entscheidungsprozessen wurde die Diskussion um die Wohngemeinschaften neu belebt. Der Familie wurde in diesem Zusammenhang vorgeworfen, dass sie mit den ohnehin knappen Ressourcen auch noch verschwenderisch umgehe und einem Konsumfetischismus fröne, der zu Lasten benachteiligter sozialer Gruppen, aber auch der Allgemeinheit gehe. Im Zusammenhang mit den deutlicher werdenden „Grenzen des Wachstums" (*Meadows 1972*) bildeten sich neue Formen des kollektiven Lebens heraus. Landkommunen und handwerkliche Lebens- und Arbeitsgemeinschaften sind nur zwei Formen dieser Entwicklung. Die Kritik der Familie mündete damit in eine umfassende, welche die Trennung von Lebens- und Arbeitszusammenhängen zum Gegenstand der Überlegungen machte. Das Aussteigen aus separierten sozialen Zusammenhängen und der Aufbau ganzheitlicher sozialer Lebenswelten auf fernen griechischen Inseln gehörten ebenso dazu wie die Gründung von Freizeit-, Handwerks- und Kulturprojekten[48)], die ihr Leben im „Hier und Jetzt" neu organisierten.

Indem die Bewegung sich ausbreitete, konnte auch die anfängliche Isolierung einzelner Projekte und Wohngemeinschaften aufgehoben oder reduziert werden. Man fühlte sich nunmehr einer Bewegung zugehörig, deren genaue Bestimmung zwar nur schwer möglich war, die aber trotzdem einen hohen Grad an kollektiver Identität erzeugte: der Alternativbewegung (*Huber 1979 und 1980*). In erster Linie handelt es sich um selbstorganisierte Projekte, die im Bereich Freizeit, Kultur, Handwerk und Politik angesiedelt sind und sich von den Ideen der Frauen-, Ökologie- und Sponti-Bewegung leiten lassen. „Es gibt das 'subjektive' Kriterium auf Gegenseitigkeit, sich

---

[48)] siehe: Loccumer Protokolle 11/1975, Wohnbedürfnisse der Zukunft, Loccum 1975, s. 90. Als Beispiel sei auf die „Fabrik für Kultur, Sport und Handwerk e.V." verwiesen; dazu: Ästhetik und Kommunikation, Jg. 10, Heft 35, März 1979, S. 39 ff.

[49)] Wend, Christian: Netzwerk Selbsthilfe, in; Jarchow, K. (Hrsg.): Dörfer wachsen in der Stadt. Beiträge zur städtischen Gegenkultur, Alpen 1980, S. 227 ff.

durch ideelle und praktische Teilhabe zugehörig zu fühlen und von nahestehenden Leuten und Gruppen als zugehörig betrachtet zu werden" (*Huber 1980, S. 28*). Mit der Ausbreitung der Alternativbewegung setzten verstärkte Bestrebungen zur Vernetzung der aufgebauten Projekte und zur Organisierung eines gemeinsamen Erfahrungsaustausches ein. Damit wurde eine Infrastruktur etabliert, die von Buchläden, Landkommunen, Zeitungen etc. bis zu Wohngemeinschaften reicht und ihren vorläufigen Höhepunkt in der Gründung der „Netzwerk Selbsthilfe"[49]) fand.

Im Zusammenhang dieser umfassenderen Alternativbewegung kristallisierte sich damit eine weitere Leitidee in der letzten Zeit stärker heraus, die zum Teil auch auf Wohngemeinschaften übergriff: die Selbsthilfe. So ist ein alter sozialpolitischer Prinzipienstreit um „Selbsthilfe" oder „Staatshilfe" wieder virulent geworden, der lange Zeit zugunsten der Staatshilfe entschieden wurde. Erfahrungen der Jugendlichen und jungen Erwachsenen mit den Angeboten und Restriktionen eines etablierten Kultur- und Politikbetriebs ließen Forderungen nach mehr Autonomie laut werden. Gleichzeitig besann man sich auf die eigenen vorhandenen Selbsthilfepotentiale und versuchte diese, abseits staatlicher und bürokratischer Eingriffe, zur Entfaltung zu bringen. Therapeutisch orientierte Wohngemeinschaften leisteten Unterstützungstätigkeiten in der Drogenarbeit, Kulturinteressierte schlossen sich zu einer Lebens- und Arbeitsgemeinschaft zusammen, entwickelten eigene Formen der nicht staatlich subventionierten Kulturarbeit und bezogen eine interessierte Öffentlichkeit als Publikum und Akteure mit ein, junge Leute zogen aufs Land, entwickelten neue Formen der ökologischen Anbau- und Produktionsweise und versorgten sich aus ihren Erträgen selbst.

Allgemein bedeutet Selbsthilfe in diesem Zusammenhang die Stärkung intakter privater Kleingruppen gegenüber staatlicher Bürokratisierung und privatwirtschaftlichem Profit. Wohngemeinschaften und ihr soziales Umfeld werden als günstige Bedingung für diesen Prozess betrachtet. Die Wohngemeinschaftsbewegung speist sich somit aus drei „geistigen" Strömungen. *Erstens* beruht sie auf einer Kritik der Kleinfamilie, deren Mitglieder als zu wenig flexibel angesehen werden, um die neu aufgetretenen Probleme des Zusammenlebens lösen zu können. *Zweitens* kritisiert sie eine Wachstumsideologie, die ihre eigenen Grundlagen zerstört und nur mit einem Konzept der „Selbstbegrenzung" (*Illich 1975*) aufgehalten werden kann, und *drittens* wird gegenüber staatlicher Reglementierung und Bürokratisierung das Konzept der Selbsthilfe entwickelt und angewandt.

Damit es aber überhaupt zu einer Bewegung kommen konnte, bedurfte es neben den theoretischen Leitideen noch konkreter materieller Bedingungen, welche die Tendenz dazu verstärken. So bedeutet das Leben in der Gemeinschaft bei den beengten finanziellen Verhältnissen eines Studenten eine kostengünstigere Alternative sowohl in Bezug auf die Miete als auch den Unterhalt. Eine Bewegung nimmt in der Regel an der Kritik von Bestehendem ihren Ausgang. Die Wohngemeinschaftsbewegung beruht in diesem Sinne auch auf der Kritik einer Wohnungspolitik, die durch eine Verknappung des innerstädtischen Wohnraums zur Verteuerung von Wohnungen gerade für junge Leute führte. Die daran ansetzende öffentliche Kritik führte zu einer höheren Popularität der Wohngemeinschaftsidee.

Fassen wir zusammen: Der Ablösungsprozess der Jugendlichen von der Herkunftsfamilie enthält ein strukturbedingtes Konfliktpotential, das im Bereich des Wohnens zu einer Verunsicherung bisher praktizierter Wohnmuster und zu verstärkten sozialräumlichen Autonomiebestrebungen führt. Diese Entwicklung wird flankiert von der zunehmenden Bedeutung des Kontakts zu Gleichaltrigen sowie durch die Ersetzung strikt rollengebundener, durch flexible, prinzipiengeleitete Handlungsstrategien. Damit ist eine kritische Überprüfung bestehender Normen und Werte verbunden, wodurch eine hohe Bereitschaft für alternative Wertmuster entsteht. Im Zusammenhang mit einer Gesellschaftskritik, die tradierte Formen des Zusammenlebens skeptisch beurteilt und einem kostengünstigeren Leben in Wohngemeinschaften, sind damit günstige Voraussetzungen für die Wahl kollektiver Formen des Zusammenlebens beim Wohnen gegeben. Auf einige Möglichkeiten und Grenzen dieser Wohngemeinschaft soll abschließend noch eingegangen werden.

Herrschaftsfreiheit oder Gruppendruck in der Jugendwohngemeinschaft

Die Formen der existierenden Wohngemeinschaften sind vielfältig. Sie reichen von therapeutischen Wohngemeinschaften, Großfamilien, religiösen

Gemeinschaften, Männer- und Frauenwohngemeinschaften bis zu Landkommunen und damit sind noch nicht alle benannt[50]. Trotz ähnlicher oder gleicher Strukturmerkmale (*Cyprian 1978, S. 4 ff.*) ergeben sich unterschiedliche Anforderungen und Lösungen für die Mitglieder in dem Versuch, das Wohnen neu zu gestalten. Wir wollen unsere Betrachtungen deshalb auf die Jugendwohngemeinschaften beschränken. Darunter wird eine Gemeinschaft nichtverwandter Jugendlicher und junger Erwachsener unterschiedlichen Geschlechts verstanden, die gemeinsam wohnen und wirtschaften. Die Mitgliedschaft ist freiwillig, wird in der Regel aber aufgrund sozialräumlicher Autonomiebestrebungen gegenüber der Herkunftsfamilie bevorzugt.

Jugendliche als Mitglieder von Jugendwohngemeinschaften befinden sich entweder in einer schulischen, beruflichen oder studentischen Ausbildung, sie verfügen über geringe finanzielle Mittel und ihre allgemeine Situation ist durch eine „relative Statusunsicherheit" (*Kreutz 1974*) gekennzeichnet. Vergleicht man diese Situation mit Statushierarchien aus dem Erwachsenenalter, so sind ökonomisch legitimierte Rangordnungen bei Jugendlichen noch nicht so differenziert ausgeprägt. Daraus abgeleitete Herrschaftsansprüche, wie sie in dem Verhältnis Erwachsener-Jugendlicher zumindest naheliegen, spielen bei dem Verhältnis der Jugendlichen untereinander eine geringere Rolle. Dazu kommt, dass die Mitglieder von Wohngemeinschaften über ein anderes Verhältnis zum Eigentum verfügen (*Cyprian 1978, S. 80 ff.*) und die Bereitschaft zur Kollektivierung relativ hoch ist. Sollten dennoch Herrschaftsansprüche aus einer ungleichen finanziellen Situation abgeleitet werden, würde dies einem der Grundprinzipien von Wohngemeinschaftsideen widersprechen, was die Auflösung zur Folge haben könnte.

---

[50] Eine Typologie der Wohngemeinschaften liegt bei Korczak 1978, a.a.O., S. 148, vor.

Ein anderer Grund, der Herrschaftsansprüche erschwert, liegt in der „vertraglichen" Beziehung der Mitglieder untereinander. Ein Merkmal von Wohngemeinschaften gegenüber der Familie ist ja, dass der Mitgliederstatus erworben werden muss, was die jederzeitige Beendigung beinhaltet. Sich dem zugeschriebenen Verwandtschaftsstatus der Familie zu entziehen, bedarf wesentlich größerer Anstrengungen, wie das Beispiel des Ablösungsprozesses des Jugendlichen von der Herkunftsfamilie zeigt, als dies bei einer Beziehung der Fall ist, deren vertragliche Grundlage jederzeit und ohne erschwerende Konsequenzen kündbar ist. Dadurch vermindern sich aber innerhalb der Wohngemeinschaft die Möglichkeiten, einzelne Mitglieder unter Druck zu setzen, da dieses Mittel nur von begrenzter Wirksamkeit wäre. Werden dennoch Herrschaftsansprüche von einzelnen Mitgliedern angemeldet, so besteht innerhalb der Gruppe die Möglichkeit, diese auf ihre Legitimation hin zu befragen. Dieses Vorgehen hat noch dazu Aussicht auf Erfolg, denn „Kompetenzen wie Sympathie, Sensibilität, Rücksichtnahme, Solidarität und Kooperation, die individuelle Voraussetzungen für Gruppentransparenz sind, zählen zu den expliziten 'Lernzielen' vieler Wohngemeinschaften" (*Cyprian 1978, S. 159*). Sollten sich einzelne Mitglieder einer Konsensbildung dennoch nicht zugänglich erweisen, besteht die Möglichkeit der Vertragsauflösung und anschließender Neugründung von Wohngemeinschaften. Die hohe Fluktuation der Mitglieder in vielen Wohngemeinschaften kann diesbezüglich als ein Indiz dafür angesehen werden. Ob daraus ein niedrigerer Gruppendruck abgeleitet werden kann, bleibt allerdings dahingestellt.

In der Diskussion um Wohngemeinschaften wird immer wieder betont, dass die Mitglieder nicht auf tradierte und bewährte Rollenmuster zurückgreifen können und deshalb in einer offenen und herrschaftsfreien Diskussion eigene und neue Strategien des Handelns entwerfen und ausprobieren müssen. Diese Tatsache verlangt von jedem Einzelnen ein hohes Maß an Flexibilität im Umgang mit Problemen und die Bereitschaft zur Diskussion darüber. Strittig ist dabei, ob diese permanente Diskussion einen allgemeinen Konsens über die Regeln und Strukturen des Alltags zur Voraussetzung hat, das heißt, dass eine sinnvolle Diskussion eigentlich nur dann möglich ist, wenn die Basis alltäglicher Handlungsroutinen nicht in Frage gestellt wird, oder ob nicht gerade die Veränderung des Alltags die Bedingung für die Veränderung genereller Handlungsmuster darstellt. *H.P. Bahrdt* hat darauf hingewiesen, dass die Probleme des Alltags auf einer tieferen Ebene liegen als diejenigen, die einem allgemeinen Diskurs zugänglich sind. Deshalb sei ein „intaktes Fundament alltäglicher Selbstverständlichkeiten" (*Bahrdt 1980, S. 128*) die Voraussetzung für eine demokratische Diskussion.

Besonders deutlich findet diese These ihre Bestätigung bei Wohngemeinschaften, die gerade alltäglich Routinehandlungen zur Disposition stellten (*Graf 1974, S. 147*). Nicht selten erinnern diese Schilderungen an *Garfinkelsche Krisenexperimente*. Die Beteiligten zeigen einen hohen Grad an Orientierungslosigkeit und Unfähigkeit, die Probleme einer rationalen Lösung zuzuführen. Wesentliche Konflikte, zum Beispiel bezüglich geschlechtsspezifischer Rollenerwartungen, werden durch die Diskussion formalisierter Alltagsroutinen aus dem Blickwinkel gedrängt. Kann auch darin kein Konsens gefunden werden, kommt es häufig zu einer Teil- oder Gesamtauflösung der Gruppe. Konnten aber die Probleme des Alltags gelöst werden — sei es durch formelle Regelungen, durch Übernahme tradierter Muster oder durch Diskussion mit Gruppenkonsens — erhöht sich die Stabilität der Gruppe und es werden Potentiale für tiefergehende Probleme und vermehrte Außenkontakte frei. In der Bindung von Kräften durch die Diskussion von Alltagsroutinen liegt deshalb eine Gefahr für die Jugendwohngemeinschaft.

Wie wir gesehen haben, bringen die Mitglieder von Jugendwohngemeinschaften eine hohe entwicklungsbedingte Sensibilität für das herrschende Normen- und Wertesystem mit und leben in einer Wohnform, in der die Diskussion gerade dieser Orientierungsmuster konstituierend ist. Die Bereitschaft, aber auch die Fähigkeit für solche Diskussionen ist jedoch unterschiedlich verteilt. Derjenige zieht Vorteile aus der Situation, der über ausgefeilte Strategien der verbalen Selbstdarstellung und über Flexibilität gegenüber veränderten Verhaltensmustern verfügt. Jemand mit eingeschränkten Verbalisierungsmöglichkeiten oder psychischen Hemmschwellen ist von vornherein in der Diskussion und Bewältigung der Situation benachteiligt (*Reiche 1978, S. 76 f. ; Cyprian 1978, S. 167*). Berücksichtigt man noch die besondere Situation der ungenügenden Partizipation von Jugendlichen an gesamtgesellschaftlichen Planungs- und Entscheidungsprozessen, so kann die überbewertete Stellung der gruppeninternen Diskussion zur Dominanz Einzelner und eventuell zur

Abschottung der Gesamtgruppe gegenüber Korrekturen der Außenwelt führen.

Damit setzt ein Prozess des Verharrens in geschlossenen Lebenswelten ein, der eine offene Persönlichkeitsentwicklung behindert. Distanzierungsprozesse gegenüber abweichenden Meinungen werden forciert und Korrekturen der eigenen Sichtweisen bleiben aus. Keinesfalls kann es deshalb das Ziel der Wohngemeinschaften sein, das Individuum mit dem Mantel von „Gruppenseligkeit und Gruppenideologie" (*Bahrdt 1980*) zuzudecken und damit die Ausbildung einer starken Ich-Identität für den Einzelnen zu verhindern.

Zusammenfassung

Die Jugendwohngemeinschaft — als eine Form des Zusammenlebens — hat sich in einem Spannungsverhältnis von impliziten Gleichheitspostulaten, Anpassungsdruck der Gruppe und Persönlichkeitsentwicklung ihrer Mitglieder immer wieder aufs Neue zu bewähren. Die besondere Stellung im Lebenszyklus und die Suche nach neuen Formen des Zusammenlebens erschweren Jugendlichen den Rückgriff auf bewährte Verhaltensmuster. Dennoch ist die Stabilität und die Zufriedenheit gemeinschaftlichen Wohnens hoch. Jugendwohngemeinschaften erweisen sich damit als eine Alternative zum jugendlichen Wohnen in der Familie oder allein. Ob sie sich auf Dauer bewähren werden, ist noch offen. Um mehr Klarheit zu bekommen, bedarf es noch weiterer Studien.

Literatur

Allerbeck/Rosenmayr: Einführung in die Jugendsoziologie, Heidelberg 1976.

Akademie Loccum (Hrsg.): Wohnbedürfnisse der Zukunft, Loccumer Protokolle, Heft 11, 1975. *Bahrdt, H.P.* : Sozialisation und gebaute Umwelt, in: Bahrdt, Umwelterfahrung, München 1974.

Bahrdt, H. P. : Gruppenseligkeit und Gruppenideologie, in: Merkur, Heft 2, 34. Jg., Februar 1980, Stuttgart.

Bookhagen, C.u.a. : Kommune 2. Versuch der Revolutionierung des bürgerlichen Individuums, Berlin 1969.

Bundesministerium für Jugend, Familie und Gesundheit: Familie und Wohnen, Stuttgart 1974.

Cyprian, G. : Sozialisation in Wohngemeinschaften, Stuttgart 1978.

Damme, R.: Zur Stabilität von politischen Wohngruppen, Hannover 1977.

Döbert/Nunner-Winkler: Adoleszenzkrise und Identitätsbildung, Frankfurt/Main 1975.

Eichner, K.: Wohnformen und Wohnzufriedenheit, in: Soziale Welt Nr. 4/1976.

Eisenstadt, S. N.: Von Generation zu Generation, München 1966.

Feil, J. : (Hrsg.): Wohngruppe, Kommune, Großfamilie. Gegenmodelle zur Kleinfamilie, Reinbek b. Hamburg 1972.

Graf, F.: Lernziel Wohnen. Bericht über eine Wohngemeinschaft, in: Kursbuch Nr. 37, Berlin 1974.

Habermas, J.: Notizen zum Begriff der Rollenkompetenz, in: J. Habermas, Kultur und Kritik, Frankfurt/Main 1973.

Habermas, J. : Zur Rekonstruktion des Historischen Materialismus, Frankfurt am Main 1976.

Haider, E.: Kollektive Wohnformen. Ergebnisse einer Analyse von Wiener Wohngemeinschaften. Veröffentlichung de Instituts für angewandte Soziologie, Wien 1976.

Huber, J. (Hrsg.): Anders arbeiten — anders wirtschaften, Frankfurt am Main 1979. Huber, J.: Wer soll das alles ändern ? Die Alternativen der Alternativbewegung, Berlin 1980.

Illich, I.: Selbstbegrenzung, Reinbek b. Hamburg 1975.

Institut für Ehe- und Familienwissenschaft: Kommune und Großfamilie, Zürich, Tübingen 1972.

Kentler, H. : Die Wohngruppe als gesellschaftliche Institution, in: Feil, J. : Wohngruppe . . ., a.a.O.

Kohlberg, L./Kramer: Continuities and Discontinuitis in Childhood and Adult Moral Development, 1963, in: Human Development 12, S. 93 - 120.

Korczak, D.: Kollektives Wohnen, in: Gizycki, H.v./Habich, H. (Hrsg.): Oasen der Freiheit, Frankfurt am Main 1978.

Korczak, D. : Neue Formen des Zusammenlebens, Frankfurt am Main 1979.

Korczak, D. : Zusammenleben, in: Psychologie heute, Nr. 5, 7. Jg., Mai 1980, Weinheim.

Kreutz, H. : Soziologie der Jugend, München 1974.

Koschorke, M.: Formen des Zusammenlebens in Deutschland, in: Kölner Zeitschrift für Soziologie und Sozialpsychologie, 24. Jg., Opladen 1972.

Mackehsen, R. : Was folgt auf die bürgerliche Form der Ehe?, in: Zentralblatt für Ehe- und Familienkunde, 9 Jg., Heft 1 und 2, 1972.

Matthes, J.: Wohnverhalten, Familienzyklus und Lebenslauf, in: Kohli, M. : Soziologie des Lebenslaufs, Darmstadt und Neuwied 1978.

Meadows, D. : Die Grenzen des Wachstums, Stuttgart 1972.

Meyer-Ehlers, G. u.a.: Kollektive Wohnformen, Wiesbaden 1973.

Mehnert: Bericht aus einem Kommune-Tagebuch, in: Reich, W. : Die Sexuelle Revolution, Frankfurt am Main 1969, S. 276 f.

Mühlich, E. : Entwicklung von Handlungsfähigkeit in der gebauten Umwelt, in: Bundesministerium für Raumordnung, Bauwesen und Städtebau (Hrsg.): Zusammenhang von gebauter Umwelt und sozialem Verhalten im Wohn- und Wohnumfeldbereich, Bonn-Bad Godesberg 1978.

Neidhardt, F.: Die junge Generation, Opladen 1970.

Piaget, J.: Theorien und Methoden der modernen Erziehung, Wien 1972.

Puch, H.-J. : Die Bedeutung des Raums bei der Entfaltung der Interaktionskompetenz von Jugendlichen, unveröffentlichte Magisterarbeit, Erlangen 1978.

Reich, W.: Was ist Klassenbewußtsein?, Kopenhagen-Paris-Zürich 1934, Reprint.

Reiche, R.: Die Kommune 1, in: Schülein, J. A.: Kommunen . . ., a.a O.

Rieck, H. : Zwangsfamilie oder Terror der offenen Tür, in: Schülein, J. A.: Kommunen . . ., a.a.O.

Rosenmayr, L.: Chancen der Ehekultur heute, in: Krise der Ehe, München 1966.

Ruede-Wissmann, W. : Wohnen und Wahrnehmen. Eine Untersuchung über Wohnerfahrung von Jugendlichen, Berlin 1979.

Simmel, G. : Der Raum und die räumliche Ordnung der Gesellschaft, in: Soziologie. Untersuchungen über die Formen der Vergesellschaftung, Leipzig 1908.

Schreiber, H. : Singles. Allein leben. Besser als zu zweit?, München-Gütersloh 1978. Schülein, J. A. : Wohngemeinschaften — Probleme und Chancen, Frankfurter Hefte, 30. Jg., Heft 4.

Schülein, J. A.: Kommunen und Wohngemeinschaften. Der Familie entkommen?, Gießen 1978.

Schülein, J. A.: . . . vor uns die Mühen der Ebenen. Alltagsprobleme und Perspektiven von Wohngemeinschaften, Gießen 1980.

Schweitzer, R. von: Die Wohngruppe als Alternative zur Lebensform in der Kleinfamilie, in: Hauswirtschaft und Wissenschaft, Nr. 6, 1972.

Statistisches Bundesamt: Wohnversorgung, in: Presse- und Informationsamt der Bundesregierung: Gesellschaftliche Daten 1979, Bonn-Bad Godesberg 1979.

Statistisches Bundesamt (Hrsg.): Wirtschaft und Statistik, Heft 1/1975, Wohnungen.

Wend, Ch.: Netzwerk Selbsthilfe, in Jarchow, K. (Hrsg.): Dörfer wachsen in der Stadt. Beiträge zur städtischen Gegenkultur, Alpen 1980.

Wandel beruflicher Lebenswelten

Selbsthilfe und Ehrenamt

1990

Die Selbsthilfegruppen.
Inszenierung gegenseitiger Hilfe von Betroffenen[51]

Die Familie, die Nachbarschaft und der Freundeskreis können immer weniger einen steigenden Bedarf an sozialer Hilfe und Unterstützung befriedigen. So berichten Mitarbeiter der Telefonseelsorge, dass die Zahl der Hilfesuchenden in den letzten Jahren deutlich zugenommen hat. Beanspruchten vor zwanzig Jahren etwa 100.000 Menschen diese Dienstleistung, so hat sich die Zahl der Anrufer bis heute versechsfacht und weist weiterhin eine steigende Tendenz auf (*Hesse/ Schrader 1988*). Von belastenden Lebenssituationen sind auch diejenigen betroffen, deren Hoffnungen sich auf Selbsthilfegruppen richten. Unabhängig von der Hilfe in der Familie, versuchen Betroffene dort - zusammen mit anderen Betroffenen -gegenseitige emotionale Hilfe und Unterstützung zu erhalten und zu geben. Auch hier ist eine steigende Tendenz zu verzeichnen.

Selbsthilfegruppen sind darauf ausgerichtet, Menschen bei sozialen oder psychosozialen Problemen zu helfen. Sie sind in dem Zwischenfeld von spontaner, emotionaler Hilfe auf der einen Seite und anonymer, organisierter Hilfe auf der anderen Seite angesiedelt. Einander zunächst fremde Menschen schließen sich in Gruppen zusammen, teilen sich gegenseitig ihre Gefühle und Stimmungen mit, geben Rat in schwierigen Situationen und spenden Trost und Mitgefühl für andere Gruppenmitglieder. Sie lassen sich auf einen schwierigen Balanceakt zwischen Nähe und Distanz in einem halböffentlichen Raum ein. Selbsthilfegruppen haben Neuland betreten und nach den ersten Gehversuchen scheint es angebracht, kurz innezuhalten und eine erste Bilanz zu ziehen. In den folgenden Überlegungen geht es darum, die sozialen Merkmale und Motive der Adressaten von Selbsthilfegruppen näher zu beschreiben, nach den Entwicklungsprozessen und der Dynamik

---

[51] Veröffentlicht in: Brennpunkte Sozialer Arbeit (1990): Soziale Gruppenarbeit. Neuwied. Luchterhand. S 41 – 64. Die Fassung wurde gekürzt und überarbeitet.

in den Gruppen zu fragen, um dann die Wirkung von Selbsthilfegruppen einzuschätzen. Abschließend werden unter dem Gesichtspunkt der Zusammenarbeit zwischen professionellen Helfern und Selbsthilfegruppen, Unterstützungsmöglichkeiten thematisiert.

Selbsthilfe, was ist das?

Selbsthilfe ist ein schillernder Begriff. Die Definition fällt je nach Fragestellung unterschiedlich aus. *Vilmar/Runge* (1986) gehen von einem sehr weiten Verständnis aus und stellen unterschiedliche Arten der Selbstorganisation in den Mittelpunkt ihrer Betrachtungen. Als Gegenstück dazu mag das Verständnis von *Michael Lukas Moeller*(1978) dienen. Er stellt die psychosozialen Gesprächsgruppen in den Vordergrund. Unabhängig davon sind drei grundlegende Bedeutungen zu unterschieden:

- Selbsthilfe als sozialpolitisches Steuerungsinstrument,
- Selbsthilfe als gesellschaftspolitische Utopie,
- Selbsthilfe als psychosoziale Gruppenunterstützung.

Selbsthilfe unter *sozialpolitischer* Betrachtungsweise steht im Gegensatz zur staatlichen oder halbstaatlichen Fremdhilfe wohlfahrtsstaatlicher Prägung. Mit dem Ausbau des Wohlfahrtsstaates war ein Mehr an sozialer Sicherheit nur durch ein Wachstum der staatlich organisierten Hilfen vorstellbar. Der Ausbau der Sozialpolitik zur Gesellschaftspolitik und das enorme Wachstum der sozialen Dienstleistungen stehen stellvertretend für diese Entwicklung. Mit den deutlicher werdenden Grenzen des Wohlfahrtsstaates in den 70er Jahren wurde vermehrt Kritik nicht nur an der Finanzierbarkeit der Leistungen laut, sondern auch an einer zunehmenden Professionalisierung und Bürokratisierung sozialer Hilfe formuliert (*Bäcker, 1979, 527 ff.*). Die öffentliche und fachspezifische Diskussion forderte einen Perspektivenwechsel, der neben den staatlichen Leistungen wieder die primären Formen der Hilfe in das Bewusstsein rückt. Selbsthilfe bedeutet deshalb hier, auf die Steuerungsdefizite moderner Wohlfahrtsstaaten aufmerksam zu machen und durch die Betonung der kleinen sozialen Netze wie Familie, Nachbarschaft, Wohnumfeld u.v.m. das Prinzip der Subsidiarität hervorzuheben (*Olk/Heinze 1985*).

Selbsthilfe als *gesellschaftspolitische* Utopie bekam ihre Impulse aus den neuen sozialen Bewegungen. Hier standen nicht die Steuerungsdefizite moderner Wohlfahrtsstaaten im Vordergrund, sondern die Frage, wie der Einzelne und soziale Gruppen in einer zunehmend komplexer und organisierter werdenden Welt Autonomie gegenüber den systemrational organisierten Großinstitutionen behaupten können. Insbesondere die Kritik von *Jürgen Habermas* an einer wachsenden »Kolonialisierung sozialer Lebenswelten« (Habermas, 1979) wird als Beleg dafür angeführt, dass der kommunikativ strukturierte Bereich des Alltagslebens verstärkt system- und zweckrationalen Anforderungen unterworfen wird. Die gesellschaftspolitische Utopie formuliert als Anspruch und Ziel die Wiedergewinnung kommunikativ organisierter Lebensformen und damit die Zurückdrängung systemrationaler Strukturen. In der programmatischen Forderung der 70er Jahre: »Small is beautiful« (*Schumacher 1977*), wurde die politische Intention dieses Ansatzes auf den Begriff gebracht. Selbsthilfe meinte hier die Schaffung von überschaubaren und dezentralen sozialen Einheiten unter gleichzeitiger Stärkung der selbstorganisatorischen Kräfte des Einzelnen und sozialer Gruppen.

In den weiteren Ausführungen möchte ich auf diese beiden Bedeutungen des Selbsthilfebegriffs nicht weiter eingehen, auch wenn Elemente dieser Bedeutungen in dem dritten Bedeutungsfeld wiederzufinden sind. Ich beziehe mich im Folgenden in erster Linie auf die Ebene des unmittelbaren menschlichen Miteinanders und der gegenseitigen Hilfe in der Gruppe, also auf die Selbsthilfegruppen.

Die Selbsthilfe als psychosoziale Unterstützung findet zunächst ihren Ausgangspunkt in einer Kritik der professionellen Hilfe von Experten. Ein Mehr an professioneller Hilfe bedeutet danach nicht automatisch ein Mehr an Lösung sozialer Probleme. So wies die Soziologie mit Nachdruck darauf hin, dass Sozialarbeiter durch ihre helfenden Interventionen selbst zu einer stigmatisierenden Instanz werden können und damit soziale Probleme nicht lösen, sondern sie nur neu definieren oder auch erst schaffen (*Brusten/Hohmeier 1975*). Die Psychologie entdeckte den »hilflosen Helfer« (*Schmidbauer 1977*), der in den Fallstricken seiner unbewussten Motive zu stolpern drohte oder dessen anfänglich euphorisches Engagement im Feuer des beruflichen Alltags rasch ausbrannte. Die Skepsis gegenüber der Hilfe von Experten führt dazu, dass eine steigende Zahl von Menschen ihre Probleme in die eigenen Hände nehmen. Organisiert in Selbsthilfegruppen, erklären ihre Mitglieder sich aufgrund der eigenen Betroffenheit zu Experten und versuchen, gemeinsam mit anderen

Betroffenen ihre Probleme zu lösen oder doch zumindest zu mildern. Im Vordergrund steht die Hilfe für sich selbst und damit eng verbunden die Hilfe für andere. Der soziale Ort, an dem Selbsthilfe und soziale Hilfe konstitutionell zusammenfallen, ist die Gruppe. Mit Verweis auf die Ergebnisse sozialpsychologischer Gruppenforschungen wird davon ausgegangen, dass die Gruppe einen entscheidenden Leistungsvorteil gegenüber den Bewältigungsmöglichkeiten des Einzelnen erbringt. Das Fachwissen des Experten wird durch die eigene Betroffenheit und die Bereitschaft, sich längerfristig in einer Gruppe damit auseinanderzusetzen, wett gemacht. So vereint sich die Betroffenheit des Einzelnen mit dem Leistungsvorteil und der Dynamik sozialer Gruppen zu einer kompetenten gegenseitigen Hilfe und sozialen Unterstützung.

Selbsthilfegruppen sind von überregionalen Selbsthilfezusammenschlüssen zu unterscheiden (*vgl. Trojan/Halves 1984, 153ff.).* Den Ausgangspunkt von Selbsthilfegruppen bildet die Betroffenheit bzgl. eines sozialen und/oder eines gesundheitlichen Problems. Ein Unterscheidungskriterium ist der Grad an institutioneller Gebundenheit. So beruht eine medizinische Selbsthilfegruppe auf einem geringen Grad formeller Beziehungen und Regelungen, ist eher spontaner organisiert, für die einzelnen Mitglieder überschaubar und nur von begrenzter Dauer. Ein überregionaler Selbsthilfezusammenschluss dagegen ist in der Regel formell organisiert, greift auf externe Fachkräfte zurück und verfügt über eine finanzielle Ausstattung. Beispielhaft sind die »Deutsche Arbeitsgemeinschaft Selbsthilfegruppen e.V.«, die »Kontakt- und Informationsstellen zur Anregung und Unterstützung von Selbsthilfegruppen« auf lokaler und überregionaler Ebene, der »Bundesverband der Angehörigen psychisch Kranker e.V.«, die »Arbeitsgemeinschaft sozialpolitischer Arbeitskreise (AG SPAK)«.

Michael Lukas Moeller, der besonders den therapeutischen Aspekt von Selbsthilfegruppen betont, unterscheidet als spezielle Form von Selbsthilfegruppen noch die Gesprächsgemeinschaften. Bei diesen steht im besonderen Maße die persönliche Betroffenheit im Vordergrund, getragen von der Bereitschaft, in einem unter Umständen über mehrere Jahre dauernden regelmäßigen Engagement, sich mit der eigenen psychischen und sozialen Situation intensiv auseinanderzusetzen und so neue Einstellungen und Verhaltensdispositionen zu lernen (*Moeller 1978*).

Von den hier vorgestellten Formen der Selbsthilfe ist die ehrenamtliche Hilfe zu unterscheiden, wie sie z. B. in vielen Bereichen der Wohlfahrtsverbände zum Tragen kommt. Hier steht jedoch die Hilfe für andere im Vordergrund.

Im Zusammenhang mit einem Hamburger Forschungsprojekt über medizinische Selbsthilfegruppen wurden Merkmale für Selbsthilfegruppen entwickelt, die auch in anderen Arbeitsfeldern Anwendung finden. Zu diesen Merkmalen gehören, dass

— die Mitglieder durch ein gemeinsames Problem und/oder gemeinsame Zielsetzung betroffen sind;
— professionelle Helfer nicht oder nur in geringem Maße mitwirken;
— sie nicht nach dem Prinzip der Gewinnorientierung, sondern dem der Bedürfnisorientierung arbeiten;
— das gemeinsame Ziel die Selbst- und/oder Sozialveränderung ist;
— in den Gruppen eine gleichberechtigte Zusammenarbeit und gegenseitige Hilfe betont wird (*Winkelvoss u. a., 1981, 134*).

Michael Lukas Moeller (1981, 23) beschreibt darüber hinaus für die Gesprächsgemeinschaften noch ein spezielles Gruppensetting, das durch folgende Merkmale gekennzeichnet ist:

— »alle Gruppenmitglieder sind gleichgestellt
— jeder bestimmt über sich selbst
— die Gruppe entscheidet selbstverantwortlich
— jeder geht um seiner selbst willen in die Gruppe
— was in der Gruppe besprochen wird, soll in der Gruppe bleiben und nicht nach außen dringen (Gruppenschweigepflicht)
— die Teilnahme an der Gruppe ist kostenlos.«

In der Literatur gibt es nur einen ungenauen Überblick über die Anzahl der Selbsthilfegruppen in der Bundesrepublik Deutschland. Dies hängt mit den unzureichenden sozialstatistischen Daten und der ungenauen Begriffsbestimmung zusammen. *Fritz Vilma & Brigitte Runge* haben eine Reihe von lokalen und regionalen Felduntersuchungen ausgewertet und rechnen die Größenordnung für die Bundesrepublik Deutschland hoch. Sie legen eine weite Definition von Selbsthilfe zugrunde. Selbsthilfegruppen umfassen damit genossenschaftlich organisierte Projekte ebenso wie Gesprächsselbsthilfegruppen, Dritte-Welt-Gruppen oder selbstorganisierte

Jugendzentren. Bei diesem breit angelegten Spektrum kommen sie zu einer geschätzten Größenordnung von etwa 40.000 sozialen Selbsthilfegruppen. Bei einer Gruppengröße von etwa 10 bis 16 Mitgliedern bedeutet dies, dass etwa 400.000 bis 600.000 Menschen in Sozialen Selbsthilfegruppen aktiv sind. Die Größenordnung der psychosozialen Gesprächsselbsthilfegruppen umfasst nach diesen Recherchen 15 % bis 25 % des Gesamtumfangs und beträgt damit immerhin noch 6.000 bis 10.000 Gruppen (*Vilmar/Runge, 1986, 27 ff.*). Unabhängig von den tatsächlich existierenden Gruppen weisen Befragungen über die potentielle Bereitschaft sich an Selbsthilfegruppen zu beteiligen, einen weitaus größeren Umfang aus (*Breitkopf, 1983, 53*).

Die Entwicklung der neuen Selbsthilfediskussion

Zum gegenwärtigen Zeitpunkt blickt die neuere Selbsthilfediskussion auf eine etwa 15jährige Tradition zurück. Wenn auch das Prinzip »Hilfe zur Selbsthilfe« seit Beginn eine tragende Säule beruflich-sozialen Handelns darstellt, so war dennoch die besondere Form der Selbsthilfegruppen bis in die Mitte der 70er Jahre bei Experten und Laien der psychosozialen Versorgung weitgehend unbekannt. Obwohl Selbsthilfegruppen wie etwa die »Anonymen Alkoholiker« seit langem existieren und in den U.S.A. Veröffentlichungen dazu vorliegen, wurden diese Angebote nicht zur Kenntnis genommen oder einfach ignoriert (*Moeller, 1986, 265*). Zwar gab es in der Bundesrepublik Deutschland seit der enormen Resonanz auf das Buch von *Horst Eberhard Richter:* »Die Gruppe«, »Hoffnungen auf einen neuen Weg, sich selbst und andere zu befreien« (*Richter 1972*) eine Aufwertung der Kleingruppe, die in einem regelrechten Gruppenboom mündete Der Gedanke der Selbsthilfe in Gruppen spielte dabei aber keine entscheidende Rolle.

Die zweite Phase der Entwicklung wurde 1975 mit der Gründung der »Deutschen Arbeitsgemeinschaft Selbsthilfegruppen« in Gießen eingeleitet. Die Veröffentlichungen von *Michael Lukas Moeller* über Selbsthilfegruppen richteten das Augenmerk einer breiteren Öffentlichkeit auf diese neuen Gruppenangebote und ermunterten viele Betroffene zu eigenen Gründungen von Gruppen in der Bundesrepublik. In Hamburg entwickelte sich ein wissenschaftliches Modellprojekt zur Gesundheitsselbsthilfe und in Saarbrücken wurde der Bereich der Behindertenselbsthilfe untersucht und allgemeine Kooperationsformen zwischen Selbst- und Fremdhilfe diskutiert. Parallel dazu widmete sich auch die Fachöffentlichkeit der Sozialen Arbeit ausführlicher diesem Thema. Stellvertretend dafür mag der Fürsorgetag des *Deutschen Vereins für öffentliche und private Fürsorge* 1976 in Dortmund gelten. Unter dem Tagungsthema »Selbsthilfe und ihre Aktivierung durch die soziale Arbeit« (*Deutscher Verein 1976*) wurde das breite Spektrum des Selbsthilfegedankens vorgestellt und über Formen der Zusammenarbeit professioneller Hilfe und Selbsthilfe nachgedacht.

Die breitere Diskussion zeigte auch Wirkung in dem institutionellen Bereich Sozialer Arbeit. Kommunen und andere Träger Sozialer Arbeit signalisierten seit dem Beginn der 80er Jahre häufiger die Bereitschaft, Selbsthilfegruppen finanziell und räumlich zu unterstützen. Verstärkt wurde dies durch einen verbesserten Organisationsgrad der Selbsthilfegruppen selbst. Sie organisierten sich in regionalen und überregionalen Zusammenschlüssen, gründeten Kontakt- und Informationsstellen für Selbsthilfegruppen, deren Aufgabe unter anderem die Außendarstellung ist. So konnte ihren Forderungen in der Öffentlichkeit ein breiterer Nachdruck verliehen werden. Der Wandel fand seinen Niederschlag auch in Fachtagungen. So formulierte eine Fachgruppe auf dem Fürsorgetag 1983 die Forderung: »Berufspraxis und Ausbildung müssen die Entwicklung starker Selbsthilfebewegungen unterschiedlicher Orientierungen und Ziele zur Kenntnis nehmen und sich damit auseinandersetzen.« — Und weiter: »In Ergänzung der bisher favorisierten Behandlungsmethoden sind fachliche Kompetenzen zu vermitteln, die zur Animation, zur Beratung von Selbsthilfegruppen und zur Zusammenarbeit mit ihnen befähigen« (*Deutscher Verein 1984; zit. nach Heck 1987, 154*).

Die gegenwärtige Phase, die in der Mitte der 80er Jahre ihren Beginn hatte, ist durch zwei Entwicklungen gekennzeichnet. So wird zum einen verstärkt die Frage nach der Qualität und insbesondere der Wirkung von Selbsthilfegruppen gestellt. In einer Reihe von Forschungsprojekten werden Motive, Wirkungen, Entwicklungsprozesse, Entscheidungs- und Konfliktlösungen u. v. m. analysiert. Zum anderen wird im Zusammenhang mit der neu entfachten Diskussion um die freiwillige ehrenamtliche Hilfe nach einem Gesamtkonzept sozialer Hilfe und Unterstützung gefragt. Hier geht es darum, die verschiedenen Formen privater, beruflicher, ehrenamtlicher und Selbsthilfe auf ihre Voraussetzungen und Unterstützungsmöglichkeiten zu untersuchen und die verschiedenen Formen der Hilfe in ihrer Effektivität aufeinander abzustimmen. Dazu gehört auch, dass die Aufgabe der Sozialen Arbeit neu überdacht wird und die Schaffung infrastruktureller Voraussetzungen von Hilfe und Unterstützung ein wesentliches Handlungsfeld Sozialer Arbeit wird. Soziale Hilfe wird als Teil des Netzes sozialer Unterstützung und Hilfe gesehen, deren Aufgabe es ist, die Zugangsbedingungen zu den sozialen Netzen zu erleichtern oder soziale Netze neu aufzubauen (*Keupp/Röhrle 1987*).

Soziale Merkmale und Motive der Gruppenmitglieder

Die Frage, ob in Selbsthilfegruppen Mittelschichtsangehörige überrepräsentiert sind, wird in der Forschung nicht einheitlich beantwortet. So kommt eine repräsentative Befragung zu Beginn der 80er Jahre zu dem Ergebnis, dass keine signifikanten Unterschiede zwischen den Mitgliedern von Selbsthilfegruppen und Nicht-Mitgliedern existieren (*Grunow u.a. 1983*). Einzeluntersuchungen in verschiedenen Selbsthilfegruppen verweisen im Gegensatz dazu auf ein Übergewicht sozialer Mittelschichtangehöriger. Der Widerspruch kann aufgelöst werden, wenn man das breite Spektrum unterschiedlicher Handlungsfelder der Selbsthilfegruppen berücksichtigt. So verwundert es nicht, dass je nach Handlungsfeld und Zielsetzung die sozialen Merkmale variieren. So findet sich etwa in dem Bereich der Initiativgruppen mit Kindern oder in der Nachbarschaftshilfe eine andere soziale Zusammensetzung als bei den eher auf eine Außenwirkung bedachten Aktionsgruppen oder den psychologisch-therapeutisch orientierten Gesprächsgruppen, in denen Akademiker dominieren. Selbsthilfegruppen sind deshalb nur bedingt untereinander zu vergleichen und die Mittelschichtorientierung mag sich auch daher erklären, dass die psychosozialen und krankheitsbezogenen Selbsthilfegruppen am meisten sozialwissenschaftlich untersucht sind.

Klaus Deimer & Dieter Jaufmann kommen in einer Untersuchung im Raum Augsburg zu dem Ergebnis, »dass in der Tat von einem Trend zur Mittelschichtorientierung ausgegangen werden kann. Während bei der beruflichen Stellung lediglich 8 v. H. auf die Kategorie Arbeiter« entfielen, lag die Vergleichszahl für Beamte und Angestellte bei 30 v. H. (Weitere Werte: Schüler/Studenten/Auszubildende 14 v. H., Hausfrauen/-männer 20 v. H., Sonstige 28 v. H.). In Bezug auf die Schulbildung ergab sich folgende Reihenfolge: Hauptschule ohne Lehre 9 v. H., Hauptschule mit Lehre 26 v.

H., Mittelschule o. ä. 34 v. H., Abitur/Uni 22 v. H.« (*Deimer & Jaufmann 1984, 133*).

Die Hamburger Forschergruppe um *Alf Trojan* modifiziert in ihrer Untersuchung von lebensproblem- und krankheitsbezogenen Selbsthilfegruppen diese Aussagen leicht und kommt dabei zu folgender Bilanz: »Zwar befinden sich tatsächlich weniger Arbeiter in Selbsthilfegruppen; es sind jedoch auch keine reinen »Mittelschichtvereine«. Der Frauenanteil in den Gruppen ist insgesamt recht hoch. Bei den ehemals psychisch Kranken liegt der Frauenanteil etwas über 50 %, bei den körperlich Kranken und den Angehörigen von Kranken knapp über 70 % und bei den Angehörigen von Behinderten beinahe bei 90 %.. Die Aufteilung nach dem Familienstand ergibt, dass Ledige stark unterrepräsentiert sind. In der Altersverteilung sind die mittleren Jahrgänge (30—50) überrepräsentiert. Zwei Drittel der über 60jährigen sind Rentner, dies gilt auch für knapp 8% der unter 60jährigen« (*Trojan 1986, 36f.*).

Zu Beginn der Selbsthilfegruppenbewegung wurde die gemeinsame Betroffenheit von einem sozialen Problem als entscheidende Voraussetzung für die Teilnahme an Selbsthilfegruppen gesehen. Neuere Untersuchungen gehen von einem breiteren und differenzierteren Bündel von Motiven aus. Ausschlaggebend für den aktiven Schritt in eine Selbsthilfegruppe ist danach zunächst neben der Selbstbetroffenheit eine allgemeine Erwartung nach wechselseitiger Hilfe und die Bereitschaft zu einer gegenseitigen Kommunikation. *Trojan u.a.* gehen deshalb von Beitrittsmotiven aus, die sich darauf richten, individuelle Belastungen, die durch Krankheiten und Alltagsprobleme ausgelöst sind, in der Gruppe besser bewältigen zu können. Andere Motive liegen in Mängeln des professionellen Hilfesystems begründet, wenn etwa mangelnde Informationen durch Ärzte beklagt werden und man sich in der Gruppe diese erhofft. Unzulänglichkeiten in den primären Netzwerken der Familie werden zwar genannt, spielen aber insgesamt keine herausragende Rolle. Schließlich wird noch das Motiv nach Erwerb neuer Kompetenzen formuliert. So erhoffen sich viele von den Selbsthilfegruppen mehr Selbstvertrauen und Selbstbewusstsein, ein größeres Durchsetzungsvermögen, mehr Kontaktfähigkeit und Aktivitätsbereitschaft und insgesamt mehr Selbstständigkeit (*Trojan 1986, 173*). Hier deutet sich eine Schwierigkeit an: Einerseits sind diese Kompetenzen Voraussetzung dafür, um in Selbsthilfegruppen aktiv mitzuarbeiten, andererseits sollen diese Fähigkeiten dort erst erworben werden. *Walter Asam u.a.* nennen in Ergänzung zu den hier genannten und in Bezug auf behindertenspezifische Selbsthilfegruppen noch andere Motive. Je nach Typus der Gruppe sind die Bereitschaft zu persönlicher Veränderung, nach Aufhebung sozialer Isolation und gemeinsamer Freizeitgestaltung oder die Suche nach Austausch und Information weitere wichtige Motive, um sich in Selbsthilfegruppen zu engagieren (*Asam u.a. 1984, 168*).

Dynamik und Entwicklungsprozesse von Selbsthilfegruppen

Wenn auch gleichgelagerte Motive die Beweggründe für den Eintritt in Selbsthilfegruppen darstellen, so bedeutet das nicht, dass diese sich in gleichen Erwartungshaltungen oder Zielen niederschlagen. Verschiedene Erwartungshaltungen führen zu Konflikten zwischen den Selbsthilfegruppenmitgliedern und in der Folge zu einer rollentypischen Ausdifferenzierung in Selbsthilfegruppen. Die Betroffenheit bzw. Selbstbetroffenheit wirkt als weiteres Selektionskriterium. Die Zugehörigkeit zur Gruppe kann darüber gesteuert und Nicht-Betroffene können damit ausgegrenzt werden (*Asam u.a. 1984*). Zum anderen stellt die Betroffenheit eine gemeinsame Gefühlsbasis her, die von den jeweils anderen Mitgliedern Solidarität und Vertrauen erhoffen lassen. In einer Gruppe, deren Mitglieder zunächst einander fremd sind, wird damit Verhalten antizipierbar. Die persönliche Bereitschaft, Distanz aufzugeben und Nähe zu zeigen, wird so in ihren Folgen kalkulierbar.

Sozialpsychologische Forschungen über gefühlsbezogene Gruppen haben darauf hingewiesen, dass Gruppen dazu neigen, einen Homogenisierungs- und Konformitätsdruck auf ihre Mitglieder auszuüben (*Neidhardt 1979*). Dieser führt dazu, dass die einzelnen Mitglieder sich in ihren jeweiligen Gefühlen, Einstellungen und Verhaltensweisen annähern und darin gegenseitig bestätigen. Selbsthilfegruppen bauen aufgrund ihrer spezifischen Voraussetzungen auf einem hohen Grad gefühlsbetonter Übereinstimmung auf. Sie bewegen sich damit im Spannungsfeld zwischen diffusem »Wir-Gefühl« der gemeinsamen Betroffenheit und mangelnder emotionaler Nähe aufgrund zu starker Sach- oder Außenorientierung. Dass dies insbesondere in den Anfangsphasen von Gruppen der Fall ist, zeigt die hohe Fluktuation zu Beginn der Selbsthilfegruppen, die dazu führt, dass nur etwa 25 % bis 50 % der ursprünglichen Interessenten zu einer längerfristigen Zusammenarbeit bereit sind (*Trojan 1968, 208*).

Dem steht die Notwendigkeit entgegen, sich auf die Gruppenkonflikte einzulassen und diese auch zum Gegenstand der Auseinandersetzung in der Gruppe zu machen. Gelingt dies nicht, so ist zu befürchten, dass die Gruppe sich auflöst. Der Umgang mit Konflikten in der Gruppe macht deutlich, dass persönliche Kompetenzen in Bezug auf Gruppenfähigkeit vorausgesetzt werden, die sich eigentlich erst in der Gruppe als sozialem Lernfeld entwickeln. Verfügen Mitglieder aber bereits über Gruppenkompetenzen, so steigt die Wahrscheinlichkeit, dass diese den Gruppenerhalt positiv beeinflussen.

Die hier geschilderte Dynamik der Selbsthilfegruppen wirkt sich in verschiedenen Entwicklungsstufen der Gruppen unterschiedlich aus. Die Fähigkeit, Nähe und Distanz, Gefühls- und Sachorientierung auszubalancieren, ist in der Regel das Ergebnis eines längeren Entwicklungsprozesses, bei dem über die Bewältigung von Konflikten und Machtansprüchen ein Gruppenkonsens hergestellt wird, der von mehr oder weniger intensiver und langer Dauer sein kann. Gruppenphasenmodelle, die diese Dynamik zu strukturieren versuchen, sind in der sozialpsychologischen Kleingruppenforschung entwickelt worden. In der Sozialarbeit/ Sozialpädagogik hat das Phasenmodell von *Garland/Jones/Kolodny (In: Berstein/ Lowy 1969*) eine größere Verbreitung gefunden. Ungeklärt ist dabei allerdings, inwieweit die zur Verfügung stehenden Gruppenverlaufsmodelle auf Selbsthilfegruppen zu übertragen sind. Die Entstehungsbedingungen, die Beitrittsmotive, der Grad der Selbstverantwortlichkeit und Leiterzentrierung unterscheidet sich in Selbsthilfegruppen von den gruppenpädagogischen Modellen.

Erste Ergebnisse zum Phasenverlauf in Selbsthilfegruppen liegen inzwischen in verschiedenen Typologien vor (*Schneider 1983; Asam u.a.., 1984; Trojan, 1986*). Da die Entwicklung der Selbsthilfegruppen entscheidend durch das Verhältnis der Gefühls- und Sachorientierung gekennzeichnet ist, kann vermutet werden, dass die jeweiligen Anteile und damit die Art der Gruppe sich ändern. Eine ursprünglich geschlossene Gesprächsselbsthilfegruppe kann sich im Laufe der Entwicklung für neue Mitglieder öffnen und dadurch eine andere Dynamik und einen veränderten Charakter erhalten. Ebenso können Gruppen mit einer stärkeren Innenorientierung sich nach außen wenden oder umgekehrt.

Eine Gefühlszentrierung kann durch eine Sachzentrierung abgelöst werden. Die Entwicklung der Gruppe hat dadurch entscheidenden Einfluss auf die Strukturmerkmale.

In der Beobachtung von Gesundheitsselbsthilfegruppen hat sich gezeigt, dass die Gruppen verschiedene Strategien entwickeln, um die gefühls- und sachbezogene Orientierung in einer Balance halten zu können. *Edith Halves & Hans-Wilhelm Wetendorf* (1986) sehen dazu vier typische Vorgehensweisen:

- Gefühlsbezogene Themen sind Teil der internen Gruppenkommunikation. Werden jedoch Themenbereiche angesprochen, die aufgrund einer nicht bewusst definierten Gruppennorm als zu bedrohlich antizipiert werden, dann werden diese meist unbewusst ausgeklammert, so dass die eigentliche Sach- und Außenorientierung wieder zum Tragen kommen kann.

- Gefühlsbezogene Themenbereiche werden nicht nur geduldet, sondern sind ausdrücklich erwünscht und bewusster Teil des Gruppengeschehens. Kommt es zu einer Entscheidung zwischen der Sach- und Gefühlsorientierung, so wird der Beziehungs- und Gefühlsebene Vorrang eingeräumt. Voraussetzung dafür ist allerdings, dass die Mitglieder nicht nur die Bereitschaft zu emotionaler Offenheit mitbringen, sondern auch über spezifische Kompetenzen der Selbst- und Fremdwahrnehmung verfügen.

- Eine weitere Strategie besteht in der Bildung von aufgabenspezifischen Untergruppen, die sich dann verstärkt mit Gefühls-, Beziehungs- und Sachaspekten beschäftigen. Hier stellt sich allerdings das Problem, wie auf Dauer die Untergruppen in die Gesamtgruppe integriert werden können und gleichzeitig die Außenorientierung der Gruppe aufrechterhalten werden kann.

- Der vierte Typus ist durch die Bildung von informellen Untergruppen gekennzeichnet. Hier werden sympathiegeleitete Kontakte zu anderen Gruppenmitgliedern auch außerhalb des offiziellen Gruppengeschehens aufgebaut. Dadurch können Gruppenkonflikte in einem andern sozialen Zusammenhang besprochen und eventuell auch bearbeitet werden. Schwierig wird es allerdings, wenn Gruppenkonflikte nicht gelöst werden, sondern sich manifestieren. Dies gilt besonders dann, wenn Cliquen oder Fraktionen gebildet werden, die ihre jeweiligen Interessen strategisch durchzusetzen versuchen. Die Gruppe würde dadurch unter Umständen in ein Anfangsstadium der Konfliktbewältigung und der machtbezogenen Auseinandersetzung zurückfallen. (*vgl. Halves & Wetendorf 1986, 148ff.*)

Walter Asam u.a. (1984) begreifen die Entwicklung von Selbsthilfegruppen als einen Problemlösungsprozess, bei dem die Gruppenmitglieder zu einer übereinstimmenden Problemdefinition kommen, verbindliche Ziele zu formulieren, Wege der Zielerreichung benennen und abschließend die Ergebnisse beurteilen. Dem formalen Gruppenentwicklungsprozess wird dadurch ein inhaltlicher Bezugspunkt gegeben, auf den hin die interne Dynamik untersucht werden kann. So wird deutlich, dass die Gruppenentwicklung kein sukzessives Nacheinander von Phasen ist, sondern eher durch Rückkopplungsprozesse und Vorwärtsentwicklungen beschrieben werden kann. (*Asam u.a. 1984, 177f.*)

Wirkungsweisen von Selbsthilfegruppen

In der jüngsten Zeit häufen sich die Stimmen, die sozialarbeiterisches Handeln einer systematischeren Erfassung und Überprüfung zugänglich machen wollen. Nach *Maja Heiner* (1986) geht die Evaluation der Sozialen Arbeit über die Überprüfung formulierter Ziele hinaus. Sie unterscheidet in diesem Zusammenhang die Effektivitätsanalyse (wurden die Ziele erreicht) von der Effizienzanalyse (Kosten-Nutzen-Analyse), die Verträglichkeitsanalyse (beabsichtigte und unbeabsichtigte Nebenwirkungen) von der Qualitätsanalyse (fachliche Standards der Leistungserbringung) (*Heiner 1986, 73*). Legt man diese Bewertungskriterien bei der Beurteilung der Wirkung von Selbsthilfegruppen zugrunde, dann treten bisher nur bescheidene Ergebnisse dazu hervor. In erster Linie gibt es Beschreibungen und Systematisierungen über das Geschehen in Selbsthilfegruppen. Darüber hinaus werden Ziele hinsichtlich ihrer Reichweite unterschieden und die Wirkungsweise der Selbsthilfegruppen vor dem Hintergrund von Selbsteinschätzungen der Mitglieder oder Beurteilungen von Fachleuten dargestellt (*Daum u.a. 1984; Trojan 1986; Daum 1984; Daum 1987; Braun & Röhrig 1987; Köhler & Thorbeke 1988*).

Die Gründe für das begrenzte Wissen über die Wirkungsweise von Selbsthilfegruppen sind in den Strukturbedingungen dieser Gruppen zu suchen. Experten haben, dem Selbstverständnis der Gruppen nach, keinen oder nur einen sehr begrenzten Einblick in das Geschehen. Hinzu kommt, dass eine Vielzahl sehr unterschiedlicher Arten von Selbsthilfegruppen mit verschiedenen Aufgaben und einem jeweils spezifischen Selbstverständnis existieren. So sind die Ergebnisse, die etwa für den Bereich der krankheitsbezogenen Gruppen vorliegen nur bedingt auf andere Arten zu übertragen. Ebenso liegen die Zielsetzungen in der Regel nicht in operationalisierter Form vor und sind damit einer strengen Effektivitätskontrolle nicht zugänglich.

Weitere grundsätzliche Überlegungen im Zusammenhang mit der Wirksamkeit von Selbsthilfegruppen zielen auf spezifische Leistungspotentiale. Welche Hilfe und Unterstützung können die Gruppen praktizieren, ohne von vornherein in ihren Möglichkeiten überfordert zu sein. In der Regel wird dabei zwischen einer therapeutischen, einer vorbeugenden und einer nachsorgenden Funktion unterschieden. Die meisten Gruppen nehmen für sich eine therapeutische Funktion überhaupt nicht in Anspruch, auch wenn eine Untersuchung über die »Anonymen Alkoholiker« zeigt, dass immerhin 50 % derjenigen, die nach drei Monaten noch Mitglied der Gruppe sind, eine hohe Chance haben, innerhalb des folgenden Jahres nicht rückfällig zu werden (*Norris 1978; zit. nach Trojan & Halves 1984*). Dieses Ergebnis lässt sich durchaus mit denen aus professionell betreuten Gruppen vergleichen. Ähnliche Ergebnisse liegen für die psychologisch-therapeutischen Gesprächsgruppen vor (*Daum 1984*).

Die vorbeugende Wirkung von Selbsthilfegruppen wird meist der Bearbeitung von aktuellen Störungen und Krisen zugeordnet, die sich dadurch nicht zu manifesten Krisensymptomen auswachsen sollen. Die nachsorgende Funktion wird überwiegend darin gesehen, dass Selbsthilfegruppen, anders als die professionellen Hilfssysteme, ein hohes Maß an emotionaler Wärme und Geborgenheit sowie Verständnis für die psychische Situation der Betroffenen vermitteln und dadurch den Heilungsprozess positiv beeinflussen können. Im Zusammenhang mit Gesundheitsselbsthilfegruppen liegt mit der schon zitierten Hamburger Untersuchung ein umfassender Einblick in die Wirkungsweise der Gruppen vor. Mit 232 Mitgliedern aus 65 Gruppen wurden qualitative Interviews durchgeführt. In zehn Gruppen fanden außerdem teilnehmende Beobachtungen statt (*Trojan 1986*). Die hier gewonnenen Ergebnisse zeigen, dass die Leistungen von Selbsthilfegruppen in erster Linie in folgenden Funktionen zu sehen sind:

- »Herstellung einer Gemeinschaft, in der tiefgehendes Verständnis und problembezogenes Erfahrungswissen in einem Maße gefunden werden, wie es nur unter gleichermaßen Betroffenen möglich ist.
- Erfüllung psychosozialer Grundbedürfnisse, vor allem Isolationsaufhebung, Kommunikation und Geborgenheit, d.h. affektiver Leistungen, die als Aufgabe primärer Netzwerke, insbesondere der Familie angesehen werden.
- kommunikative, aber auch praktische Leistungen, die vom professionellen System (entgegen seinem Anspruch) nicht oder nur unvollständig erbracht werden.
- Bedürfnisartikulation und authentische Interessenvertretung nach außen, wie sie nur durch selbst Betroffene möglich ist.« (*Trojan 1986, 170f.*).

Da die Hamburger Untersuchung bisher am umfangreichsten die Wirkungen von Gesundheitsselbsthilfegruppen dokumentiert, werden im folgenden diese Ergebnisse vorgestellt (*Trojan u.a. 1986, 163ff.*). Die größten Veränderungen liegen im psychosozialen Bereich. Mehr als zwei Drittel (70 %) der Gruppenteilnehmer gaben an, dass sich die seelischen Belastungen verringert haben. Insbesondere haben die Ängste vor krankheitsbedingten Problemen und für andere Mitmenschen belastend zu wirken, abgenommen. Auch das Gefühl, emotional in der Gruppe angenommen zu sein, hat sich für den größten Teil verbessert und äußert sich in einem größeren Geborgenheitsgefühl. Die Gruppe scheint damit wesentlich zur psychischen Stabilisierung des Einzelnen beizutragen und reicht in ihren Wirkungen in den Alltag hinein. So haben mehr als zwei Drittel der Mitglieder auch über das eigentliche Gruppenleben hinaus Kontakte miteinander oder treffen sich auch zu anderen Anlässen. In Bezug auf die körperliche Symptomatik liegt die Verbesserung erwartungsgemäß niedriger. Hier trat nur bei 20 % bis 40 % der Teilnehmer eine Verbesserung bei einem Hauptsymptom ein.

Die Verbesserung der psychosozialen Befindlichkeit wirkt sich unmittelbar auf die Veränderung des Verhaltens aus. So ermutigt die Selbsthilfegruppe anscheinend ihre Mitglieder, neue Fähigkeiten auszuprobieren oder damit zu experimentieren. Dies führt zu einer

Änderung des Verhaltens, so dass ein Großteil der Gruppenmitglieder angab, selbstbewusster gegenüber Professionellen aufzutreten, die eigene Meinung besser zu vertreten oder im Umgang mit anderen Betroffenen eine größere Hilfsbereitschaft zu zeigen. Die Verhaltensänderungen betreffen aber nicht nur den privaten Bereich, sondern sie wirken in den öffentlichen hinein. So gibt mehr als die Hälfte an, unternehmungslustiger geworden zu sein, oder etwa ein Drittel sieht als neues Ziel für sich, die Interessen aller Betroffenen nach außen vertreten zu wollen. Anderen helfen zu wollen ist für zwei Drittel zu einem wichtigen Ziel geworden.

In der sozialpolitischen Diskussion um die Bedeutung von Selbsthilfegruppen wird hervorgehoben, dass diese als Ergänzung oder Ersatz für unzureichende soziale Hilfe durch Familie, Verwandtschaft und Freunde anzusehen sind (u.a. *Olk & Heinze 1985*). Die Aussagen über Beitrittsmotive, die sich in der Unzufriedenheit mit den primären Netzwerken begründen, scheinen diese Vermutung zu bestätigen. Bei Nachfragen in Bezug auf die Einschätzung der eigenen Familie zeigt sich jedoch ein differenzierteres Bild. So steht nur eine verschwindende Minderheit von 5 % der Partner den Selbsthilfegruppen negativ gegenüber, und zwischen 80 % und 90 % der Mitglieder von Selbsthilfegruppen sind der Meinung, dass sie in der Familie »allerpersönlichste Wünsche und Ängste besprechen« (*Trojan u.a. 1986, 187*) können sowie Anerkennung, Zuneigung und Unterstützung bei der Bewältigung von Schwächen bekommen.

Bei einer so hohen positiven Basiseinstellung sind kaum einschneidende Einstellungsänderungen zu erwarten. Tatsächlich liegen die Angaben über die Häufigkeit positiver Veränderungen in diesem Bereich auch bei 9 % bis 22 %. Dies kann so interpretiert werden, dass Selbsthilfegruppen funktionierende Beziehungen in den primären Netzwerken zur Voraussetzung haben. Liegen also bereits „gestörte" soziale Beziehungen in den Primärgruppen vor, so stellen die Selbsthilfegruppen keine angemessene Alternative dar. Andererseits erweisen sich Selbsthilfegruppen als klärende Instanz bei der Beurteilung sozialer Kontakte zu Freunden und Bekannten. So tritt der Effekt auf, dass Mitglieder von Selbsthilfegruppen „strengere Maßstäbe" an soziale Beziehungen anlegen und bereit sind, sich von Beziehungen zu trennen, die als nicht befriedigend erlebt werden.

Gerade in Bezug auf gesundheitsbezogene Selbsthilfegruppen spielt der Erwerb von Wissen und Informationen über Krankheitsverlauf und Heilungsprozess eine wichtige Rolle. Das Wissen erleichtert das Erkennen der eigenen Interessen und ermöglicht einen selbstbewussten Umgang mit den Experten. Mangelndes oder unzureichendes Wissen über Ursache und Verlauf von Krankheiten sind eine zentrale Quelle für persönliche Verunsicherung und Belastung. Hier liegt nach den vorliegenden Untersuchungen eine wichtige Leistung von Selbsthilfegruppen. Sie vermitteln je nach Gruppentypus durch allgemeine Beratung oder gegenseitigen Austausch von Wissen eine Fülle von „Informationen" über die Ursachen, die Therapie und Nachsorge" (*Trojan u.a. 1986, 192*) von Krankheiten. In der Zusammenarbeit mit Ärzten zeigt sich, dass die Mitglieder von Selbsthilfegruppen informierter sind und in ihrem eigenen Verhalten gezielter vorgehen. Wenn man berücksichtigt, dass in den personenbezogenen Dienstleistungen eine Voraussetzung für den Erfolg die aktive Beteiligung des Dienstleistungsnehmers ist, (*Gross, 1983, 52*) dann ist zu vermuten, dass durch Selbsthilfegruppen die Effektivität ärztlichen Handelns gesteigert werden kann. Ich habe schon darauf hingewiesen, dass ein breiteres Fachwissen und die damit erworbene größere Selbstsicherheit zu einer aktiven Wahrnehmung der eigenen Interessen beiträgt. So gehen Angehörige von Selbsthilfegruppen mutiger mit Behörden um und vertreten gegenüber Ärzten und anderen professionellen Helfern ihre Meinung offensiver.

Zusammenfassend lassen sich positive Wirkungen bei der psychosozialen Verarbeitung krankheitsbedingter Belastungen, bei den Beziehungen zu den primären sozialen Netzwerken und bei dem Umgang mit den professionellen Hilfs- und Unterstützungssystemen feststellen. Negative Aussagen beziehen sich dagegen auf organisatorische Probleme. So kritisieren die Mitglieder von Selbsthilfegruppen z. B. die mangelnde Strukturierung von Gruppensitzungen, eine unzureichende Arbeitsteilung oder die mangelnde Eigenverantwortlichkeit und Zuverlässigkeit anderer Mitglieder (*Trojan u.a.., 1986, 201*). *Barbara Maria Köhler & Rupprecht Thorbecke* (1988, 61) kommen in ihrer Untersuchung außerdem zu dem Ergebnis, dass die hohen Anforderungen an die Artikulationsfähigkeit in Selbsthilfegruppen weniger verbal begabte Mitglieder systematisch benachteiligen. Vor diesem Hintergrund ist zu überlegen, ob durch eine gezielte Beratung und Unterstützung umfangreichere Bevölkerungskreise erreicht und damit die Wirkungsweisen von Selbsthilfegruppen noch verbessert werden können.

Unterstützung von Selbsthilfegruppen

Die fachliche Unterstützung von Selbsthilfegruppen durch Professionelle wird nicht von allen Beteiligten einhellig bejaht. So befürchten einige der Gruppen, dass sie sich damit in eine zu große Abhängigkeit von staatlichen Geldgebern und professionellen Helfern begeben könnten. Die Skepsis gegenüber einer offiziellen Unterstützung ist nachvollziehbar, wenn man berücksichtigt, dass eine der Ursachen für die Renaissance der Selbsthilfediskussion erhebliche Vorbehalte gegenüber der Dominanz von Experten ist. Die Frage der Unterstützung der Selbsthilfegruppen berührt nachdrücklich das Selbstverständnis der professionellen Helfer und ist in dem Spannungsverhältnis von »Kolonialisierung sozialer Lebenswelten« (*Habermas 1979*) und der Selbstbestimmung der Hilfe in Gruppen angesiedelt.

Zunächst die faktische Situation der Unterstützung. Ein Drittel bis zwei Drittel der Gruppen werden durch professionelle Helfer angeregt und erfahren durch diese im Gruppenverlauf Unterstützung und Beratung. Selbsthilfegruppen sind längst aus ihrer Pionierphase herausgetreten und zu einem Dienstleistungsangebot im Spektrum der sozialen Hilfe und Unterstützung geworden. Entscheidend ist jedoch, wie die Mitglieder von Selbsthilfegruppen selbst die Frage der Unterstützung sehen. Nach der Hamburger Untersuchung votieren zwei Drittel der Befragten für eine Unterstützung durch Professionelle. Allerdings befürworten nur 44 % die Gründung von Selbsthilfegruppen auf Initiative von Professionellen (*Trojan 1986, 252*). In einer Untersuchung über das freiwillige soziale Engagement in vier ausgewählten Städten der Bundesrepublik Deutschland sprachen sich 94 % für eine Unterstützung durch Räume und Sachmittel und 76 % für eine direkte finanzielle Unterstützung aus (*Braun & Röhrig 1987, 91*).

Untersuchungen über die Bereitschaft zum freiwilligen sozialen Engagement zeigen eine steigende Tendenz gerade in Bezug auf Selbsthilfegruppen. Eine Repräsentativuntersuchung, die zu Beginn der 80er Jahre durchgeführt wurde, kommt zu dem Ergebnis, dass etwa ein Drittel der Bevölkerung potentiell bereit ist, sich in Selbsthilfegruppen zu engagieren (*Grunow u.a. 1983*). Nach einer anderen Untersuchung liegen die Zahlen noch höher. Wenn die Frage auch nicht direkt auf den Bereich der Selbsthilfegruppen zielte, sondern die generelle Bereitschaft zum sozialen und gesundheitsbezogenen Engagement thematisierte, so zeigte sich dennoch, dass neben den bereits 18 % Engagierten immer noch 28 % potentiell dazu bereit sind. (*Braun & Röhrig 1987, 60*).

Die Aussagen über Motive und Interessen zum freiwilligen sozialen Engagement zeigen, dass diese an eine Reihe von Voraussetzungen geknüpft sind, die sich in der jüngsten Vergangenheit verändert haben. Neben dem traditionellen Typus des sozial Engagierten, der aus sozialem Verantwortungs- und Pflichtgefühl heraus handelt, ist ein neuer Typus entstanden, der Werte wie Selbstentfaltung und selbstbestimmtes Engagement in den Vordergrund stellt (*Braun & Röhrig 1987, 67*). Gerade Mitglieder von Selbsthilfegruppen scheinen diesem Typus in höherem Maße zu entsprechen. Die veränderten Voraussetzungen im freiwilligen sozialen Engagement zeigen, dass das breite Feld der potentiell Engagierten nur dann ausreichend aktiviert werden kann, wenn entsprechende Voraussetzungen und Unterstützungsformen gezielt geschaffen werden.

Ein Misslingen des Engagements in Selbsthilfegruppen wirkt sich demotivierend aus. Die Überlegungen zur Unterstützung von Selbsthilfegruppen lassen sich deshalb anhand zweier unterscheidbarer Handlungsstrategien beschreiben. Bei der einen steht die Schaffung einer selbsthilfefreundlichen Infrastruktur, die neue Motive und Einstellungen berücksichtigt, im Mittelpunkt. Bei der anderen die direkte Beratung von Selbsthilfegruppen.

Zur *Schaffung einer selbsthilfefreundlichen Infrastruktur* gehört die finanzielle Unterstützung von Gruppen und Zusammenschlüssen, die Bereitstellung von Räumlichkeiten, die als Treffpunkte dienen, die Gewährung von Sachmitteln und der Abbau von Vorurteilen und negativen Einstellungen bei Verwaltung und Professionellen. Als ein sehr wichtiger Knotenpunkt in dem Netz der Unterstützung haben sich die Kontakt- und Informationsstellen für Selbsthilfegruppen erwiesen. Sie sind ein Zusammenschluss und eine Koordinationsstelle von Selbsthilfegruppen und nehmen deshalb eine Schlüsselstellung zwischen aktiven Selbsthilfegruppen, potentiell Interessierten und öffentlichen bzw. freien Trägern ein. Sie dienen als Anlaufstelle für diejenigen, die eine Selbsthilfegruppe suchen, sammeln und dokumentieren die jeweiligen regionalen Selbsthilfeinitiativen, informieren über die Arbeitsweise von Selbsthilfegruppen, beraten Einzelne und Gruppen bei der Gründung von Selbsthilfegruppen, organisieren Gesamttreffen zwischen den einzelnen

Gruppen, richten Tagungen und Veranstaltungen zum Thema Selbsthilfe aus, geben Selbsthilfezeitungen heraus, bieten Weiterbildungsmöglichkeiten an und arbeiten mit professionellen Helfern zusammen (*Zinner 1985; Deutsche Arbeitsgemeinschaft Selbsthilfegruppen 1986; Braun & Röhrig, 1987).*

Trotz des qualifizierten Angebots steht die Arbeit der Kontakt- und Informationsstellen auf unsicherem Boden. Bei den Mitgliedern der Selbsthilfegruppen wird die Bedeutung der Kontaktstellen sehr hoch angesiedelt. So sprechen sich 99 % für unabhängige Anlaufstellen aus, und 94 % sind der Ansicht, dass diese Koordinationsstellen unbürokratisch Unterstützung zur Verfügung stellen sollen (*Trojan 1986, 252*). Auch bei Experten ist die fachliche Wertschätzung hoch (*Braun & Röhrig 1987, 172*). Wie eine Erhebung der »Nationalen Kontakt- und Informationsstelle zur Anregung und Unterstützung von Selbsthilfegruppen« (NAKOS) jedoch zeigt, schlägt sich dies nicht in der personellen Ausstattung der Koordinationszentren nieder (*Thiel 1988*). Die gegenwärtige Situation ist also widersprüchlich. So genießen die Kontakt- und Koordinationsstellen einerseits ein hohes fachliches Ansehen in der Öffentlichkeit und bei Experten, andererseits drückt diese Wertschätzung sich nicht in einer personell und sachlich angemessenen Unterstützung aus. Die Schaffung von positiven Einstellungen bei Verwaltungsfachleuten und Kommunalpolitikern und die Etablierung von Haushaltsstellen zur Selbsthilfeförderung ist deshalb ein wichtiger Schritt zu einer selbsthilfefreundlichen Infrastruktur. Und dies ist umso notwendiger, wenn man jene Prognosen ernst nimmt, die besagen, dass ein zukünftiger Hilfebedarf zur Bewältigung sozialer Probleme ohne die Angebote der Selbsthilfe nicht mehr angemessen gedeckt werden kann (*Prognos AG 1984*).

Neben der Sicherung von Rahmenbedingungen liegt ein zweiter großer Unterstützungsbedarf in der *Beratung von Mitarbeitern* der Selbsthilfezusammenschlüsse und -gruppen. Die Entscheidung über die Beratung der Selbsthilfegruppen durch Experten sollte den Selbsthilfegruppenmitgliedern jedoch selbst überlassen werden, da es den Kern des Selbstverständnisses der Gruppen betrifft und somit entscheidend das Vertrauensverhältnis zwischen Experten und Selbsthilfegruppe beeinflusst.

Die bisherigen Erfahrungen der Selbsthilfegruppen haben gezeigt, dass, unabhängig von der konkreten Betroffenheit und den spezifischen Problemen ihrer Mitglieder, verallgemeinerbare Situationen auftreten, bei denen mit größerer Wahrscheinlichkeit schwerer zu bewältigende Probleme zu erwarten sind. Sie beziehen sich auf

- die Entstehungsbedingungen der Gründungs- und Anfangsphase,
- die interne Dynamik und die gruppenspezifischen Entwicklungsprozesse,
- die Orientierung und den Bezug der Gruppe nach außen und
- Prozesse der Desintegration der Gruppe (*Heck 1987, 160f.*).

Ein Indikator für die großen Anfangsschwierigkeiten von Selbsthilfegruppen ist die hohe Fluktuationsrate zu Beginn der Gruppengründungen. Hier entscheidet sich, ob das einzelne Mitglied seine Bedürfnisse und Interessen in zufriedenstellendem Maße einbringen kann und ob die Gruppe mit den spezifischen Anforderungen einer selbstorganisierten Kommunikationsstruktur zurechtkommt. Die Gruppenerfahrungen der jeweiligen Mitglieder sind sehr unterschiedlich und in der Regel nicht durch gleichberechtigte Formen der Zusammenarbeit und wechselseitigen Hilfe geprägt. Einschränkende äußere Rahmenbedingungen und Schwierigkeiten bei der Terminfindung können die Probleme in dieser Phase noch verstärken. Eine mögliche Unterstützung besteht in dieser Phase in der Bereitstellung von angemessenen Räumlichkeiten und in der Begleitung einer begrenzten Anzahl von Gruppensitzungen.

An anderer Stelle habe ich ausgeführt, dass Selbsthilfegruppen vor einer Anzahl struktureller Probleme stehen, die Einfluss auf die innere Dynamik und die Entwicklungsprozesse nehmen. Im Zentrum dieser Probleme steht die Fähigkeit der Gruppenmitglieder, die gefühlsbezogenen und themenbezogenen Anteile in der für das Selbstverständnis der Gruppe angemessenen Weise auszubalancieren. Dabei kann es in den Gruppen zu Konflikten kommen, die intern nur sehr schwer zu bewältigen sind. Eine gezielte Unterstützung, die den Konflikt bewusst macht und unterschiedliche Lösungsmöglichkeiten aufzeigt, kann dazu beitragen, dass die Gruppe einen tragfähigen Konsens findet und wieder arbeitsfähig wird.

Ein konfliktträchtiger Punkt hängt mit der unterschiedlichen Verbalisierungsfähigkeit und der Bereitschaft, sich zu engagieren zusammen, Die Untersuchung von *Barbara Maria Köhler & Rupprecht Thorbecke* verweist darauf, dass Unterschichtangehörige mit niedrigem Bildungsabschluss systematisch in Selbsthilfegruppen benachteiligt werden. So wird von 41 % der Befragten »als wesentlicher Mangel der Selbsthilfegruppen genannt, dass Leute, die nicht so gut sprechen können, nicht zu Wort kommen« (*Köhler & Thorbecke 1988, 61*). Damit setzen Selbsthilfegruppen einen schwierigen Kreislauf in Gang. Mitglieder mit hohem Bildungsabschluss können sich besser in Gruppen einbringen. Verbinden sich damit positive Erfahrungen, so fördert dies die Integrationsbereitschaft in die Gruppe. Umgekehrt: Vermittelt eine geringe Verbalisierungsfähigkeit weniger positive Erfahrungen, dann sinkt die Integrationsbereitschaft. Hilfe und Unterstützung durch Experten können dazu beitragen, asymmetrische Kommunikationsstrukturen transparent zu machen und Hilfen bei der Überwindung zu geben. Außerdem sollte hier grundsätzlich darüber nachgedacht werden, wie Selbsthilfegruppen gegenüber den Interessen und Bedürfnissen von Unterschichtangehörigen geöffnet werden können.

Ein Großteil der medizinischen und psychotherapeutischen Selbsthilfegruppen hat eine ausgeprägte Binnenstruktur und geringe Außenbeziehungen. Wie sozialpsychologische Forschungen zeigen, führt eine geringe Außenorientierung zu einem stärkeren Konformitätsdruck nach innen. Die Gruppenmitglieder entwickeln ausgeprägte eigene Normen, Kommunikationsmuster und Verhaltensweisen, die es ihnen immer schwerer machen, neue Gruppenmitglieder zu integrieren. Die Gruppenmitglieder verstehen sich sozusagen blind und bestätigen sich dadurch immer wieder in ihren Einstellungen und Verhaltensweisen. *Michael Lukas Moeller* (1978) hat in diesem Zusammenhang das Konzept des »Gesamttreffens« entwickelt. In den Gesamttreffen erfahren die Mitglieder Vorgänge und Probleme aus den anderen Gruppen und können sich darüber austauschen. Gleichzeitig stellt dieses Treffen ein Forum dar, auf dem außenorientierte Aufgaben und Aktivitäten besprochen und verteilt werden können.

Selbsthilfegruppen haben das Ziel, bei ihren Mitgliedern neue Einstellungen und Verhaltensweisen zu entwickeln. Werden die neuen Verhaltensweisen in dem gewohnten sozialen Milieu umgesetzt, kann es zu Irritationen und Konflikten kommen, die für den Einzelnen eine erhebliche Belastung mit sich bringen. Ist die Selbsthilfegruppe nicht in der Lage, diese aufzufangen, kann eine punktuelle Hilfe durch Professionelle angezeigt sein.

Ein krisenträchtiger Punkt besteht in Entwicklungsprozessen, welche die Existenz der Gruppe grundsätzlich in Frage stellen. So ist eine Reihe von Situationen denkbar, die zu Desintegrationstendenzen in der Gruppe führen:

Zunahme der Gruppengröße, zu stark divergierende Erwartungshaltungen, die Unfähigkeit, Konflikte zu bearbeiten und Entscheidungen zu treffen, Spaltungen und Cliquenbildungen, abnehmbare Betroffenheit usw. sind nur einige der Faktoren, die Auflösungstendenzen in der Gruppe zur Folge haben können.

Vor dem Hintergrund der unterschiedlichen Formen der Zusammenarbeit zwischen Selbsthilfegruppen und professionellen Helfern treten Überlegungen in den Vordergrund, ob sich daraus veränderte Anforderungen an einen »neuen Helfertypus« (*Huber 1987*) ergeben. Die Handlungsanforderungen können in zwei grundlegenden Handlungsstrategien gebündelt werden können.

Zum einen sind Qualifikationen und Fähigkeiten gefordert, deren Bezugspunkt organisatorisch-sozialadministrative Handlungsstrategien darstellen. Der Fokus des professionellen Handelns richtet sich hier auf die Schaffung von Rahmenbedingungen, die eine Entfaltung und erfolgreiche Arbeit der Selbsthilfegruppen erst möglich machen. Die Ziele dieser Bemühungen sind darauf gerichtet, die Selbsthilfegruppen materiell und räumlich ausreichend auszustatten, Vorurteile gegenüber Selbsthilfegruppen abzubauen und eine Infrastruktur des Helfens aufzubauen, bei denen die Selbsthilfegruppen ein Teil des gesamten sozialen Netzes sind. Dazu müssen die positiven Wirkungen der Selbsthilfegruppen bewusst gemacht, deren Leistungsgrenzen benannt und der Bedarf an Hilfe und Unterstützung in einem Gemeinwesen systematisch erhoben werden. Administratives und organisatorisches Handeln steht dabei im Vordergrund. Soziale Arbeit hat hier eine intermediäre Funktion. Sie vermittelt zwischen den Interessen der Selbsthilfegruppen und denen von Politikern und zentraler Verwaltung. Dazu ist es erforderlich, dass Sozialarbeiter das Vertrauen beider Seiten besitzen und mit den jeweiligen Deutungsmustern vertraut sind, um das schwierige Geschäft der Übersetzung unterschiedlicher Interessen und Handlungsorientierungen erfolgreich bestehen zu können.

Zum anderen sind Qualifikationen und Fertigkeiten gefordert, deren Bezugspunkt sozialpsychologisch-beratende Handlungsstrategien sind. Der Focus des professionellen Handelns richtet sich hier darauf, wie Selbsthilfegruppen in den verschiedenen Phasen konfliktträchtiger Entscheidungen handlungsfähig bleiben können. Ziel dieser Handlungsstrategien ist nicht die Beratung von Einzelnen, sondern hier steht die Gruppe mit ihrer Dynamik und Entwicklung im Mittelpunkt. Der

Sozialarbeiter ist deshalb in seinen gruppenpädagogischen und gruppendynamischen Kenntnissen und Fertigkeiten gefordert. Gerade im direkten Umgang mit den Gruppen ist die Frage nach den genügenden Freiräumen für eine selbstorganisierte Entwicklung besonders wichtig. Um diese Freiräume zu garantieren, werden von dem Sozialarbeiter selbsthilfefreundliche Einstellungen gefordert, die sein professionelles Handeln grundsätzlich bestimmen sollen. Zu diesen gehört, dass der Sozialarbeiter sich die zeitliche Begrenztheit seines Handelns gegenüber Selbsthilfegruppen bewusst macht und reflektiert. Selbsthilfeunterstützung ist Hilfe auf Zeit und wird damit dem klassischen Anspruch der Sozialarbeit nach »Hilfe zur Selbsthilfe« am ehesten gerecht. Die eigentliche Hilfe bleibt in der Kompetenz der Selbsthilfegruppenmitglieder, so dass Selbsthilfeunterstützung nicht einzelfall-, sondern strukturorientiert ist und sich auf die Gruppe, den Zusammenschluss oder die Rahmenbedingungen richtet.

Zentraler Bezugspunkt aller Aktivitäten zur Unterstützung der wechselseitigen Hilfe in Selbsthilfegruppen bleibt aber »die subsidiäre Orientierung der Experten« (*Heck 1987, 163*), welche die professionelle Hilfe als nachrangig gegenüber der Hilfe in Selbsthilfegruppen begreift. Um die Fremdbestimmung der Selbsthilfegruppen möglichst gering zu halten, schlagen *Alf Trojan u.a.* (1986, 281 f.) vor, dass Professionelle sich im Umgang mit Gruppen immer wieder folgende Fragen stellen: »Grenze ich aus?« (Werden Problembereiche und Gruppen als weniger unterstützungswert angesehen?); »Normiere ich?« (Schreibt der Professionelle vor, was und wie eine Selbsthilfegruppe zu sein hat?); »Bürokratisiere ich?« (Werden soziale Ungleichheiten und Rollenverteilungen verstärkt?); »Kolonialisiere ich?« (Wird die Selbsthilfe durch professionelle Hilfe dominiert oder verdrängt?).

Walter Asam u.a. (1988, 116) wollen aufgrund ihrer Erfahrungen mit der Selbsthilfegruppenförderung im Saarland Anstöße zu einem Unterstützungskonzept geben, dass sich an »Strukturelementen eines Unternehmensberaters« orientiert. Gemeint ist damit, dass Selbsthilfeunterstützung als eine Dienstleistung verstanden wird, die vor dem Hintergrund einer qualifizierten Fachausbildung dem »Unternehmen Selbsthilfegruppe« angeboten wird. Dies setzt voraus, dass die Selbsthilfegruppe sich Klarheit über ihren Unterstützungsbedarf geschaffen hat und auf der Basis eines befristeten Vertrags die Dienstleistung eines Selbsthilfeberaters in Anspruch nimmt. Die so manchmal diffuse und umstrukturierte Zusammenarbeit zwischen professionellen Helfern und

Selbsthilfegruppen kann damit in den Zusammenhang eines klaren »Vertragsverhältnisses« geführt werden.

Fazit

Meine Ausgangsfrage war, ob Selbsthilfegruppen einen veränderten Hilfe- und Unterstützungsbedarf abdecken können und welche Bedingungen dabei zu beachten sind. Die Antwort fällt differenziert aus. Selbsthilfegruppen sind kein Ersatz für die primären Netzwerke. Sie haben funktionierende und tragfähige Beziehungen in den primären Beziehungen als Voraussetzung und können die Hilfe in der Familie nur unterstützen und ergänzen. Betrachtet man die Entwicklung der Selbsthilfegruppen so wird deutlich, dass sie über das Anfangsstadium spontaner und improvisierter Hilfe längst hinaus sind. Sie leisten eine erfolgreiche Arbeit bei der psychosozialen Stabilisierung ihrer Mitglieder, und sind aus dem Konzept einer vorbeugenden Sozialpolitik nicht mehr wegzudenken. Um Selbsthilfegruppen aber auf Dauer zu etablieren, bedarf es der finanziellen und organisatorischen Absicherung. Da der Erfolg von Selbsthilfegruppen aber an persönliche und soziale Voraussetzungen geknüpft ist, verlangen sie von ihren Mitgliedern eine hohe Bereitschaft zum Engagement, ausgeprägte Verbalisierungsfähigkeiten und eine ausreichende Verfügbarkeit über Zeit. Dies kann zu Belastungen führen, welche die Mitglieder von Selbsthilfegruppen überfordern. Eine gezielte gruppenpädagogische Beratung, bei der die Eigenständigkeit der Gruppe garantiert ist kann dazu beitragen, Belastungen zu verringern und das Angebot der Selbsthilfegruppen noch wirksamer zu machen.

Literatur

Asam, Walter H. & Heck, Michael (Hrsg.): Soziale Selbsthilfegruppen in der Bundesrepublik Deutschland. Aktuelle Forschungsergebnisse und Situationsdiagnosen, München, 1983.

Asam, Walter H./Heck, Michael & Schneider, Melitta: Entwicklungsprozesse in Selbsthilfegruppen. In: Gruppendynamik. 2/1984. S. 165-183.

Asam, Walter H. & Heck, Michael (Hrsg.): Subsidiarität und Selbsthilfe, München, 1985.

Asam, Walter H./Heck, Michael & Krings, Michael: Partnerschaftliche Sozialarbeit — Zum Einfluss der Selbsthilfegruppen auf berufliche Sozialarbeit. In: Brennpunkte Sozialer Arbeit: Mehr Professionalität — mehr Lösungen? Die professionspolitische Zerreißprobe der Sozialarbeit, Frankfurt/M., 1988, S. 109—120.

Becker, Gerhard: Entprofessionalisierung und Laisierung sozialer Dienste — richtungsweisende Perspektive oder konservativer Rückzug? In: WSI Mitteilungen, 10/1979, S. 526—537.

Beck, Ulrich: Jenseits von Klasse und Stand? In: Kreckel, Reinhard (Hrsg).: Soziale Ungleichheit. Soziale Welt — Sonderband 2, Göttingen, 1983.

Beck, Ulrich: Risikogesellschaft. Auf dem Weg in eine andere Moderne, Frankfurt/M., 1986.

Boll, Fritz & Olk, Thomas (Hrsg.): Selbsthilfe und Wohlfahrtsverbände, Freiburg im Breisgau, 1987.

Braun, Joachim & Röhrig, Peter: Praxis der Selbsthilfeförderung, Frankfurt/M./New York, 1987.

Breitkopf, Helmut: Entwicklungschancen und Barrieren hinsichtlich der Teilnahme an gesundheitsbezogenen Selbsthilfegruppen in der Bevölkerung der Bundesrepublik. In: *Asam, Walter H. & Heck, Michael (Hrsg.),* München, 1983, S. 50-67.

Brusten, Manfred & Hohmeier, J. (Hrsg.): Stigmatisierung. Zur Produktion gesellschaftlicher Randgruppen, Neuwied/Darmstadt, 1975.

Daum, Karl-Werner: Selbsthilfegruppen — Eine empirische Untersuchung von Gesprächs-Selbsthilfegruppen, Rehburg-Loccum, 1984.

Daum, Karl-Werner/Matzat Jürgen & Moeller, Michael Lukas: Psychologisch-therapeutische Selbsthilfegruppen, Stuttgart, 1984.

Daum, Karl-Werner: Die empirische Untersuchung einer Gesprächs-Selbsthilfegruppe. In: Gruppenpsychotherapie und Gruppendynamik, Jg. 22/1987, S. 338—354.

Deimer, Klaus & Jaufmann, Dieter: Selbsthilfe — eine alte Erscheinung in neuer Diskussion. In: Gruppendynamik 2/1984, s. 123-140.

Deutsche Arbeitsgemeinschaft Selbsthilfegruppen: Selbsthilfegruppen-Unterstützung, Gießen, 1987.

Deutsche Arbeitsgemeinschaft Selbsthilfegruppen: Kontaktstellen, Gießen, 1986.

Deutscher Verein für öffentliche und private Fürsorge (Hrsg.): Selbsthilfe und ihre Aktivierung durch die soziale Arbeit, Frankfurt/M., 1976.

Garland, James A./Jones, Hubert E. & Kolodny, Ralph L.: Ein Modell für Entwicklungsstufen in der Sozialarbeit-Gruppe. In: *Bernstein, Saul & Lowy, Louis:* Untersuchungen zur Sozialen Gruppenarbeit, Freiburg, 1969.

Gross, Peter: Die Verheißungen der Dienstleistungsgesellschaft, Opladen, 1983.

Gross, Peter: Der Wohlfahrtsstaat und die Bedeutung der Selbsthilfebewegung. In: Soziale Welt 33. Jg. 1982, s. 26-48.

Grunow, D./Breitkopf, H./Grunow-Lutter, V. & Palus, W.: Gesundheitsselbsthilfe im Alltag, Stuttgart, 1983.

Habermas, Jürgen: Stichworte zur »Geistigen Situation der Zeit«, Frankfurt/M., 1979, 2 Bände.

Halves, Edith & /Wetendorf, Hans-Wilhelm: »Natürlich hat sich die Gruppe mit der Zeit verändert.. Verläufe von Selbsthilfegruppen. In: Trojan, Alf (Hrsg.), 1986, S. 137-162.

Heck, Michael: Die Rolle von Experten bei der Unterstützung von Selbsthilfegruppen. In: Verhaltenstherapie und psychosoziale Praxis, 2/1987, S. 150-166.

Heiner, Maja: Evaluation und Effektivität in der sozialen Arbeit. In: *Oppl, Hubert & Tomascheck, Arnold (Hrsg.):* Soziale Arbeit 2000, Band 2, Modernisierungskrise und soziale Dienste, Freiburg, 1986, S. 71—105.

Hesse, Jürgen & Schrader, Hans Christian: Auf einmal nicht mehr weiterwissen. Telefonseelsorge — ein Spiegel unserer Probleme, Frankfurt/M., 1988.

Huber, Joseph: Die neuen Helfer, München, 1987.

Itzverth, Ralf: Selbsthilfegruppen — erste empirische Befunde und sozialpolitische Aspekte. In: *Olk, Thomas & Otto, Hans-Uwe (Hrsg.):* Gesellschaftliche Perspektiven der Sozialarbeit 4. Lokale Sozialpolitik und Selbsthilfe, Neuwied und Darmstadt, 1985, S. 155—171.

Keupp, Heiner & /Röhrle, Bernd (Hrsg.): Soziale Netzwerke, Frankfurt/M., New York, 1987.

Köhler, Barbara Maria & Thorbecke, Rupprecht: Struktur und Wirksamkeit von Selbsthilfegruppen. In: Neue Praxis 1/1988, S. 50-68.

Moeller, Michael Lukas: Selbsthilfegruppen, Reinbek, 1978.

Moeller, Michael Lukas: Anders helfen. Selbsthilfegruppen und Fachleute arbeiten zusammen, Stuttgart,
1981.

Moeller, Michael Lukas: Chancen und Grenzen von Selbsthilfegruppen. In: *Kleiber, Dieter & /Rommelspacher, Birgit (Hrsg.)*: Die Zukunft des Helfens, Weinheim/München, 1986, S. 264—284.

Neidhardt, Friedhelm: Das innere System sozialer Gruppen. In: KZfSS, Jg. 31/1979, S. 611—638.

Olk, Thoms & Heinze, Rolf G.: Selbsthilfe im Sozialsektor — Perspektiven der informellen und freiwilligen Produktion sozialer Dienstleistungen. In: *Olk, Thoms & Otto, Hans-Uwe (Hrsg.)*: Gesellschaftliche Perspektiven der Sozialarbeit 4. Lokale Sozialpolitik und Selbsthilfe, Neuwied und Darmstadt, 1985, S. 233—267.

Prognos AG: Entwicklung der freien Wohlfahrtspflege bis zum Jahr 2000, Basel, 1984.

Puch, Hans-Joachim: Inszenierte Gemeinschaften. Gesellschaftlicher Wandel und lebensweltliche Handlungsstrategien in der sozialen Arbeit, Frankfurt/M., 1988.

Richter, Horst Eberhard: Die Gruppe. Hoffnungen auf dem Weg, sich selbst und andere zu befreien, Reinbek, 1972.

Ruppelt, Hans: Selbsthilfegruppen und Sozialarbeit. In: Der Sozialarbeiter, Nr. 3/4-1985, S. 61—69.

Schmidbauer, Wolfgang: Die hilflosen Helfer, Frankfurt/M., 1977.

Schneider, Melitta: Selbsthilfegruppen für Behinderte. Gruppentypen und Persönlichkeitsmerkmale von Mitgliedern. In: *Asam & Heck (Hrsg.),* 1983, S. 187-210.

Schumacher, E. F.: Die Rückkehr zum menschlichen Maß. Reinbek, 1977.

Thiel, Wolfgang: Sich überflüssig machen wird schwerer. In: Sozial extra, 1 1/12-1989, S. 52—53

Trojan, Alf & Halves, Edith: Selbsthilfegruppen — eine Alternative zu sozialstaatlichen Leistungen? In: *Bauer, Rudolph & /Diessenbacher, Hartmut (Hrsg.)*: Organisierte Nächstenliebe, Opladen, 1984, S. 148-161.

Trojan, Alf (Hrsg.): Wissen ist Macht. Eigenständig durch Selbsthilfe in Gruppen, Frankfurt/M., 1986.

Trojan, Alf/Deneke, Christine/Guderian, Heide/Schorsch, Eva-Maria: Aktivitäten, Ziele und Erfolge von Selbsthilfegruppen. In: *Trojan, Alf (Hrsg.)*, 1986, S. 163—210.

Vilmar, Fritz & Runge, Brigitte: Auf dem Weg zur Selbsthilfegesellschaft? Essen, 1986.

Winkelvoss, Heide/Trojan, Alf & /Itzwerth, Ralf: Zur Definition und Verbreitung von Gesundheitsselbsthilfegruppen. In: *Kickbusch, Ilona & Trojan, Alf (Hrsg.)*: Gemeinsam sind wir stärker, Frankfurt/M., 1981, S. 133 – 138.

Zinnen, Georg: Die Berliner Selbsthilfe-, Kontakt- und Informationsstelle (SEKIS). In: *Reis, Claus & Dorenburg, Hermann (Hrsg.)*: Selbsthilfe, Frankfurt/M., 1985, S. 182-195.

2006

Noch großes Entwicklungspotenzial.
Evaluation des Ehrenamtsgesetzes der Bayerischen Landeskirche[52]

Das Engagement Ehrenamtlicher in der Gesellschaft wie in den Kirchengemeinden ist im Umbruch. Die traditionellen Motive und Einstellungen der Ehrenamtlichen haben sich gewandelt. Statt sich auf lange Zeit da zu engagieren, wo Hilfe gebraucht wird, suchen Menschen heute klar begrenzte, in ihrer Wirkung sichtbare und für die eigene Persönlichkeitsentwicklung relevante Projekte. Dies erfordert veränderte Rahmenbedingungen für Ehrenamtliche und eine andere Einstellung bei den Hauptamtlichen.

Deshalb verabschiedete die Landessynode im Dezember 2000 das „Kirchengesetz über den Dienst, die Begleitung und die Fortbildung von Ehrenamtlichen in der Evangelisch-Lutherischen Kirche in Bayern". Das Ehrenamtsgesetz formuliert Anforderungen, wie der Beginn, die Begleitung, die Beteiligung, die Bezahlungen gestaltet werden soll. Inzwischen ist genug Zeit vergangen, um erste Erfahrungen der Umsetzung des Gesetzes auszuwerten und Schlussfolgerungen für das weitere Vorgehen zu ziehen. Der Fachbeirat Ehrenamt der Landessynode hat darum die Evangelische Fachhochschule beauftragt, im Rahmen einer repräsentativen Untersuchung die Erfahrungen und Einschätzungen des Ehrenamtsgesetzes zu evaluieren und Anregungen für Veränderungen zu formulieren. Wir gehen davon aus, dass in vielen Kirchengemeinden Einschätzungen vorhanden sind, wie gut

[52] Die Evaluation und die Veröffentlichung erfolgte gemeinsam mit Beate Hofmann. Sie war damals Professorin für kirchliche Bildungsarbeit und Gemeindepädagogik an der Evangelischen Stiftungsfachhochschule Nürnberg. Veröffentlicht in: Nachrichten der Evangelisch-Lutherischen Kirche in Bayern. 61. Jahrgang. Nr. 7 – Juli 2006. S. 217 – 221.

oder weniger gut die Umsetzung des Gesetzes gelingt und wie seine Anliegen mitgetragen werden.

Mit unserer Untersuchung ergänzen wir diese subjektiven Erfahrungen und Sichtweisen durch einen Blick auf die Gesamtsituation des Ehrenamtes in den Kirchengemeinden der Evangelisch-Lutherischen Landeskirche in Bayern (ELKB). Wir zeichnen dazu ein differenziertes repräsentatives Bild des Ehrenamtes in den bayerischen Kirchengemeinden.[53] Mit unseren Ergebnisse wollen wir einen innergemeindlichen Dialog anregen, um die eigene Praxis des Ehrenamtes in den Kirchengemeinden kritisch zu betrachten und gemeinsam nach notwendigen Veränderungen zu suchen. Dazu gibt dieser Artikel einen ersten Anstoß. Wer sich differenzierter mit unseren Ergebnissen auseinandersetzen will, dem empfehlen wir die Lektüre des ausführlichen Abschlussberichtes.

Das typische Bild der Ehrenamtlichen

Natürlich hat jede Ehrenamtliche und jeder Ehrenamtliche seine eigene Persönlichkeit und sein ganz spezifisches Profil; dennoch lassen sich Trends über die oder den typischen Ehrenamtlichen erkennen. Ehrenamtliche in der ELKB sind in zwei von drei Fällen weiblich, über 30 Jahre alt und leben in einem Haushalt mit mindestens zwei Personen. Im Gegensatz zu anderen gesellschaftlichen Bereichen engagieren sich in den Kirchengemeinden überdurchschnittlich viele Menschen über 60 Jahre und unterdurchschnittliche viele aus der Altersgruppe der 21-30jährigen.

Offensichtlich ist es gelungen, die jungen Seniorinnen und Senioren verstärkt für ehrenamtliches Engagement in der ELKB zu gewinnen, während für junge Erwachsene das Ehrenamt in der Kirche weniger Attraktivität

[53] Es wurden knapp 5000 Fragebögen an Ehrenamtliche und 500 Fragebögen an Hauptamtliche in 43 repräsentativ ausgewählten Kirchengemeinden versandt. Von den verteilten Fragebögen kamen ein Drittel der Bögen wieder ausgefüllt an uns zurück. Die Rücklaufquote ist ausreichend, um repräsentative Aussagen über die Umsetzung des Ehrenamtsgesetzes aus Sicht der Ehrenamtlichen und der Hauptamtlichen in Bayern machen zu können.

besitzt. Wir können aufgrund unserer Daten nicht abschließend sagen, ob die geringe Attraktivität nur auf die Lebensphase zwischen 21 und 30 Jahren begrenzt ist und die Menschen sich z.B. nach der Familiengründung wieder engagieren, oder ob junge Menschen sich dauerhaft vom kirchlichen Ehrenamt distanzieren. Wir gehen jedoch von der Annahme aus, dass der Rückgang auf mangelnde Passungsverhältnisse zwischen Angebot und Nachfrage für junge Menschen zurückzuführen sind. So gibt es zwar jugendspezifische Angebote, diese decken jedoch die aktuellen Motive und Erwartungen der Jugendlichen nur unzulänglich ab. Jugendliche fühlen sich deshalb nur wenig zum ehrenamtlichen Engagement in Kirchengemeinden hingezogen. Unseres Erachtens ist der Rückgang an jungen Ehrenamtlichen alarmierend und ein Hinweis darauf, dass der Paradigmenwechsel zum neuen Ehrenamt in den Gemeinden vollzogen werden muss, wenn weiterhin auch junge Menschen für ehrenamtliche Tätigkeiten in der Kirche gewonnen werden sollen.

Verteilung der Ehrenamtlichen auf Tätigkeitsfelder

Das typisch männliche und das typisch weibliche Ehrenamt, wie es für die Vergangenheit beschrieben wurde,[54] bestehen auch heute noch, hat sich aber bei den Frauen gegenüber 1995 verändert. Während die Männer weiterhin stärker in den offiziellen Ämtern (Kirchenvorstand, Lektor oder Prädikant und Posaunenchor) vertreten sind, sind die Frauen in den meisten pädagogischen Bereichen dominant und nicht mehr nur bei den klassischen Hilfsarbeiten (Kuchenbacken, Fest vorbereiten, Geld sammeln und Gemeindebrief austragen). Nach wie vor gilt jedoch, dass Frauen in den Bereichen stark vertreten sind, in denen es weniger Fortbildung und offizielle Anerkennung und Einführung gibt.

Auffällig ist, dass bei der Gestaltung des Gemeindefestes ein repräsentativer Querschnitt aller Ehrenamtlichen und die meisten Hauptamtlichen beteiligt sind. Daher lässt sich die These formulieren, dass das Gemeindefest die Mitte

[54] Vgl. Reihs, Sigrid: Im Schatten von Freiheit und Erfüllung. Ehrenamtliche Arbeit in Bayern. Bochum 1995.

der Kerngemeinde (nicht der Gesamtgemeinde!) und des Dienstes von Haupt- und Ehrenamtlichen in der ELKB darstellt.

Motive der Ehrenamtlichen

...Viele der neueren Ehrenamtsstudien weisen auf veränderte Motive und Einstellungen bei Ehrenamtlichen hin. Üblicherweise werden diese Veränderungen als der Wandel vom „traditionellen" zum „neuen" Ehrenamt beschrieben. Während das traditionelle Ehrenamt überwiegend aus altruistischen, pflichtorientierten Motiven gespeist wird, kommt im neuen Ehrenamt unter anderem ein „gegenseitiges Geben und Nehmen" stärker zum Tragen. Menschen wollen durch ihr Engagement Sinn, Spaß und Gewinn für ihre eigene Entwicklung haben.

Nach unserer Untersuchung sind Motive des traditionellen und des neuen Ehrenamt in den Kirchengemeinden in etwa gleichgewichtig verteilt. Darüber hinaus spielt das Motiv, sich gesellschaftlich engagieren zu wollen, eine signifikante Rolle. Damit wird deutlich, dass in den Kirchengemeinden Menschen mit unterschiedlichen Motiven und Erwartungshaltungen im Rahmen des Ehrenamtes aufeinander treffen. Für die Hauptamtlichen bedeutet dies, dass sie beide Formen des Ehrenamtes im Bewusstsein haben sollten, um jeweils spezifisch darauf reagieren zu können. Da das traditionelle und das neue Ehrenamt nicht konfliktfrei zueinander stehen, kann es in den Gemeinden verstärkt zu Kollisionen in Bezug auf die Erwartungen an Ehrenamt und Begleitung kommen.

Die Motive des neuen Ehrenamts unterscheiden sich von denen des neuen Ehrenamtes in anderen Bereichen der Gesellschaft durch eine christliche Akzentuierung: Nicht der vordergründige individuelle Nutzen wird im Rahmen des Ehrenamtes gesucht, sondern vor allem Sinnerfahrung und Begegnung werden als Motive genannt. Interessant ist auch, dass die Motive sich in etwa gleich auf beide Geschlechter verteilen. Bei Frauen ist lediglich das beziehungsorientierte Motiv „mit anderen etwas tun" stärker ausgeprägt. Eine weitere geschlechtsspezifische Differenzierung lässt sich nicht erkennen.

Umsetzung der einzelnen Elemente des Ehrenamtsgesetzes

…Die tragenden Elemente des Ehrenamtsgesetzes lassen sich in fünf „B's" zusammenfassen[55]: „Beginnen", „Begleitung", „Beteiligung", „Bezahlen" und „Beenden". Zu dem Element „Beginnen" gehört unter anderem ein Sondierungsgespräch, in dem das Interesse, Motive, Begabungen, Kenntnisse der Ehrenamtlichen und den Bedarf der Gemeinde erfasst werden, mögliche Aufgaben vorstellt und, wenn eine Möglichkeit zum Engagement gefunden ist, ein Rahmen für die Arbeit festlegt wird.

Zu dem Element „Begleitung" gehören neben einer Einarbeitung in die Aufgabe regelmäßige Gespräche, Unterstützung in Konflikten, Informationen über die Ziele der Arbeit und das Angebot von Fortbildung für die Arbeit. Auch Formen der Anerkennung und Wertschätzung der geleisteten Arbeit sind Teil der Begleitung. Eine angemessene Beteiligung von Ehrenamtlichen an Entscheidungen über ihr Arbeitsfeld beschreibt das dritte Element. Außerdem sieht das Gesetz hier eine jährliche Versammlung aller Ehrenamtlichen vor sowie die Einrichtung von Vertrauenspersonen auf Dekanatsebene. Zum „Bezahlen" gehört unter anderem, dass Auslagen erstattet werden bzw. Erstattungswege geregelt werden, damit Ehrenamtliche sich nicht als Bittsteller fühlen müssen. Der Aspekt „Beenden" beinhaltet, dass Hauptamtlichen die zeitliche Begrenzung des Ehrenamtes bewusst ist und das Engagement von den Ehrenamtlichen mit gutem Gewissen beendet werden kann. Dazu braucht es klare Regelungen, einen

---

[55] Vgl. Eckhard Roßberg, Beate Hofmann: Die fünf B`s der ehrenamtlichen Mitarbeit, in: Themenhefte Gemeindearbeit Nr. 72 Ehrenamt gewinnen, begleiten, gestalten, 5. Ausgabe 2005, S.30f. Ähnlich Herbert Lindner: Die fünf B`s der ehrenamtlichen Mitarbeit, in: Arbeitshilfe für Veranstaltungen/ Gruppenabende/Diskussionen „Ehrenamtliche in der Kirche", hg. vom Arbeitsbereich Frauen in der Kirche der ELKB, Mai 1991, L 5; und Bernhard Petry: Führungsaufgabe Ehrenamt, in: Organisationshandbuch Kirche und Gemeinde. Aachen 2002, S.126-130.

Nachweis über geleistetes Engagement und eine angemessene Verabschiedung bzw. Bedankung.

Unsere Untersuchungen haben ergeben, dass in einem Drittel der Gemeinden das Ehrenamtsgesetz umgesetzt wird. Einzelne Elemente des Gesetzes, wie der Dank für das Engagement oder die Klärung von Ansprechpartnern sind zu 95 % etabliert; in über 70 % der Gemeinden werden die Ehrenamtlichen verabschiedet.

Sehr unterschiedlich ist die Fortbildungskultur. In einigen Bereichen gibt es eine hohe Bereitschaft und Beteiligung an Fortbildung (z.B. in Klinik- und Telefonseelsorge, bei Friedens- und Umweltarbeit, bei LektorInnen und PrädikantInnen sowie in der Instrumentalmusik), in anderen Bereichen (z.B. im Mutter-Kind-Gruppenbereich und in den Kindergottesdienstteams, bei den Besuchsdiensten und in der Seniorenarbeit) ist die Beteiligung erstaunlich niedrig. Das Angebot der Kinderbetreuung während der ehrenamtlichen Tätigkeit ist nur in ganz wenigen Gemeinden bisher umgesetzt.

In einigen Bereichen weichen die Wahrnehmungen und Einschätzungen der Ehrenamtlichen und Hauptamtlichen deutlich voneinander ab. So halten sich Hauptamtliche z.B. für leichter ansprechbar als die Ehrenamtlichen dies erleben. 53,2 Prozent der Ehrenamtlichen haben Fortbildung angeboten bekommen, nach Einschätzung der Hauptamtlichen sind dies 89,7 Prozent. Auch die Gründe für die Nichtteilnahme an Fortbildung werden sehr unterschiedlich eingeschätzt. Die Hauptamtlichen halten Terminnot und innere Widerstände als Hinderungsgrund für wichtiger als die Ehrenamtlichen. Frappierende Unterschiede gibt es auch bei der Klarheit über Erstattungswege von Auslagen: Nur bei 33,5 Prozent der Ehrenamtlichen ist er geklärt, während 72,3 Prozent der Hauptamtliche ihn für geklärt halten. Auch in Bezug auf die Rollenwahrnehmungen gibt es interessante Abweichungen. So sehen sich die Hauptamtlichen häufiger in der Rolle des Experten bzw. der Expertin, während sich Ehrenamtliche häufiger als Helfer wahrgenommen fühlen.

Vergleicht man unsere Ergebnisse mit einer Untersuchung aus dem Jahr 1995, so zeigt sich, dass sich in vielen Bereichen des ehrenamtlichen

Engagements in den Kirchengemeinden wenig verändert hat[56]. Insgesamt werden die Elemente des Ehrenamtsgesetzes in ihrer Bedeutung nicht hoch gewertet. Dies lässt unserer Meinung nach aber nicht den Schluss zu, die Elemente des Ehrenamtsgesetzes seien überflüssig. Die Ergebnisse zeigen lediglich, dass die Ehrenamtlichen, die sich bisher in der Kirche engagieren, vorwiegend das traditionelle Ehrenamt vertreten. Offensichtlich braucht es einen langen Atem und Ausdauer, aber auch viel Nachhaltigkeit bei der Umsetzung dieses Gesetzes. Grundsätzlich lässt sich deshalb unserer Einschätzung nach sagen, dass der Paradigmenwechsel vom traditionellen zum neuen Ehrenamt, wie ihn das Ehrenamtsgesetz formuliert, in den Kirchengemeinden mehrheitlich noch nicht angekommen ist.

Wahrnehmung der Vertrauenspersonen

Das Ehrenamtsgesetz hat die Position einer Vertrauensposition geschaffen, an die sich Ehrenamtliche in Angelegenheiten ihres Aufgabenbereiches wenden können. Diese Vertrauenspersonen sollen außerdem im Abstand von längsten zwei Jahren dem Dekanatsausschuss über ihre Tätigkeit berichten. Die Ergebnisse unserer Befragung zeigen, dass nur 40 % der Ehrenamtlichen um die Existenz der Vertrauenspersonen im Dekanat wissen und knapp 25 % schon mindestens einmal Kontakt mit ihnen hatten.

Auch Instrumente wie die Ehrenamtsversammlung werden nur in wenigen Gemeinden umgesetzt. Hier ist noch viel Entwicklungspotenzial. Es kann vermutet werden, dass viele Konfliktpunkte in den Gemeinden selber und nicht über die Vertrauenspersonen geklärt werden. Darum wäre darüber nachzudenken, ob die Vertrauensleute nicht eine neue Funktion erhalten sollten, die näher an der Einführung und Begleitung des Ehrenamtsgesetzes orientiert ist.

Sorge um gestiegene finanzielle Ausgleichzahlungen

Die Sorge vieler Hauptamtlicher, das Gesetz würde durch den Anspruch auf Auslagenerstattung und Finanzierung von Fortbildungen die

[56] Reihs, Sigrid: Im Schatten von Freiheit und Erfüllung. Ehrenamtliche Arbeit in Bayern. Bochum 1995.

Gemeindebudgets zu sehr strapazieren, ist unbegründet. Nur für die jüngeren Ehrenamtlichen ist die Erstattung sehr wichtig. Bei den anderen ist ein Zuschuss gewünscht; für manche ist das Geld auch irrelevant. Offensichtlich spielen hier Alter und damit Verdienst bzw. finanzielle Absicherung und auch das Wissen um die geringen Budgets der Gemeinden eine große Rolle. Das heißt auch, dass die Klärung der Erstattungswege nicht überflüssig ist, sondern Transparenz an dieser Stelle nicht mehr kostet, als bezahlt werden kann.

Bekanntheit des Gesetzes

Wir haben auch nach dem Bekanntheitsgrad des Ehrenamtsgesetzes gefragt. Ein Drittel der Ehrenamtlichen und knapp die Hälfte der Hauptamtlichen gaben an, dass ihnen das Ehrenamtsgesetz bekannt ist. Allerdings sehen fast zwei Drittel der Ehrenamtlichen und mehr als drei Viertel der Hauptamtlichen die Stellung der Ehrenamtlichen durch das Gesetz verbessert.

Empfehlungen

...Aufgrund der Ergebnisse unserer Untersuchung haben wir einige Anregungen und Empfehlungen formuliert, die die Umsetzung des Ehrenamtsgesetzes voranbringen könnten. In erster Linie wollen wir aber damit eine Diskussion in den Kirchengemeinden anstoßen, die dazu führt, das Ehrenamtsgesetz in seiner Intention bewusster wahrzunehmen und die eigene Praxis des Umgangs mit Ehrenamtlichen und die bereitgestellten Angebote kritisch zu reflektieren.

Grundsätzlich gilt: Bei der Begleitung Ehrenamtlicher handelt sich um eine Kultur, um Atmosphärisches, um Wertschätzung, Transparenz und Anerkennung. Diese Kultur lässt sich nicht durch Zwang herbeiführen, sondern nur durch eigene Erfahrung und Ausbildung. Deshalb braucht es einen langen Atem und Ausdauer, um die Intentionen des Ehrenamtsgesetzes wirklich in größerem Umfang umzusetzen.

Erst in einem Drittel der Gemeinden werden die Instrumente des Gesetzes angemessen umgesetzt, d.h. bei über 60 % der Befragten nicht. Da aber nur

30-40 % aller Befragten die intendierten Elemente für unwichtig halten, ist hier noch ein großes Entwicklungspotenzial zur Umsetzung des Gesetzes.

Die individuellen Erwartungen und Kompetenzen der Ehrenamtlichen einerseits und die institutionellen Angebote andererseits sind noch nicht optimal aufeinander abgestimmt. Hier ist insbesondere bei den Hauptamtlichen ein Perspektivenwechsel gefordert, der das Ehrenamt nicht nur aus den institutionellen Notwendigkeiten heraus sieht („Wo brauche ich Hilfe?"), sondern das Engagement auch von den Kompetenzen und Bedürfnissen der Ehrenamtlichen aus betrachtet und begleitet („Wo haben wir attraktive Projekte, die den Interessen der Ehrenamtlichen entsprechen?").

Einige Bereiche verdienen besondere Aufmerksamkeit: Vor allem die Einstiegsphase muss vielerorts noch klarer gestaltet werden. Besondere Bedeutung hat hier das Einstiegsgespräch, in dem Passungsverhältnisse und ein klarer Rahmen für die Tätigkeit abgesteckt werden können. Darüber hinaus ist die Notwendigkeit einer kontinuierlichen Begleitung von Ehrenamtlichen durch Hauptamtliche als fester Bestandteil der Standardaufgaben von Hauptamtlichen im Bewusstsein zu verankern. Im Bereich der Kommunikation und im Umgang mit den Finanzen ist der Rahmen noch deutlicher zu beschreiben und abzustecken. Veränderungsmöglichkeiten gibt es im Bereich der Bedankung. Zwar ist hier die Kultur grundsätzlich hoch entwickelt, doch nicht alle sind über die Form, vor allem über die Geschenke glücklich. Deutliche Entwicklungsmöglichkeiten gibt es im Fortbildungsbereich, vor allen in den pädagogischen Arbeitsfeldern.

Im Blick auf die Beteiligung ist die Bedeutung von Gemeindebrief und Teambesprechungen gar nicht hoch genug einzuschätzen. Dem gegenüber gibt die geringe Wahrnehmung der Instrumente innergemeindlicher Demokratie (Kirchenvorstand, Leiterkreis, Gemeindeversammlung) zu denken. Hier wie bei den Vertrauenspersonen auf Dekanatsebene ist zu prüfen, ob diese Instrumente noch nicht genug wahrgenommen werden oder teilweise auch an den Bedürfnissen der Ehrenamtlichen vorbei gehen.

Grundsätzlich zeigt das Nebeneinander von Strukturen des traditionellen und des neuen Ehrenamtes in den Gemeinden, dass es eine zentrale Aufgabe der Hauptamtlichen ist, beiden Formen des Ehrenamtes gerecht zu werden. Das traditionelle Ehrenamt darf nicht abgewertet werden, gleichzeitig sind Strukturen für Engagement im Sinne des neuen Ehrenamtes zu schaffen. Hauptamtliche müssen beide Formen des Ehrenamtes kennen, wertschätzen und angemessen begleiten. Der Übergang von einem Paradigma ins andere sollte bewusster gestaltet und bei Konflikten zwischen dem traditionellen und dem neuen Ehrenamt vermittelt werden.

Die für uns überraschend hohe Bedeutung der Pfarramts-sekretärinnen in der Begleitung der Ehrenamtlichen zeigt die Bedeutung entsprechender Qualifizierung. Nicht nur Pfarrer und Pfarrerinnen sowie andere pädagogisch Tätige, sondern auch Sekretärinnen und Messner und Messnerinnen müssen in der Begleitung Ehrenamtlicher im Sinne des Gesetzes fortgebildet und qualifiziert werden.

Der Rückgang an jungen Ehrenamtlichen lässt sich unter Umständen durch verstärkte Projektorientierung und andere Elemente des neuen Ehrenamtes auffangen. Nur so kann sichtbar werden, dass die Kirche kein „hoffnungsloser Fall“ im Sinne eines Verharrens in Mustern des traditionellen Ehrenamtes ist.

2017

Ehrenamt und freiwilliges Engagement.
Gasteditorial[57]

Das Ehrenamt bekommt in der Fachöffentlichkeit hohe Aufmerksamkeit

Am 5. Dezember 2017 ist es wieder so weit: Wir feiern den Internationalen Tag des Ehrenamtes. Ein Blick zurück zeigt, dass sich seit dem ersten Jahrestag 1986 viel verändert hat. Das Thema hat in der Sozialwirtschaft, in Verbänden, in der Wissenschaft und Politik viel Aufmerksamkeit erfahren. Einige Beispiel dafür sind der Bericht der Enquete-Kommission „Zukunft des bürgerschaftlichen Engagements" von 2002, die Freiwilligensurveys von 1999 bis 2014, die Berichte der Bundesregierung (2012/2016) und die Vernetzung der zivilgesellschaftlichen Akteure auf Landes- und Bundesebene. Wie geht es nun aber weiter mit dem Ehrenamt und insbesondere dem (zivil-) gesellschaftlichen Engagement?

Freiwilliges Engagement wird oft auf das Gute in der Gesellschaft verkürzt

Wir haben uns daran gewöhnt, das freiwillige Engagement mit dem „Guten" in der Gesellschaft zu assoziieren. Bürgerschaftliches Engagement, das bedeutet Verantwortung in der Gesellschaft zu übernehmen, nicht nur seine persönlichen Interessen zu sehen, sondern auch das soziale Miteinander zu beachten. Freiwilliges Engagement ist der Transmissionsriemen für die Entwicklung und Weitergabe grundlegender Werte des Zusammenhalts. In einer individualisierten Gesellschaft fördert das Ehrenamt den Blick auf das Ganze. Das breite Engagement in den Flüchtlingsinitiativen zeigt dies eindrucksvoll.

[57] Veröffentlicht in: socialnet 11/2017 - Gasteditorial

Engagement kann aber auch eine „dunkle" Seite haben

Erweitert man den Blick über das soziale Ehrenamt hinaus und bezieht das gesamte Feld des informellen politischen Engagements ein, dann gerät die populistische Variante des „bürgerschaftlichen" Engagements („Wutbürger") in den Fokus. Diese Variante des Engagements hat nicht den gesellschaftlichen Zusammenhalt und das Verbindende als Ziel, sondern das Trennende und Spaltende. Die Montagsdemonstrationen in Dresden zeigen dies deutlich und sind nur ein Beispiel von vielen. Das Nachdenken über den Wandel des Engagements, sollte deshalb auch die „dunkle" Seite des Engagements einbeziehen und nach Antworten suchen.

Gesellschaftskritische Analyse von politischen Verwerfungen

Damit dies produktiv gelingt, sollten mindestens zwei Aspekte berücksichtigt werden: nüchterne gesellschaftliche Analyse und ein klar ausgewiesener Wertebezug. Das, was für die Gesellschaft allgemein gilt, gilt auch für das Ehrenamt im Besonderen: Es unterliegt einem beschleunigten sozialen Wandel, es oszilliert zwischen regionalen und globalen Bezügen, es schafft Gewinner, weil sie ihr Engagement als Zugewinn an Teilhabe begreifen und es schafft Verlierer, weil Menschen von der gesellschaftlichen Teilhabe ausgeschlossen sind. Eine neue, gesellschaftskritische Analyse des Ehrenamtes ist deshalb erforderlich, die auch die aktuellen politischen Ungleichheiten mit in den Blick nimmt und zeigt, dass sich bürgerschaftliches Engagement auch in sein Gegenteil verkehren kann.

Ethik des freiwilligen Engagements: eine offene Gesellschaft

Freiwilliges Engagement hat immer einen eindeutigen Wertebezug. Dieser ist an dem Ideal einer offenen und toleranten Gesellschaft zu messen. Das strukturelle Merkmal offener Gesellschaften ist die Vielfalt und die Toleranz im Umgang mit Andersdenkenden. Wie sollte aber mit einem bürgerschaftlichen Engagement umgegangen werden, wenn diese Grundlagen in Frage gestellt werden, wenn Intoleranz und Wut die Triebfeder des Engagements sind? Seien wir ehrlich, Erfolgsrezepte haben wir nicht. Was zunächst aber erforderlich ist, ist ein Umgang, der frei von

Klischees nach den Ursachen für intolerantes Engagement fragt. Wenn die zivilgesellschaftlichen Akteure dabei aber allein gelassen werden, sind sie überfordert. Ein Erfolg dieser neuen Aufgabe wird sich nur dann einstellen, wenn Ehrenamtspolitik auch als Gesellschafts-, Wirtschafts- und Sozialpolitik verstanden wird, die durch flankierende Maßnahmen soziale Ungleichheit reduziert, Ängste vor einer unübersichtlichen Gesellschaft ernst nimmt und dabei hilft, diese Ängste abzubauen.

Strukturelle Vielfalt als neuer Bezug

Weitere Antworten auf die Herausforderungen des freiwilligen Engagements in den nächsten Jahren liefert u.a. der Zweite Engagementbericht der Bundesregierung von 2016. Ein Ausgangspunkt des Berichts der Experten ist hier der Begriff der strukturellen Vielfalt. Er ist aus meiner Sicht in vielfacher Weise hilfreich. Er öffnet den Blick für die Heterogenität, den das freiwillige Engagement in vielen Facetten genommen hat. Gleichzeitig wird aber deutlich, dass nur mit einem klaren Wertebezug zu einer offenen und toleranten Gesellschaft Vielfalt dauerhaft gesichert werden kann.

Wandel beruflicher Lebenswelten

Professionalität

2000

Soziale Arbeit im Aufbruch.

Auf dem Weg zu einer neuen Professionalität?[58]

„Soziale Arbeit im Aufbruch" – diese Metapher suggeriert Dynamik, Veränderung und Wandel. Bestehendes bleibt zurück, der Blick wird nach vorne gerichtet auf ein neues Ziel, das vielleicht nur schemenhaft erkennbar ist und nur eine vage Orientierung vorgibt. Im Kontext des Kongresses „Qualitätsmanagement und Informationstechnologien im Sozialmarkt" heißt die neue Richtung: Die Soziale Arbeit soll qualitativ besser, effizienter und effektiver werden. Veränderung an sich ist nichts Neues. Dies kann in der langjährigen Geschichte der Profession leicht nachvollzogen werden. Auch in der jüngeren Vergangenheit und bis in die Gegenwart hinein ist dies erkennbar:

- Als eine junge, unerschrockene Generation dem etablierten Teil der Gesellschaft das Fürchten lernte, brach die Soziale Arbeit mit auf und wurde *politisch.*
- Als genau diese Generation ihr partielles Scheitern thematisierte und in der Folge zu den neuen Ufern einer Innerlichkeit strebte, brach die Soziale Arbeit auf und wurde *therapeutisch.*
- Gegenwärtig soll den Anforderungen der Ökonomie und des Marktes zu einem endgültigen Durchbruch verholfen werden. Nach anfänglichem Zögern und einigen kritischen Zwischentönen bricht die Soziale Arbeit auf und stellt sich *betriebswirtschaftlichen Anforderungen.*

Die Soziale Arbeit ist eine Profession, die von ständiger Unruhe getrieben immer wieder aufs Neue zukunftsgerichtete Themen und Methoden in ihren Rucksack packt. Der Aufbruch ist Programm der Sozialen Arbeit. Neue, modische Zeitströmungen der Gesellschaft werden von ihr begierig aufgesaugt und - auch das gehört anscheinend dazu - zum Teil halb verdaut ausgeschieden. Damit liegt die Soziale Arbeit ganz im Trend jener aktuellen geistigen Strömungen der modernen Gesellschaft, die Flexibilität und Innovation zu einem erstrebenswerten Ziel erklären.

---

[58] Am 04. 11. 1999 als Fachvortrag auf dem Kongress der ConSozial in Nürnberg gehalten und in der Dokumentation des Kongresses veröffentlicht. König, J./Oerthel, Ch./ Puch, H.-J. (Hrsg.): (2000): Qualitätsmanagement und Informationstechnologien im Sozialmarkt. Starnberg. S. 51ff.

Dies ist aber nur ein Aspekt des Aufbruchs. Neben zukunftsgerichteten Überlegungen sind auch bewahrende Anteile zu berücksichtigen. Ein Aufbruch ist ohne eine Phase des Verweilens, des Kräftesammelns und des Nachdenkens nicht denkbar. Aufbruch ist, um im Bild zu bleiben, nur dann möglich, wenn man sesshaft war, und sei es nur für eine kurze Zeit. Dies bedeutet, dass der Aufbruch der Sozialen Arbeit nur angemessen beleuchtet werden kann, wenn neben der Perspektive nach vorne auch der Blick zurück berücksichtigt wird. Ohne eine Besinnung auf die eigenen Traditionen, die eigene fachliche Identität und besondere Professionalität wird der Aufbruch blind oder zum Spielball von Zeitströmungen. Der Aufbruch in eine Zukunft, deren Denken und Handeln durch die Rationalität der Effizienz dominiert wird, sollte so geschehen, dass die eigenen Wurzeln dabei nicht beschnitten werden. Nur so kann der Hegemonie der Ökonomie ein Korrektiv gegenübergestellt werden. Bevor ich aber auf den notwendigen Wandel in der Professionalität eingehe, werde ich zunächst einen ausgewählten Überblick der aktuellen Herausforderungen geben und daran anschließend allgemeine Konsequenzen für die Soziale Arbeit benennen.

Aktuelle Herausforderungen für die Soziale Arbeit

Ich unterscheide zwei aktuelle Herausforderungen:

- Der Bereich der Sozialpolitik, wo die bisher tragfähigen Modelle der sozialen Sicherung infrage gestellt werden und nach neuen Grundlagen gesucht wird.

- Der Bereich der Ökonomie der dabei ist, alle gesellschaftlich relevanten Bereiche zu erfassen und sie nach dem Primat der Wirtschaftlichkeit zu reorganisieren. Dies findet seinen besonderen Ausdruck auf der Organisationsebene, die deshalb eigens untersucht wird.

Die sozialpolitische Steuerungsebene

Die Sozialpolitik ist ein staatliches, globales Steuerungsinstrument mit dem Ziel, die soziale Sicherung der Menschen in einer Gesellschaft zu gewährleisten und soziale Gerechtigkeit zu garantieren. Dazu werden Gelder umverteilt und Leistungen angeboten. Diese Leistungen werden in großem Umfang durch staatliche Einnahmen finanziert. Veränderungen in der Finanzsituation eines Staates führen dazu, dass über die Verteilung der sozialen Ausgaben neu diskutiert wird. Die gegenwärtigen Strukturveränderungen auf dem Arbeitsmarkt und in der Gesellschaft schlagen sich deshalb in der Debatte um die Grenzen des Wohlfahrts- bzw. Sozialstaats nieder. Untersucht man die vielen dazu eingebrachten

Vorschläge auf ihre Kernargumentation, so können idealtypisch zwei zentrale Argumentationsmodelle unterschieden werden, die empirisch betrachtet durchaus nebeneinander umgesetzt werden: Das Modell der Reduzierung sozialstaatlicher Leistungen zugunsten von privater Vorsorge und Verantwortung (das „neoliberale Modell") und das Modell des qualitativen Umbaus des Sozialstaates durch Stärkung der Kräfte der Solidarität und der Selbstorganisation (das Modell der „Neuen Subsidiarität").

Bei den an neoliberalen Grundvorstellungen orientierten Modellen stehen Vorschläge zur Reduzierung bzw. Modifizierung sozialstaatlicher Leistungen im Mittelpunkt. Bereits Ende der 70er- und zu Beginn der 80er-Jahre wurde die Debatte in der Öffentlichkeit geführt und über Alternativen nachgedacht. Die Diagnose bei den Befürwortern dieser Position bezog sich in ihrem Kern darauf, dass die finanziellen Aufwendungen des Staates für soziale Aufgaben dessen Handlungsfähigkeit zunehmend einschränke. Der Anteil der Sozialausgaben am Bruttosozialprodukt — die Sozialstaatsquote — steige ständig. Bereits in der Gegenwart, aber insbesondere für künftige Generationen, sind damit die Grenzen der Finanzierung erreicht. Dazu komme, dass bei einzelnen Bürgern ein Anspruchsdenken zu erkennen sei. Die Leistungen des Staates werden als selbstverständlich hingenommen, z.T. mache sich ein missbräuchlicher Umgang mit staatlichen Leistungen breit. Aufgabe der Politik sei es deshalb, die finanziellen Belastungen zu reduzieren und zu einer Umverteilung der Belastungen zu kommen. Neben der Einschränkung von sozialstaatlichen Leistungen soll der Markt als regulierendes Element eine größere Bedeutung bekommen. So sollen freigemeinnützige Anbieter untereinander und mit privatwirtschaftlichen Anbietern um staatliche finanzielle Mittel konkurrieren. Nur wer Wirtschaftlichkeit und Qualität garantiert, kann mit der Finanzierung rechnen. Unwirtschaftliche Anbieter würden so auf der Strecke bleiben. Auf der Seite der Abnehmer sozialstaatlicher Leistungen, also der Adressatinnen und Adressaten der Sozialen Arbeit, wird mehr Verantwortung für die eigene Wohlfahrt und mehr Eigeninitiative gefordert. Der Staat soll nur noch für wenige Risiken des Lebens zuständig sein. Individuelle Vorsorge durch die Bürger selbst wird zum notwendigen Bestandteil einer gesicherten Lebensführung. Das Kriterium der Wirtschaftlichkeit einerseits und die Betonung der privaten Verantwortung des Individuums andererseits sind zentrale Elemente in diesem Modell.

Im Modell der „neuen Subsidiarität" wird weniger in Bezug auf die Wirtschaftlichkeit argumentiert und mehr unter Einbeziehung sozialwissenschaftlicher Befunde zum Wandel der sozialen Struktur in der Gesellschaft. Vorschläge zu einem qualitativen Umbau des Sozialstaats stehen hier im Mittelpunkt. Die Befürworter dieser Position argumentieren damit, dass der ökonomische und soziale Wandel zu einer Reduzierung der sozialen Verantwortung und der Bindungskräfte in der Gesellschaft geführt habe. Die für die traditionelle Sozialpolitik tragende Säule der Solidarität sei einerseits durch den zunehmend ausgebauten Sozialstaat und andererseits durch die Individualisierungsprozesse in der Gesellschaft geschwächt worden. So habe der ausgebaute Wohlfahrtsstaat dazu geführt, dass die Menschen sich zu sehr auf den Sozialstaat verlassen und dadurch ihre Fähigkeiten zur Selbstorganisation und zur Selbsthilfe abbauen. Zu einer demokratischen Gesellschaft gehöre aber die Bereitschaft der Menschen, sich aktiv für sich selbst und für andere zu engagieren. Dies kann dann besser gelingen, wenn der Sozial- und Wohlfahrtsstaat seine Bürger nicht gängelt und fürsorglich umarmt, sondern sie zu eigenständigem und selbst organisiertem Handeln anregt. Sozialpolitik hat die Aufgabe, dafür Rahmenbedingungen zu schaffen, sodass Menschen individuelle und soziale Verantwortung gegenüber sich selbst und gegenüber anderen wieder praktizieren lernen und damit gleichzeitig Vertrauen in ihre eigene Leistungsfähigkeit gewinnen oder zurückgewinnen. Neben den traditionellen Orten der Solidarität wie Familie und Verwandtschaft sind neue Orte des sozialen Miteinanders künstlich zu schaffen. Diese „inszenierten Gemeinschaften" können Nachbarschaftsinitiativen, Selbsthilfegruppen, Freiwilligengruppen und viele andere sein. Die Hoffnungen richten sich auf eine Bürger- oder Zivilgesellschaft, in der das solidarische Miteinander selbstverständliche Grundlage ist. Sozialpolitisch gesehen wird ein Wohlfahrtsmix angeboten. So setzt das Modell der „neuen Subsidiarität" oder der Bürgergesellschaft nicht nur auf professionell angebotene Hilfe durch Angehörige der sozialen Berufe, sondern bezieht soziale Netze wie die traditionelle Hilfe in der Familie oder durch die Verwandtschaft, das freiwillige soziale Engagement (Ehrenamt), die Selbsthilfegruppen und viele andere Formen mit ein. Soziale Arbeit hat hier die Aufgabe, Menschen die Hilfe suchen, das passende Angebot zur Verfügung zu stellen und parallel dazu das Angebot an sozialen Netzwerken auszubauen und zu stützen.

Die Ebene der betriebswirtschaftlichen Steuerung

Während die sozialpolitischen Überlegungen die globale Ebene der Verteilungsgerechtigkeit und der sozialen Sicherheit im Auge haben, fokussiert die betriebswirtschaftliche Ebene den Bereich der Wirtschaftlichkeit und des Managements in Organisationen der

Sozialwirtschaft. Die Ebene der Organisation stellt das Verbindungsstück zwischen der globalen sozialpolitischen Steuerung einerseits und der Qualität der fachlichen Leistungserbringung andererseits dar. Ich greife hier zwei Veränderungsprozesse heraus, die als Motor für den gegenwärtigen betriebswirtschaftlichen Wandel in Organisationen der Sozialwirtschaft anzusehen sind.

Dies ist zum einen der in der öffentlichen Verwaltung zu Beginn der 90er-Jahre angestoßene Prozess der Verwaltungsreform, der das Ziel hat, Verwaltungen von bürokratischen Verkrustungen zu befreien und diese zu modernen, kundenfreundlichen Dienstleistungsunternehmen zu entwickeln. Wichtige Instrumente in diesem Veränderungsprozess sind die Verlagerung der Finanzverantwortung von den Querschnittsämtern zu den Fachämtern, die durch die Einführung des Systems der Budgetierung und durch ein betriebswirtschaftliches Controlling flankiert wird. Dazu kommt die Orientierung an dem Ergebnis der erbrachten Leistung. Die zu erbringenden Dienstleistungen werden als Produkte definiert, um sie unter anderem damit leichter einer Kosten-Nutzen-Rechnung zugänglich zu machen. Schließlich werden Überlegungen zu einer Kundenorientierung und zu einem gezielten Personalmanagement aufgegriffen.

Zum anderen ist die Debatte über die Wirtschaftlichkeit und die Qualität der erbrachten Dienstleistungen im Sozialbereich zu nennen, die durch die gesetzlichen Änderungen der § 93 BSHG und § 78b SGB VIII angestoßen wurde und eine veränderte Finanzierungsgrundlage zur Folge hat. Bis etwa Ende der 80er-Jahre stand im Vordergrund der Qualitätsdebatte im Sozialbereich — soweit sie unter diesem Vorzeichen überhaupt geführt wurde — die Orientierung an dem so genannten „Input", also an Überlegungen, welchen fachlichen, personellen und materiellen Aufwand soziale Organisationen zu erbringen haben, um notwendig und sinnvoll erachtete Angebote sicherzustellen. Der Frage, was mit den eingesetzten Mittel eigentlich erreicht wird und ob diese Mittel auch effizient eingesetzt werden, wurde nicht systematisch und methodisch kontrolliert auf breiter Ebene nachgegangen. Dies änderte sich mit knapper werdenden Geldern und den angesprochenen neuen gesetzlichen Grundlagen. Das Paradigma der Inputorientierung wurde durch die Outputorientierung ergänzt und zum Teil abgelöst. Eine fachlich hochwertige Soziale Arbeit wird seither nicht mehr nur in einem bedarfsgerechten Angebot und im Einsatz kompetenter Fachkräfte gesehen, sondern auch in der Qualität der erreichten Ergebnisse und in der Wirtschaftlichkeit des erbrachten Aufwandes. Welches Neuland die Soziale Arbeit mit dieser Anforderung nach Qualität und Wirtschaftlichkeit betritt, zeigen unter anderem die Workshops in diesem Kongress. In den meisten Workshops werden unterschiedliche Verfahren und Methoden vorgestellt, die eine Annäherung an das Thema Qualität und Wirtschaftlichkeit in der Sozialen Arbeit ermöglichen sollen.

Konsequenzen für die Soziale Arbeit

Die hier im Überblick angesprochenen Herausforderungen lassen sich noch differenzierter beschreiben und insbesondere im Hinblick auf das Für und Wider diskutieren. Mein Interesse ist hier ein anderes. Ich möchte jetzt der Frage nachgehen, welche Konsequenzen das hier beschriebene Szenario für die Soziale Arbeit schon hat und möglicherweise haben wird. Ich greife aus der Vielfalt drei Aspekte heraus:

- *Betriebswirtschaftliche Steuerungselemente* und Konzepte des Managements sind notwendig, um mittel- und langfristig das Überleben der Einrichtungen zu sichern und vorhandene Ressourcen effizienter zu nutzen.
- Die *fachliche Wirksamkeit* der Sozialen Arbeit wird nicht mehr unhinterfragt als selbstverständlich angenommen, sondern sie ist über eine methodisch-kontrollierte Evaluation nachzuweisen.
- Durch die Betonung der *Wirtschaftlichkeit* werden Zielkonflikte in der Sozialen Arbeit deutlich, die nur über eine ethische Reflexion begründet entschieden werden können.

Einsatz von betriebswirtschaftlichen Instrumenten der Steuerung.

Der Paradigmenwechsel von der bürokratischen zur outputorientierten Steuerung führt dazu, dass die Strukturen und Prozesse in Organisationen der Sozialwirtschaft nun nach den Kriterien von Leistung und Erfolg analysiert und verändert werden. Dies hat zur Folge, dass die Möglichkeit des finanziellen Scheiterns für soziale Organisationen zu einem tatsächlichen Risiko geworden ist. Dies ist ein grundlegender Unterschied zu den bisherigen Steuerungsmöglichkeiten durch Organisationen, die aufgrund ihrer bürokratischen Vorgaben, die Ziele Wirtschaftlichkeit und organisatorische Qualität nur unzureichend erreichen konnten. Sozialpädagoginnen und Sozialpädagogen, die traditionell eher in einer kritischen Distanz zu organisatorischen Notwendigkeiten sozialisiert werden, kommen nun nicht mehr daran vorbei, sich auch mit betriebswirtschaftlichen Steuerungsinstrumenten auseinander zu setzen und diese in ihrem alltäglichen professionellen Handeln anzuwenden. Dazu gehört unter anderem, dass Sozialpädagoginnen und Sozialpädagogen erkennen, wie der Aufbau und die Struktur einer Einrichtung eine effektive Leistungserbringung fördern oder behindern kann und insbesondere welche Steuerungsalternativen möglich sind.

Angesprochen sind damit mögliche Rationalisierungsstrategien in der Sozialen Arbeit, die sich eben nicht nur, wie oft befürchtet, auf die Einsparung von Personal beziehen müssen. In diesem Sinne eingesetzte Rationalisierungsstrategien fragen nicht danach, wie Angebote billiger gemacht werden können, sondern wie z. B. durch besser qualifizierte und motivierte Mitarbeiter effektivere Ergebnisse in der fachlichen Arbeit erzielt werden können. Rationalisierungsstrategien können aber auch bei der Beteiligung von Adressatinnen und Adressaten ansetzen, ohne dass damit eine Entprofessionalisierung der sozialen Berufe zu befürchten ist. Gerade die im Rahmen der Selbsthilfebewegung gemachten Erfahrungen haben gezeigt, wie stark die Fähigkeit zur Selbstorganisation und Selbsthilfe bei Adressatinnen und Adressaten ausgeprägt sein kann. In der Unterstützung und Begleitung von Selbsthilfeprozessen - also in Empowerment-Strategien - kann ein neues Professionsverständnis der Sozialen Arbeit zum Ausdruck kommen.

Ich möchte hier nicht die ganze Bandbreite der Managementtechniken aufzählen. Ein Blick in aktuellen Fort- und Weiterbildungs-programme verschafft schnell einen Überblick. Ich möchte darauf hinweisen, dass die Aneignung von mehr oder weniger tauglichem Managementwissen allein für eine neue Steuerung der sozialen Organisationen nicht ausreicht. Notwendig ist auch eine Veränderung der Denkgewohnheiten und Einstellungen von Sozialpädagoginnen und Sozialpädagogen. Wenn dies auch für „sozialpädagogische Ohren" fremd klingen mag, so bietet dennoch die Idee des „unternehmerischen Denkens" - wie es stellenweise bei innovativen Projekten der Sozialen Arbeit erkennbar ist - eine interessante Anregung. Ein *unternehmerisches Denken* ist nicht, wie der alltägliche Sprachgebrauch das nahe legt, mit Egoismus und Profitstreben gleichzusetzen. Gemeint ist damit vielmehr, dass das Handeln an einem gesellschaftlichen Nutzen orientiert ist, das Denken offen ist für neue und innovative Lösungen und insbesondere persönliche Verantwortung für das eigene Handeln übernommen wird.

Methodisch kontrollierte Selbst- und Fremdevaluation

Diese wirtschaftlichen Erfordernisse charakterisieren eine neue sozialpädagogische Professionalität aber nicht ausreichend. Auch andere Professionen wie zum Beispiel Ärzte oder Psychotherapeuten müssen die Grundlagen des betriebswirtschaftlichen Denkens und Handelns beherrschen, um mit ihren fachlichen Angeboten erfolgreich zu sein. Die Konsequenzen des hier vorgestellten Paradigmenwechsels der Sozialpolitik greifen noch weiter, indem sie nicht nur die organisatorischen Rahmenbedingungen sozialpädagogischen Handelns erfassen, sondern darüber hinaus auf den Kern der beruflichen Identität zielen: Sozialpädagoginnen und Sozialpädagogen müssen zukünftig über die Wirksamkeit ihres fachlichen Handelns im engeren Sinn Rechenschaft ablegen.

Bis vor kurzem wurden die Aktivitäten und Leistungen der Sozialen Arbeit nur in wenigen Fällen einer systematischen Ergebniskontrolle unterzogen. Im Regelfall wurde ein Bedarf an sozialen Angeboten bzw. Leistungen im Vorfeld fachlich begründet und darauf aufbauend ein Finanzierungskonzept vorgelegt. Ein methodisch kontrollierter Nachweis, welche Wirkungen mit den eingesetzten Mitteln erreicht wurden und ob diese Mittel wirtschaftlich eingesetzt wurden, war nicht erforderlich, Wie gezeigt wurde, wird diese „Inputorientierung" nun insbesondere in der Folge neuer gesetzlicher Grundlagen (§ 93 BSHG und § 78 SGB VIII) durch eine so genannte »Outputorientierung" ergänzt. Von den Sozialpädagoginnen und Sozialpädagogen wird damit verlangt, dass die in vielen Generationen tradierte Überzeugung, Soziale Arbeit sei nicht messbar, aufgegeben wird und die Angehörigen der sozialen Berufe sich auf den mühsamen Weg der systematischen Kontrolle des professionellen Handelns begeben. Diese Notwendigkeit gilt im Übrigen nicht nur für das auf Effizienz setzende neoliberale Modell des Sozialstaats, sondern, wenn auch in modifizierter Form, für das Modell der neuen Subsidiarität.

Eine Sozialpolitik, die auf unterschiedliche Formen der Hilfe und Unterstützung setzt und davon ausgeht, im Einzelfall die jeweils wirksamste Form der Hilfe anzubieten, muss einen methodisch-kontrollierten Nachweis über die stattgefundenen Prozesse und erzielten Effekte erbringen. Für das professionelle Handeln in der Sozialen Arbeit bedeutet dies, dass Sozialpädagoginnen und Sozialpädagogen über betriebswirtschaftliches

Steuerungswissen und über sozialwissenschaftliche Kompetenzen der systematischen Selbst- und Fremdevaluation verfügen sollten. Mit diesen Fähigkeiten ist es leichter möglich, gegenüber sich selbst und gegenüber Dritten das eigene professionelle Handeln transparent zu machen. Dazu gehören unter anderem: Operationalisierung von Zielen und ethische Reflexion dieser Ziele. Eine wirkungsbezogene Planung, d. h. eine auf einer überprüften empirischen Basis aufbauende Begründung der vor-gesehenen Methoden und Maßnahmen. Schließlich eine Evaluation der erzielten Ergebnisse oder Wirkungen während und nach Abschluss der erbrachten Leistung. Mithilfe dieser Strategien kann das sozialarbeiterische Handeln einer empirischen Überprüfung zugänglich gemacht und damit systematisch eine Optimierung des professionellen Handelns angeregt werden.

Ethisch reflektierter Umgang mit Ziel- und Wertkonflikten

Auf den ersten Blick könnten die von mir erhobenen Forderungen idealistisch wirken. Es gehört deshalb zu einem professionellen Handeln dazu, mit Wertkonflikten reflektiert umzugehen. Ich beziehe mich damit auf die ethischen Grundlagen der Sozialen Arbeit. Um gleich ein Missverständnis auszuräumen: Mit Ethik meine ich nicht moralische Haltungen, die im Sinne von Anschauungen vorgetragen werden und denen man sich anzuschließen hat, wenn man sich nicht dem Vorwurf der Ketzerei aussetzen will. Ethik formuliert zum einen Grundsätze vom richtigen Leben und Handeln, geht zum anderen aber darüber hinaus, da sie als Teil der Philosophie Normen, Einstellungen und Werte begründet und argumentativ kritisiert. Diese grundlegende Aufgabe der Ethik, die ein Nachdenken über Normen und Werte bedeutet und die Überlegungen einschließt, woran das sozialpädagogische Handeln zu orientieren sei, wenn das sittliche Gute angestrebt wird, kommt in der Sozialen Arbeit manchmal zu kurz.

Gerade aber unter den Bedingungen der neuen ökonomischen Herausforderungen, gehört es zur Professionalität dazu, sich bewusst zu machen, welche Wertkonflikte im beruflichen Handeln vorliegen und wie begründet über sie entschieden werden kann. Sozialpädagoginnen und Sozialpädagogen sollten erkennen, dass sie im Spannungsfeld von sozialpolitischer Forderung nach sozialer Gerechtigkeit, wirtschaftlicher Forderung nach Effizienz und fachlicher Forderung nach Verbesserung der Lebensqualität der Adressatinnen und Adressaten, d. h. der Bewahrung der Menschenwürde stehen. Dies bedeutet unter anderem, die verborgenen Wertannahmen und Menschenbilder in betriebswirtschaftlichen, sozialpolitischen und fachlichen Konzepten zu rekonstruieren und sie im Hinblick auf ihre ethische Verträglichkeit zu untersuchen. Dies kann im Übrigen auch dann eine hilfreiche Strategie sein, wenn vermieden werden soll, dass Begriffe aus der Betriebswirtschaft unkritisch und naiv übernommen werden, wie dies stellenweise mit den Begriffen „Kunden"- oder "Marktorientierung" in der Sozialen Arbeit geschieht. Die hier vorgetragenen Überlegungen möchte ich nun noch abschließend in Bezug auf professionstheoretische Überlegungen ergänzen.

Von der Semiprofessionalität zur integrativen Professionalität

Soziale Arbeit als Profession, das meint in der Regel eine institutionelle Form der Hilfe und Unterstützung in modernen Gesellschaften, die sich aus ursprünglich eher naturwüchsigen Hilfesystemen entwickelt hat. Professionelle Hilfe und Unterstützung wird durch ausgebildete Fachkräfte und in spezifischen organisatorischen Kontexten angeboten. Die Grundlage des Handelns und des Reflektierens bildet ein eigenes, systematisch anwendbares Erklärungs- und Handlungswissen.

Es gibt eine fast drei Jahrzehnte anhaltende Fachdebatte darüber, ob die Soziale Arbeit ein Beruf, eine Semiprofession oder eine Profession sei. Diese Diskussion wurde zunächst unter Bezug auf das Modell der klassischen Professionen geführt. Nach diesem Modell sind die klassischen Professionen durch bestimmte Merkmale charakterisiert. Nur wenn diese Merkmale vorliegen, kann von einer Profession gesprochen werden. Zu den geforderten Attributen gehören eine theoretisch fundierte Spezialausbildung, d. h. ein Studium, die Existenz von ethisch begründeten beruflichen Verhaltensregeln, das daran ausgerichtete Disziplinarrecht eines Berufsverbandes und die Orientierung des Handelns am Wohl der Allgemeinheit und nicht an privaten Einzelinteressen. Die Soziale Arbeit erfüllt diese Anforderungen nur zum Teil. Deshalb wurde sie lange Zeit als Semiprofession eingestuft, die erstens eine diffuse Allzuständigkeit für unterschiedlichste soziale Probleme hat, die zweitens in einer starken Abhängigkeit von staatlicher und bürokratisch-organisatorischer Steuerung steht und die drittens Schwierigkeiten hat, ihre Expertenkompetenz gegenüber klassischen Professionen durchzusetzen.

Die neuere Professionalisierungsdebatte hat von dem eher standespolitisch und normativ geprägten Modell Abschied genommen und sucht einen theoretisch-analytischen Zugang zu der Frage der Professionalität. Dabei wird die Interaktion bzw. Kommunikation zwischen Sozialpädagoginnen und Sozialpädagogen sowie Adressatinnen und Adressaten untersucht und danach gefragt, nach welcher Rationalität diese soziale Beziehung aufgebaut ist. Zunächst zeigte die Analyse der klassischen Professionen, dass dort ein spezifisches »Sonderwissen« verfügbar ist, das unter Rückgriff auf die Wissensgrundlagen in der Disziplin entwickelt und angewendet wird. Dieses „Expertenwissen" unterscheidet sich von dem Alltagswissen der Nichtexperten, d. h. der "Laien". Die Angehörigen der klassischen Profession sind in ihrem beruflichen Vorgehen der Rationalität dieses Expertenwissens verpflichtet. Diese abstrakte Aussage wird am Beispiel deutlich: Die Diagnose und Behandlung eines Herzproblems richtet sich nach dem medizinischen Wissen des Arztes und nicht nach dem Alltagswissen des Patienten. Der Arzt behandelt die Krankheit und nicht die Lebensführung des Patienten.

Die Professionalität der Sozialen Arbeit unterscheidet sich von dem Expertenmodell der klassischen Professionen. Die Soziale Arbeit ist gerade nicht abstinent gegenüber dem Alltagswissen und der Praxis der Lebensführung ihrer Adressatinnen und Adressaten. Sie hat sich, und dies ist konstitutiv für sie, auf die Lebenspraxis und den Alltag ihrer Klienten einzulassen. Professionelles Handeln bedeutet in diesem Zusammenhang dann, Kompetenzen zu erwerben, die dabei hilfreich sind, „die Sicht der Dinge aus den Augen der Adressaten sehen und verstehen zu lernen" (*Gildemeister 1995, 33*). Lebenswelt- und Biographieanalysen stellen deshalb unter anderem einen eigenständigen professionellen Zugang der Sozialen Arbeit zu ihren Adressatinnen und Adressaten dar. Veränderungen bei den Adressaten können über diesen Zugang angestoßen werden.

Der Fortschritt dieses Professionsverständnisses besteht darin, dass über das Spezifikum der sozialpädagogischen Beziehung eine eigene Professionalität der Sozialen Arbeit begründet wird, die letztlich ethisch und methodisch in dem Respekt gegenüber der Autonomie der Lebenspraxis von Adressatinnen und Adressaten ihren Ausdruck findet. Dies ist auch der Kern der Bedeutung des Begriffes Soziale Arbeit als „bescheidene Profession" (*Schütze 1992*), wie er gelegentlich für dieses Modell zur Anwendung kommt. Das schon in den Anfängen der Sozialen Arbeit formulierte Prinzip "Anfangen wo der Klient steht" braucht damit nicht mehr nur in einer moralisch-ethischen Haltung begründet werden, sondern ergibt sich aus dem spezifischen Zugang der Sozialen Arbeit zur Lebens- und Alltagswelt ihrer Adressatinnen und Adressaten.

Mithilfe dieses Professionsmodells kann dem betriebswirtschaftlichen Begriff der "Kundenorientierung" fachlich etwas entgegengesetzt werden. Respekt vor der Autonomie der Lebenswelt von Adressatinnen geht eben weiter als eine strategisch ausgerichtete Kundenorientierung im Rahmen des Qualitätsmanagements. Außerdem wird mithilfe dieses Professionsmodells ein nur schwer zu überbrückender Gegensatz zwischen sozialpädagogischer Professionalität und betriebswirtschaftlichen Qualitätsanforderungen deutlich. Letztere versuchen für eine Vielzahl von Fällen einheitliche Qualitätsstandards zu entwickeln. Differenzen werden dadurch zugunsten einer Normierung eingeebnet. Die spezifische Professionalität der Sozialen Arbeit ist aber gerade über das Besondere jedes einzelnen Falles gekennzeichnet. Der Unterschied zwischen einem betriebswirtschaftliche und einem sozialpädagogische Qualitätsverständnis zeigt sich somit als Gegensatz zwischen „Individualität und Normierung".

Trotz dieses Fortschritts hat das Modell der „bescheidenen Profession" auch Defizite, die für die ökonomische Herausforderung der Sozialen Arbeit von Bedeutung sind. Das Modell der „bescheidenen Profession« fokussiert die Beziehung Sozialpädagogin/Adressatin und vernachlässigt systematisch andere Bezugssysteme. Soziale Arbeit konstituiert sich aber nicht nur, wie ich gezeigt habe, über ihre Beziehung zu den Adressatinnen und Adressaten, sondern auch über das Bezugssystem Sozialpolitik und Organisation. Professionelle Soziale Arbeit kann deshalb nicht nur über eine Art von "Rationalität" charakterisiert sein. Das professionelle Handeln der Sozialen Arbeit mit Adressatinnen und Adressaten baut auf dem Respekt vor der „Autonomie der Lebenspraxis" auf. Bewahrung dieser Autonomie ist unabdingbar.

In Bezug auf die Sozialpolitik und die Ökonomie ist jedoch gerade das Gegenteil notwendig, nämlich die Zurückweisung von Hegemonialansprüchen oder positiv ausgedrückt, die erfolgreiche Durchsetzung sozialpädagogischer Ansprüche und Ziele gegenüber diesen Bezugssystemen. Dies setzt Bereitschaft und Kompetenzen zum politischen Handeln im Feld der Sozialen Arbeit voraus. Mit dem Hinweis auf diese Lücke im bisherigen Professionsverständnis zeichnet sich das Profil einer neuen Professionalität Sozialer Arbeit ab.

Die neue Professionalität erfordert Kompetenzen, mit deren Hilfe in der Lebenswelt der Adressatinnen und Adressaten verstehend bzw. dialogisch-kommunikativ gehandelt werden kann und im Umgang mit den

Bezugssystemen Sozialpolitik und Ökonomie strategisch-politische und ökonomisch-instrumentelle Handlungskompetenzen zum Einsatz kommen. Um deutlich zu machen, dass eine neue Professionalität der Sozialen Arbeit sowohl strategisches wie auch kommunikatives Handeln umfassen sollte, spreche ich hier von dem Modell der „integrativen Professionalität".

Die bisherigen Traditionen in der Sozialen Arbeit liefen überwiegend - wenn man von einem kurzen politischen Zwischenhoch absieht - darauf hinaus, im kommunikativen oder verstehenden Umgang mit den Adressatinnen und Adressaten das Eigentliche der Sozialen Arbeit zu erkennen. Das strategisch-politische Element wurde systematisch vernachlässigt oder zum Teil abgelehnt. Paradoxerweise klagen aber gerade die Angehörigen der sozialen Berufe lautstark, wenn ein mangelhafter gesellschaftlicher Einfluss und eine unzureichende Anerkennung der Sozialen Arbeit festgestellt wird.

Ich komme damit zum Schluss. Ich habe ausgeführt, wie die gegenwärtigen ökonomischen und sozialpolitischen Herausforderungen die Professionalität der Sozialen Arbeit verändern. Entscheidend wird bei diesen Veränderungen für die Soziale Arbeit sein, ob sie sich aktiv an diesem Prozess beteiligt oder defensiv abwartend bzw. abwehrend reagiert. Ich meine, dass in den bisherigen Denktraditionen der Sozialen Arbeit Muster eingebaut sind, die eine aktive Auseinandersetzung mit den genannten Herausforderungen erschweren. Historisch betrachtet wurde die Soziale Arbeit von Menschen vorangetrieben, die unter den inhumanen Bedingungen einer sich entwickelnden industriellen Gesellschaft litten und vor dem Hintergrund ihrer christlichen oder humanistischen Weltanschauung nach Alternativen im Umgang mit Armut und sozialen Problemen suchten. Die Soziale Arbeit legitimierte sich damit als das gute oder auch „schlechte" Gewissen der Gesellschaft. Soziale Arbeit und sittlich-ethisches Handeln gingen ein über Jahrzehnte erfolgreiches Bündnis ein. Die Folge war, dass die Sinnhaftigkeit der Sozialen Arbeit im Einzelnen nicht nachzuweisen war, sondern im Bewusstsein der Professionsangehörigen als selbstverständlich vorausgesetzt wurde. Dieses Bündnis ist nun brüchig geworden. Gutes wird nicht mehr „automatisch" mit der Sozialen Arbeit identifiziert, es ist im Einzelnen nachzuweisen und zu begründen. „Tue Gutes und rede darüber!" — dieser Satz aus der Werbebranche der Sozialwirtschaft müsste geändert werden in „Tue Gutes, weise dies nach und rede dann darüber!". Ob dieser Veränderungsprozess in ein neues Professionsverständnis der Sozialen Arbeit Eingang finden wird, ist offen.

Literatur

Gildemeister, R. (1995). Professionelles soziales Handeln — Balancen zwischen Wissenschaft und Lebenspraxis. In: *Wilfing, Heinz* (Hrsg.), Konturen der Sozialarbeit. Wien.

Merchel, J. (Hg.) (1998). Qualität in der Jugendhilfe. Kriterien und Bewertungsmöglichkeiten. Münster: Volum.

Merten, R. (1998). Autonomie der Sozialen Arbeit. Zur Funktionsbestimmung als Disziplin und Profession. Weinheim und München: Juventa.

Olk, Th. (1987). Abschied vom Experten. Sozialarbeit auf dem Weg zu einer alternativen Professionalität. München.

Puch, H.-J. (1997[2]). Organisation im Sozialbereich. Freiburg: Lambertus.

Puch, H.-J. & Westermeyer, K. (1999). Managementkonzepte. Freiburg: Lambertus.

Rauschenbach, Th. (1999). Das sozialpädagogische Jahrhundert. Weinheim und München: Juventa.

Schneider, J. (1999). Gut und Böse — Falsch und Richtig. Zu Ethik und Moral der sozialen Berufe. Frankfurt am Main.

Schütze, F. (1992). Sozialarbeit als „bescheidene" Profession. In: *Dewe, B., Ferchhoff; W. & Radtke, F. O.* (Hrsg.), Erziehen als Profession. Zur Logik professionellen Handelns in pädagogischen Feldern. Opladen: Leske + Budrich.

1999

Professionalität und Ethik[59]

Das Thema Ethik hat in den letzten Jahren Konjunktur. Zahlreiche Publikationen sind erschienen, Kongresse werden veranstaltet und Ethikkommissionen gegründet. Erinnert sei unter anderem an das gemeinsame Wort des Rates der Evangelischen Kirche in Deutschland und der Deutschen Bischofskonferenz zur wirtschaftlichen und sozialen Lage in Deutschland mit dem Titel: „Für eine Zukunft in Solidarität und Gerechtigkeit". Darin wird unter anderem auf die ethische Verantwortung der Kirchen in dem gegenwärtigen gesellschaftlichen Strukturwandel hingewiesen. Auch eher populärwissenschaftliche Veröffentlichungen wie das Buch des Tagesthemenmoderators *Ulrich Wickert* (1995) mit dem Titel „Die Ehrlichen sind die Dummen" haben eine erstaunliche Resonanz erfahren. Die Debatte um Ethik und Moral hat sich aus dem Dunstkreis philosophischer Oberseminare emanzipiert und ist zu einem öffentlichen Thema geworden.

Betrachtet man diese öffentliche Debatte genauer, so können verschiedene Themenkreise identifiziert werden (*vgl. Schneider 1999, 7f.):*

1. Wirtschaftskriminelle Handlungen wie Korruption, Steuerhinterziehung und Unterschlagung zeigen die Nichteinhaltung von Gesetzen durch Unternehmen. Davon blieben auch die Wohlfahrtsverbände nicht verschont, deren Vorbildfunktion kritisch hinterfragt wird.

[59] Festvortrag anlässlich der Förderpreisverleihung der Dr. Loew'schen Einrichtungen am 25. Juni 1999. Veröffentlicht in: Dr. Loew'sche Einrichtungen (Hrsg.) (2002): Wirtschaft fördert Wissenschaft. Sozialarbeit im Wandel der Zeit. Eine Sammlung von Festvorträgen anlässlich der Förderpreisverleihungen der Dr. Loew'schen Einrichtungen an der Evangelischen Hochschule Nürnberg. S. 3 – 8.

2. Die Krise des Sozialstaates und die Entwicklung einer „neoliberalen Ellenbogengesellschaft“ provozieren die Frage nach der schwindenden Solidarität und sozialen Verantwortung in unserer Gesellschaft.

3. Die Debatte um den Wertewandel oder Werteverfall in unserer Gesellschaft konstatiert unter anderem ein wachsendes Anspruchsdenken quer durch alle gesellschaftlichen Schichten. So werden Pflicht- und Akzeptanzwerte von „Selbstverwirklichung" oder purem hedonistischen Streben abgelöst. Eine Frage wird immer lauter gestellt: Gibt es noch gemeinsame Werte in unserer Gesellschaft, die für Zusammenhalt sorgen und dem Einzelnen Halt und Orientierung geben.

4. Im Zeichen der internationalen Globalisierung und der multikulturellen Gesellschaft stellt sich die Frage der Verbindlichkeit kultureller Orientierung im friedlichen Miteinander. Können die Grundsätze unserer Verfassung und die Menschenrechte kulturübergreifend als verbindlich angesehen werden?

5. Schließlich wirft der Fortschritt der Technik, vor allem auf medizinischem Gebiet neue Fragen auf, die mit den bisherigen ethischen Maßstäben nicht beantwortet werden können. Die Grenze zwischen Leben und Tod wird unklar, die Gentechnik macht Handlungen möglich, über deren moralische Zulässigkeit zuvor noch nicht nachgedacht wurde.

In dieser ethischen Debatte geht es also um Werte und Normen und insbesondere um deren Geltung und Begründung. Dies kann auf zweierlei Arten geschehen. Die eine Möglichkeit besteht darin, das Thema empirisch anzugehen und nach den bestehenden Normen und Werten in unserer Gesellschaft zu Fragen. Welche moralischen Werte sind in welcher Ausprägung vorzufinden? Wie wird ihnen Geltung verschafft und auf welchen ethischen Prämissen beruhen sie? Damit bewegen wir uns auf der Ebene der Deskription bzw. auf der Ebene der Rekonstruktion von impliziten Wertannahmen. Die eigentliche Brisanz der Ethikdebatte ergibt sich allerdings nicht aus der Beschreibung der empirischen Realität, sondern aus der Frage, *was sein soll.* Dazu aber sind ethische Grundpositionen zu reflektieren und zu begründen.

Die Empirie allein, soweit herrscht Konsens in der Diskussion, hilft nicht weiter, wenn es um die Begründung von Normen und Werten geht. Die direkte Schlussfolgerung vom Sein auf das Sollen (in der Philosophie als *„naturalistischer Fehlschluss"* bezeichnet) ist aus logischen Gründen nicht zulässig. Nicht aus der Realität, sondern nur durch Rückgriff auf Letztbegründungen lassen sich Werte und Normen legitimieren. Dies ist die eigentliche Aufgabe aber auch das „schwierige Geschäft" der Ethik. Ethik formuliert damit zum einen Grundsätze vom richtigen Leben und Handeln, geht zum anderen aber darüber hinaus, da sie als Teil der Philosophie Normen, Grundsätze, Einstellungen und Wertorientierungen begründet, legitimiert oder kritisiert. (*Rupert Lay 1996, 72f.)*

Diese grundlegende Aufgabe der Ethik, die ein Nachdenken über Normen und Werte bedeutet und insbesondere die Überlegungen mit einschließt, woran das Handeln auszurichten sei, wenn das „Gute“ angestrebt wird, kommt in der Praxis Sozialer Arbeit manchmal zu kurz. Dies zeigt eine Umfrage bei Sozialpädagoginnen und Sozialpädagogen in Wohlfahrtsverbänden (*Seibert 1997, 344*). Dort wurde nach dem Verständnis der Praktiker in Bezug auf Ethik gefragt. Ich zitiere einige Aussagen. Ein Kollege aus der Praxis meinte: *„Von Ethik reden wir doch erst, seit es uns schlecht geht.*" Mit dieser Formulierung wollte er wohl zum Ausdruck bringen, dass es in Zeiten des Überflusses nicht notwendig ist, über die Begründung von Normen und Werten nachzudenken. Erst die Knappheit provoziere ethische Überlegungen.

Ein anderer formuliert drastisch seine Ablehnung ethischer Überlegungen, wenn er sagt: *„Ethik kann ich mir gar nicht leisten.*" Ethik, so könnte man diese Aussage interpretieren ist im Alltagsgeschäft, dort wo es um harte wirtschaftliche Entscheidungen geht, nur hinderlich. Sie taugt, wenn überhaupt nur für Sonntagsreden. Aber auch eine andere Tendenz ist in der gegenwärtigen ethischen Debatte in der Sozialen Arbeit zu sehen. Ethik wird als Ersatz für professionelles Handeln angesehen. So zum Beispiel wenn ein Sozialpädagoge sagt: *„Ethik muss bei uns, glaub ich, das Konzept ersetzen.*" Ethik und Professionalität werden so in Gegensatz zueinander gesetzt.

Schließlich ist eine weitere Tendenz zu erkennen: Die Verantwortung für ethisches Handeln wird ausgewählten Institutionen zugeschrieben. Diese Tendenz ist beispielsweise in der Hochschullandschaft dort erkennbar, wo den kirchlichen Fachhochschulen im Sozialbereich ein besonderes Maß an ethischer Verantwortung und Sensibilität zugeschrieben wird. Dies stellt jedoch eine verkürzte Sichtweise dar. Verantwortung wird hier delegiert. Selbstverständlich haben kirchliche Fachhochschulen aufgrund ihrer kirchlichen Einbindung und ihres Selbstverständnisses einen besonderen Zugang und eine besondere Sensibilität für ethische Fragen. Dies entbindet aber staatliche Hochschulen noch lange nicht, von der ethischen Reflexion und Begründung. Soziale Arbeit hat, egal ob sie im Kontext kirchlicher oder staatlicher Hochschulen gelehrt wird, immer eine wertbezogene Grundlage. Soll diese nicht unreflektiert und unkritisch übernommen werden, ist sie zu begründen und methodisch kontrolliert zu reflektieren. Lassen Sie mich diese These in den folgenden Ausführungen näher begründen.

Was macht das Spezifische der Sozialen Arbeit als Wissenschaft aus? Soziale Arbeit gehört in den Kreis der angewandten Wissenschaften und insbesondere zu den Handlungswissenschaften. Sie unterscheidet sich damit von jenen Wissenschaften, die gemeinhin als Grundlagenwissenschaften bezeichnet werden. Grundlagenwissenschaften haben die Aufgabe, ihre Gegenstände näher zu beschreiben und zu klassifizieren. Sie haben darüber hinaus die Aufgabe Ereignisse zu erklären und Prognosen über das Auftreten von Ereigniswahrscheinlichkeiten aufzustellen.

Soziale Arbeit als Wissenschaft hat diese Aufgabe auch. Sie hat aber darüber hinaus als Handlungswissenschaft die Aufgabe, Ziele zu formulieren und geeignete Methoden auszuwählen, die eine Erreichung der Ziele wahrscheinlicher machen. Soziale Arbeit als Wissenschaft verlässt damit den neutralen Boden der Deskription und begibt sich auf die Ebene der Präskription. Sie benennt, was das Ziel der Veränderung ist. Dieses Ziel ist nun keineswegs objektiv begründbar, sondern Ausdruck getroffener Wertentscheidungen. Im alltäglichen Handeln sind die Wertgrundlagen der eigenen Zielsetzungen und Entscheidungen in der Regel nicht bewusst. Menschen haben im Laufe ihrer Sozialisation bestimmte Wertvorstellungen übernommen und handeln oftmals danach, ohne sie im Einzelnen zu begründen. Wissenschaftlich begründetes Handeln kann nicht auf die Tradition von Wertentscheidungen bauen, sondern hat diese systematisch zu begründen und methodisch-kontrolliert zu reflektieren.

Mit diesem Thema beschäftigt sich die Ethik, die auch eine Grundlage in dem Studium der Sozialen Arbeit an unserem Fachbereich bildet. Seit der neuen Studienordnung im Studiengang Soziale Arbeit in Bayern im Jahr 1996 gibt es das Fach „Werte und Normen in der Sozialen Arbeit". Dies ist ein Ort, an dem unsere Studentinnen und Studenten Grundlagen für die ethische Reflexion und den ethischen Diskurs vermittelt bekommen. So setzen sie sich hier unter anderem mit methodischen Vorüberlegungen der Anthropologie und Sozialethik auseinander, sie beschäftigen sich mit ausgewählten Konzeptionen von Anthropologie und Sozialethik, die unser Denken beeinflusst haben (*Platon, Immanuel Kant, Karl Marx*), sie bekommen biologische, soziologische, ökonomische, psychologische und theologische Aspekte des Menschenbildes vermittelt und stellen einen Zusammenhang zu Überlegungen in der Sozialen Arbeit her. Schließlich werden ausgewählte sozialethische Entwürfe wie beispielsweise die katholische Soziallehre, die protestantische Sozialethik und die utilitaristische Ethik dargestellt und reflektiert.

Den zweiten, nicht weniger wichtigen Ort einer ethischen Reflexion bildet die „Wissenschaftstheorie" in Verbindung mit einer „Allgemeinen Systematik des Handelns in der Sozialen Arbeit". Die Wissenschaftstheorie gibt eine Hilfestellung, wenn es um die Unterscheidung verschiedener Aussagetypen geht. So können deskriptive, erklärende und präskriptive Aussagen voneinander unterschieden werden. Deskriptive Aussagen beschreiben die soziale Wirklichkeit so wie sie ist. Sie beziehen sich auf soziale Tatsachen. Sie sind entweder richtig oder falsch. Erklärende Aussagen erfassen Zusammenhänge der sozialen Wirklichkeit. In überprüfter Form sind sie Bestandteil von umfassenden Theorien. Diese können bestätigt oder widerlegt werden. Präskriptive Aussagen sagen etwas darüber aus, wie ein Zustand oder eine Situation sein soll. Sie bewerten einen Sachverhalt im Sinne von gut und schlecht.

In unserer Methodenausbildung wird Wert darauf gelegt, dass Studentinnen und Studenten diese Aussagetypen voneinander unterscheiden können und sie verschiedenen Schritten des methodischen Handelns zuordnen können. Das methodische Handeln oder wie es „griffig" bei uns formuliert wird, der „6er Schritt" (manchmal auch 5er Schritt) beinhaltet eine Verfahrensvorschrift (Algorithmus), die etwas über die einzelnen Schritte und die Reihenfolge eines methodisch-kontrollierten Handelns aussagt. In den bei uns gebräuchlichen Begriffen lassen sich folgende Schritte unterscheiden:

1. Situationsbeschreibung
2. Situationsanalyse
3. Zieldefinition

4. Mittelauswahl
5. Intervention
6. Evaluation

Die beschriebenen Schritte stellen ein allgemeines Planungsraster dar, das in verschiedenen Bereichen zur Anwendung kommt. Seine eigentliche Bedeutung und Brisanz enthält das methodische Handeln aber erst dann, wenn es mit den vorangegangenen wissenschaftstheoretischen Überlegungen verbunden wird. Denn dann wird deutlich, dass die einzelnen Schritte bestimmten Aussagetypen zugeordnet werden können. So kommen bei der Situationsbeschreibung deskriptive Aussagen zur Anwendung; bei der Situationsanalyse bilden erklärende Aussagen die Grundlage; bei der Zieldefinition kommen präskriptive Aussagen zum Tragen.

Wenn ich nun wieder zurückkomme zu unserer eigentlichen ethischen Fragestellung und die gerade angestellten wissenschaftstheoretischen und handlungstheoretischen Überlegungen einbeziehe, dann lassen sich mindestens zwei systematische Orte einer ethischen Reflexion und Begründung ausmachen. Dies sind die Orte der Zieldefinition und der Mittelauswahl. Im Rahmen der Zieldefinition können vorgegebene Ziele auf ihre grundlegenden oder nicht explizierten Wertannahmen hin untersucht und diese so einer ethischen Diskussion und Begründung zugänglich gemacht werden. Dies sind übrigens auch die Verfahren, die bei den hier zur Prämierung anstehenden Diplomarbeiten zur Anwendung kamen. Die verdeckten Werte und Menschenbilder von Leitbildern wurden rekonstruiert und so einem rationalen ethischen Diskurs zugänglich gemacht. Im Rahmen der Mittelauswahl können vorgeschlagene Mittel und Methoden auf ihre ethische Verträglichkeit hin untersucht werden. Bezieht man nicht von vornherein die Position, „dass das Ziel das Mittel heiligt", so ist die Entscheidung über die Mittelauswahl nicht nur eine theoretische Frage des Wirkungszusammenhangs, sondern auch eine der ethischen Rechtfertigung der ausgewählten Mittel.

Ich habe begründet, dass Ethik und Wissenschaftlichkeit nicht als Gegensätze einer vorprofessionellen und professionellen Sozialen Arbeit zu verstehen sind, sondern den integralen Bestandteil einer Sozialarbeitswissenschaft bilden sollen. Lassen Sie mich nun zum Schluss noch auf einige Aspekte von Management und Ethik eingehen und Ihnen zwei Reflexionsebenen für einen ethischen Diskurs vorschlagen, ohne damit den Anspruch der Vollständigkeit zu erheben.

1. *Die Reflexion der wirtschafts- und sozialethischen Grundlagen und Rahmenbedingungen der Sozialwirtschaft, wie der Bereich der öffentlichen, freien und privaten Träger seit einiger Zeit genannt wird.*

Johannes Münder hat 1998 in der Fachzeitschrift „neue praxis" einen Artikel mit dem Titel: „Von der Subsidiarität über den Korporatismus zum Markt?" (1/1998, 3ff.) geschrieben, in dem er auf die unterschiedliche Bedeutung der wirtschafts- und sozialphilosophischen Leitbilder der Sozialwirtschaft hinweist. Während im Subsidiaritätsprinzip der Katholischen Soziallehre die Vorrangigkeit der nichtstaatlichen Organisationen gegenüber den staatlichen Organisationen festgelegt wurde und damit den weltanschaulich begründeten Wohlfahrtsverbänden eine besondere Stellung im Netz der sozialen Unterstützung und Hilfe eingeräumt wurde, veränderte sich das Verhältnis der freien und öffentlichen Träger nach dem Bundesverfassungsgerichtsurteil von 1967 hin zu einem korporatistischen Grundverständnis. Das „körperschaftliche Zusammenwirken" — so die wörtliche Übersetzung geht von einem planvollen, aufeinander abgestimmten Ineinandergreifen der öffentlichen und freien Träger aus. *Johannes Münder* macht im weiteren deutlich, dass dieser Grad der relativen Autonomie zwar für das Verhältnis der Träger untereinander gilt, nicht aber für deren Verhältnis gegenüber den Adressaten. Das Verhältnis zum Bürger ist je nach Sichtweise entweder als „fürsorgliche Umarmung" oder als „fürsorgliche Belagerung" zu verstehen. Ganz anders dagegen bei den Modellen der „neuen Subsidiarität" und des Marktes. Gerade die neue Subsidiarität geht von der Fähigkeit zur Selbstorganisation und von der Autonomie der Adressaten aus. Nicht Gängelung, sondern Ermächtigung (empowerment) zum eigenständigen Handeln bildet hier einen zentralen Wert. Neben der „neuen Subsidiarität" bildet die marktgerechte Organisation der Sozialwirtschaft den vorläufig neuesten Bezugspunkt dieser Debatte. Ohne hier auf die Implikationen des Marktmodells näher einzugehen und die Grenzen der Übertragbarkeit auf die Sozialwirtschaft auszuloten, sei darauf verwiesen, dass mittlerweile die kritischen Stimmen gegenüber einer Marktorientierung wieder etwas deutlicher zu vernehmen sind. Sie weisen unter anderem darauf hin, dass bestimmte Grundannahmen des Marktes, wie beispielsweise die Kundensouveränität in den meisten Arbeitsfeldern der Sozialwirtschaft nicht vorliegen.

2. *Die Rekonstruktion der verborgenen Menschenbilder und Wertananahmen, wie sie in Managementkonzepten und Führungsmodellen enthalten sind.*

Managementkonzepte und Führungsmodelle beschreiben nicht nur Prozesse und Abläufe in Organisationen. Sie gehen immer von mehr oder weniger ausdrücklich formulierten Menschenbildern und Wertannahmen aus. Werden diese Annahmen nicht offengelegt, besteht die Gefahr, dass bei der naiven Übernahme der Modelle, die wertbezogenen Prämissen unbeabsichtigt zum Tragen kommen. Der Arbeits- und Organisationspsychologe *Eberhard Ulich* hat eine Typologie der Menschenbilder in Managementkonzepten vorgelegt (1991, S. 5ff). Er unterscheidet:

- *Das ökonomische Menschenbild:* Der Mensch wird als ein Wesen gesehen, das nicht aus eigenem Antrieb heraus handelt, sondern geführt und kontrolliert werden will. Der Antrieb für das Handeln erfolgt über finanzielle Anreize, die als Motivatoren eingesetzt werden. Dem eigenen Antrieb („intrinsische Motivation") der Mitarbeiter wird keine wesentliche Bedeutung beigemessen. Dementsprechend sind die Weisungs- und Entscheidungsbefugnisse zentralistisch organisiert.

- *Das soziale Menschenbild:* Der Mensch wird hier als ein Wesen gesehen, das in erster Linie durch soziale Anreize zu motivieren ist. Die formellen und informellen Gruppen in Organisationen sind Orte, an denen soziale Ansprüche zum Tragen kommen und eingelöst werden. Die sozialen Normen, die in den verschiedenen Gruppen vorherrschen, sind für das individuelle Verhalten der Menschen entscheidend - jedenfalls wichtiger als die durch die Vorgesetzten formulierten Normen. Die Führungskräfte haben aus dieser Perspektive die Aufgabe, soziale Anerkennung zu vermitteln und gruppenbezogene Anreize zu schaffen.

- *Das Menschenbild der Selbstverwirklichung:* Diese Perspektive ordnet die menschlichen Bedürfnisse in einer Hierarchie an (siehe *Maslowsche* Bedürfnispyramide). An der oberster Stelle einer solchen Pyramide steht das Streben nach Selbstverwirklichung und Autonomie. Die Menschen handeln nach eigenem Antrieb und zeigen Verantwortungsbereitschaft und Initiative. Die Fremdkontrolle wird in diesem Bild durch die Eigenkontrolle abgelöst. Die Aufgabe der Führungskräfte besteht darin, den Mitarbeitern die Spielräume zu schaffen, die sie zur Entfaltung von Eigeninitiative und Verantwortung benötigen.

- *Das Menschenbild vom entwicklungsoffenen Menschen*: Der Mensch wird als ein Wesen gesehen, das lernfähig ist und Einstellungen und Motive verändern kann. Einflussmöglichkeiten in Organisationen werden als wechselseitige Prozesse verstanden, die unter anderem durch die subjektiven Wahrnehmungen der Beteiligten gesteuert werden. Vernetzung und Eigendynamik, Entwicklung sozialer Prozesse in Organisationen sowie individuelle und kollektive Lernprozesse stellen bei dieser Sichtweise die Elemente dar, die Bedeutung haben.

Diese kleine Auswahl zeigt bereits, dass Führungskräfte sich ihre Menschenbilder bewusst machen sollten, da diese das Führungsverhalten beeinflussen.

Ich komme zum Schluss: Es war mein Anliegen zu zeigen, wie ethische Überlegungen und Fragestellungen die Profession der Sozialen Arbeit und des Managements in der Sozialwirtschaft durchdringen. Ich habe an einigen ausgewählten Punkten gezeigt, wo in diesem Zusammenhang ethische Fragestellungen auftauchen und wie sie methodisch-kontrolliert reflektiert und begründet werden können. Da uns dies an der Evangelischen Fachhochschule ein Anliegen ist, habe ich mich besonders gefreut, mit den *Dr. Loew'schen Einrichtungen* einen engagierten Kooperationspartner für unser Anliegen zu finden. Ich hoffe und wünsche mir, dass noch viele anregende Diplomarbeitsprojekte daraus entstehen werden.

Literatur

Blickle, Gerhard (Hrsg.) (1998): Ethik in Organisationen. Göttingen.

Brown, Marvin T. (1996): Der ethische Prozess. Strategien für gute Entscheidungen. München und Mering Grams, Wolfgang (1998): Ökonomisierung kontra Ethik. Lassen sich ethische Standards der Sozialen Arbeit sichern? In: Blätter der Wohlfahrtspflege. 145 Jg. 1 1/12-1998. S. 231-233.

Lay Rupert (1996): Ethik für Manager. Düsseldorf.

Münder, Johannes (1998): Von der Subsidiarität über den Korporatismus zum Markt? In: neue praxis 28. Jg. 1/1998. s. 3-12.

Scharrer, Siegfried (1995): Was kann Ethik in der Medizin leisten? In: Hamburger Ärzteblatt. 49. Jg. 1/1995. S. 9-13.

Schneider, Johann (1999): Gut und Böse — Falsch und Richtig. Zu Ethik und Moral der sozialen Berufe. Frankfurt am Main.

Seibert, Horst (1997): Marktorientierte freie Wohlfahrtspflege und ihre ethischen Probleme. In: Soziale Arbeit 10/1 1-1997. S. 338-349.

1993

Professionalität und Wirtschaftlichkeit - Ein Widerspruch?[60]

Vorbemerkung

Auf dem Nürnberger Forum der Jugendarbeit 1991 wurde eine Arbeitsgruppe zu dem Thema: " Pädagogische Tabus - Effektivität, Effizienz, Kontrolle und Macht" angeboten. Das Interesse an dem Thema war groß und signalisierte eine Bereitschaft, sich mit diesem neuen Thema der Jugendhilfe auseinanderzusetzen. Im Vordergrund der damaligen Diskussion stand die Absicht, Mitarbeiter und Mitarbeiterinnen der Jugendhilfe für neue Fragen des Sozialmanagements zu interessieren und gleichzeitig die grundlegende Notwendigkeit der Auseinandersetzung zu den Fragen der Effektivität und Effizienz zu legitimieren.

Die heutige Debatte ist weiter vorangeschritten. Die Themen Effektivität und Effizienz bedürfen keiner grundlegenden Legitimation mehr. Sie verletzen nur noch selten Tabus. Zu groß ist nicht zuletzt der öffentliche Druck auf die Jugendhilfe, als dass sie sich dieser Auseinandersetzung entziehen könnte. Die gegenwärtige Debatte stellt deshalb auch die Umsetzbarkeit der Effektivitäts- und Effizienzpostulate in den Vordergrund. Die Themen ranken um Fragen: Wie lässt sich die Forderung nach Effektivität und Effizienz auf die Jugendhilfe übertragen? Besteht ein Widerspruch zwischen den ethisch-pädagogischen Anforderungen der Jugendhilfe und denen nach Wirtschaftlichkeit? Sind die betriebswirtschaftlichen Konzepte der Kosten-Nutzen-Analyse brauchbar für Einrichtungen des Nonprofit-Sektors? Wie kann Erfolg in der Jugendhilfe gemessen werden?

Ich mache gleich zu Beginn dieses Vortrags meine persönliche Position deutlich. Meiner Meinung nach kann sich die Jugendhilfe dieser Herausforderung nicht entziehen. Eine Zurückweisung der Effektivitäts- und

[60] Veröffentlicht in: Scharinger, Karl (Hrsg.) (1993): Reicht guter Wille? Jugendarbeit & Management. Nürnberg Forum der Jugendarbeit 1993. Nürnberg 1993. emwe-Verlag.

Effizienzforderung hätte lediglich zur Folge, dass die Jugendhilfe noch stärker unter das Diktat kommunaler Sparmaßnahmen kommen würde. Dies hätte zur Konsequenz, dass die Angebote der Jugendhilfe nicht mehr unter pädagogischen, sondern ausschließlich unter finanzpolitischen Gesichtspunkten ausgewählt werden. Auch wenn die Spielräume sehr gering sind, ist eine pädagogische und inhaltliche Gegensteuerung notwendig, wenn die fachlichen Standards der Jugendhilfe nicht auf der Strecke bleiben sollen. Mein Anliegen ist es hier, Anregungen dafür zu liefern, wo eine administrativ und fachlich begründete Erfolgsanalyse der Jugendhilfe ansetzen kann.

Effizienz und Effektivität im Rahmen administrativer und pädagogischer Bezugssysteme

An die Jugendhilfe wird in der jüngeren Vergangenheit verstärkt die Forderung nach einer Erfolgskontrolle gestellt. Zwei unterschiedliche Ebenen lassen sich in diesem Ansinnen erkennen.

Erstens wird die Jugendhilfe "verstärkten politischen Legitimationsanforderungen ausgesetzt. Die Frage lautet: Welche Effekte bringt das in der Jugendhilfe aufgewendete Geld und welche Möglichkeit des effektiveren, das heißt größeren Nutzen versprechenden Geldeinsatzes sind entwickelbar?" (*Merchel 1990, 287*) Im Vordergrund steht hier der Ruf nach einer klaren Kosten-Nutzen-Analyse. Die Bemühungen um Einsparungen und Rationalisierungen in der öffentlichen Verwaltung sind hier das treibende Motiv. Die aus der privaten Wirtschaft übernommene Konzept des "Lean-Managements" unterstreicht dies. Obwohl in diesen Konzepten nicht nur die Rationalisierungseffekte angedacht sind, wird dieser Teil in der öffentlichen und politischen Diskussion sehr stark in den Vordergrund gerückt. Die Frage der Wirtschaftlichkeit spielt eine zentrale Rolle. Überlegungen zur Wirtschaftlichkeit gehören in der Jugend- und Sozialarbeit aber zu einem Themenbereich, an den man sich nur zögerlich heranwagt.

Die moderne Jugendhilfe ist - und dies macht der 8. Jugendbericht und das KJHG deutlich - in ein umfangreiches System sozialpolitischer Leistungserbringung eingebettet. Die traditionelle Jugendarbeit verstand sich als dritte bzw. vierte Sozialisationsinstanz neben Familie, Schule und Berufsausbildung. Die gegenwärtigen Anforderungen an die Jugendhilfe haben sich erweitert. Neben die Erziehungs- und Sozialisationsfunktion ist die "sozialpolitische Inpflichtnahme" getreten. In der Praxis der Jugendhilfe haben sich eine Reihe von Angeboten entwickelt, die darauf gerichtet sind, gesellschaftlich verursachte Defizite sozialpolitisch bzw. kommunalpolitisch auszugleichen. Schuldnerberatung, Hausaufgabenhilfen, Beschäftigungsprojekte, Arbeitslosentreffs usw. sind nur einige Beispiele dafür. In § 13 des KJHG wird dieses veränderte Verständnis unter dem Stichwort der Jugendsozialarbeit noch einmal unterstrichen. Die verstärkte sozialpolitische Ausrichtung der Jugendhilfe hat Konsequenzen, da die Angebote aus öffentlichen Mitteln finanziert werden.

Der Umgang mit öffentlichen Mitteln unterliegt in einem demokratischen Rechtsstaat der öffentlichen und politischen Kontrolle. Wie in anderen Bereichen der öffentlichen Finanzierung, so ist auch die Jugendhilfe gehalten, über den Verbleib, die Wirksamkeit und die Wirtschaftlichkeit ihrer Mittel Rechenschaft abzulegen. Dies ist kein unbilliges Ansinnen. Es gibt aber noch ein zweites Argument, dass sich an dieser Stelle anführen lässt. Die Verwendung öffentlicher Gelder unterliegt einer sozialethischen Verpflichtung. Diese ethische Norm besagt, dass mit knappen Ressourcen nicht verschwenderisch umgegangen werden darf. Das Haushalten mit Ressourcen sollte jedoch nicht nur im Umgang mit den natürlichen Lebensgrundlagen Leitprinzip sein, sondern auch auf die finanziellen Ressourcen der Jugendhilfe Anwendung finden.

Die zweite Ebene der Erfolgsdiskussion "zeigt sich in dem Bemühen um eine *methodisch strukturierte selbstkritische Reflexion der Arbeitsweisen und der Folgen*" der Jugendhilfe. "Das Ziel solcher, mit dem Begriff der Evaluation bzw. Selbstevaluation gekennzeichneter fachlicher Reflexivität liegt darin, in einer selbstbestimmten Weise die Angemessenheit eigenen Handelns überprüfen zu können und daraus Orientierungspunkte für eine fachliche Veränderung zu gewinnen." (*Merchel 1990, 287*) Damit sind fachliche Standards formuliert, die professionelles Handeln von laienhaftem Handeln unterscheiden. Das Bemühen um eine stärkere Überprüfung des eigenen fachlichen Handelns ist damit selbst Bestandteil des Professionalisierungsprozesses in der Jugendhilfe. Um ihren eigenen Wirkungsgrad zu verbessern oder zu optimieren, müssen die praktizierten Methoden und Techniken einer ständigen Bewertung auf ihre Tauglichkeit unterzogen und gegebenenfalls verändert oder verworfen werden. Zielerreichungsanalysen, Wirkungsanalysen sind also keine überzogene Forderung, sondern Voraussetzung für eine erfolgreiche Professionalisierung in der Jugendhilfe

Die erste Antwort auf die Frage, woran sich Effektivität und Effizienz in der Jugendhilfe zu orientieren haben, verweist auf zwei grundsätzlich verschiedene, aber vereinbare Bezugssysteme der Erfolgskontrolle. Wird auf der administrativen Ebene der *Umgang mit knappen Ressourcen* betont, so stehen unter dem *fachlichen Aspekt die Wirksamkeit und die fachliche Qualität der eingesetzten Mittel* im Vordergrund. In der Praxis der Diskussion der Jugendhilfe werden die beiden Ebenen nicht selten gegeneinander ausgespielt. Der Rückzug auf fachliche Positionen und ein Ausgrenzen von Wirtschaftlichkeitsüberlegungen kennzeichnet die einen Vertreter, das Festhalten an ausschließlich Wirtschaftlichkeitsüberlegungen unter Zurückweisung von fachlichen Überlegungen die anderen. Um sozialpädagogisch erfolgreich in der Jugendhilfe zu arbeiten, ist aber die Kenntnis der Argumente und der Rationalität beider Bezugssysteme erforderlich.

Jugendhilfe findet in einem komplexen staatlichen System der öffentlichen Hilfe und Versorgung statt. Fachliche Professionalität und administrative Steuerung stehen in diesem System in vielfältiger Wechselbeziehung zueinander. Aus diesem Grund erscheint es nicht sinnvoll, sich nur auf die eine oder andere Ebene zu beziehen, sondern beide als zusammengehörige Teile eines Ganzen zu betrachten. Jugendhilfe ist eingebettet in ein professionelles und in ein administratives Bezugssystem. Erfolgreiche Jugendhilfe ist dadurch gekennzeichnet, dass sie wirtschaftlich und fachlich handelt. Effektivität und Professionalität sind so gesehen kein Widerspruch, sondern eine notwendige Ergänzung einer modernen und ausdifferenzierten Jugendhilfe.

Erfolgskontrolle in der Jugendhilfe

Das was als Erfolg in der Jugendhilfe definiert wird, hängt von dem jeweiligen Bezugssystem ab. Überträgt man den bisher entwickelten Gedankengang auf die Frage, wodurch Erfolg in der Jugendhilfe gekennzeichnet ist, so müsste deutlich geworden sein, dass eine eindimensionale Betrachtung zu kurz greift. Ich möchte in den folgenden Überlegungen aufzeigen, welche verschiedenen Dimensionen des Erfolgs in der Jugendhilfe sinnvoll unterschieden werden können. Der Focus meiner Betrachtung liegt auf einer organisationsspezifischen und fachlichen Perspektive. Danach lassen sich folgende Ebenen des Erfolgs in der Jugendhilfe unterschieden:

- Die Effektivität
- Die wirtschaftliche und arbeitsorganisatorische Effizienz
- Die fachliche Effizienz und die Qualitätskontrolle

Die *Effektivität* beschreibt im Zusammenhang unserer Diskussion die Zielebene. Überprüft wird hier, ob die ausgewiesenen Ziele überhaupt erreicht wurden und wenn ja, bis zu welchem Grad dies der Fall ist. Als Messgröße für die Zielerreichung wird deshalb der Grad der Zielerreichung angegeben. Sie ergibt sich aus dem Verhältnis der geplanten Zielvorgabe zu der tatsächlich erreichten Zielgröße.

IST — Tatsächlicher Stadtteilzug

Effektivität = -----------------

SOLL — Angestrebter Stadtteilbezug

An einem Beispiel lässt sich dieser abstrakte Zusammenhang verdeutlichen. Die Mitarbeiter einer "Beschäftigungs-GmbH für arbeitslose Jugendliche" formulieren als Ziel, dass 50 % ihrer Jugendlichen vor Ablauf eines Jahres in ein normales Beschäftigungsverhältnis integriert werden sollen. Nach Ablauf dieser Frist stellt sich heraus, dass nur 40 % der Jugendlichen in einem Betrieb untergekommen sind. Der Zielerreichungsgrad wäre 0.8. Die Zielvorgabe wurde zu 80% erreicht. Ich lasse zu diesem Zeitpunkt der Betrachtung außer Acht, ob die gewählte Zielvorgabe von 50% aus fachlichen oder anderen Überlegungen zu rechtfertigen ist. Dieser Einwand verweist auf das Problem der Beurteilungsmaßstäbe für Ziele, auf das ich an anderer Stelle eingehe.

Die Effektivität lässt sich auf verschiedenen Ebenen untersuchen. So kann die Erreichung der fachlichen Ziele bewertet werden, aber auch, ob die finanziellen Planziele erreicht sind. Mit der wirtschaftlichen Effektivität kann das Verhältnis der tatsächlichen Kosten zu den geplanten Kosten untersucht werden. Damit wird deutlich gemacht, ob die durchgeführte Maßnahme die geplanten finanziellen Vorgaben unter- oder überschritten. Diese Art des "Controlling" ist im Bereich der öffentlichen Verwaltung eine häufig praktizierte Vorgehensweise. In den Haushaltsansätzen werden differenzierte Finanzvorgaben gemacht, die auch jeweils durch Controller überwacht werden können.

Eine Schwierigkeit dieser wirtschaftlichen Effektivitätsprüfung besteht darin, dass sie nur sehr begrenzte Aussagen darüber zulässt, mit welchem Wirkungsgrad der wirtschaftliche Aufwand betrieben wurde. Dazu bedarf es umfassenderer Kosten-Nutzen-Analysen. Die Effizienzüberlegungen gehen deshalb noch einen Schritt weiter. Hier wird die Frage gestellt, in welchem Verhältnis der betriebene Aufwand zu den tatsächlich erreichten inhaltlichen

Zielen steht, oder wie das Verhältnis der eingesetzten Mittel zu den tatsächlich erreichten Zielen ausgedrückt werden kann. Ich unterscheide für unsere Zwecke eine wirtschaftliche und eine arbeitsorganisatorische Effizienz.

	Output	Grad der Zielerreichung
Effizienz =	--------	----------------
	Input	Eingesetzte Mittel/Ressourcen

Um Aussagen über die *wirtschaftliche Effizienz* eines Projektes, einer Maßnahme oder eines Angebotes machen zu können, müssen alle tatsächlichen Kosten einem wie auch immer definierten Nutzen bzw. einer Zielerreichung gegenübergestellt werden. Die tatsächlichen Kosten sind in einer solchen Rechnung nicht identisch mit den haushaltstechnisch eingesetzten Vorgaben. An einem Beispiel lässt sich dies verdeutlichen. Einem Jugendzentrum stehen für die Öffentlichkeitsarbeit 2000.- DM zur Verfügung. Es werden 2 Kollegen damit beauftragt, eine PR-Kampagne durchzuführen. Die tatsächlichen Kosten für diese Kampagne sind höher, als die eingesetzten Mittel von 2000.- DM. Sie umfassen z.B. die anteiligen Personalkosten der Mitarbeiter und Mitarbeiterinnen, die Inanspruchnahme der Büroorganisation u.v.m. Um umfassender beurteilen zu können, ob die durchgeführte PR-Aktion wirtschaftlich effizient ist, reichen die im Haushalt eingesetzten Mittel von 2000.- DM nicht aus. Die Überprüfung der wirtschaftlichen Effizienz setzt demnach voraus, dass alle tatsächlichen Kosten für eine Maßnahme auch erfasst werden.

Ein weiterer Aspekt der Effizienz bezieht sich auf die *Organisation der Arbeitsabläufe* und Vollzüge in einer Organisation. Pädagogisches Handeln in der Jugendhilfe vollzieht sich neben der direkten Arbeit mit Adressaten auch in einer Reihe von organisatorischen und managementbezogenen Aufgaben. Hier stellt sich die Frage, ob und wie diese organisatorischen Ressourcen wirksam eingesetzt werden und ob sich deren Wirkungsgrad nicht noch verbessern ließe. Die Zielrichtung der arbeitsorganisatorischen Effizienzüberprüfung richtet sich auf Fragestellungen wie: Wie kann die Büroorganisation verbessert werden? Wo gibt es Schwachstellen bei Arbeitsabsprachen und Informations- bzw. Entscheidungswegen u.v.m.. Schließlich wirkt sich dies auf die Motivation und die Arbeitszufriedenheit von Mitarbeitern und Mitarbeiterinnen aus. Mangelnde Motivation und

Arbeitsunzufriedenheit mindert die Leistung und damit die Effizienz der Arbeit.

Bisher wurde die wirtschaftliche und die organisatorische Effizienz angesprochen. Die Jugendhilfe findet durch professionalisierte Fachkräfte statt, deren Arbeit auf der Basis fachlich begründeter Handlungsmodelle und Methoden beurteilt werden muss. Dies betrifft die *fachliche Effizienz*. Diese ist darüber definiert, ob die professionelle Arbeit von einzelnen Mitarbeitern und Mitarbeiterinnen den allgemein akzeptierten fachlichen Standards entspricht. Verfügen die Mitarbeiterinnen und Mitarbeiter über ein ausreichendes Wissen und über genügend fachlich methodische Fertigkeiten, die dem professionellen Entwicklungsstandes ihres Aufgabengebietes entsprechen? Die dazu erforderliche Fachkompetenzen müssen transparent und in ihrer Wirkung beurteilbar werden. Die gleichen Überlegungen sind auch auf den Einsatz fachlicher Methoden und Handlungskonzepte anwendbar. Hier wäre zu begründen, welche Wirkung durch diese Methoden erreicht wird, ob diese Wirkung dem Vergleich alternativer Methoden standhält und wie diese Methoden noch optimiert werden können. Der ganze Zweig der Evaluationsforschung gründet auf diesen Überlegungen. Evaluationsforschung hat das Ziel, Projekte, Modellvorhaben oder Handlungskonzepte auf ihre Wirksamkeit und Zielerreichung zu beurteilen und zu bewerten. Sie bedient sich dazu der Methoden der empirischen Sozialforschung. In jüngerer Vergangenheit wird in der Jugend- und Sozialarbeit eine Vorgehensweise sichtbar, welche die Evaluation nicht extern, sondern Sozialpädagogen und Sozialpädagoginnen selbst durchführen zu lassen. Selbstevaluation ist der Fachbegriff dafür. In den USA ist diese Form der professionellen Selbstkontrolle schon weiter vorangeschritten. Die Erfahrungen in der Bundesrepublik Deutschland nehmen in den letzten Jahren aber stark zu.

Ich habe einige Aspekte und Kriterien der Erfolgsbestimmung in der Jugendhilfe benannt. Allerdings ist ergänzend darauf hinzuweisen, dass eine Erfolgskontrolle, die sich auf die wirtschaftlichen Effizienz beschränkt zu kurz greift. Zu einer umfassenden Beurteilung der Effizienz, die dem Arbeitsfeld der Jugendhilfe gerecht wird, gehört die Überprüfung der Zielerreichung, der sparsame Umgang mit finanziellen Mittel, der optimale Einsatz von organisatorischen Rahmenbedingungen und die fachliche Bewertung von Kompetenzen und eingesetzten Methoden. Erst so lässt sich eine umfassende Beurteilung darüber treffen, ob die eingesetzten Mittel in einem akzeptierten Verhältnis zu dem erstrebten Erfolg stehen.

Ergebnis- und Prozessorientierung

Neben den genannten Ebenen der Erfolgskontrolle ist eine weitere Unterscheidung für die Jugendhilfe von Bedeutung. Wir können eine Maßnahme erst dann nach ihrem Erfolg und ihrer Wirkung beurteilen, wenn sie abgeschlossen ist. Als Beispiel lässt sich eine über mehrere Wochen geplante Begegnungsmaßnahme zwischen ausländischen und deutschen Jugendlichen vorstellen. Im Rahmen dieser Maßnahme sind gemeinsame Gespräche, Fahrten, Freizeitaktionen und andere Angebote vorgesehen. Eine ergebnisorientierte Erfolgskontrolle würde z.B. danach fragen, ob sich Einstellungen und Verhaltensweisen der Jugendlichen verändert haben. Wir haben es in der Jugendhilfe aber oft mit Maßnahmen zu tun, die nicht in einem vorgegebenen zeitlichen Rahmen als klar abgeschlossen angesehen werden können. So dürfte etwa in einem Jugendzentrum der offene Bereich nur schwer unter einer ergebnisorientierten Perspektive zu beurteilen sein. Deshalb ist es notwendig, die ergebnisorientierte Erfolgskontrolle durch eine *prozessorientierte Erfolgskontrolle* zu ergänzen. Diese fragt danach, wie die Gestaltung der pädagogischen Situation zu beurteilen ist oder welche Rahmenbedingungen geschaffen wurden, die ausgewiesenen pädagogischen Ansprüchen und Zielen genügen. In den folgenden Überlegungen gehe ich ausführlicher auf die einzelnen Ebenen der Erfolgskontrolle ein.

Die Entwicklung und die Überprüfung von Zielen als Teil einer umfassenderen Effizienz- und Erfolgskontrolle kann aber nur gelingen, wenn die tatsächlichen handlungsleitenden Ziele auch eingebracht werden. Sowohl die alltäglich berufliche Erfahrung, als auch Organisationsuntersuchungen zeigen, dass entgegen der ausgewiesenen Ziele oftmals die unausgesprochenen Ziele das berufliche Handeln bestimmen. Jeder Berater von Organisationen weiß, wie schwierig, aber auch wie notwendig es ist, die unausgesprochenen Ziele im Rahmen einer Organisationsberatung oder Organisationsentwicklung zu erfassen. Die Konsequenz, die sich daraus ergibt, könnte so zusammengefasst werden: Über unterschiedliche Ziele kann oder muss ausführlich diskutiert werden. Ist aber eine Entscheidung getroffen worden und ein Zielkonsens hergestellt, so soll die Verfolgung dieses Zieles hohe Verbindlichkeit haben.

Effektivitätsanalyse

Die Effektivität ist über den *Grad der Zielerreichung* definiert. Die Voraussetzung dafür ist allerdings, dass Ziele, die im Hinblick auf ihre Zielerreichung überprüfbar sein sollen, konkret und überprüfbar formuliert werden müssen. Dies gelingt auf zwei Wegen. Ziele werden so formuliert, dass sie direkt beobachtbar sind. Ein Beispiel für ein direkt beobachtbares Ziel sind die Besucherzahlen. Wir haben es in der Jugendhilfe i.d.R. aber mit Zielen zu tun, die nicht direkt beobachtbar sind. Gemessen werden sollen z.B. Einstellungs- oder Verhaltensänderungen. Um diese Ziele überprüfen zu können, müssen Messgrößen oder Indikatoren gefunden werden, die eine Aussage über die Zielerreichung zulassen. So können mögliche Indikatoren für das Ziel: "Arbeitslose Jugendliche sollen ihre Bewerbung aktiver betreiben", sein, dass die arbeitslosen Jugendlichen auf das Arbeitsamt von sich aus zugehen oder bei Arbeitgebern anrufen u.v.m..

Eine weitere Schwierigkeit, die im Zusammenhang mit der Auswahl von Zielen auftaucht, hängt damit zusammen, dass Ziele einen normativen Charakter haben, d.h. sie treffen Aussagen darüber, wie etwas zukünftig sein soll. In Zielen ist eine *persönliche Wertigkeit* verborgen. Das ist die Ursache dafür, dass der Streit über die "richtigen" Ziele oft so dauerhaft und unnachgiebig ausgetragen wird. Grundsätzlich muss man sich beim Umgang mit Zielen im Klaren sein, dass über Ziele nicht im Sinne von wahr oder falsch entschieden werden kann. Ziele können nur danach beurteilt werden, ob sie mit allgemein moralisch-ethischen Prinzipien übereinstimmen, ob sie für die Möglichkeiten unserer Adressaten angemessen und realistisch formuliert sind und ob sie überprüft werden können. Ich sehe dabei vier verschiedene Bezugspunkte, die einen Diskurs über Ziele produktiv und sinnvoll gestalten lassen.

Auf der Ebene des normativen Bezugs sind Ziele daraufhin zu diskutieren, auf welche Menschenbilder oder ethische Prinzipien sie sich beziehen. Auf der organisatorischen Ebene ist zu fragen, ob die Handlungsziele der einzelnen Mitarbeiterinnen und Mitarbeiter mit den Zielvorgaben der Organisation und der "Organisationsphilosophie" im Einklang stehen. Die fachliche Ebene thematisiert den Zusammenhang von pädagogisch-fachlichen Zielvorgaben und konkreten Handlungszielen und schließlich die Erfahrungsebene fragt danach, welchen empirischen Bezug unsere Ziele zu den kognitiven, emotionalen und strukturellen Ressourcen der Adressaten und Adressatinnen haben. Die Zielgruppenanalyse ist deshalb eine wichtige Voraussetzung für die Entwicklung von realitätsbezogenen Zielen.

Die Entwicklung und die Überprüfung von Zielen als Teil einer umfassenderen Effizienz- und Erfolgskontrolle kann aber nur gelingen, wenn die tatsächlichen handlungsleitenden Ziele auch eingebracht werden. Sowohl die alltäglich berufliche Erfahrung, als auch Organisationsstudien zeigen, dass entgegen der ausgewiesenen Ziele oftmals die unausgesprochenen Ziele das berufliche Handeln bestimmen. Jeder Berater von Organisationen weiß, wie schwierig aber auch wie notwendig es ist, die unausgesprochenen Ziele im Rahmen einer Organisationsberatung zu erfassen. Die Konsequenz, die sich daraus ergibt, fasse ich so zusammen: Über unterschiedliche Ziele kann oder muss ausführlich diskutiert werden. Ist aber eine Entscheidung über gemeinsam vereinbarte Ziele getroffen worden, so sollte die Verfolgung dieses Zieles hohe Verbindlichkeit haben.

Wirtschaftliche und arbeitsorganisatorische Effizienzkontrolle

Bei privatwirtschaftlichen Unternehmen ist die wirtschaftlichen Effizienz eine häufig eingesetzte Messzahl. Ein Unternehmen arbeitet dann wirtschaftlich, wenn der Gewinn die eingesetzten Kosten übersteigt. Die öffentliche und freie Jugendhilfe wird den Nonprofit-Organisationen zugerechnet. Sie arbeiten nicht gewinnorientiert, sondern verbrauchen öffentliche Gelder für die Befriedigung eines gesellschaftlich definierten Bedarfs. Die wirtschaftliche Effizienz kann sich hier nicht an einem Überschuss orientieren. Es kann jedoch danach gefragt werden, ob mit den zur Verfügung gestellten öffentlichen Geldern sparsam umgegangen wurde. Die Beurteilung der Sparsamkeit ist abhängig von dem Verhältnis der aufgewandten Mittel zu dem erreichten Nutzen. Das was als Nutzen bezeichnet werden kann ist abhängig von dem jeweiligen Bezugssystem und wird deshalb von Kommunalpolitikern, Kämmerern und Sozialpädagogen unterschiedlich beurteilt. Eine differenzierte Betrachtungsweise der wirtschaftlichen Effizienz kann u.U. deutlich machen, dass im Sinne umfassender organisatorischer Zielsetzungen ein höherer finanzieller Aufwand effizienter sein kann. Eine ausschließlich finanzielle Betrachtungsweise lässt den Antrag auf Supervision durch Mitarbeiterinnen einer Einrichtung der Jugendhilfe u.U. ausschließlich als „Unkostenfaktor" erscheinen. Eine differenziertere Betrachtung würde zeigen, dass die Mittel für die Supervision die Effizienz der Arbeit erhöhen und den zusätzlichen Effekt hat, die Zufriedenheit und die Motivation der Mitarbeiterinnen und Mitarbeiter zu erhöhen.

Wirtschaftliche Effizienzüberlegungen sind in der Gegenwart der Jugendhilfe einer Reihe von grundsätzlichen Schwierigkeiten ausgesetzt.

Mitarbeiterinnen und Mitarbeiter der Jugendhilfe begegnen wirtschaftlichen Effizienzüberlegungen oft mit einer hohen Skepsis. Unter dem Druck der Sparmaßnahmen wird die finanzpolitische Diskussion nur restriktiv erfahren und dies besonders bei den pädagogischen Mitarbeiterinnen vor Ort, die tagtäglich die verschärfenden Bedingungen für ihre Arbeit direkt erfahren. Trotzdem meine ich, dass veränderte Einstellungen notwendig sind. Wirtschaftliche Effizienzüberlegungen können und dürfen kein Tabu sein. Um dies zu erreichen, ist es notwendig, dass konkrete Hilfen sowie Kenntnisse und Fertigkeiten vermittelt werden, die eine überprüfbare Budgetplanung, Budgeterstellung und Budgetkontrolle möglich machen. Dazu ist es aber auch erforderlich, die Verantwortung über finanzielle Mittel stärker an die Mitarbeiterinnen und Mitarbeiter vor Ort zu delegieren.

Ein weiteres Problem liegt in dem System der kommunalen Haushaltsführung begründet. Der kommunalen Haushaltsführung liegt ein kameralistisches Rechnungswesen zugrunde. Mit diesem Rechnungswesen können die Einnahmen und Ausgaben erfasst und verfolgt werden. Die Einnahmen-Ausgaben-Bilanz lässt jedoch keine Rückschlüsse auf die tatsächlichen Kosten zu. Notwendig ist eine Umstellung bzw. Ergänzung der kameralistischen Haushaltsführung durch ein betriebswirtschaftliches Rechnungswesen. Damit können die einzelnen Kosten einer Maßnahme oder eines Projektes besser erfasst und das Kosten-Nutzen-Verhältnis auf seine wirtschaftliche Effizienz hin beurteilt werden. Eine Übergangsform zwischen kameralistischer Haushaltsführung und betriebswirtschaftlicher Kostenrechnung stellen die gegenwärtig stark diskutierten Modelle der Plafonierung dar. Der Grundgedanke dieses Modells zielt darauf ab, dass einer Einrichtung, einer Abteilung oder einem Amt finanzielle Mittel in bestimmter Höhe zur Verfügung gestellt werden, über deren Verwendung eigenverantwortlich entschieden wird. Dies ist ein Modell, dass auch in verschiedenen Bereichen der Jugendhilfe Anwendung finden kann.

Jugendhilfe findet in Einrichtungen und Organisationen statt, die arbeitsteilig organisiert und i.d.R. hierarchisch aufgebaut sind. Untersuchungen aus verschiedenen Feldern der Jugend- und Sozialarbeit zeigen, dass neben dem direkten Kontakt zu den Adressaten, eine Fülle von organisatorischen und administrativen Aufgaben zu erledigen sind. Sieht man den beruflichen Alltag von Mitarbeiter und Mitarbeiterinnen der Jugendhilfe näher an, so müssen diese Schreib- und Büroarbeiten erledigen, Entscheidungen gemeinsam in einem Team planen und treffen,

Informationen sammeln und koordinieren, telefonieren, Gespräche führen, Berichterstatten, Verwaltungsvorlagen erarbeiten u.v.m.

Unter der Perspektive der Effizienz ist das Augenmerk darauf zu legen, wie wirksam hier mit den Ressourcen Zeit, Büroorganisation, Kommunikation, Teamarbeit, Entscheidungsfindung, Information, persönliche Motivation und Arbeitszufriedenheit umgegangen wird. Die Diffusität des Arbeitsfeldes in der Jugendhilfe bringt es mit sich, dass Sozialpädagoginnen i.d.R. für viele unterschiedliche Aufgaben zuständig sind. Von der Hausmeistertätigkeit bis zur qualifizierten Beratungsarbeit reicht das Spektrum in einem Jugendzentrum. Die persönliche Abgrenzung und Prioritätensetzung bei den einzelnen Aufgaben fällt unter diesen Voraussetzungen schwer. Die subjektive und objektive Überlastung ist da vorprogrammiert. Prozesse des "Ausgebranntseins" und das Phänomen der "inneren Kündigung" sind in ihren Ursachen nicht nur in unzulänglichen arbeitsorganisatorischen Bedingungen zu sehen. Einen nicht zu unterschätzenden Einfluss auf die arbeitsorganisatorische Effizienz haben sie aber dennoch.

Eine Voraussetzung, um Überlastungen abzubauen und mehr arbeitsorganisatorische Effizienz zu erreichen, könnte dadurch geschaffen werden, dass Mitarbeiterinnen und Mitarbeiter in der Jugendhilfe sich über ihre verschiedenen beruflichen Tätigkeiten Rechenschaft ablegen und dies mit ihrem zeitlichen Aufwand ausweisen. Tätigkeits- und Zeitbudgetanalysen können für den Einzelnen durchaus eine entlastende Funktion haben. Sie machen deutlich, wie Aufgaben tatsächlich verteilt sind, bieten einen Ansatzpunkt, um darüber nachzudenken, ob die Aufgaben mit den persönlichen und professionellen Kompetenzen übereinstimmen und zeigen auf, bei welchen Aufgaben und Tätigkeiten Entlastungen organisiert werden müssen.

Dass Zeitbudget- und Tätigkeitsanalysen auch in der Jugend- und Sozialarbeit sinnvoll eingesetzt werden können, zeigt eine Untersuchung von *Ruth Brack*. Bereits 1984 hat sie sich in dem Buch "Das Arbeitspensum in der Sozialarbeit" ausführlich mit dem Zusammenhang von Arbeitsleistung und Qualität der Dienstleistung auseinandergesetzt und gerade auch für die Praxis eine Fülle von Anregungen gegeben.

Ein anderer Bereich, wo eine höhere arbeitsorganisatorische Effizienz erreicht werden kann, sind die Teamsitzungen und Arbeitsgruppenbesprechungen. Fragt man Kolleginnen und Kollegen, so hört man häufiger Klagen darüber, dass die Vorgehensweise in Arbeitsgruppen unstrukturiert vonstatten geht. Entscheidungen sind wenig geplant vorbereitet und einmal getroffene Entscheidungen werden ignoriert, Aufgabenverteilungen und Kompetenzen werden nicht klar getroffen etc.. Ich möchte hier kein pauschales Urteil abgeben. Aus meiner Sicht gibt es aber einen großen Bedarf an Moderations- und Entscheidungsfindungsmethoden, die einen effektiveren Einsatz von Teams und Arbeitsgruppen möglich machen und dadurch insgesamt die arbeitsorganisatorische Effizienz steigern können.

Fachliche Effizienz

Die fachliche Effizienzkontrolle bezieht sich auf die Wirksamkeit unserer pädagogischen Methoden und Handlungskonzepte. Die Sozialarbeit/Sozialpädagogik verfügt im Rahmen des pädagogischen "Methodenkoffers" über eine große Auswahl verschiedener Methoden und standardisierten Vorgehensweisen, die zum Teil auf ihre Wirksamkeit überprüft sind, zum anderen Teil aber noch auf ihre empirische Überprüfbarkeit warten. Hier ist es dringend notwendig, zu klareren Aussagen zu kommen, in Bezug auf welche Rahmenbedingungen die Methoden erfolgreich einsetzbar sind und wo ihre Grenzen liegen. Diese fachliche Effizienzkontrolle sollte nicht nur den Psychologen oder Soziologen überlassen werden, sondern auch von Sozialpädagoginnen selbst übernommen werden. Voraussetzung dafür ist, dass die Standards der fachlichen Erfolgskontrolle in der Jugendhilfe verbessert werden. Wie ich bereits an anderer Stelle angedeutet habe, gibt es unter dem Stichwort der Evaluation und Selbstevaluation vielversprechende neue Ansätze dazu.

Methoden und Handlungskonzepten sind darauf ausgerichtet, beabsichtigte Wirkungen zu erzielen. Die Überprüfung dieser Wirkung ist die eine Seite. Die andere Seite verweist darauf, dass pädagogisches Handeln in einem komplexen Wirkungszusammenhang steht und nicht von vornherein davon ausgegangen werden kann, nur beabsichtigte Wirkungen zu erzielen. Die Aufmerksamkeit einer fachlichen Erfolgskontrolle sollte deshalb die unbeabsichtigten Folgen unseres pädagogischen Tuns ebenfalls erfassen. Was konkret damit gemeint ist, möchte ich auch hier an einem Beispiel verdeutlichen. Sie kennen alle den Effekt, dass die stärkere Öffnung eines Jugendzentrums für eine vernachlässigte Zielgruppe andere Zielgruppen aus dem Jugendzentrum verdrängen kann. Ein so ursprünglich erstrebenswertes Ziel, kann sich so in der Gesamtbeurteilung in sein

Gegenteil verkehren, wenn die umfassenden Folgen daraus nicht berücksichtigt werden. Eine Konsequenz ist, von vornherein konkret festzulegen, welche unerwünschten Nebenwirkungen nicht eintreten sollen, wenn eine neue Maßnahme oder ein Angebot verfolgt wird.

Der fachlicher Auftrag besteht nicht nur in Erziehung, Sozialisation und Beratung, sondern fordert auch die Bereitstellung pädagogischer Rahmenbedingungen oder die Gestaltung pädagogischer Situationen. Die Beurteilung dieser pädagogischen Situation ist eingebunden in die Reflexion der qualitativen Gestaltung des pädagogischen Prozesses. Die Mitarbeiter und Mitarbeiterinnen der Jugendhilfe sind in diesem Prozess danach zu beurteilen, ob sie die Situation zur Gestaltung von pädagogischen Prozessen nutzen und wie erfolgreich ihnen dies gelingt. Auf die Bedeutung des räumlichen Umfeldes für die Gestaltung pädagogischer Prozesse ist in den letzten Jahren häufig hingewiesen wurden. Eine prozessorientierte Erfolgskontrolle hat darauf zu achten, ob z.B. die Gestaltung des Raumes als eine pädagogische Chance begriffen wurde, um das "Klima" und den Umgang der Jugendlichen untereinander positiv zu beeinflussen.

Dass eine qualitative Erfolgs- und Leistungsbeurteilung von pädagogischen Prozessen möglich ist, zeigen neuere Untersuchungen aus der Heimerziehung. So wurden im Rahmen eines Forschungsprojektes drei Standardsituationen untersucht, die nach Meinung der Forschergruppe eine zentrale Bedeutung im Tagesablauf eines Heimes haben und eine Nahtstelle zwischen gestalteter pädagogischer Situation und einzelfallbezogenem pädagogischen Handeln darstellen: Mittagessen, Hausaufgabenbetreuung und Zubettgehen. "Gefragt wird nach der Situationsgestaltung und ihren potentiellen pädagogischen Effekten. Also: ob die Situation des Mittagsessens über die Nahrungsaufnahme hinaus als Ort sozialer Kommunikation und pädagogischen Handelns erkannt wird, ob die Rahmenbedingungen für die Hausaufgabenbetreuung individuelle Zuwendung ermöglichen, ob bei der Strukturierung der Situation des Zubettgehens Dimensionen der emotionalen Zuwendung und des Gefühls von Geborgenheit gelebt werden können. Damit ergeben sich .. vielfältige Aspekte zur Beurteilung eines graduellen Gelingens oder Misslingens von Situationsstrukturierungen und pädagogischem Handeln in diesen Situationen. "(Merchel 1990, 293)

Überträgt man dieses Vorgehen auf die Jugendarbeit, so ist zu überlegen, wo in den verschiedenen Arbeitsfeldern solche Standardsituationen - die durch ein Zusammenfallen von pädagogischer Situation und einzelfall- bzw. gruppenbezogenen Handelns gekennzeichnet sind – zu finden sind und wie diese Situationen in ihrem pädagogischen Erfolg beschrieben und beurteilt werden können.

Ausblick

Meine Ausführungen sollten zeigen, wie komplex und umfangreich der Zusammenhang von Wirtschaftlichkeit und Professionalität in der Jugendhilfe ist. Auf allen Ebenen gleichzeitig anzufangen, würde die Mitarbeiterinnen und Mitarbeiter in den Einrichtungen der Jugendhilfe überfordern. Denkbar wäre aber einzelne, überschaubare Projekte herauszugreifen und auf ihre fachliche und wirtschaftliche Effizienz zu überprüfen und damit Modelle zu schaffen. Auch wenn es unter den gegenwärtigen finanziellen Restriktionen schwer fällt: Pädagogische Begründungen sollten angesichts der „Ökonomisierung" nicht über Bord geworfen werden, wenn es darum geht finanzielle Mittel effektiver für die pädagogische Arbeit einzusetzen. Darüber hinaus sollten pädagogische Methoden und Arbeitsweisen optimiert und organisatorische Ressourcen effizienter eingesetzt werden. Nur so können die enger werdenden Spielräume im gegenwärtigen Verteilungskampf offensiver und fachlich produktiver genutzt werden.

Literatur

Blätter der Wohlfahrtspflege: Lean Management und neue Organisationskonzepte. 6/1993.

Brack, R.: Das Arbeitspensum in der Sozialarbeit. Bern und Stuttgart 1991.

Gehrmann, G./Müller, K.D.: Moral und Effizienz in der Sozialarbeit. In: Socialmanagement. 2/1991.

Gernert, W.(Hrsg.): Sozialarbeit auf dem Prüfstand. Fachlicher Anspruch Verwaltungskontrolle. Freiburg im Breisgau 1988.

Heiner, M.: Evaluation und Effektivität in der sozialen Arbeit. Modelle, Methoden, Erfahrungen. In: Oppl,H./ Tomschek (Hrsg.): Soziale Arbeit 2000. Band 2. Modernisierungskrise und soziale Dienste. Freiburg im Breisgau 1986.

Heiner, M.(Hrsg.): Selbstevaluation in der sozialen Arbeit. Freiburg im Breisgau 1988.

Heiner, M.: Evaluation und berufliche Handlungskompetenz. In: Blätter der Wohlfahrtspflege. 5/1992.

Korte, R.-J.: Professionalität und Effizienz. In: Blätter der Wohlfahrtspflege. 11+12/1992.

Meier-Ziegler, R.: Lean Management und Lean Production. Überlegungen für ein radikales Umdenken im Sozialwesen. In: Archiv für Wissenschaft und Praxis der sozialen Arbeit. 1/1993.

Merchel, J.: "Leistung" und "Erfolg" in der Heimerziehung. In: Archiv für Wissenschaft und Praxis der sozialen Arbeit.4/1990.

Nestmann, F./Tiedt, F.: EVAPLAN. Eine Anleitung zur strukturierten Evaluation psychosozialer Modellprojekte. In: Archiv für Wissenschaft und Praxis der sozialen Arbeit. 4/1990.

Reiss,H.-Ch.: Was ist Social-Controlling in sozialen Einrichtungen und Organisationen? In: Theorie und Praxis der sozialen Arbeit. 10/1990.

Wendt, W.R.: Ethik und professionelle Sozialarbeit. In: Socialmanagement. 2/1991.

Wandel beruflicher Lebenswelten

Der Sozialmarkt

2001

Der Sozialmarkt in Deutschland[61]

Die Ökonomisierungsdebatte in der Sozialen Arbeit hat die Aufmerksamkeit der Fachöffentlichkeit auf die volkswirtschaftliche Bedeutung der sozialen Dienste gelenkt. Während es in der übrigen Wirtschaft üblich ist, die Leistung von Wirtschaftszweigen durch Kennziffern zu dokumentieren, ist der Sozialbereich hier in den Anfängen.

Es existiert bisher kein umfassender und exakter Überblick über die wirtschaftliche Bedeutung sozialer Dienste. Die Leistungen der Wohlfahrtsverbände in Deutschland werden durch die Gesamtstatistik der Bundesarbeitsgemeinschaft der Freien Wohlfahrtspflege (Bonn 1997) und durch andere Publikationen (u.a. Goll 1991; Spiegelhalter 1999; Ottnad et. al. 2000) dokumentiert. Für die öffentlichen und privatgewerblichen Träger existieren auf Bundesebene nur punktuelle Übersichten (z.B. Statistisches Bundesamt). Insgesamt gesehen werden so immer nur Teilbereiche oder Teilaspekte der wirtschaftlichen Bedeutung der sozialen Dienste erfasst.

Es ist dringend notwendig, die volkswirtschaftliche Bedeutung der sozialen Dienste insgesamt genauer zu beschreiben. Bei dieser Aufgabe sollte man sich keineswegs nur auf die wirtschaftliche Perspektive im engeren Sinne beschränken. Der Sozialbereich kann in seiner gesamten Bedeutung nur angemessen erfasst werden, wenn daneben auch die gesellschaftliche und sozialpolitische Bedeutung untersucht wird. Im Folgenden gehe ich deshalb neben der wirtschaftlichen auf die beschäftigungspolitische und die gesellschaftliche Bedeutung ein. Ich beziehe mich dabei auf die Ergebnisse des Instituts für Wirtschaft und Gesellschaft in Bonn (Ottnad u.a. 2000) und auf eigene Recherchen, die für eine Expertise über den Sozialmarkt in Bayern (Puch 2000) entstanden sind.

Wertschöpfung

Die wirtschaftliche Bedeutung kann anhand ausgewählter Kennziffern beschrieben werden. So erhöhte sich die Bruttowertschöpfung der freien

[61] Veröffentlicht in: Blätter der Wohlfahrtspflege. 5+6/2001. 148. Jahrgang. S. 104-106.

Wohlfahrtspflege, ausgedrückt in Preisen von 1999, von 16 auf 67 Milliarden Mark. Diese Angaben beziehen die mittels Erwerbsarbeit erbrachte Wertschöpfung ein. Wird die ehrenamtliche Arbeit und die Leistung von Zivildienstleistenden berücksichtigt, erhöht sich die Wertschöpfung 1997 um ein Drittel auf 90 Milliarden DM. Von Interesse ist dabei, wie sich der Anteil der durch Erwerbsarbeit erbrachten Wertschöpfung verschoben hat. Dieser Anteil stieg nämlich zwischen 1970 und 1997 von zwei Drittel auf drei Viertel. Dies bedeutet: Der durch ehrenamtliche Arbeit erbrachte Wertschöpfungsanteil ist relativ gesunken.

Arbeitsproduktivität

Einen interessanten Vergleich bieten die Zahlen zur Arbeitsproduktivität. So stieg die durchschnittliche Bruttowertschöpfung je Arbeitsstunde aller abhängig Beschäftigten von 37 DM im Jahre 1970 auf 67 DM im Jahre 1997. Im Bereich der freien Wohlfahrtspflege erhöhte sich im gleichen Zeitraum die Arbeitsproduktivität von 26 auf 38 DM. Dieser geringere Anstieg hängt in erster Linie mit der niedrigeren Sachkapitalausstattung im Sozialbereich zusammen. So wurde im Durchschnitt aller Wirtschaftsbereiche je geleisteter Arbeitsstunde Sachkapital in Höhe von 317 DM eingesetzt, in der freien Wohlfahrtspflege waren dies lediglich 121 DM.

Ein Spezifikum der sozialen Dienste ist der hohe Personalkostenanteil, der Ausdruck einer hohen Arbeitsintensität ist. So betragen die Lohnkosten in der freien Wohlfahrtspflege 68 Prozent des Werts der produzierten Dienstleistungen. In der Gesamtwirtschaft liegt dieser Anteil lediglich bei 23 Prozent.

Anstieg privat-gewerblicher Anbieter

Erhebliche Verschiebungen hat es auf dem Markt der Anbieter sozialer Dienstleistungen gegeben. Während der Anteil der freien Wohlfahrtspflege gemessen am Produktionswert in den letzten 25 Jahren konstant blieb, stieg der Anteil der privatgewerblichen Anbieter von acht Prozent (1970) auf 23 Prozent im Jahre 1996. Der Anteil der öffentlichen Träger ging von 44 auf 33 Prozent zurück.

Anstieg der Beschäftigten

Beschäftigungspolitisch hat die Bedeutung des Sozialbereichs in den letzten Jahrzehnten erheblich zugenommen. So stieg die Zahl der Mitarbeiter in der freien Wohlfahrtspflege von knapp 1,2 Millionen im Jahr 1950 auf gut 3,1 Millionen im Jahre 1998. Zu den Mitarbeitern im Sozialbereich werden die abhängig Beschäftigten (Erwerbsarbeit), die ehrenamtlichen Mitarbeiter und die Zivildienstleistenden gezählt. Betrachtet man diese Differenzierung genauer, so lassen sich interessante Unterschiede in der Entwicklung erkennen. So stieg von 1950 bis 1998 die Zahl der abhängig Beschäftigten in der freien Wohlfahrtspflege von 140.000 auf 1.250.000 Mitarbeiter. In dieser Zeitspanne nahm die Zahl der ehrenamtlichen Mitarbeiter von 1.000.000 auf 1.800.000 zu.

Das Wachstum in der Beschäftigung ist somit überproportional durch die Zunahme der Erwerbsarbeit verursacht. Der relative Anteil der unentgeltlichen Arbeit nahm gegenüber dem Anteil der bezahlten Arbeit ab. Dies ist auch bei der Betrachtung des Arbeitsvolumens erkennbar. So wurde 1950 rund 60 Prozent der geleisteten Arbeitszeit durch die abhängig Beschäftigten erbracht. Im Jahre 1998 erhöhte sich dieser Anteil auf knapp 80 Prozent. Der Anteil der ehrenamtlich erbrachten Arbeitszeit ging auf rund 16 Prozent zurück. Die etwa 100.000 Zivildienstleistenden erbrachten 1998 mit 170 Millionen Stunden sieben Prozent des Arbeitsvolumens. Dieser Trend spiegelt einerseits die gestiegene Nachfrage nach beruflich erbrachten sozialen Dienstleistungen beim Ausbau sozialpolitischer Leistungen wider, andererseits den starken Professionalisierungsschub, den der Sozialbereich durchlaufen hat.

Der Sozialbereich im Allgemeinen und die freie Wohlfahrtspflege im Besonderen kann sich damit durchaus mit Industriezweigen bzw. großen Unternehmen vergleichen. Die 1,25 Millionen abhängig Beschäftigten der freien Wohlfahrtspflege in Deutschland sind so viele Arbeitskräfte wie bei der Siemens AG, Daimler-Chrysler AG, Deutsche Bahn AG und Deutsche Post AG zusammen genommen.

Innerhalb der einzelnen Arbeitsfelder des Sozialbereichs gibt es jedoch zum Teil sehr gegenläufige Tendenzen. So nahm der Anteil der sozialversicherungspflichtig Beschäftigten in der freien Wohlfahrtspflege im Gesundheitswesen von etwa zwei Drittel im Jahre 1950 auf etwa ein Drittel im Jahre 1998 ab. Einen zum Teil deutlichen Anstieg verzeichneten dagegen die Arbeitsfelder Kindergärten sowie Heime und Tagesstätten. Ausgeprägt ist die Zunahme in der Kategorie „Organisationen der freien Wohlfahrtspflege" (von etwa acht auf etwa 25 Prozent). Diese Kategorie erfasst neben einem Teil der Beschäftigten in unterschiedlichen Fachdiensten die Beschäftigten in Planungs- und Grundsatzabteilungen sowie Geschäftsstellen.

Beschäftigungsstruktur

Aufschlussreich sind auch einige ausgewählte Merkmale der Beschäftigten im Sozialbereich. So weisen die sozialen Dienste einen überdurchschnittlich hohen Anteil an Teilzeitkräften aus. Während in der Gesamtwirtschaft der Anteil an Teilzeitkräften bei 19 Prozent liegt, ist der Anteil im Sozialbereich mit 38 Prozent doppelt so hoch. In Zahlen ausgedrückt heißt dies, dass von 1,1 Millionen versicherungspflichtig Beschäftigten 680.000 Mitarbeiter vollzeitbeschäftigt und 420.000 Mitarbeiter teilzeitbeschäftigt sind.

Kaum verwundern wird es, dass der Frauenanteil im Sozialbereich wesentlich höher ist als im übrigen Durchschnitt. So beträgt der Frauenanteil in der Gesamtwirtschaft 44 Prozent, in der freien Wohlfahrtspflege liegt er bei 75 Prozent. Hier wäre zu untersuchen, ob sich diese Tendenz in der jüngeren Vergangenheit verstärkt hat.

Förderung der Zivilgesellschaft

Neben der wirtschaftlichen und beschäftigungspolitischen Bedeutung ist in einer Gesamtbilanz die gesellschaftliche Bedeutung des Sozialbereichs ebenfalls zu benennen. In den Anfängen der Wohlfahrtsverbände bestand deren Aufgabe in erster Linie darin, materielle Not zu lindern und neue soziale Probleme aufzugreifen und zu bearbeiten. Heute haben die Wohlfahrtsverbände noch weitere Funktionen in der Gesellschaft übernommen. Diese Aufgaben sind insbesondere dann wieder ins Gedächtnis zu rufen, wenn die Bedeutung der freien Wohlfahrtspflege in der öffentlichen Debatte relativiert wird.

Der Sozialbereich im Allgemeinen und die freie Wohlfahrtspflege im Besonderen rechtfertigen ihr Handeln über alle weltanschaulichen Unterschiede hinweg mit der sozialen Verantwortung, die sie für einzelne hilfebedürftige Menschen und für Randgruppen der Gesellschaft haben. Der nachhaltige Hinweis auf die soziale Verantwortung und insbesondere die Mobilisierung eines aktiven sozialen Engagements im Rahmen des Ehrenamtes tragen wesentlich dazu bei, dass Wertvorstellungen und Verhaltensweisen, die sich am Gemeinwohl orientieren, in unserer Gesellschaft vermittelt und gepflegt werden. Dies ist gerade in einer Zeit des gesellschaftlichen Wandels, in der eine Abnahme der sozialen Verantwortung in breiten Bevölkerungskreisen beklagt wird, von großer Bedeutung.

In Zeiten eines raschen gesellschaftlichen Umbruchs entstehen neben den traditionellen sozialen Problemen in kurzer Folge neue soziale Probleme. Diese neuen sozialen Probleme müssen durch gesellschaftliche Trend- und Bedarfsanalysen erkannt, politisch artikuliert und in sozialpolitische Programme implementiert werden. Am Beispiel der Armutsforschung und der Sozialberichterstattung haben die Wohlfahrtsverbände gezeigt, dass sie in der Lage sind, neue soziale Probleme zu erkennen und zu einem öffentlichen Thema zu machen.

Indem die freie Wohlfahrtspflege frühzeitig neue soziale Probleme identifiziert, kann sie nicht nur als Auffangbecken für diese Gruppen dienen, sondern trägt auch insgesamt zur Wahrung des sozialen Friedens in unserer Gesellschaft bei. Allerdings kann das verstärkte Auftreten von Selbsthilfegruppen und aktiven Bürgergruppen ein Indikator dafür sein, dass die Wohlfahrtsverbände dieser Funktion nicht mehr in ausreichendem Maße gerecht werden.

Neben diesen eher ideellen Funktionen wird der Staat durch das Engagement der freien Wohlfahrtspflege in nicht unerheblichem Umfang finanziell entlastet. Dies geschieht dadurch, dass die freigemeinnützigen und neuerdings verstärkt auch die privatgewerblichen Anbieter einen Eigenanteil in die Finanzierung ihres sozialen Engagements einbringen. Dieser Eigenanteil wird deutlich gesteigert, wenn das ehrenamtliche und unbezahlte Engagement der vielen Helfer dazugezählt wird. Exakte Zahlen liegen dafür nicht vor. Die Schätzungen für die Entlastung der öffentlichen Haushalte liegen bei fünf Milliarden Mark pro Jahr durch den Beitrag der freien Wohlfahrtspflege und bei 15 bis 20 Milliarden Mark pro Jahr, wenn die Leistung des ehrenamtlichen Engagements hinzugezählt wird.

Die Zahlen und Argumente zeigen, dass die sozialen Dienste in Deutschland eine erhebliche wirtschaftliche, beschäftigungspolitische und gesellschaftliche Bedeutung haben und sich nicht hinter größeren Unternehmen der Wirtschaft verstecken müssen. Um dieser Bedeutung besser gerecht zu werden, sollte die wirtschaftliche und soziale Leistungsbilanz der sozialen Dienste transparent gemacht und breiter veröffentlicht werden.

Literatur

Goll, Eberhard: Die freie Wohlfahrtspflege als eigener Wirtschaftssektor. Theorie und Empirie ihrer Verbände. Baden-Baden 1991.

Ottnad, Adrian u.a.: Zwischen Markt und Mildtätigkeit. Die Bedeutung der freien Wohlfahrtspflege für Gesellschaft, Wirtschaft und Beschäftigung. München 2000.

Puch, Hans-Joachim: Der Sozialmarkt in Bayern. Wirtschaftliche, insbesondere beschäftigungspolitische Aspekte. München 2000.

Spiegelhalter, Franz: Die sozialwirtschaftliche Bilanz der freien Wohlfahrtspflege. Bank für Sozialwirtschaft, Köln 1999.

2003

Der Sozialmarkt. Eine Wirtschaftsmacht im Schatten? [62]

Ein Blick über den Tellerrand

Meine Damen und Herren,

vor einigen Tagen gelangte eine Kopie aus einer Zeitschrift auf meinen Schreibtisch. Ich war gerade mit den Vorbereitungen für den heutigen Vortrag beschäftigt und deshalb erregte die Headline sofort meine Neugier. Unter der etwas reißerischen Überschrift: „Religion und Moral sind gut fürs Wirtschaftswachstum – Kirchenbesuche weniger" wurde auf eine internationale Studie des angesehenen US-amerikanischen Ökonomieprofessors *Robert Barro* verwiesen, der an der Harvard und an der Stanford Universität in den USA lehrt[63].

Robert Barro zeigt in der umfangreichen Studie, dass Religion den persönlichen Charakter stärkt, Ressourcen schonendes Verhalten fördert und zu einer Offenheit gegenüber Fremden beiträgt. Er kommt deshalb zu dem Schluss, dass auch die Soziale Marktwirtschaft moralische Grundwerte als Fundament benötigt, ohne die es zu Betrug, Korruption, persönlicher Bereicherung und Vertragsbruch kommt. Seine These ist deshalb: Kirche und Wirtschaft profitieren voneinander. Wir sind damit mitten in unserem Thema, denn die These lässt sich auch auf den Sozialbereich übertragen. Das Soziale oder der Sozialmarkt hat eine wichtige wirtschaftliche und gesellschaftliche Bedeutung, die allerdings bisher nicht ausreichend gewürdigt wurde. Ich möchte diese Bedeutung in meinem Vortrag herausarbeiten.

---

[62] Der Vortrag wurde am 27. Oktober 2003 in Volmarstein auf der Fachtagung des Bundesverbandes Evangelische Behindertenhilfe gehalten.

[63] Barro, Robert/Mc Cleary, Rachel: Religion and Economic Growth. Working Paper Nr. 9682. Mai 2003

These 1: *Die herausragende volkswirtschaftliche Bedeutung der Sozialwirtschaft in der Bundesrepublik Deutschland wurde und wird bisher in der Öffentlichkeit zu wenig offensiv dargestellt.*

Das Licht nicht unter den Scheffel stellen

Die Industrie- und Handelskammern veröffentlichen regelmäßig Kennziffern über die Entwicklung verschiedener Branchen und Wirtschaftszweige. Die Sozialwirtschaft leistet dies bisher noch nicht umfassend und transparent. Wir haben zwar die Veröffentlichungen des Statistischen Bundesamtes bzw. die der Landesämter in denen soziale Transferleistungen dokumentiert werden. Dies betrifft aber in ersten Linie die Ausgaben für den Sozialbereich. Das Leistungspotenzial der Träger und Einrichtungen des Sozialbereichs werden dagegen bisher nur in wenigen Publikationen erfasst und dargestellt. Im Jahre 2000 habe ich im Auftrag des Bayerischen Staatsministeriums für Arbeit und Sozialordnung eine kleine Studie durchgeführt, in der die wirtschaftliche und beschäftigungspolitische Bedeutung des Sozialmarkts in Bayern dokumentiert wurde. Meine Erfahrungen haben damals gezeigt, dass nur wenige Kennziffern systematisch erfasst vorliegen und diese nur ein eingeschränktes Spiegelbild der Wirtschaftskraft des Sozialbereichs darstellen. Die Bereitschaft der Verbände ihre Wirtschaftszahlen zu erfassen und in der Öffentlichkeit zu präsentieren war meiner Erfahrung nach widersprüchlich: So betonten führende Vertreter der Verbände immer wieder, wie notwendig dieser Überblick sei, reagierten aber mit Skepsis und Zurückhaltung, wenn es um die Offenlegung der eigenen Zahlen ging.

Es wäre allerdings eine undifferenzierte Analyse, wollte man die unzureichende Darstellung des Sozialbereichs in der Öffentlichkeit nur in einer mangelnden Bereitschaft der Verbände zur Veröffentlichung ihrer Wirtschaftszahlen sehen. Einige der Probleme, die bisher eine umfassende Veröffentlichung verhinderten sind wahrscheinlich „hausgemacht". Die weit gravierenderen Gründe sind allerdings in einer Reihe von strukturellen und methodischen Problemen zu sehen. Da diese Schwierigkeiten und Probleme für das Verständnis der Datenlage über den Sozialmarkt von großer Bedeutung sind, möchte ich in der gebotenen Kürze darauf eingehen.

Die in der Öffentlichkeit relativ gut dokumentierten Daten, die beispielsweise von der Bundesarbeitsgemeinschaft der Freien Wohlfahrtspflege, der Bank für Sozialwirtschaft oder dem Institut für Wirtschaft und Gesellschaft (IWG Bonn) vorgelegt wurden, beziehen sich ausschließlich auf den Bereich der Freien Wohlfahrtspflege. Die Wohlfahrtsverbände haben sicherlich mit ungefähr 45 % eine herausragende Stellung im Konzert der Leistungsträger, sie sind aber nur ein Teil. Die veröffentlichten Zahlen zur Wirtschaftskraft des Sozialbereichs erfassen deshalb in der Regel immer nur einen begrenzten Ausschnitt aus dem gesamten Sozialmarkt. Auch ich beziehe mich in meinen Ausführungen nur auf die volkswirtschaftliche Potenz der Freien Wohlfahrtspflege.

Ein weitere Schwierigkeit besteht darin, dass im Rahmen der volkswirtschaftlichen Gesamtrechnung der Preis darüber Auskunft gibt, welchen Nutzen die privaten Haushalte den konsumierten Dienstleistungen zumessen. Die Wertschöpfung des Sozialbereichs kann aber nicht über den Preis ermittelt werden, da viele Leistungen im Sozialbereich nicht über den Markt erbracht werden. Damit kann sich auch im Wechselspiel von Angebot und Nachfrage kein Preis herausbilden.

Im Sozialmarkt werden im erheblich Umfang unentgeltliche Leistungen unter anderem durch Ehrenamtliche erbracht. Die volkswirtschaftliche Bedeutung dieser Leistungen kann nur annähernd geschätzt werden. Dies hängt zum einen damit zusammen, dass die ehrenamtlich erbrachten Leistungen in der volkswirtschaftlichen Gesamtrechnung nicht erfasst werden, zum anderen mit den nicht unerheblichen Schwankungen bei den Schätzungen zum ehrenamtlichen Potenzial.

Die Spitzenverbände und die Landesverbände der Freien Wohlfahrtspflege sind Dachorganisationen, denen eigenständige Mitgliedsorganisationen gegenüberstehen. Diese haben einen hohen Grad an Eigenständigkeit. So besteht unter anderem gegenüber der Dachorganisation keine Verpflichtung zur Offenlegung der Betriebs- und Finanzzahlen. Damit wird aber eine übergreifende Datenerfassung erschwert bzw. zum Teil sogar unmöglich gemacht.

Trotz der hier benannten Schwierigkeiten lassen die aktuell vorliegenden Daten Tendenzen und Trends über die Leistungspotenziale des Sozialmarkts erkennen.

Der Sozialmarkt im Lichte seiner Wirtschaftskraft

Für den Titel meines Vortrags habe ich bewusst den Begriff „Sozialmarkt" gewählt. Ich bin mir darüber im Klaren, dass es sich dabei um einen unscharfen Begriff handelt. Der Begriff unterstellt nämlich, dass der

Gesundheits- und Sozialbereich marktgesteuert sei. Nun führen wir seit Jahren eine Debatte darüber, ob Marktsteuerung und soziale Dienstleistungen miteinander vereinbar sind. Dazu gibt es sehr kontroverse Positionen. So wird in der sogenannten Wettbewerbsstrategie gefordert, dass die Wohlfahrtsverbände sich den Herausforderungen des Marktes durch eine strikte Orientierung an der Wirtschaftlichkeit stellen. Dies könne aber nur gelingen, wenn die marktfähigen Leistungen ausgebaut und die nicht marktfähigen Leistungen abgebaut werden. Demgegenüber steht die sogenannte Sozialwohlstrategie, die den Wohlfahrtsverbänden in erster Linie die Aufgabe zuschreibt, sich auf die nicht marktfähigen Leistungen zu beschränken. Jenseits dieser Kontroverse, die unter anderem von *Meinhard Miegel und Hubert Oppl* mit angestoßen wurde, scheint mir aber ein breiter Konsens darüber zu bestehen, dass die Bedingungen einer reinen Marktsteuerung nur in sehr wenig ausgewählten Bereichen des Gesundheits- und Sozialbereichs vorliegen. Generell können wir deshalb davon ausgehen, dass der Sozialmarkt ein politisch gesteuerter Markt ist und damit nur eingeschränkt den Marktbedingungen unterliegt. Der Begriff „Sozialmarkt" ist damit also kein theoretisch-analytischer Begriff, der die marktfähigen Anteile sozialer Dienstleistungen charakterisiert, sondern ein politisch-strategischer Begriff, der die Tendenzen der Ökonomisierung in unserer Gesellschaft aufgreift und dafür plädiert, den Sozialbereich offensiv und unter ökonomischen Gesichtspunkten zu betrachten. Lassen Sie mich nach diesen grundsätzlichen Überlegungen nun aber zu einigen ausgewählten Wirtschaftszahlen kommen. Ich stelle Ihnen zunächst die Einnahmenseite der Wohlfahrtsverbände vor:

These 2: *Sozialstaatliche Leistungen werden in erster Linie als Ausgaben und deshalb als unproduktive Leistungen (d.h. als Kostenfaktor) wahrgenommen.*

Die Einnahmen. Finanzierung der Wohlfahrtsverbände

Die wesentlichen Einnahmequellen der Wohlfahrtsverbände sind bekanntermaßen die Leistungsentgelte, die Zuschüsse, die Eigenmittel und die Spenden. Die dazu zur Verfügung stehende Daten sind allerdings lückenhaft und mit erheblichen Unsicherheiten belastet. Dennoch geben sie die Größenordnungen und die Trends wieder. Nach Berechnungen des Instituts für Wirtschaft und Gesellschaft (IWG Bonn) verfügten die Wohlfahrtsverbände im Jahre 1996 über rund 44 Mrd. € an Einnahmen. Dabei sind allerdings Einkünfte aus eigenem Vermögen der Freien

Wohlfahrtspflege nicht berücksichtigt, da es darüber keine verlässliche Zahlen gibt.

Die Einnahmeseite bliebe lückenhaft, wenn die erheblichen Einnahmen aus unentgeltlicher Arbeit nicht mit berücksichtigt werden. Rechnet man nämlich die geldwerten Leistungen von Ehrenamtlichen und Zivildienstleistenden mit dazu, erhöhen sich die Einnahmen der Wohlfahrtsverbände um rund 6 Mrd. € auf gut 50 Mrd. €.

Interessante Aufschlüsse ergeben sich auch, wenn man die Entwicklung der Einnahmenseite der Wohlfahrtsverbände näher betrachtet. Danach stieg der Anteil an öffentlichen Leistungsentgelten von 1974 bis 1996 von knapp zwei Drittel auf knapp drei Viertel. Der Anteil des Spendenaufkommens sank hingegen von 10% auf knapp 4% (vgl.: IWG Bonn: 2000 S. 34). Noch deutlicher wird die Aussage, wenn man den gesamten öffentlichen Anteil an den Zahlungen berücksichtigt. So stellen mit knapp 90 % die Zahlungen aus öffentlichen Haushalten (Leistungsentgelte und Zuschüsse) den Löwenanteil.

Diese wenigen Zahlen zeigen einerseits das enorme Geldvolumen, das durch die Wohlfahrtsverbände bewegt wird. Sie zeigen aber auch, dass die Abhängigkeit der Freien Wohlfahrtspflege von den öffentlichen Geldern größer geworden ist. Die Folge davon ist, dass die Freie Wohlfahrtspflege die sogenannte Finanzkrise des Staates besonders stark und unmittelbar spürt und damit dem Zwang zu Einsparungen und erhöhter wirtschaftlicher Effizienz besonders stark ausgeliefert ist. Diese Entwicklung geht allerdings damit einher, dass die sogenannte „unproduktive" Sichtweise des Sozialmarkts dominant wird. Ich möchte deshalb einen Perspektivenwechsel vorschlagen: Weg von einer defizitären Sichtweise der Freien Wohlfahrtspflege und hin zur Betonung des produktiven Anteils an der volkswirtschaftlichen Leistungsbilanz. Dieser Perspektivenwechsel führt mich zur dritten These:

These 3: *Die volkswirtschaftliche Bilanz der Freien Wohlfahrtspflege ist mit wichtigen Schlüsselbranchen der Wirtschaft zu vergleichen. Diese produktive Bedeutung des Sozialmarkts sollte in der Öffentlichkeit deutlicher gemacht werden.*

Die volkswirtschaftliche Leistungsbilanz der Freien Wohlfahrtspflege

Lassen Sie mich zunächst einen allgemeinen Überblick darüber geben, welche Angebote die Freie Wohlfahrtspflege mit den vorhandenen Finanzmitteln geschaffen hat. Die Gesamtstatistik der Bundesarbeitsgemeinschaft der Freien Wohlfahrtspflege weist für das Jahr 2000 (Stichtag 1.1. 2000) folgende Zahlen aus:

Die Spitzenverbände der Freien Wohlfahrtspflege haben zu dem Stichtag 93.566 Einrichtungen und Dienste mit 3.270.536 Betten bzw. Plätze angeboten. Zu diesen Zahlen müssen noch etwa 10.000 Beratungsstellen und mobile Dienste hinzugerechnet werden. Von den insgesamt 100.000 bis 120.000 Selbsthilfegruppen in der Bundesrepublik Deutschland sind etwa knapp 30.000 (28.000) Mitglied in einem Wohlfahrtsverband. Insgesamt sind in diesen Einrichtungen und Diensten 1,164 Mill. Menschen hauptamtlich beschäftigt. Dazu kommen noch etwa 80.000 Zivildienstleistende, eine nicht genau bezifferte Anzahl von Auszubildenden, Schülerinnen und Schüler, Praktikantinnen und Praktikanten sowie Honorarkräfte. Schließlich engagieren sich noch etwa 2,5 bis 3 Millionen ehrenamtliche Mitarbeiterinnen und Mitarbeiter in den Wohlfahrtsverbänden. Die Wohlfahrtsverbände beschäftigen damit mehr als 3,7 % aller Erwerbstätigen in der Bundesrepublik Deutschland.

Die volkswirtschaftliche Leistungsfähigkeit der Freien Wohlfahrtspflege kann an ihrem Beitrag zur gesamtwirtschaftlichen Wertschöpfung festgemacht werden. Am aktuellsten wird dieser Beitrag in der Studie des Instituts für Wirtschaft und Gesellschaft (IWG Bonn) errechnet. Bezieht man sich auf diese Zahlen, dann trägt die Freie Wohlfahrtspflege mit knapp 2 % (1,9 %) zur gesamtwirtschaftlichen Wertschöpfung bei. Da entsprechend dem Konzept der „volkswirtschaftlichen Gesamtrechnung" hier nur die zu Marktpreisen bewerteten Leistungen berücksichtigt werden, erhöht sich der Anteil auf etwa 2,6%, wenn die ehrenamtlichen Leistungen mit erfasst werden. Für das Jahr 2000 (Berechnungen FW) errechnet sich daraus ein Wert von 37 Mrd. Euro. Wird die unentgeltliche Eigenleistung der Freien Wohlfahrtspflege, die im Rahmen ehrenamtlicher Arbeit und durch die Leistung von Zivildienstleistenden erbracht wird, einbezogen, dann erhöht sich die Wertschöpfung für das Jahr 2000 um ein Drittel auf knapp 50 Mrd. Euro.

Nicht unbedeutend für die Entwicklung der Wohlfahrtsverbände ist allerdings, dass sich der Anteil der Wertschöpfung die durch Erwerbsarbeit erbracht wurde, gegenüber den ehrenamtlichen Leistungen verschoben hat. So stieg der Anteil der Erwerbsarbeit nämlich im Zeitraum zwischen 1970 und 1997 von zwei Drittel auf drei Viertel. Dies bedeutet, dass der unter anderem durch ehrenamtliche Arbeit erbrachte Wertschöpfungsanteil in dem genannten Zeitraum relativ gesunken ist. Auf die sich daraus ergebenden Konsequenzen gehe ich später noch ein.

Ein weiterer Indikator für die wirtschaftliche Leistungsfähigkeit ist die Arbeitsproduktivität. Bei einer näheren Betrachtung dieser Zahlen wird der Unterschied des Sozialmarkts zu dem übrigen Bereich der Wirtschaft deutlich. So können wir fast eine Verdoppelung der durchschnittlichen Bruttowertschöpfung je Arbeitsstunde aller abhängig Beschäftigten zwischen 1970 und 1997 feststellen (von 18,5 Euro im Jahre 1970 auf 33,5 Euro im Jahre 1997). Im Bereich der Freien Wohlfahrtspflege erhöhte sich im gleichen Zeitraum die Arbeitsproduktivität aber nur um etwa 50% (von 13 Euro auf 19 Euro). Dieser geringere Anstieg hat in erster Linie mit dem hohen Personalkostenanteil zu tun. So betragen die Lohnkosten in der Freien Wohlfahrtspflege 68% des Werts der produzierten Dienstleistungen. In der Gesamtwirtschaft liegt dieser Anteil lediglich bei 23 %.

Dennoch kann sich der Sozialmarkt im Vergleich zur Wirtschaft sehen lassen. "Eine Gegenüberstellung der – gemessen an der Wertschöpfung – zehn wichtigsten Wirtschaftszweige des Produzierenden Gewerbes mit den Leistungen der Freien Wohlfahrtspflege macht die Bedeutung des Sozialmarkts augenfällig. Lediglich die vier größten Wirtschaftszweige Fahrzeugbau, Maschinenbau. Elektrotechnik und Metallerzeugung haben eine deutlich höhere Wertschöpfung als die Freie Wohlfahrtspflege. Die Leistungen der chemischen Industrie, des Ernährungsgewerbes und der Energie- und Wasserversorgung sind denen der Freien Wohlfahrtspflege annähernd vergleichbar. Eine geringere Wertschöpfung haben die Wirtschaftszweige Papier, Gummi, Steine und Erden sowie alle übrigen (kleineren) Branchen des Produzierenden Gewerbes." (Bundesarbeitsgemeinschaft 2002: 95)

In Bezug auf die Beschäftigung schneidet die Freie Wohlfahrtspflege sogar noch besser ab. Als Arbeitsplatzanbieter sind die Wohlfahrtsverbände sehr viel wichtiger als die meisten der großen Industriebranchen. Dies leitet über zu einer Betrachtung der beschäftigungspolitischen Bedeutung des Sozialmarkts und zu meiner vierten These:

These 4: *Der Sozialmarkt ist einer der wichtigsten Arbeitgeber in Deutschland. Aufgrund seines hohen Personalkostenanteils ist er aber in besonderem Maße von der Lohnkostenstruktur abhängig.*

Die beschäftigungspolitische Bedeutung

Nach Untersuchungen der Bundesarbeitsgemeinschaft der Freien Wohlfahrtspflege arbeiteten im Jahre 2000 bei den Wohlfahrtsverbänden 1,16 Millionen Beschäftigte (Bundesarbeitsgemeinschaft der Freien Wohlfahrtspflege 2002). Dieses Beschäftigungspotenzial kann sehr gut neben einigen großen Wirtschaftsunternehmen von erheblichem Rang bestehen. Es dürfte wohl kaum in einem größeren öffentlichen Bewusstsein sein, dass die Freie Wohlfahrtspflege so viele Arbeitskräfte wie die Siemens AG, Daimler-Chrysler AG, Deutsche Bahn AG und Deutsche Post AG in Deutschland zusammen beschäftigt. Von 1950 bis 2000 hat sich die Zahl der Beschäftigten in der Freien Wohlfahrtspflege von 140.000 auf 1.16 Millionen gesteigert.

Dies unterstreicht das enorme Wachstum des Sozialbereichs und damit auch seine beschäftigungspolitische Bedeutung. Allerdings lassen sich interessante Entwicklungen erkennen, wenn man den Zuwachs der Mitarbeiterrate mit der Entwicklung der ehrenamtlichen Mitarbeiter und der Zivildienstleistenden vergleicht. So stieg in dem oben genannten Zeitraum die Zahl der hauptamtlichen Mitarbeiter in der Freien Wohlfahrtspflege um knapp das Achtfache während sich in der gleichen Zeitspanne die Zahl der ehrenamtlichen Mitarbeiter gerade einmal verdoppelte (von 1 Mill. auf rund 2 Mill.). Das Wachstum in der Beschäftigung ist somit überproportional durch die Zunahme der Erwerbsarbeit verursacht.

Eine Besonderheit weist der Arbeitsmarkt des Sozialbereichs im Hinblick auf Teilzeitbeschäftigung und geschlechtsspezifischer Verteilung auf. Der Sozialmarkt hat einen überdurchschnittlich hohen Anteil an Teilzeitkräften. Während in der Gesamtwirtschaft der Anteil an Teilzeitkräften bei 19% liegt, ist der Anteil im Sozialbereich mit 38% doppelt so hoch. Kaum verwundern wird es, dass der Frauenanteil im Sozialbereich wesentlich höher ist als im übrigen Durchschnitt. So beträgt der Frauenanteil in der Gesamtwirtschaft 44%, in der Freien Wohlfahrtspflege liegt er bei 75%.

Ich habe nun die volkswirtschaftliche und die beschäftigungspolitische Bedeutung des Sozialmarkts dargestellt. Ich möchte diese Betrachtung um einen Aspekt erweitern, der zwar jedem fachliche Interessierten sofort klar ist, der aber dennoch in der öffentlichen Diskussion wenig offensiv vertreten wird: Träger und Einrichtungen des Sozialmarkt haben auch eine enorme regionalspezifische Bedeutung. Exemplarische Zahlen, die die Wirtschaftsleistung von größeren sozialen Trägern in Beziehung zu der Wirtschaftskraft der Region setzen, liegen meines Wissens bisher nicht vor. Es würde sich sicherlich lohnen, diese Zahlen zu dokumentieren.

These 5: *Einrichtungen der Freien Wohlfahrtspflege haben häufig einen engen regionalspezifischen Bezug. Sie sind eine wichtige Stütze der regionalen Wirtschaft, bieten vielen Menschen der Region Arbeitsplätze und tragen damit zu einem stabilen sozialen Netz in der Region bei.*

Die regionale Bedeutung

Einrichtungen der Behindertenhilfe oder der Sozialpsychiatrie sowie Einrichtungen in anderen Arbeitsfelder des Sozialmarkts haben in der Regel einen deutlichen regionalspezifischen Bezug. Dies geht soweit, dass manche Regionen in den Köpfen der Menschen mit bestimmten Trägern sozialer Dienste in engen Zusammenhang gebracht werden. Die Verankerung in einer Region hat oft viele historische Wurzeln und ist über einen langen Zeitraum gewachsen. Dies führt dazu, dass rege geschäftliche Beziehungen zu nahen mittelständischen Unternehmen geknüpft und gepflegt werden. In der Region verankerte Träger des Sozialmarkts treten deshalb häufig als Auftraggeber für die örtliche Wirtschaft auf. So hat beispielweise das Konzept der Dezentralisierung in der Psychiatrie oder in Behinderteneinrichtungen dazu geführt, dass neue Häuser in den letzten Jahren gebaut werden mussten bzw. vorhandene Immobilien saniert wurden. Aber nicht nur die Investitionsaufgaben sind von einem beträchtlichen Volumen, sondern auch der Bauunterhalt, die technische Wartung, die Versorgung mit Nahrungsmitteln, der Bereich der Reinigungsaufgaben, die orthopädischen Werkstätten im Behindertenbereich und vieles mehr. Ich denke, jeder von ihnen kann aus seiner eigenen alltäglichen Erfahrung leicht Beispiele finden, welche die enge Verzahnung von Sozialeinrichtungen und mittelständischen Wirtschaftsunternehmen zeigen. Soziale Einrichtungen der Region sind verlässliche und dauerhafte Partner von Wirtschaftsunternehmen und tragen zur wirtschaftlichen Stabilität einer Region in erheblichem Maße bei. Dies wird spätestens dann anschaulich, wenn Unternehmer oder Handwerkskammern lautstark protestieren, weil gemeinnützliche GmbH's auf dem örtlichen Markt als tatsächliche oder vermeintliche Konkurrenten auftreten.

Regionale Träger und Einrichtungen des Sozialmarkts treten aber nicht nur als Auftraggeber für die Wirtschaft und damit als Garant von dort angesiedelten Arbeitsplätzen auf, sondern sie sind selbst ein wichtiger Arbeitsgeber in der Region. Die Berufe des Sozialmarkts umfassen ein breites Spektrum, das von hochqualifizierten Berufen bis in den Bereich der einfachen Dienstleistungen reicht. Diese Vielfalt der Arbeitsstellen trägt dazu bei, dass unterschiedlich qualifizierte Menschen einen Arbeitsplatz finden. Da außerdem große soziale Einrichtungen auch Träger von Ausbildungsstätten sind, leisten sie damit zusätzlich einen wichtigen Beitrag zur beruflichen Qualifizierung von jungen Menschen.

Neben wirtschaftlichen Vorteilen gibt es aber auch soziale Vorteile, die durch soziale Einrichtungen in der Region entstehen. Wir leben in einer Zeit der hohen räumlichen Mobilität. Die aktuelle Dynamik der wirtschaftlichen Entwicklung fordert von den Menschen, dass sie sich in ihrer beruflichen Lebensplanung räumlich flexibel zeigen. Der Sozialmarkt steht zwar unter einem enormen Spar- und Rationalisierungsdruck, dennoch ist und bleibt er ein stabiler Arbeitsgeber für viele Menschen einer Region. Dies hängt auch mit der tarifvertraglichen Struktur und dem Schutz von Arbeitnehmerrechten im Sozialbereich zusammen. Nicht zu unterschätzen ist aber auch die ethische Verantwortung, die soziale Einrichtungen hier bewusst übernehmen. Trotz aller Sparzwänge suchen gerade soziale Einrichtungen immer wieder nach sozialverträglichen Lösungen, wenn es um die Einsparung von Personalkosten geht. Dies wird, wie sie wissen, ein zunehmend schwierigerer Balanceakt.

Trotzdem: Die relative Stabilität dieses Beschäftigungsmarktes stützt und stärkt die Stabilität der Familien und anderer sozialer Netzwerke in der Region. In einer Zeit des gesellschaftlichen Strukturwandels, der die Familien und soziale Netze vor eine große Zerreißprobe stellt, ist dies ein Gut von hohem Wert. Damit komme ich zu dem letzten Teil meiner Ausführungen über den Sozialmarkt.

Vom Sozialmarkt zum Sozialkapital

Zweifellos lässt sich der enorme ökonomische Wert des Sozialmarkts in Arbeitsplätzen und im Anteil an der gesellschaftlichen Wertschöpfung messen. Doch letztlich reicht der Hinweis auf die volkswirtschaftliche Bedeutung nicht aus, um die umfassende gesellschaftliche Bedeutung der Institutionen des Sozialmarkts zu beschreiben. Meine Ausführungen möchte ich deshalb abrunden mit einem soziologischen Blick auf den Sozialmarkt. Dieser Blick zeigt überdeutlich, dass die Wohlfahrtsverbände als bedeutende Institutionen des Sozialmarkts ein Teil des „sozialen Klebstoffs" (*Alexis de Tocqueville*) sind, der die Gesellschaft zusammen hält.

These 6*: Der Sozialmarkt bildet Sozialkapital. Dies hat einen positiven Einfluss auf das Wirtschaftswachstum und trägt zu einem Standortvorteil der Wirtschaft bei.*

In der Ökonomie unterscheidet man üblicherweise zwischen den drei Produktionsfaktoren Boden, Arbeit und Kapital. Bereits seit längerer Zeit ist allgemein anerkannt, dass neben dem Sachkapital das Humankapital eine Voraussetzung für die Entfaltung der volkswirtschaftlichen Leistungskraft einer Gesellschaft ist. Auf diesen Zusammenhang wird Frau Karsten unter dem Thema „Bildung" in dem Folgevortrag noch ausführlich eingehen. Jüngere Studien in den Sozialwissenschaften haben gezeigt, dass darüber hinaus die Fähigkeit einer Gesellschaft, zur gegenseitigen Unterstützung und zur sozialen Vernetzung die politische Stabilität und das wirtschaftliche Wachstum positiv beeinflusst. Die Bedeutung sozialer Beziehungen für Wirtschaft, Politik und Gesellschaft wird in neueren Veröffentlichungen mit dem Begriff des „Sozialkapitals" beschrieben. Diese Forschungsrichtung finde ich insofern interessant, als hier die Perspektiven und Konzepte zweier verschiedener wissenschaftlicher Disziplinen aufeinander bezogen werden: Soziologie und Ökonomie. Bekanntermaßen untersucht die Soziologie, wie das Verhalten von Menschen durch Normen, Regeln und Erwartungen des sozialen Umfeldes gesteuert wird. Die Ökonomie betrachtet das zweckrationale und an dem Eigeninteresse orientierte Handeln. Das Konzept des Sozialkapitals führt beide Ansätze zusammen. In Bezug auf unsere Thema lautet die Annahme der Vertreter des Sozialkapital-Konzepts: Soziale Beziehungen und soziale Netzwerke stützen und fördern wirtschaftlich erfolgreiches Handeln. In einer Reihe von Studien konnte gezeigt werden, dass das ausgeprägte Sozialkapital einer Gesellschaft einen messbaren Standortvorteil bringt.

Sozialkapital meint allerdings mehr, als die wertneutrale Beschreibung der sozialen Beziehungen. Würde man lediglich die formale Betrachtung sozialer Netze zugrunde legen, wäre eine positive bzw. negative Bewertung gleichermaßen möglich. Das Beispiel terroristischer Netzwerke zeigt dies deutlich. Trotz formal gut funktionierender sozialer Beziehungen würden wir nicht auf die Idee kommen, diese als erstrebenswertes Sozialkapital zu beschreiben.

Die sozialen Beziehungen werden deshalb im Kontext des Wertekanons unserer Gesellschaft interpretiert. Soziale Beziehungen werden dann positiv bewertet, wenn sie ein Gleichgewicht von individueller Freiheit und sozialer Einbindung ermöglichen. Sozialkapital meint deshalb die Gesamtheit von Normen, Einstellungen, sozialen Beziehungen und institutionellen Vernetzungen, die dauerhaftes kooperatives und solidarisches Verhalten der Menschen in einer Gesellschaft fördern.

Das Sozialkapital einer Gesellschaft entwickelt sich in den kleinen sozialen Netzen der Familie, der Verwandtschaft, der Nachbarschaft, des Freundschaftskreises. Diese Art von Beziehungen sind in der Regel von gemeinsamen Erfahrungen und Werten geprägt. Die Mitglieder dieser sozialen Netze halten einander für vertrauenswürdig und gehen davon aus, dass getroffene Vereinbarungen auch tatsächlich von allen Beteiligten eingehalten werden.

In modernen Gesellschaften sind darüber hinaus soziale Institutionen wie die Wohlfahrtsverbände ein weiterer Träger von Sozialkapital. In einem vielbeachteten Beitrag hat kürzlich der Direktor am Max-Planck-Institut für Gesellschaftsforschung, Wolfgang Streeck, anlässlich des fünfzigjährigen Bestehens des Bundesverbandes der Deutschen Industrie (BDI) auf diese Funktion hingewiesen. Seiner Meinung nach sind Gesellschaften ohne das Sozialkapital der Verbände ärmer, weil sie auf eine Infrastruktur eingespielter Beziehungen, mit denen Hilfen organisiert und Konflikte beigelegt werden können, verzichten müssen. Verbände als Träger von Sozialkapital unterstützen damit die politische und wirtschaftliche Leistungsfähigkeit unserer Gesellschaft.

An zwei Aspekten der Freien Wohlfahrtspflege möchte ich dies abschließend noch erläutern: Am Beitrag der Wohlfahrtsverbände zur Werterhaltung und an dem freiwilligen sozialen Engagement im Rahmen des Ehrenamtes. Die Wohlfahrtsverbände sind – bei allen weltanschaulichen Unterschieden – dem altruistischen Motiv zu helfen verpflichtet. Die Grundlage dafür liefern Werte wie Sozialverantwortung und Eigenverantwortung, wie sie im Rahmen sozialphilosophischer Überlegungen der katholischen Soziallehre formuliert worden sind. Die Verinnerlichung und die Pflege solcher Verhaltensweisen und

Wertvorstellungen ist eine Grundvoraussetzung für die Wahrung des sozialen Friedens und der Stabilität einer Gesellschaft. Wohlfahrtsverbände tragen mit ihrer alltäglichen praktischen sozialen Hilfe dazu bei, diese Wertvorstellungen und Verhaltensweisen in der Bevölkerung zu vermitteln und zu verinnerlichen. Dies zeigt sich besonders auch am ehrenamtlichen Engagement. Die Mobilisierung und Unterstützung des freiwilligen sozialen Engagements durch die Wohlfahrtsverbände stellt eine Verbindung zwischen individueller Selbstbestimmung und sozialer Verantwortung der Menschen her. Freiwillige engagieren sich in sozialen Institutionen für sich und für andere und wirken durch ihr praktisches Tun als Beispiel nach außen. Wohlfahrtsverbände müssen sich der Aufgabe, der Unterstützung und Beratung ihrer Ehrenamtlichen schon aus eigenem und gesellschaftlichen Interesse wieder stärker bewusst werden. Sie leisten hier einen immateriellen Beitrag zur gesellschaftlichen Wertschöpfung ohne den wir ärmer wären und ohne den wir in einer kälteren Gesellschaft leben würden.

Ich bin damit am Ende meiner Ausführungen. Ich wollte deutlich machen, dass der Sozialmarkt kein unproduktiver Markt ist, sondern wertvolle Investitionen für die Gegenwart und die Zukunft unserer Gesellschaft leistet. Die Verantwortlichen in den Leitungsebenen der Einrichtungen seien aber darauf hingewiesen, dass es nicht reicht darauf zu bauen, dass die umfassende Bedeutung des Sozialmarkts von allen Mitgliedern der Gesellschaft gleichermaßen positiv gesehen wird. Deshalb sollten sich die Wohlfahrtsverbände darauf besinnen, in einer offensiven Selbstdarstellung die volkswirtschaftliche, beschäftigungspolitische und gesellschaftliche Bedeutung des Sozialmarkts öffentlichkeitswirksam zu präsentieren. Dazu gehört aber erst einmal, dass die Wirkungen und Ergebnisse des eigenen fachlichen Handelns transparenter und nachvollziehbarer gemacht werden. Vielleicht erhält der Sozialmarkt dann jene Wertschätzung, die ihm eigentlich gebührt.

Literatur

Bundesarbeitsgemeinschaft der Freien Wohlfahrtspflege e. V.(Hg.): Gesamtstatistik der Einrichtungen und Dienste der Freien Wohlfahrtspflege. Berlin 2001.

Bundesarbeitsgemeinschaft der Freien Wohlfahrtspflege e. V.(Hg.): Die Freie Wohlfahrtspflege – Profil und Leistungen. Freiburg im Breisgau 2002.

Deutsche Bischofskonferenz: Das soziale Kapital – Ein Baustein im Kampf gegen Armut von Gesellschaften. Bonn 2000.

Gabriel, Oscar W./Kunz, Volker/Roßteuscher, Sigrid/van Deth, Jan W.: Sozialkapital und Demokratie. Wien 2002.

Goll, Eberhard: Die freie Wohlfahrtspflege als eigener Wirtschaftssektor. Theorie und Empirie ihrer Verbände. Baden-Baden 1991.

Halfar, Bernd: Sozialwirtschaft. In: Mielenz, Ingrid/Kreft, Dieter (Hg.): Wörterbuch Soziale Arbeit. 5. Auflage erscheint 2003/04.

Ottnad, Adrian: Wachstum und Markt. In: Socialmanagement 5/2003. S. 13-15.

Ottnad,Adrian & Wahl, Stefanie & Miegel, Meinhard: Zwischen Markt und Mildtätigkeit. Die Bedeutung der Freien Wohlfahrtspflege für Gesellschaft, Wirtschaft und Beschäftigung. München 2000.

Müller, Johannes: Das soziale Kapital – Grundlage für ein Zusammenleben in weltweiter Solidarität. In: König,J./Oerthel, Chr./Puch, H.-J. (Hg): Soziale Organisationen gestalten. Fachlichkeit in neuen Strukturen – ConSozial 2001. Starnberg 2002.

Puch, Hans-Joachim: Der Sozialmarkt in Bayern. Wirtschaftliche, insbesondere beschäftigungspolitische Aspekte. München 2000.

Puch, Hans-Joachim: Der Sozialmarkt in Deutschland. In: Blätter der Wohlfahrtspflege 5+6/2001 S. 104-106.

Spiegelhalter, Franz: Die sozialwirtschaftliche Bilanz der Freien Wohlfahrtspflege. Köln 1999. Eine Schrift der Bank für Sozialwirtschaft.

Streeck, Wolfgang: Verbände als Sozialkapital. In: Verbändereport 9/2002.

Wandel beruflicher Lebenswelten

Die Wohlfahrts-verbände

2015 Von der Wohlfahrt zur Sozialwirtschaft[64]

Perspektivenwechsel in den 90er Jahren

Die Wohlfahrtspflege hat sich in den 80er und 90er Jahren des vergangenen Jahrhunderts grundlegend gewandelt. Die sozialen Dienstleistungen wurden ausgeweitet und professionalisiert, parallel nahmen die Beschäftigungsverhältnisse deutlich zu. Rückblickend erlebten die sozialen Berufe in dieser Zeit einen nachhaltigen Professionalisierungsschub. Die in den 70er Jahren begonnene Akademisierung der sozialen Berufe hat ihren Höhepunkt erreicht. Sie war durch eine wachsende Bedeutung wissenschaftlicher Erkenntnisse für die soziale Praxis und durch gestiegene gesellschaftliche Anforderungen angestoßen worden. Parallel dazu zeichneten sich in den 90er Jahren die Grenzen der staatlichen Finanzierung ab. Eine sozialstaatlich kritische Öffentlichkeit, die staatliche Transferleistungen in erster Linie als Kostenfaktor betrachtete, meldete sich zu Wort. Die ursprünglich zentralen Aspekte einer staatlichen Sozialpolitik, die als ein staatliches Steuerungselement der sozialen Daseinsvorsorge, der Erhaltung des sozialen Friedens und der Gewinnung von mehr Verteilungsgerechtigkeit gesehen wurden, gerieten massiv unter Druck.

Vor diesem Hintergrund wurde der Ruf nach einer grundlegenden Modernisierung der Wohlfahrtspflege lauter. In der sozialwissenschaftlichen Diskussion beschreibt der Begriff der Modernisierung langfristige politische und ökonomische Transformationsprozesse, die nachhaltige Folgen für die Gesellschaft und das soziale Zusammenleben haben (*vgl. Zapf 1994*). Im Zusammenhang mit der wohlfahrtsstaatlichen Entwicklung wird der Begriff der Modernisierung in erster Linie für die Anpassung wohlfahrtsstaatlicher Leistungen inklusive deren Steuerungselemente an die Herausforderungen des gesellschaftlichen Wandels gesehen. In diesem Sinne kreisten die Ideen einer wohlfahrtsstaatlichen Modernisierung um Forderungen wie Rückbau

[64] Veröffentlicht in: Rummelsberger Diakonie (Hrsg.) (2015): 125 Jahre Menschen an Ihrer Seite. Dier Rummelsberger Jahre von 1990 bis 2015. Bielefeld. S. 32-43.

des Sozialstaates, Leistungsabbau von sozialstaatlichen Transferleistungen »und einer grundsätzlichen Neubestimmung des Verhältnisses von Staat und Gesellschaft« (Dahme 2005, S. 15).

Wettbewerb als Modernisierung des Wohlfahrtsstaates

Im Kern dieser wohlfahrtsstaatlichen Modernisierungspolitik stand der Ruf nach mehr »Markt und Wettbewerb«. Insbesondere der 12. Bericht der Monopolkommission aus dem Jahre 1997 zum Thema »Marktöffnung umfassend verwirklichen« lieferte hierzu reichlich Anregungen. Die Marktöffnung richtete sich in erster Linie gegen die Träger der Freien Wohlfahrtspflege und das damit verbundene »korporatistische Steuerungsmodell«. Mit Korporatismus beschreiben die Sozialwissenschaften ein System der gegenseitigen Vernetzung von staatlichen Steuerungsinstanzen, sowie staatlichen und öffentlichen Trägern der Wohlfahrtspflege, das über Jahrzehnte gewachsen ist und eine Reihe rechtlicher und institutioneller Grundlagen hat. Dieses Steuerungssystem hatte sich über einen langen Zeitraum bewährt. Aus staatlicher Sicht wurden soziale Leistungen damit effektiv erbracht, weil die Bereitschaft zur Mitwirkung der Leistungsträger sichergestellt werden konnte. Gleichzeitig wurde ein Frühwarnsystem etabliert, das ziemlich verlässlich aufzu erwartende oder aktuell eingetretene Schwierigkeiten bei der Umsetzung von sozialpolitischen Programmangeboten hinwies. Andererseits schuf dieses System eine Vorrangstellung der Freien Wohlfahrtspflege gegenüber privaten Anbietern. Dies war solange kein Problem, wie der Kreis der privaten Anbieter klein und überschaubar blieb. Je mehr jedoch marktwirtschaftliche Elemente als ein grundlegender Vorteil im Umbau des Wohlfahrtssystems gesehen wurden und sich faktisch immer mehr private Anbieter etablierten, desto stärker geriet das bisher erfolgreiche korporatistische Steuerungssystem unter Druck.

Mit der Einführung von Wettbewerb und Markt wurde die Trägerlandschaft pluralisiert und damit eine Konkurrenz zwischen den Trägern initiiert. Der Wettbewerb sollte die Träger in erster Linie zu mehr Wirtschaftlichkeit und Effizienz anregen, um soziale Dienstleistungen kostengünstiger zu erstellen. Dies lässt sich in den Veränderungen der rechtlichen Rahmenbedingungen gut nachvollziehen. Wurden die Träger von Maßnahmen bisher daran gemessen, ob sie fachlich geeignete Angebote für Zielgruppen erstellten und diese methodisch-professionellen Standards entsprachen, so werden »1994 mit der Neufassung von S 93 BSHG erstmals Wirtschaftlichkeitsregeln für die

Träger von sozialen Einrichtungen formuliert« (*Dahme 2005, S. 38*). Mit den Neufassungen des BSHG zum 1.1.1999 verabschiedet sich der Sozialgesetzgeber von den freien Trägern. Deren Privilegierung, im Sinne eines bedingten Vorrangs der Träger der Freien Wohlfahrtspflege, ist damit aufgehoben, die Konkurrenz der freien und privaten Träger untereinander wurde eröffnet. Alle Leistungserbringer bzw. Anbieter von sozialen Leistungen müssen sich seither einheitlichen Zugangs- und Finanzierungsbedingungen unterwerfen. Zwischen den Kosten- und Leistungsträgern werden nicht mehr die tatsächlich anfallenden Kosten, sondern prospektiv ausgehandelte Kosten vereinbart und erstattet. Nachträgliche Ausgleichszahlungen sind nicht mehr möglich. Neu ist außerdem, dass nicht nur Leistungen und zu zahlende Entgelte vereinbart werden, sondern auch Grundsätze und Bewertungsmaßstäbe für die Qualität der erbrachten Leistungen und die geplanten Maßnahmen zur Erhaltung der Qualität.

Innerhalb weniger Jahre hat sich damit ein radikaler Perspektivenwechsel in der Steuerung sozialstaatlicher Leistungen vollzogen. Standen am Anfang der neuen Steuerung wettbewerbliche Elemente im Sinne von Entgelt- und Wirtschaftlichkeitsregelungen im Vordergrund, so folgen nun Regelungen zur Sicherung von Qualitäts- und Leistungsstandards. Häufig orientiert an Qualitätsmanagementkonzepten aus der Wirtschaft, werden die Leistungserbringer zu vertraglich vereinbarten Qualitätskontrollen, einem systematischen Qualitätsmanagement und zu einer strategischen Qualitätsentwicklung verpflichtet. Begründet wird dies u.a. mit der wachsenden Bedeutung der Adressaten sozialer Dienstleistungen im Wettbewerb. Die Wahrnehmung und die Rolle der Adressaten sozialer Dienstleistungen werden damit neu bestimmt. Unter betriebswirtschaftlichen Gesichtspunkten werden sie nicht mehr als Adressaten oder Klienten sozialer Dienstleistungen, sondern als »Kunden« wahrgenommen, die unter Berücksichtigung von Preis- und Qualitätsgesichtspunkten zwischen den Anbietern sozialer Dienstleistungen wählen können.

Neue Subsidiarität

Neben dem betriebswirtschaftlichen Perspektivenwechsel zu mehr Markt und Wirtschaftlichkeit ist ein weiterer sozialpolitischer Perspektivenwechsel erkennbar, der ebenfalls in den 90er Jahren zunehmend an Einfluss gewinnt. Um die Sozialpolitik an den Strukturwandel der Gesellschaft anzupassen und den Staat zu entlasten, sollen die Kräfte der Solidarität und der Selbstorganisation gestärkt werden. Die bereits in der Katholischen

Soziallehre und insbesondere im Prinzip der Subsidiarität angelegte Verantwortung und Eigenständigkeit des Individuums wird neu diskutiert und unter dem Begriff der »Neuen Subsidiarität« als Anspruch auf einen qualitativen Umbau des Wohlfahrtsstaates interpretiert. Die Vertreter dieser Position argumentieren damit, dass der ökonomische und soziale Strukturwandel der Gesellschaft zu einer Reduzierung der sozialen Verantwortung und der »Bindungskräfte« der Gesellschaft geführt habe. Die für die traditionelle Wohlfahrtspolitik tragende Säule der Solidarität sei einerseits durch den zunehmend ausgebauten Sozialstaat und andererseits durch die wachsenden Individualisierungsprozesse der Gesellschaft nachhaltig geschwächt. Der sorgende Sozialstaat habe dazu geführt, dass die Menschen sich zu sehr auf diesen verlassen und damit ihre vorhandenen Kompetenzen zur Wahrnehmung von Selbstverantwortung, Selbstorganisation und Selbsthilfe weniger zur Entfaltung kommen. Zu einer demokratischen Gesellschaft gehöre aber die Bereitschaft der Menschen, sich aktiv für sich selbst und für andere einzusetzen. Diese Bereitschaft wird dann gestärkt, wenn der Wohlfahrtsstaat seine Bürger nicht gängelt, sondern sie zu eigenständigem und selbstverantwortlichem Handeln anregt.

Wohlfahrtspolitik hat damit neben der Bereitstellung von sozialen Transferleistungen und Hilfen zur Unterstützung für die Schwachen der Gesellschaft die Aufgabe, wohlfahrtsstaatliche Rahmenbedingungen zu schaffen und auszubauen. Die Menschen sollen dadurch (wieder) lernen, individuelle Verantwortung für sich selbst und soziale Verantwortung gegenüber anderen zu praktizieren. Darüber kann es gelingen, Vertrauen in die eigene soziale Leistungsfähigkeit zurückzugewinnen und zu stärken. Die damit verbundenen Hoffnungen richten sich auf eine »Bürger- oder Zivilgesellschaft«, in der das soziale Miteinander (wieder) selbstverständliche Grundlage des sozialen Handelns ist. Das Paradigma der »Neuen Subsidiarität« nimmt einen »Mix« von wohlfahrtsstaatlichen Angeboten stärker in den Fokus der Betrachtung. Neben der professionell angebotenen Hilfe durch die Experten der sozialen Berufe werden die traditionelle Hilfe und Unterstützung durch Familie, Verwandtschaft, Nachbarschaft, Ehrenamt und Selbsthilfegruppen als ergänzende Formen der sozialen Daseinsvorsorge gesehen. Damit erweitert sich der professionelle Anspruch der Sozialen Arbeit. Neben der Bereitstellung von professionellen Angeboten der Beratung, Pflege, Erziehung etc. kommt ihr die Aufgabe zu, infrastrukturelle Rahmenbedingungen zu schaffen und zu verbessern, bestehende soziale Netzwerke zu stärken und die Möglichkeiten von Selbsthilfe und Ehrenamt auszubauen.

Heinz-Jürgen Dahme charakterisiert zusammenfassend die wohlfahrtsstaatlichen Modernisierungsstrategien der 90er Jahre wie folgt (*vgl. Dahme u.a. 2005, S. 53 f.)*:

- Die Strategie des organisierten Wettbewerbs und der Einführung einer bedingten Marktsteuerung führt zu Konzepten einer Angebotssteuerung durch die Kostenträger. Der »Markt« wird für alle Anbieter geöffnet und den Adressaten Sozialer Arbeit Wahlmöglichkeiten eröffnet. Die Leistungserbringer werden als soziale Dienstleister definiert, die ihre Aufgaben effizient, d.h. wirtschaftlich zu erfüllen haben.

- Die Strategie der Entgeltverhandlungen zwischen Kosten- und Leistungsträger dient überwiegend der Kostenersparnis. Damit soll eine überprüfbare und in der Kostenentwicklung kontrollierbare Leistungserbringung durchgesetzt werden.

- Die Strategie der »Neuen Subsidiarität« will verschüttete Potenziale und Ressourcen bei den Leistungsempfängern durch bürgerschaftliches Engagement und Ehrenamt aktivieren, um damit soziale Verantwortung und gesellschaftliche Teilhabe zu stärken.

Qualitätsmanagement als (Teil-)Strategie

Als eine (!) Antwort der Träger der Freien Wohlfahrtspflege auf die Modernisierungsstrategie des Staates sind die verstärkten Bemühungen um ein strategisches Qualitätsmanagement in der Sozialen Arbeit zu sehen. Aus Sicht der Wohlfahrtsverbände ist das Qualitätsmanagement ein Instrument, um Alleinstellungsmerkmale im wachsenden Wettbewerb zu sichern. Die Voraussetzung für eine erfolgreiche Umsetzung war allerdings die Entwicklung eines Qualitätsmanagements, das den spezifischen wertbezogenen Bedingungen der Sozialwirtschaft entspricht. Die Eckpunkte dafür kommen bereits im Jahr 2000 in einer Vereinbarung der Wohlfahrtsverbände auf eine gemeinsame Qualitätsmanagement-Strategie zum Ausdruck. Dort wird formuliert:

- Qualitätswettbewerb wird nicht durch den Ausbau von Kontrolle, sondern durch Stärkung der Verantwortung der Träger und Verbände gefördert.

- Umfassendes Qualitätsmanagement ist auf die Erfassung des gesamten Dienstleistungsunternehmens ausgerichtet und beschränkt sich nicht auf die Dienstleistungsausführung.

- Qualitätsmanagement muss sich daran messen lassen, in welchem Maße es Qualitätsentwicklung fördert, Qualitätssicherheit und Überprüfbarkeit herstellt und verbandsspezifische Leitbilder transportiert.

- Die Weiterentwicklung und weitere Konkretisierung der Leistungs- und Qualitätsstandards in verschiedenen Arbeitsfeldern sollte nach dem bewährten Selbstverwaltungsprinzip zwischen Leistungsträgern und Leistungserbringern erfolgen.

- » Qualitätsmanagementverfahren müssen europäisch anerkannten und überprüfbaren Normen entsprechen.

- » Die regelmäßige Überprüfung der Einhaltung fachlicher Qualitäts- wie auch der QM-Anforderungen muss durch unabhängige akkreditierte Zertifizierungsstellen erfolgen.« *(BAGFW 2002, S. 61 f.).*

Damit wird das Qualitätsmanagement in der Freien Wohlfahrtspflege zu Beginn des 21. Jahrhunderts zu einem umfassenden Steuerungsinstrument, mit dem betriebliche, verbandliche und professionell-fachliche Elemente aufeinander abgestimmt werden. Die Definition von Qualitätsstandards, die Einbeziehung von Elementen der »Kundenzufriedenheit« und des Benchmarkings schaffen interne Anreize, um das Thema Qualität aus der Unverbindlichkeit zu holen. Durch den Anspruch der Messbarkeit und durch wissenschaftlich-methodische Verfahren der Selbst- und Fremdevaluation werden Möglichkeiten der Vergleichbarkeit geschaffen und gleichzeitig ein Druck zur Optimierung von Struktur-, Prozess- und Ergebnisqualität aufgebaut. Aus übergeordneter verbandlicher Sicht wird das Qualitätsmanagement als ein diskursives Steuerungsinstrument gesehen, mit dem angeschlossene Mitgliedsverbände auf einheitliche Standards verpflichtet werden können. Gleichzeitig wird die Qualitätsdiskussion zum Motor einer intensiven Auseinandersetzung um die Neubestimmung der Fachlichkeit Sozialer Arbeit. Dies spiegelt sich beispielsweise auch in den Themen auf dem Kongress der ConSozial wider *(vgl. König, Oerthel, Puch 2009, S. 18 ff.).* Der jährliche Kongress für die Sozialwirtschaft versteht sich als ein Forum, auf dem der Diskurs über die innovativen Themen der Sozialwirtschaft Platz und Raum findet.

Betriebswirtschaftliche Steuerung der Freien Wohlfahrtspflege

Der Modernisierungsprozess der Sozialwirtschaft hat neben der globalen Steuerungsebene eine betriebswirtschaftliche Innenperspektive. Dort steht im Vordergrund die Frage, wie den Anforderungen des Marktes und des Wettbewerbs durch Strategien des Wirtschaftens und des Managens von Einrichtungen bzw. Unternehmen erfolgreich begegnet werden kann. Denn es hat sich gezeigt, dass die Modernisierung des Wohlfahrtsstaates auf der Ebene der Einrichtungen und Unternehmen auch zum Scheitern betriebswirtschaftlicher Einheiten führen kann. Dies gab es zwar auch schon vorher in der Wohlfahrtspflege, aber nicht in diesem Umfang und mit dieser Radikalität. Anders formuliert: Einrichtungen der Wohlfahrtspflege sind nun auch damit konfrontiert, dass sie geschlossen, ausgegliedert oder verkauft werden können.

Um dem Scheitern zu begegnen, bekam der Einsatz betriebswirtschaftlicher Konzepte eine wachsende Bedeutung. Dabei konnte die Wohlfahrtspflege nur sehr bedingt auf eigene Erfahrungen zurückgreifen. Sie war darauf angewiesen, zunächst die Instrumente und Modelle aus der Wirtschaft zu übernehmen. Erst später entwickelten sich eigenständige und den spezifischen Bedingungen der Wohlfahrtspflege angepasste Instrumente. Neben dem bereits genannten Qualitätsmanagement lassen sich in zyklischen Folgen immer neue Themen der Betriebswirtschaft in der Wohlfahrtspflege finden. Sind es zu Beginn noch eher die »weichen« Instrumente wie beispielsweise Konzepte der Leitbildentwicklung, der Mitarbeiterführung, des Marketings, der Öffentlichkeitsarbeit (Public Relations) und des Konfliktmanagements, so nehmen mit wachsendem wirtschaftlichen Druck die »harten« Instrumente an Bedeutung zu. Betriebswirtschaftliches Controlling, Steuerung durch Balanced Scorecard, Kosten-Leistungs-Rechnung, Bilanzierung, aber auch die Instrumente zur Akquise zusätzlicher Finanzmittel durch Sponsoring und Fundraising spielen eine zunehmen de Rolle. »Die BWL-isierung« der Sozialen Arbeit, wie diese Entwicklung aus einer kritisch fachlichen Perspektive stellenweise genannt wurde, führte zu verstärkten Konflikten zwischen den Angehörigen der sozialen Berufsgruppen. So wurde auf der einen Seite der Verlust eines tradierten fachlich-ethischen Profils der Wohlfahrtspflege bedauert, auf der anderen

Seite die Orientierung an überwiegend wirtschaftlichen Maßstäben überbetont.

Mittlerweile hat dieser Konflikt an Brisanz verloren. Es ist allen Verantwortlichen bewusst, dass die Soziale Arbeit die schwierige Aufgabe zu bewältigen hat, sich sowohl an ihrem wirtschaftlichen Erfolg, wie auch an ihren fachlich-ethischen Ansprüchen messen zu lassen. Dieses täglich neue Austarieren der gegensätzlichen Ansprüche und Erwartungshaltungen ist zu einer dauerhaften Herausforderung für die Soziale Arbeit geworden. Sie erfährt eine Verschärfung dadurch, dass die interne betriebswirtschaftliche Erneuerung der Geschäftsprozesse in den Einrichtungen der Wohlfahrtspflege durch strukturelle Maßnahmen der Organisationsentwicklung ergänzt wird. Diese lösen in der Folge insbesondere bei Mitarbeiterinnen und Mitarbeitern einen enormen Druck und Widerstand aus. In diesem Zusammenhang sind die Neuordnung der Geschäftsfeldpolitik, die Fusionen und strategischen Kooperationen sowie die Ausgliederung von Betriebseinheiten und die Schaffung neuer Rechtsformen beispielhaft zu nennen.

Die Entwicklung seit den 70er Jahren war in der Wohlfahrtspflege durch einen starken Zuwachs der »Geschäftsfelder« gekennzeichnet. Dies führte häufig zu einem wenig abgestimmten Wachstum. Unter dem Gesichtspunkt der Effizienz sind die Geschäftsfelder deshalb neu zu organisieren. Die Wohlfahrtspflege gerät dabei in ein Dilemma. Zum einen ist sie dem Anspruch verpflichtet, den Schwachen in der Gesellschaft Hilfe und Unterstützung teilhaben zu lassen, andererseits muss sie sich an ihrer wirtschaftlichen Geschäftspolitik messen lassen. Innerhalb der Verbände ist deshalb eine Tendenz zu beobachten, zwischen »geschäftsfähigen« (marktfähigen) und »subventionierten« (nicht-marktfähigen) Arbeitsbereichen zu unterscheiden. In dieser Unterscheidung liegt eine große Gefahr. Gelingt es der Wohlfahrtspflege nicht, eine auf Wirtschaftlichkeit und fachlich-ethischer Verantwortung abgestimmte Geschäftsfeldpolitik zu betreiben, gerät sie in der Öffentlichkeit vermehrt unter Legitimationsdruck mit weitreichenden Folgen für ihre eigene Zukunft.

Fazit

Die Modernisierung der Wohlfahrtspflege ist nicht rückgängig zu machen und nicht aufzuhalten, sie kann aber durch die beteiligten Akteure gestaltet werden. Dies ist die aktuelle Aufgabe, der sich die Wohlfahrtspflege zu stellen hat. Die Wohlfahrtspflege war in der Vergangenheit und ist in der Gegenwart dafür gut aufgestellt. Dies stimmt zuversichtlich. Die Wohlfahrtspflege wird zwar das Dilemma zwischen fachlicher Qualität und wirtschaftlicher Effizienz nicht lösen, sie wird aber die Anforderungen unter den veränderten Bedingungen des 21. Jahrhunderts erfolgreich neu gestalten.

Literatur

Bundesarbeitsgemeinschaft der Freien Wohlfahrtspflege (2002): Die Freie Wohlfahrtspflege — Profil und Leistungen, Freiburg im Breisgau.

Dahme, Heinz-Jürgen, Kühnlein, Gertrud. Wohlfahrt, Norbert (2005): Zwischen Wettbewerb und Subsidiarität. Wohlfahrtsverbände unterwegs in die Sozialwirtschaft, Berlin.

König, Joachim, Oethel, Christian, Puch, Hans-Joachim (2009): Konzentrische Kreise — Zehn Jahre ConSozial. In: König, Joachim, Oerthel, Christian, Puch, Hans-Joachim (2009): Zukunft: Wertschöpfung durch Wertschätzung, München, S. 18—21.

Monopolkommission (1997): Marktöffnung umfassend verwirklichen. Zwölfter Bericht der Monopolkommission. Bonn.

Zapf, Wolfgang (1994): Modernisierung, Wohlfahrtsentwicklung und Transformation. Berlin.

2001

Ökonomisierung ist die Antwort. Was war eigentlich die Frage?

Ein Zwischenruf[65]

Es ist nicht das erste Mal in der Geschichte, dass die Soziale Arbeit den herrschenden Zeitgeist widerspiegelt. Für die jüngere Vergangenheit können die Politisierungswelle der 70er Jahre und die darauf folgende Psychologisierungswelle der 80er Jahre als Beispiel herangezogen werden. Spätestens seit Beginn der 90er Jahre hat nun das ökonomische Denken und Handeln auch die Soziale Arbeit erreicht. Die Ökonomie hat sich damit zum Maßstab nicht nur für den engeren Bereich der Wirtschaft, sondern auch für andere gesellschaftliche Teilbereiche entwickelt. In der sozialpädagogischen Fachdiskussion wird deshalb seit längerem darüber gestritten, ob die Soziale Arbeit ihre spezifisch humanen Anliegen und Aufgaben gegenüber der Ökonomisierung behaupten kann. Manche Kritiker befürchten sogar, dass die Eigenständigkeit der Sozialen Arbeit von einer ökonomischen Fremdbestimmung abgelöst wird.

Meine Damen und Herren, nicht in der Polarisierung von Fachlichkeit und Ökonomie sehe ich eine Perspektive für die Zukunft der Sozialen Arbeit, sondern nur in der Integration dieser beiden Bereiche. Weder eine einseitige Ökonomisierung, noch der Rückzug auf einen fachlichen Fundamentalismus kann den Herausforderungen der Gegenwart gerecht werden. Nur in der Verschränkung von fachlicher und ökonomischer Kompetenz kann das Innovationspotenzial entwickelt werden, mit dem die Soziale Arbeit den

[65] Festvortrag *anlässlich der Förderpreisverleihung der Dr. Loew'schen Einrichtungen am 21. Juni 2001. Veröffentlicht in:* Dr. Loew'sche Einrichtungen (Hrsg.) (2002): Wirtschaft fördert Wissenschaft. Sozialarbeit im Wandel der Zeit. Eine Sammlung von Festvorträgen anlässlich der Förderpreisverleihungen der Dr. Loew'schen Einrichtungen an der Evangelischen Hochschule Nürnberg. S. 9 – 11.

Anforderungen der Zukunft gerecht wird. Lassen Sie mich dies in der gebotenen Kürze begründen.

Die Tendenz zur Ökonomisierung der Sozialen Arbeit wird bei ihren Kritikern häufig mit folgenden Überschriften in Verbindung gebracht: Einsparung und Kürzung von finanziellen Mitteln, Verschlechterung der Quantität und der Qualität des Angebots an sozialen Dienstleistungen, Konkurrenz zwischen den Leistungsträgern, die zu Lasten der Leistungsempfänger geht, Schließung kleiner Einrichtungen und Entwicklung von

sozialen Großkonzernen. Diese Stichworte sind nur eine kleine Auswahl. Sie beschreiben unterschiedliche Sachverhalte, die von finanziellen Aspekten bis zu den Auswirkungen auf die Trägerlandschaft reichen. Einen Einwand möchte ich herausgreifen. Er lautet: Die Ökonomisierung der Sozialen Arbeit führe dazu, dass bestimmten Zielgruppen keine ausreichenden Leistungen mehr zur Verfügung gestellt werden, diese damit durch das soziale Netz der Hilfe und Unterstützung fallen. Für diese These gibt es in der Tat einige Belege. An einem konkreten Beispiel möchte ich dies verdeutlichen.

Im Bereich der ambulanten Jugendhilfe der Stadt Frankfurt erfolgt die Kostenerstattung der Beratung von Jugendlichen nach dem Prinzip der sogenannten „Fachleistungsstunde". Danach werden sogenannte „schwierige" Beratungsgespräche, die länger dauern, höher vergütet, als „einfachere" Beratungsangebote. Dies ist fachlich und wirtschaftlich in Ordnung und auch plausibel. Ein Problem tritt aber dann auf, wenn Jugendliche nicht zur Beratung kommen. Für eine erfolglose Beratung kann jeweils nur eine Pauschale von 30 Minuten in Rechnung gestellt werden. Einrichtungen mit vielen schwierigen Jugendlichen gehen damit ein höheres finanzielles Risiko ein. Fallen Beratungsangebote häufiger aus, so geraten kleine Einrichtungen schnell an die Grenze ihrer finanziellen Leistungsfähigkeit. Um das Risiko abzufedern, überlegen sich Einrichtungen ihr Beratungsangebot überwiegend auf kalkulierbare „einfache" Jugendliche abzustimmen. Die Folge ist, dass für „schwierige" Jugendliche kein ausreichendes Angebot mehr zur Verfügung steht.

An dem Beispiel wird deutlich, dass das ökonomisches Denken und Handeln — wenn es zum beherrschenden Beurteilungskriterium wird — die Angebotspalette tatsächlich negativ beeinflusst. Aber, meine Damen und Herren, die Vorherrschaft der Ökonomie gegenüber fachlichen Kriterien kann zwar häufig beobachtet werden, ist aber dennoch kein Naturgesetz, das mit deterministischer Gewalt die Soziale Arbeit knebelt und fesselt. Wenn die fachlichen und humanen Anliegen und Aufgaben der Sozialen Arbeit nicht auf Dauer leiden sollen, dann kann die Wirtschaftlichkeit nur ein Beurteilungsmaßstäbe neben anderen sein. Die Macht der Kämmerer ist evident. Wenn wir aber nicht von vornherein davor kapitulieren wollen, müssen wir auf der fachlichen Ebene unsere Argumente schärfen. Und da ist die Soziale Arbeit in ihrer eigenen Verantwortlichkeit gefordert. Dies lässt sich im Übrigen auch aus der Betrachtung des Gegenstandes und der Zielsetzung der Ökonomie begründen.

Eine Grundannahme der Ökonomie besagt, dass die uns zur Verfügung stehenden Ressourcen nicht unbegrenzt vorhanden sind. Ökonomische Instrumente verfolgen deshalb das Ziel, die Verschwendung von Ressourcen zu vermeiden, indem mit diesen „haushälterisch" umgegangen wird. Wirtschaftliches Handeln orientiert sich deshalb an den Zielvorgaben der Effektivität und an der Effizienz. Effektivität meint die Zielwirksamkeit des Handelns. Sozialpädagoginnen und Sozialpädagogen handeln dann effektiv, wenn sie ihre vereinbarten Ziele tatsächlich erreichen, d. h. wenn sie angeben können, was sie bei ihren Klientinnen und Klienten bewirkt haben. Die Beurteilung der Effektivität ist dabei völlig unabhängig davon, ob die zu erreichenden Ziele als gut oder sinnvoll angesehen werden. Ob wir die Ziele erreicht haben, ist die eine Seite der Medaille, die inhaltliche Beurteilung der angestrebten Ziele die andere Seite. Beide gehören zwar zusammen, sind aber dennoch getrennt zu behandeln. Die inhaltliche Beurteilung der Ziele unterliegt eigenständigen, d.h. fachlich-ethischen Kriterien und nicht zwangsläufig einem ökonomischen Begründungszusammenhang.

Die gleichen Überlegungen können auch in Bezug auf die Effizienz angestellt werden. Effizienz meint das Verhältnis von Aufwand und Ertrag oder anders ausgedrückt das Verhältnis der Kosten zum Nutzen. Ökonomisches Denken sagt hier etwas darüber aus, dass und wie dieses Verhältnis günstig gestaltet werden kann. Dies schließt aber keinesfalls ein, dass nur ein minimaler Kostenaufwand effizient ist. Wenn wir einen bestimmten Nutzen erreichen wollen und der Aufwand dafür zu gering ist, dann ist dies schlicht ineffizient. Auf das Frankfurt Beispiel bezogen heißt das: Wenn in dem Beratungsangebot für schwierige Jugendliche ein Nutzen (oder ein Sinn) gesehen wird, dann sind die Entgelte für eine Fachleistungsstunde so zu gestalten, dass schwierige Jugendliche nicht aus dem Angebotsraster herausfallen. Ökonomisches Denken, das zeigen die

Überlegungen, entbindet keineswegs der Pflicht, den Nutzen des sozialarbeiterischen Handelns genauer zu definieren und gegenüber Geldgebern differenziert zu begründen. Auch dies kann nicht den Ökonomen allein überlassen werden, sondern bedarf der ausführlichen fachlichen Begründung.

Ökonomisches Denken, so eine erste Zwischenbilanz, ist kein Selbstzweck, sondern lediglich ein Mittel in einem größeren Ziel- und Sinnzusammenhang. Ökonomisches Denken und Handeln kann in der Sozialen Arbeit nicht aus sich selbst heraus legitimiert werden, sondern bedarf fachlicher und ethischer Reflexionen und Begründungen. In Bezug auf den Titel des Kurzvortrages bedeutet dies: Die Ökonomie gibt eine Antwort darauf, wie mit knapper werdenden Ressourcen in der Sozialen Arbeit wirtschaftlicher umgegangen werden kann. Die eigentliche Frage ist damit aber nicht gelöst und bleibt auf der Tagesordnung: Wie kann unter sich verändernden gesellschaftlichen und politischen Verhältnissen soziale Hilfe und Unterstützung so organisiert und angeboten werden, dass sie den Kriterien der Menschlichkeit und der sozialen Gerechtigkeit entspricht.

Durch diese Frage, und dies verstehe ich durchaus als eine positive Wirkung der Ökonomisierung, wird die Soziale Arbeit herausgefordert, die Zielsetzungen des eigenen professionellen Handelns transparenter und messbarer zu machen und andererseits in einen fachlichen und öffentlichen Austausch über die Definition des Nutzens zu kommen. In dieser Form ist dies für die Soziale Arbeit neu und wohl eine Herausforderung, die viel Innovationskraft erfordert. Denn, die bisherigen Traditionen in unserer Disziplin erschweren eher das Denken in messbaren und operationalisierbaren Größen. Von den Sozialpädagoginnen und Sozialpädagogen der Gegenwart wird aber verlangt, dass sie das über viele Generationen tradierte Credo: „Soziale Arbeit sei nicht messbar" aufgeben und sich auf den mühsamen Weg der systematischen Kontrolle und Evaluation ihres eigenen professionellen Handelns begeben. Guter Wille allein reicht hier sicherlich nicht aus, wenn am Ende eine neue Fachlichkeit stehen soll, die einen offensiven und selbstbewussten Dialog mit der Ökonomie nicht scheut.

Meine Damen und Herren, ich habe versucht, ein paar kleine Anmerkungen zum Verhältnis von Ökonomisierung der Sozialen Arbeit, fachlichem Auftrag und humanistischer Grundausrichtung zu machen. Lassen Sie mich ein Fazit ziehen: Wenn wir die Ökonomie in dem hier vorgetragenen Sinne als ein

Instrument zum sparsamen Umgang mit knappen Ressourcen begreifen, steht sie in keinem prinzipiellen Widerspruch zum Anspruch der Sozialen Arbeit auf Fachlichkeit, Menschlichkeit und soziale Gerechtigkeit. Dies setzt allerdings voraus, dass die Soziale Arbeit sich der Herausforderung stellt und neue Methoden, Konzepte und Ideen entwickelt. Einen Anstoß dazu geben unter anderem Kooperationen zwischen der Wirtschaft und der Wissenschaft, wie wir sie anlässlich der Prämierung von Diplomarbeiten durch die Dr. Loewschen Einrichtungen heute hier erleben. Ich freue mich, dass wir diese Kooperation nun schon seit Jahren mit Erfolg pflegen. Die Zusammenarbeit zwischen einem privaten Träger der Behindertenhilfe und unserer Fachhochschule ist für beide Partner anregend und fruchtbar. Sie hilft uns, den Blick über den Tellerrand zu richten. So können die Herausforderungen der Zukunft von beiden Seiten besser bestanden werden.

Sr. Basina Kloos, Waldbreitbacher Franziskanerin und Leiterin eines großen caritativen Trägers, hat es auf den Punkt gebracht, als sie sagte: „Ohne Wirtschaftlichkeit werden wir es nicht durchhalten und ohne Menschlichkeit werden wir es nicht aushalten." Dies, so denke ich, kann doch ein Ansporn für die Zukunft sein.

2007

Die Zukunft entwerfen. Innovationsmanagement in Sozialunternehmen[66]

Eine Herausforderung für die Sozialwirtschaft

Innovationen gelten in unserer Gesellschaft als Schlüssel zur Sicherung von Wettbewerbsfähigkeit und Beschäftigung. Darüber gibt es eine weithin geteilte Übereinstimmung. Deshalb ist es umso verwunderlicher, dass systematisch geplante Innovationen in der Sozialwirtschaft kaum eine Rolle spielen. Das erstaunt, da Träger und Einrichtungen der Sozialwirtschaft in Vergangenheit und Gegenwart unter einen starken Veränderungsdruck geraten sind. Insbesondere die Wohlfahrtsverbände stehen unter der kritischen Beobachtung der Öffentlichkeit, wie die Überschriften einschlägiger Fachveröffentlichungen zeigen. So sieht das Institut für Wirtschaft und Gesellschaft Bonn (*Ottnad/Wahl & Miegel 2000*) den Handlungsrahmen der Verbände zwischen „Markt und Mildtätigkeit" eingeschränkt, das Institut der deutschen Wirtschaft Köln erhebt gar den Vorwurf, die Verbände tätigen ihre Geschäfte „auf den Schultern der Schwachen" (*IW Köln 2004*).

Eindringlicher noch als in Fachveröffentlichungen spiegelt ein Blick in den Alltag der Wohlfahrtsverbände die enormen Herausforderungen wider. Der eingeleitete Umbau des Sozialstaats von der Subsidiarität zu mehr Markt und Wettbewerb hat zu einem Abbau des korporatistisch verfassten Systems der gegenseitigen Verflechtung von staatlichen Steuerungsinstanzen mit öffentlichen oder privaten Leistungserbringern geführt. So treten die Leistungsträger sowohl gegenüber den Kostenträgern wie gegenüber den

[66] Vortrag gemeinsam mit Egon Endres auf der ConSozial 2007. Veröffentlicht in: König, Joachim/Oerthel, Christian & Puch, Hans-Joachim (Hrsg.) (2008): In Soziales investieren – Mehr Werte schaffen. ConSozial 2007. München 2008. S. 68-77.

Leistungsempfängern als Konkurrenten auf. In dem neuen System der Finanzierung werden Kosten- und Leistungsträger deshalb zu Vertragspartnern, die auf der Basis eines Kontraktmanagements um Leistungs-, Qualitäts- und Entgeltvereinbarungen ringen.

Eine besondere Herausforderung bildet die Umstellung von der Objekt- zur Subjektförderung. Während die Objektförderung eine Planung und Steuerung des Bedarfs notwendig macht, wird die Subjektförderung in wachsendem Ausmaß über die Nachfrage der Kunden auf dem Markt gesteuert, mit zum Teil unkalkulierbaren Risiken für Einrichtungen und Träger. Die Einführung des persönlichen Budgets oder die Vergabe von Gutscheinen in Kindertagesstätten sind dafür nur Beispiele.

Sozialwirtschaft – zwischen Innovationsverweigerung und Innovationseuphorie

Die Sozialwirtschaft antwortet auf diese Herausforderung nicht mit einem systematisch und konsequent umgesetzten Innovationsmanagement. Sie schwankt vielmehr zwischen Innovationsverweigerung und Innovationseuphorie. Es gibt zwar vereinzelt differenzierte Fachveröffentlichungen zu dem Thema (*Schreiber 2001*), vorherrschend sind aber programmatische und allgemeine Forderungen nach mehr Innovation ohne ausgefeilte Beschreibung der Instrumente der Umsetzung.

Auf der anderen Seite begegnet man einer naiven Euphorie bei dem Umgang mit dem Begriff Innovation. Nach dem Motte. „Alles ist Innovation" wird jede kleinste Veränderung bereits als herausragende Innovation gefeiert. Der inflatorische und unkritische Gebrauch des Begriffes Innovation beflügelt so die Gefahr, die mit allen Veränderungsprozessen einhergehenden Gefahren und Risiken zu verharmlosen. Häufig wird der Wandel zum Selbstzweck stilisiert oder ziel- und orientierungslos von einem angestoßenen Innovationsprozess zum anderen gesprungen. Die Folge ist ein Energie- und Motivationsverlustes bei Mitarbeiterinnen und Mitarbeitern. Beide hier beschriebenen Haltungen, Innovationsverweigerung wie naive Innovationseuphorie, behindern den Erfolg von Innovationen und tragen zu ihrem Scheitern bei. Bevor wir die Prozesse des Scheiterns von Innovationen näher untersuchen, wollen wir uns näher mit dem Begriff „Innovation" befassen.

Innovation – mehr als ein Schlagwort

Das Credo der modernen Gesellschaft lautet: „Sei innovativ!" Mehr Wohlstand, mehr Wachstum und damit mehr Lebensqualität sind nur dann garantiert, wenn alle gesellschaftlichen Kräfte mobilisiert werden, um in einem schöpferischen und kreativen Prozess das ständig Neue oder Andere zu schaffen. Frei nach dem Satz von *Georg Christoph Lichtenberg (1742 – 1799)*: „Es ist nicht gesagt, dass es besser wird, wenn es anders wird. Wenn es aber besser werden soll, muss es anders werden", sind wir alle zu Innovation verdammt.

Was ist mit Innovation aber eigentlich gemeint? In der einschlägigen Fachliteratur wird darauf hingewiesen, dass Innovation mehr meint als eine graduelle Veränderung. Das „Mehr" gegenüber der graduellen Änderung bleibt aber in den Erläuterungen blass. Üblicherweise wird unterschieden zwischen der Entwicklung neuer Produkte durch Innovation (*Produktinnovation* - Beispiel: i-pod) und der Innovation von Verfahren, mit deren Hilfe Produkte und Dienstleistungen schneller oder hochwertiger erstellt werden können (*Prozessinnovation* - Beispiel: „Just-in-time": Verlagerung der Lagerhaltung auf den Straßenverkehr). In der sozialen Dienstleistungsproduktion (personenbezogene Dienstleistungen) fallen Prozess- und Produktinnovation zusammen, da die personenbezogene Dienstleistung in einem gemeinsamen Prozess zwischen Dienstleistungsgeber und Dienstleistungsnehmer erzeugt wird (Beispiel: neues Beratungskonzept im Kontext des „kontrollierten Trinkens").

Festzuhalten bleibt: Innovation meint die Schaffung von etwas substantiell Neuem, das jedoch über den Status der Erfindung hinausgeht und als Verfahren in die Organisation *implementiert* ist. Das Etikett „innovativ" ist darüber hinaus erst dann gerechtfertigt, wenn es Nachfrage und Anerkennung auf dem Markt erfährt. Dies zeigt das Beispiel der Kleinkredite der Grameen-Bank deutlich. Die Idee der Kleinkredite, wie sie der Nobelpreisträger *Mohammad Yunus* hatte, ist nicht neu. Erst in der spezifischen Verbindung der Lebenssituation der Menschen in Bangladesch und in der massenhaften Verbreitung dieser Kreditform wurde das Modell zu einer sozialen Innovation, die zu Recht mit dem Nobelpreis gewürdigt wurde.

Das Innovationsparadox

Innovation bedeutet in der bekannten Gegenwart die unbekannte Zukunft zu planen. Planung geht von der Definition klarer Ziele aus und ordnet diesen erfolgversprechende Wege und Mittel der Zielerreichung zu. Im Gegensatz zu einem „normalen" Planungsprozess entzieht sich die Planung von Innovationsprozessen dieser Rationalität. Innovation ist deshalb von „Routine" abzugrenzen, die auf verlässliche und wiederkehrende Muster baut, leichter vorhersehbar und deshalb auch planbar ist. Innovation dagegen zielt auf einen „schöpferischen" und „kreativen" Prozess der Ideenproduktion, der nicht vorhersehbar und –sagbar ist. Die Planung von innovativen Prozessen ist damit ein Paradox, oder der Versuch, das *„Nicht-Planbare" zu planen.* Damit dies gelingt, bedarf es unter anderem der Einsicht in die Begrenzbarkeit rationaler Planungen und Entscheidungen und des Wissens über Fehlentwicklungen und Widerständen im Innovationsprozess.

Informationspathologien im Innovationsprozess

Bereits in den 30er Jahren des 20. Jahrhunderts hat der Ökonom Josef Schumpeter darauf hingewiesen, dass Innovation als „Akt der schöpferischen Zerstörung" zu begreifen ist. Das Bestehende wird durch Innovationen zerstört und die zerfallenen Elemente neu kombiniert. Dieser Prozess ist nicht nur ein technologischer, sondern auch ein *sozialer Prozess*. Menschen reagieren darauf mit Ängsten und Widerständen. Ausdruck dieser Widerstände sind Fehlentwicklungen oder Pathologien, die sich besonders beim Prozess der Verarbeitung von Informationen zeigen. *Wolfgang Scholl (2004, 21 ff.)* versteht unter Informationspathologien den Umgang mit entscheidungsrelevanten Informationen,

- die produzierbar sind, aber nicht produziert werden,
- die vorhanden sind, aber nicht übermittelt werden,
- die vorliegen, aber nicht verarbeitet werden und
- die beschaffbar sind, aber nicht beschafft werden.

Die Gründe für die Behinderung des Informationsflusses sind vielfältig und reichen von mangelndem Problembewusstsein bei zentralen Akteuren des Innovationsprozesses (beispielsweise werden neue Erfahrungen oder Informationen nicht gesucht) über sozialpsychologische Prozesse des Wunschdenkens (beispielsweise durch die Abwertung anderer und die eigene Selbstüberschätzung) oder kognitiven Verständnisproblemen (beispielsweise durch Fachegoismus) bis zum Einsatz von Macht zur

Verhinderung der Weitergabe von Informationen (beispielsweise durch Konspiration).

Die Akteure eines erfolgreichen Innovationsmanagements sollten deshalb vor dem Hintergrund der genannten Informationspathologien und der Innovationsparadoxie einige Grundannahmen beachten. Zu diesen zählen, dass jeder, der mit Innovationen betraut ist, darauf achten sollte, dass der Erfolg einer Innovation letztlich nicht vorhersagbar ist. Es entspricht deshalb einem Akt der Klugheit, die Begrenztheit der Rationalität von Planungsprozessen einzusehen und diese zu akzeptieren.

Innovationsprozesse können darüber hinaus nur dann erfolgreich sein, wenn das Wissen, die Erkenntnisse und die Erfahrung aller Organisationsmitglieder durch Führungskräfte geschätzt und aktiv genutzt wird. Die Beteiligung der Mitarbeiter und Mitarbeiterinnen in Innovationszirkeln und die Schaffung eines innovationsfreudigen Organisationsklimas sind deshalb unabdingbar.

Offenheit für verschiedene Formen der Beteiligung heißt allerdings nicht, dass alle Beteiligten sich auf das „Vernünftigste" oder das „Beste" für die Innovation der Organisation einigen können. Veränderungsprozesse sind – wie gezeigt – nicht nur durch Angst, sondern auch durch persönliche Interessen begleitet, die im Rahmen der Mikropolitik einer Organisation nicht selten dramatische Verläufe annehmen. Deshalb ist es auch hier ein Gebot der Klugheit, unterschiedliche Interessen von Beteiligten in Organisationen anzunehmen und durch die Schaffung von Innovationsforen (siehe unten) einen Rahmen für Beteiligung und Interessensausgleich zu schaffen. Damit wird deutlich, dass die Ausübung von Macht in Innovationsprozessen kontraproduktiv ist und Vertrauen sowie Motivation zerstört.

Innovationsbarrieren

Vier Barrieren gilt es beim Bemühen zu berücksichtigen, in vernetzten Sozialunternehmen Innovationen zu ermöglichen: *Gatekepper* lassen durch die vermeintliche Erfüllung ihres institutionellen Auftrags *Suchbarrieren* (1) entstehen. Ein unklares *Wo?*, *Wie?* und *Was*? steht am Anfang jedes Suchprozesses. Gerade zu Beginn dürfen die relevanten Umwelten nicht zu eng definiert werden. *Sinnbarrieren* (2) ergeben sich dann, wenn zu wenige Anspruchsgruppen – insbesondere Kunden bzw. Klienten und Mitarbeiter – in den Sinngebungsprozess einbezogen werden. Die gemeinsame Entwicklung von Visionen und Werten ist eine entscheidende Voraussetzung.

Eine weitere Voraussetzung für Innovationen ist die Überwindung von *Systembarrieren* (3). Organisationen, deren Zweck in hohem Maße auf die Verwirklichung von Sozialstaatsprinzipien bezogen ist, haben Probleme, Vieldeutigkeiten und Irritationen zuzulassen. Die besondere Aufgabe besteht deshalb darin, Zweckrationalitäten zumindest bei der Entwicklung von Szenarien außer Kraft zu setzen und Perspektivenwechsel (Mut zu Verrücktem) zuzulassen. Schließlich entscheiden *Diffusionsbarrieren* (4) darüber, in welchem Umfang Kunden bzw. Anspruchsgruppen neue Dienstleistungen nachfragen und wahrnehmen. Die Wartebereitschaft und die Risikoneigung sind an dieser Stelle für die Sozialwirtschaft nicht so ausgeprägt wie beispielsweise im Elektronikbereich (Beispiel iPod) oder im Unterhaltungsbereich (Beispiel Harry Potter).

Innovationsmanagement als Teil eines umfassenden Managements

Kooperation und Vernetzung. Es gibt eine Vielzahl an Ansatzpunkten für die Sozialwirtschaft, außerhalb der eigenen Organisationen Innovationen zu ermöglichen. Das gilt beispielsweise für Dienstleistungsangebote und Produkte, die auf soziale Bedürfnisse und Problemlagen ausgerichtet werden können. Ihre Bandbreite reicht von der Nutzung von Angeboten des Einzelhandels bis hin zur Gestaltung des öffentlichen Verkehrsnetzes für besondere Personengruppen (wie Senioren). Überhaupt bietet die Entwicklung und Ausgestaltung neuer Technologien Raum für soziale Innovationen. Besondere internetbasierte Angebote für Beratung und Austausch von jugendlichen Peers sind ein Beispiel. Chancen für die Sozialwirtschaft ergeben sich ebenfalls durch die Ausbreitung von Teamkonzepten in Unternehmen. Das kann sich beispielsweise auf den Transfer von Know-How zur Gestaltung von Gruppenprozessen bei der Personal- und Organisationsentwicklung beziehen. Ebenfalls sind Kooperationen mit Unternehmen denkbar, wenn es um die Ausbreitung neuer Dienstleistungen geht. So könnte der Schalter einer Sparkasse ein ideales Forum für eine Freiwilligenbörse sein.

Promotoren und Teams als Akteure der Innovation Einsame Tüftler und kreative Genies sind in der Sozialwirtschaft kaum geeignet, Innovationen anzustoßen. Innovationsmanagement setzt den Austausch und die Kommunikation in Netzwerken voraus. Vielfach wird übersehen, dass Netzwerke bei allen Stärken strukturkonservativ und konfliktvermeidend sind. Daraus ergeben sich besondere Ansprüche. Innovationen in der Sozialwirtschaft machen stets den Austausch mit einer Vielzahl an Anspruchsgruppen (Klienten, Kostenträgern, staatlichen Institutionen, Aufsichtsstellen, Verbände etc.) notwendig. Nachdem Innovationen nicht geplant werden können, braucht es Räume und Foren für iterative Prozesse der Informationssuche und – bewertung *(vgl. Scholl 2004).* Dabei sind Fach-, Prozess- und Machtpromotoren notwendig. *Fachpromotoren* fördern durch ihre fachlichen Kompetenzen Innovationsprozesse und sind daran interessiert, sich Neuem zuzuwenden. *Prozesspromotoren* steuern und koordinieren, halten den Innovationsprozess offen für Diskussion und Erprobung und arbeiten eng mit den Fach- und den Machtpromotoren zusammen. *Machtpromotoren* schließlich sind Personen mit hoher hierarchischer Position. Sie schaffen förderliche Rahmenbedingungen, schützen Innovationen vor Opponenten, balancieren als institutional leader die Konflikte zwischen Promotoren und Kritikern aus und helfen dadurch Innovationsprozesse zu sichern *(Scholl 2004, 81f.).*

Erfolgsbausteine eines Innovationsmanagements

Budgets für Forschung und Entwicklung und die Einrichtung von Innovationsforen in Industrie- und Dienstleistungsunternehmen werden Budgets für Forschung und Entwicklung teilweise in beachtlicher Höhe ausgewiesen, im Wohlfahrtsbereich scheinen sie – noch immer – verzichtbar. Um systematisch die Chancen für Innovationen zu erhöhen, sollten Sozialunternehmen jährliche Budgets für Forschung und Entwicklung verbindlich bereitstellen. Bei kleineren Organisationen wären über Kooperationen gemeinsame Etats denkbar. Keinesfalls sollten FuE-Budgets zu einer organisatorischen Insellösung führen. Vielmehr könnten die Mittel auch für wechselseitige Hospitationen zwischen unterschiedlichen Organisationen (auch des Profitbereichs) genutzt werden.

Innovationsforen. Es sollten regelmäßig fünftägige Innovationsforen ermöglicht werden, in denen entlang von sozialen Problemlagen und Statuspassagen (zum Beispiel Wohnen und Leben im Alter) der Austausch verschiedener Anspruchsgruppen ermöglicht werden sollte. Hierbei ließen sich das sehr hohe Qualifikations- und Kompetenzpotential der Sozialbranche nutzen und stellenweise externe Anspruchsgruppen (zum Beispiel politische Akteure) einbeziehen. Wesentlich für Innovationsforen wäre es, ungewöhnliche Begegnungen zuzulassen und *Kokonstruktionen* im Sinne der Verständigung über *Neues* zu ermöglichen. Hierbei könnten sogenannte Grenzgänger zur Geltung kommen, um unterschiedliche Akteure und die durch sie repräsentierten institutionellen Handlungslogiken zu synchronisieren (vgl. Endres & Wehner 2004).

Kommunikation und Marketing. Ferner wäre es unabdingbar, im Vorfeld der Einführung neuer Dienstleistungen die verschiedenen Anspruchsgruppen und Meinungsbildner durch Kommunikation und Marketing einzubeziehen. Understatement und Überraschungseffekte sind in Netzwerken denkbar ungeeignet, um Akzeptanz zu erzeugen. Insofern wäre es auch notwendig, neue Formen der Innovationskommunikation zu entwickeln.

Grenzgänger als Stifter von Innovationsprozessen

Die Initiierung und Begleitung von Innovationsforen bedarf neuer Formen von Führung und Koordination. Eine geeignete Antwort ist der Aufbau von Personen, die im Sinne von Grenzgängern wirken. Sie kombinieren die Rolle des Prozess- und die des Fachpromotors in einer Person. Grenzgänger sind ein neuer Managementtypus, der darauf zielt, Abstimmungen zwischen verschiedenen Praxisgemeinschaften (communities of practice) zu unterstützen (*vgl. Lave und Wenger 1991; Endres und Wehner 2004)*. Die Funktion von Grenzgängern wird in der Praxis von Unternehmen und Organisationen mit unterschiedlichen Begriffen umschrieben. Sie reichen von Prozessmanager, über Serienbetreuer bis hin zu Fallmanager. Für den Bereich Produkt-entwicklung sprechen *McDonough und Griffin* von „apolitical leadership" (1997): „Apolitical leaders are more interested in knowing what is going on and what they can do to help than they are in knowing whose fault a problem." (12).

In ihrer konkreten Praxis folgen Grenzgänger nicht formal festgelegten Schnittstellen. Sie halten sich in verschiedenen Bereichen und Organisationen auf und arbeiten prozessorientiert. Eine weitere strategische Orientierung der Arbeit von Grenzgängern ergibt sich aus ihrer Fähigkeit, Problemstellungen und Störquellen zu antizipieren, um geeignete – nach Möglichkeit dauerhafte Lösungen - zu ermöglichen. Grenzgänger lassen ihre Einsichten und Erfahrungen sowie ihr Wissen um Problemlösungen und Strategien wieder an die beteiligten Praxisgemeinschaften zurückfließen. Grenzgänger sind auf ein hohes Maß an persönlicher und organisatorischer Akzeptanz angewiesen. Aus diesem Grunde müssen Grenzgänger weitreichende soziale Kompetenzen mitbringen bzw. ausbilden. Nur dann können sie auf dem labilen Terrain der Anstiftung von Innovationsforen und -impulsen erfolgreich agieren. Grenzgänger benötigen auch eine hohe inhaltlich-fachliche Kompetenz. Will man die kognitiven und sozialen Kompetenzen zumindest kurz charakterisieren, so lässt hervorheben, dass Grenzgänger auf der kognitiven Ebene bemüht sein müssen, den Einzelfall zu sehen und nicht zu frühe Klassifikationen vorzunehmen.

Wenn sich der Grenzgänger im Laufe seiner Tätigkeit zu sehr auf eine reine Beziehungspflege konzentriert, besteht die Gefahr, dass er zunehmend die konkreten Prozessbezüge verliert. Er kann sich dann von genau der Ebene entfernen, durch die er seine Initiierung und seine ursprüngliche Legitimierung erfahren hat. Damit kann er selbst mittel- und langfristig seine zentralen Kompetenzen untergraben, die ihm ja gerade durch die ursprünglichen Prozesserfahrungen zukamen. Seine nur vage definierte Funktion erlaubt dem Grenzgänger Freiräume, die er in der Zuordnung zu einer Abteilung nicht zugestanden bekäme. Mit der Einrichtung von Grenzgängern ist ein weiteres strukturelles Problem verbunden. Es besteht die Gefahr, dass es in der Person des Grenzgängers zu einer Monopolisierung von Wissen einerseits und sozialen Kontakten andererseits kommt. So kann sich der Grenzgänger aufgrund seiner umfassenden Kenntnisse über Problemfelder und -lösungen in zunehmendem Maße unentbehrlich machen. Er würde dann letztendlich der Ausbildung neuer Koordinationsstrukturen im Wege stehen und gleichzeitig mittelfristig die Prozesssicherheit gefährden, wenn bestimmte Abstimmungsleistungen und Interventionskonzepte zu sehr auf seine Person fixiert blieben.

Da vor allem persönliche Kompetenzen und interpersonale Kooperationsbeziehungen die zentrale Durchsetzungsform bei Problemen sind, besteht für Grenzgänger die Gefahr der Überdehnung sozialer und kommunikativer Fähigkeiten. Diese Situation wird an all jenen Stellen zu einem persönlichen Problem der Grenzgänger, wo ihre Einwirkungs- bzw. Machtmöglichkeiten enden. Das gilt auch für die widersprüchliche Rolle der Grenzgänger, die ihnen einerseits die Aufgabe des „boundary spanning" abverlangt, zugleich aber die Anforderung stellt, Spannungsverhältnisse zu reduzieren und die Kohäsionskräfte von Netzwerken zu stärken. Allerdings bleibt aufgrund der vorliegenden empirischen Befunde ungeklärt, inwieweit Grenzgänger eine weiterreichende hierarchische Positionierung und damit einen Zuwachs an Macht erfahren könnten, ohne wiederum ihre Prozessnähe einzubüßen. Gelingt es, die vorgenannten strukturellen Probleme zu balancieren, können Grenzgänger einen wirksamen Beitrag zur Konsensfindung und zur Stiftung von Innovationsprojekten leisten.

Literatur

Dahme,H.-J./Kühnlein,G. & Wohlfahrt,N.(2005). Zwischen Wettbewerb und Subsidiarität. Wohlfahrtsverbände unterwegs in die Sozialwirtschaft. Berlin.

Endres, E./Wehner, Th. (2004). Grenzgänger – ein neuer Managementtypus. Profile. Internationale Zeitschrift für Veränderung, Lernen, Dialog 7, 52-61.

Endres, E./Puch, Hans-Joachim (2007). High Social – Die Sozialwirtschaft als Innovationsort. Profile. Internationale Zeitschrift für Veränderung. Lernen, Dialog 13, 66-70.

Gillwald, K. (2000). Konzepte sozialer Innovationen. Paper P00-519, WZB Berlin.

Hauschildt, J./Salomo, S. (2007⁴). Innovationsmanagement. München.

Institut der deutschen Wirtschaft Köln (2004). Wohlfahrtsverbände in Deutschland. Auf den Schultern der Schwachen. Köln.

Klug, W. (1999). Zurück in die Zukunft? Soziale Organisationen vor der dritten Modernisierung. In: Bayerischer Wohlfahrtsdienst 51, 1-7.

Ottnad,A./Wahl,S. & Miegel,M (2000). Zwischen Markt und Mildtätigkeit. Die Bedeutung der Freien Wohlfahrtspflege für Gesellschaft, Wirtschaft und Beschäftigung. München.

Puch, H.-J. (2005). Die Sozialbranche – Kostenfaktor oder Standortvorteil für Wirtschaft und Gesellschaft? In: König, J./Oerthel, Ch./Puch, H.-J. (Hg.). Potenziale des Sozialen. Aufbruch in zukunftsfähige Strukturen. ConSozial 2004. München, 91-101.

Scholl, W. (2004.: Innovation und Information. Wie in Unternehmen neues Wissen produziert wird. Schriftenreihe Wirtschaftspsychologie. Göttingen u.a.

Schreiber, R.(2001). Innovationsmanagement für soziale Organisationen. Regensburg/Berlin.

Wendt, W R. (2006). Innovation tut Not. Sozialwirtschaft 1, 19-24.

Zapf; W: (1989). Über soziale Innovationen. In: Soziale Welt 40, 1-2, 170-183.

Wandel beruflicher Lebenswelten

Leadership

2002

Personalführung zwischen Markt und Menschlichkeit[67]

Einleitung

Die entscheidenden Träger im gegenwärtigen Modernisierungsprozess des Sozialsektors sind die Mitarbeiterinnen und Mitarbeiter. Ohne sie kommt dieser Prozess nicht voran und ist vom Scheitern bedroht. Deshalb ist es umso erstaunlicher, dass den Mitarbeiterinnen und Mitarbeitern in der öffentlichen Debatte relativ wenig Aufmerksamkeit geschenkt wird. Im Vordergrund stehen Fragen wie Qualitätsentwicklung, Finanzcontrolling, Marketing etc. Sicherlich, an rhetorischen Bekenntnissen mangelt es nicht. Die Aussage: „Mitarbeiter und Mitarbeiterinnen sind unsere wichtigste Ressource" findet sich in fast allen einschlägigen Veröffentlichungen zur Personalentwicklung und wird auch gerne von der Leitung sozialer Einrichtungen betont. In der Praxis ist es aber häufig so, dass ein „schonender Umgang" mit der „Ressource Mitarbeiter" nur bedingt anzutreffen ist. Mitarbeiter und Mitarbeiterinnen sollen flexibler werden, schneller arbeiten, ihre Arbeit dokumentieren, die Qualität ihrer Leistungen evaluieren und sich durch kontinuierliches Lernen weiterqualifizieren.

Die wachsenden Anforderungen und die höhere Arbeitsbelastung gehen an den Mitarbeiterinnen und Mitarbeiter in sozialen Organisationen nicht spurlos vorüber. Einschlägige empirische Untersuchungen zeichnen hier ein deutliches Bild: Prozesse des Ausbrennens im Arbeitsprozess - das sogenannte „Burnout-Syndrom" - besonders typisch für Berufsangehörige, die in ihrem beruflichen Alltag Menschen helfen, diese beraten, unterstützen, bilden, erziehen und pflegen, nehmen deutlich zu. Besonders alarmierend ist der Befund, dass das Phänomen „Mobbing" im Gesundheits- und Sozialwesen am weitesten verbreitet ist. Damit ist nicht der gelegentliche Konflikt zwischen Mitarbeitern und Vorgesetzten gemeint, sondern das häufige und wiederholte systematische Schikanieren eines Mitarbeiters oder

[67] Als Vortrag auf dem Sozialpolitischen Forum der Stadtmission Nürnberg am 20. Juni 2002 gehalten.

einer Mitarbeiterin über einen längeren Zeitraum hinweg, mit dem Ziel, den Angegriffenen auszugrenzen. Besonders hellhörig müssen aber Arbeitsgeber werden, wenn ihnen bewusst wird, dass ein hoher Grad an Arbeitsunzufriedenheit und das Phänomen der „inneren Kündigung" auch zu Widerstand gegenüber Veränderungsprozessen in Organisationen führt. Ist doch gerade die Aufgeschlossenheit der Mitarbeiterinnen und Mitarbeiter gegenüber Wandlungsprozessen in Organisationen eine Voraussetzung dafür, dass Wohlfahrtsverbände und andere soziale Einrichtungen bei dieser Entwicklung überleben können.

Befragt man Mitarbeiterinnen und Mitarbeiter, so nehmen diese die Zunahme der Arbeitsbelastungen häufig als Ergebnis einer mehr oder weniger schleichenden Ökonomisierung des sozialen Sektors wahr. Das Wort von der „BWL-isierung" der sozialen Arbeitsfelder macht die Runde und in der zum Teil unversöhnlichen Gegenüberstellung von Markt und Wirtschaftlichkeit auf der einen Seite und Menschlichkeit auf der anderen Seite wird eine stellenweise hochideologisierte und kontroverse Debatte geführt. Lassen Sie mich deshalb zunächst einige Anmerkungen zu dieser Debatte machen.

Markt und Menschlichkeit – ein Gegensatz?

Meine Ausgangsthese lautet: Die Annahme, dass die zunehmende Intensität der Arbeitsbelastungen in sozialen Einrichtungen und Organisationen kausal mit der Ökonomisierung der sozialen Arbeitsfelder in Zusammenhang steht, ist eine verkürzte Sichtweise. Sie verwechselt Ursache und Wirkung. Ich möchte die These kurz begründen. Den Ausgangspunkt für die gegenwärtigen Arbeitsbelastungen im Sozialsektor bilden nicht die aktuell zum Einsatz kommenden ökonomischen Instrumente und Modelle, sondern die Verknappung der zur Verfügung stehenden finanziellen Mittel. Manche mögen diese Unterscheidung als kleinlich betrachten. Ich finde dies nicht. Diese Unterscheidung trägt zur Klärung in der Debatte bei und hat für das Handeln im Sozialsektor Konsequenzen. Wir wissen aus verschiedensten Untersuchungen, dass der Sozialsektor zu einem der am stärksten expandierenden Bereiche seit den siebziger Jahren gehört. So weist die Berufsstatistik eine enorme Ausweitung der sozialen Berufe in diesem Zeitraum aus, verbunden mit einer Vermehrung der Aufgabenfelder. Diese Zeit des ungebändigten Wachstums ist seit längerem vorbei. Wir müssen zur Kenntnis nehmen, dass auch dem Sozialsektor nur knappe Ressourcen zur Verfügung stehen. Akzeptieren wir diese Feststellung - und ich sehe momentan keine Alternative dazu - dann steht der Sozialsektor vor zwei grundlegenden Herausforderungen:

Zum einen steht die Verteilung der Dienstleistungen Beratung, Pflege, Hilfe, Erziehung, Unterstützung und medizinischen Versorgung neu auf dem Prüfstand. Wie viel an Sozialem oder anders formuliert wie viel an sozialer Gerechtigkeit können und wollen wir uns gesellschaftlich gesehen leisten? Wie viel der zur Verfügung stehenden öffentlichen Gelder soll dem Sozialbereich zufließen? Wie hoch soll die Sozialquote – also das Verhältnis der Sozialausgaben zum Bruttosozialprodukt - in unserer Gesellschaft sein? Was ist dem Klienten oder Adressaten an Eigenleistung zuzumuten? Hier stehen die grundlegenden gesellschaftlichen Verteilungsfragen auf der Tagesordnung. Ich halte diese Verteilungsfragen für enorm wichtig, weil sie den finanziellen Rahmen und damit den Spielraum für den Sozialsektor vorgeben und weil sie zentral sind für das menschliche Fundament unserer Gesellschaft. Hier sind die Wohlfahrtsverbände als Lobbyisten ihrer Adressatinnen und Adressaten gefragt. Die großen sozialen Organisationen und die Spitzenverbände der Wohlfahrt haben sich in den allgemeinen politischen Diskurs einzuklinken, um die sozialpolitische Forderung der sozialen Gerechtigkeit und des sozialen Ausgleichs nicht zur Leerformel werden zu lassen. Ich komme am Ende meines Vortrags noch einmal auf diesen Aspekt zurück. Zunächst richten sich meine Überlegungen aber darauf, wie mit knapper werdenden finanziellen Ressourcen umgegangen werden kann und welche Folgen dies für die sozialen Einrichtungen und ihre Mitarbeiterinnen und Mitarbeiter hat. Hier erst kommt das ökonomische Denken und Handeln oder genauer gesagt die Frage der Wirtschaftlichkeit ins Spiel.

Idealtypisch stehen drei verschiedene Modelle zur Auswahl, wie mit knappen Mitteln gewirtschaftet werden kann. Dies ist zum einen die staatlich verordnete Planwirtschaft, zum zweiten die Marktwirtschaft und zum dritten eine Mischung aus beiden, wie wir sie in den Feldern der Finanzierung des Sozialsektors finden. Ich gehe hier nicht auf die Beschreibung dieser Modelle ein. Nur so viel sollte klar sein. Niemand will wohl ernsthaft eine planwirtschaftliche Finanzierung und Steuerung sozialer Dienstleistungen. Damit bleiben nur noch das marktwirtschaftliche und das Mischmodell übrig. Das reine marktwirtschaftliche Modell setzt unter anderem voraus, dass der Kunde die von ihm gekaufte Dienstleistung selbst bezahlt. Das wiederum würde bedeuten, dass die Kostenträger ihre heutige Funktion der Finanzzuweisungen verlieren. Hilfebedürftige Menschen – so der reine marktwirtschaftliche Gedanke – bekämen Geld in ihre eigene Hand und könnten sich als „souveräne" Kunden aussuchen, welchen Anbieter sozialer Dienstleistungen sie aus der Konkurrenz auswählen würden. Dieser Gedanke ist nicht so exotisch, wie er sich vielleicht aufs Erste anhört. Unter dem Stichwort der Subjektfinanzierung wird er in verschiedenen Arbeitsfelder mehr oder weniger ernsthaft diskutiert und zum Teil auch schon in Modellprojekten erprobt. Unabhängig von dieser Tendenz können wir für die Gegenwart und die nahe Zukunft aber davon ausgehen, dass marktwirtschaftliche Elemente der Steuerung sozialer Dienstleistungen auf jeden Fall zunehmen werden. Die gesetzlichen Grundlagen dafür sind in vielen Arbeitsbereichen geschaffen oder werden gerade neu gelegt. Es ist meine feste Überzeugung, dass dieser Prozess zwar im Detail noch korrigiert und verändert werden kann, im Grundsatz aber nicht mehr umkehrbar ist.

Wenn dem so ist, dann müssen wir uns näher mit den Anforderungen und Folgen einer wirtschaftlichen Ausrichtung in der Sozialen Arbeit auseinandersetzen. Wirtschaftlichkeit ist nicht von vornherein ein Gegensatz zu Menschlichkeit, sondern sagt etwas darüber aus, wie mit knappen Ressourcen (das können Finanzen aber auch Mitarbeiter und Mitarbeiterinnen sein) haushälterisch, das heißt in einem gewissen Sinne auch sparsam umgegangen werden kann. Niemand wird ernsthaft behaupten wollen, dass nur ein verschwenderischer Umgang mit Ressourcen Menschlichkeit garantiert. Wirtschaftliches Denken und Handeln hat die „Effektivität" und die „Effizienz" zum Maßstab. Effektivität meint dabei die Wirksamkeit des Handelns oder den Grad der Zielerreichung. Mitarbeiterinnen und Mitarbeiter in sozialen Einrichtungen handeln dann effektiv, wenn sie ihre fachlichen Ziele auch tatsächlich erreichen. Aus einer wirtschaftlichen Perspektive ist dabei völlig unerheblich, welche fachlichen Inhalte die formulierten Ziele haben. Die Definition und das Aushandeln der inhaltlichen Ziele beruflichen Handelns im Sozialsektor kann den Mitarbeiterinnen und Mitarbeitern durch die Ökonomie nicht abgenommen werden und wird ihnen auch nicht abgenommen. Die Ökonomie ist lediglich sensibel dafür, zu welchem Grad die Ziele erreicht wurden. Um die Ziele in ihrer inhaltlichen Substanz beurteilen und bewerten zu können, sind fachliche und ethische Überlegungen notwendig. Deshalb greifen wirtschaftliche Betrachtungen allein zu kurz. Sie müssen immer durch fachliche und ethische Überlegungen ergänzt werden.

Dies gilt auch für das zweite zentrale Kriterium, das der „Effizienz" Darunter wird das Verhältnis von Aufwand und Ertrag oder das Verhältnis der Kosten zum Nutzen verstanden. Wirtschaftliches Denken sagt hier etwas darüber aus, wie dieses Verhältnis gestaltet ist. Dies bedeutet aber keineswegs, dass nur minimale Kosten als effizient anzusehen sind. Hier setzt wiederum die fachliche Begründung an, ohne die der „Nutzen" gar nicht definiert werden kann. Der Streit, der sich in der fachlichen Debatte an dieser Stelle entfacht, geht nicht darum, den Nutzen in Frage zu stellen, sondern sich darüber zu streiten, ob er quantitativ oder qualitativ zu messen sei. Wenn ich den Vortrag von Frau Schernus vor einigen Wochen hier an diesem Ort richtig verstanden habe, dann ging es auch ihr nicht um eine pauschale Ablehnung der Forderung nach Transparenz und Messbarkeit eines therapeutischen Nutzens in Bezug auf Qualitätsanforderungen, sondern um den Versuch, die Grenzen der Messbarkeit in der Spannung von quantitativen und qualitativen Anforderungen näher zu bestimmen. Dies allerdings halte ich für eine notwendige und interessante fachliche Debatte.

Ökonomisches, d. h. wirtschaftliches Denken und Handeln, so eine Zwischenbilanz, ist also kein Selbstzweck, sondern lediglich ein Mittel in einem größeren fachlichen und sozialpolitischen Zielzusammenhang. Ökonomische Zielsetzungen können nicht aus sich selbst heraus legitimiert werden, sondern bedürfen einer fachlichen und ethischen Fundierung, wenn nicht das wirtschaftliche Kriterium kritiklos als wichtigstes angesehen werden soll.

Verantwortliches Handeln in Einrichtungen des Sozialbereichs hat deshalb davon auszugehen, dass die vorhandenen Interessenkonflikte zwischen Wirtschaftlichkeit, Fachlichkeit, sozialpolitischem Auftrag und „Kundeninteressen" bewusst gemacht werden und der eigene Wertbezug in diesem Zusammenhang offengelegt wird. Die Lösung der Interessenkonflikte kann deshalb auch nicht in der einseitigen Bevorzugung eines Wertmaßstabes (z. B. der Wirtschaftlichkeit) liegen, sondern in dem bewussten Aushalten dieses Konflikts. Es ist sicherlich die leichtere Lösung sich entweder auf die wirtschaftlichen oder die fachlichen oder die menschlichen Maßstäbe zu beziehen und die jeweils anderen als falsch zu diskriminieren. Letztlich ist es allerdings in allen Fällen die Reduktion einer komplexen Anforderung auf einen Wertmaßstab. Will man sich nicht auf diese Vereinfachung einlassen, dann sind die Wert- und Interessenkonflikte in sozialen Einrichtungen auszubalancieren. Dies heißt, dass alle eingebrachten Entscheidungen auf ihre Fachlichkeit, ihre Menschlichkeit und ihre Wirtschaftlichkeit zu überprüfen sind. Natürlich ist dieses Geschäft des Aushandelns der unterschiedlichen Interessen und Wertvorstellungen schwierig, konfliktträchtig und nicht selten schmerzhaft. Aber gerade deshalb sind die Mitarbeiterinnen und Mitarbeiter aber auch die Leitung von sozialen Einrichtungen hier besonders gefordert, ihre fachlichen Interessen und die ihrer Adressaten offensiv, begründet und nachhaltig in diese Verhandlungen einzubringen. Dies setzt voraus, dass die Mitarbeiterinnen und Mitarbeiter nicht nur dialogfähig sind in Bezug auf fachliche Überlegungen, sondern auch in Bezug auf ökonomische Anforderungen. Immunisierungsstrategien gegenüber als fremd empfundenen Herausforderungen taugen auf Dauer wenig, um das Überleben einer Einrichtung zu sichern.

Wir haben uns damit den Überlegungen genähert, welche Konsequenzen diese Veränderungen für die Mitarbeiterinnen und Mitarbeiter bzw. die Führungskräfte haben. Darauf gehe ich nun im Folgenden ein.

Mitarbeiterinnen und Mitarbeiter zwischen Fremd- und Selbstverantwortung

Wir verfügen inzwischen über eine Reihe empirischer Untersuchungen, mit deren Hilfe genauer definiert werden kann, über welche Kompetenzen und Qualifikationen Mitarbeiter und Mitarbeiterinnen verfügen sollten, um den neuen Anforderungen gerecht zu werden. In einer Studie wurden im Zeitraum zwischen Mai und Juli 2000 674 Stellenanzeigen im Hinblick auf das geforderte Stellenprofil und die Kompetenzen ausgewertet und diese quantitative Erhebung durch eine qualitative Befragung von Führungskräften ergänzt. Die Ergebnisse waren zum Teil zu erwarten, weisen aber auch interessante Abweichungen aus. So bestätigte sich, dass insgesamt gesehen der Anteil an Sozialmanagementsaufgaben in den sozialen und gesundheitlichen Arbeitsfeldern deutlich zugenommen hat. So waren etwas mehr als 50% der Aufgaben in den Stellenausschreibungen dem Bereich des Sozialmanagements zuzuordnen. Dahinter verbergen sich unter anderem Bereiche wie Konzeptentwicklung, Führung, Projektbegleitung, Öffentlichkeitsarbeit, Qualitätssicherung, Finanzmanagement und Personalentwicklung. Eine deutliche Mehrheit – nämlich 71% - der angebotenen Stellen befinden sich im operativen Bereich. Bei 20% der ausgeschriebenen Stellen handelt es sich um Leitungspositionen (z.B. Einrichtungs- oder Projektleitung). Das macht deutlich, dass Sozialmanagementaufgaben nicht prinzipiell originäre Leitungsfunktionen tangieren müssen, sondern in allen Feldern der Sozialen Arbeit – auch von den Fachkräften – erwartet werden.

Auch in Bezug auf die gesuchten Kompetenzen ergeben sich interessante Ergebnisse. Hier dominieren nämlich nicht wie zu erwarten die Managementkompetenzen, sondern gesucht werden in über 60% der Fälle Kompetenzen im Bereich der Schlüsselqualifikationen. Dazu zählt unter anderem in der Reihenfolge der Nennungen Teamfähigkeit, Engagement, Selbständigkeit, Kreativität und Flexibilität. Im Bewusstsein der Arbeitgeber im Sozialbereich nehmen die Schlüsselqualifikationen damit eine herausragende Stellung ein. Ich werde darauf gleich noch grundsätzlicher eingehen. Anders gesehen bedeutet dies aber nicht, dass Managementkompetenzen zu vernachlässigen wären. Interessanterweise steht hier in der Spitzengruppe die Forderung nach EDV-Kenntnissen gefolgt von Leitungskompetenz und Organisationsfähigkeit. Leitungskräfte erwarten von ihren künftigen Mitarbeiterinnen und Mitarbeitern Kompetenzen im den Bereichen Kommunikationsfähigkeit (89%), Controlling und Wirtschaftlichkeit (66%), EDV und Sozialinformatik (62%) gleichauf mit Personalmanagement (62%) , Fähigkeit zur Teamleitung (61%) und Öffentlichkeitsarbeit (59%). Interessanterweise rangiert die Bereitschaft und Fähigkeit zur Organisationsentwicklung mit 33% an letzter Stelle.

Die genannten Forderungen führen zu Überlegungen, wie sich das Berufsbild der Sozialpädagoginnen und Sozialpädagogen verändert hat und wie dafür ausgebildet bzw. im Studium qualifiziert werden kann. Allgemein lässt sich wohl sagen, dass bei Studierenden im Sozialbereich das Bewusstsein geschult werden muss, soziale Tätigkeitsfelder sowohl im Kontext traditioneller Fachlichkeit als auch im Rahmen von Wirtschaftlichkeitskriterien zu betrachten. Neben den fachlichen Kompetenzen im engeren Sinne müssen die Angehörigen der sozialen Berufe deshalb auch über betriebswirtschaftliche und managementbezogene Steuerungskompetenzen einerseits und sozialwissenschaftlicher Methodenkompetenz anderseits verfügen, mit deren Hilfe die fachlichen Qualitätsanforderungen transparent und evaluierbar gemacht werden können. Die Vermittlung von Sozialmanagementkompetenzen darf deshalb nicht länger auf die Ausbildung für Leitungspositionen im Sozialsektor beschränkt bleiben. Denn auch die Berufsangehörigen der operativen Sozialen Arbeit müssen die neuen Methoden und Handlungsweisen kennen und teilweise beherrschen, um effektiv und effizient handeln zu können. Allerdings erscheint mir eine Strategie, die sich ausschließlich aus einer intensiven Vermittlung von Managementtechniken einen Fortschritt erwartet, zu kurz gedacht. Ich möchte Sie deshalb dafür sensibilisieren, die momentanen Anforderungen nicht technologisch verkürzt zu diskutieren, sondern sie in das größere Feld des gesellschaftlichen Strukturwandels einzubetten. Nur so werden die eigentlichen Herausforderungen der Zukunft an soziale Einrichtungen und Organisationen wirklich deutlich.

Meine Damen und Herren, Sie haben vermutlich alle in den letzten Jahren die Debatten über den gesellschaftlichen Strukturwandel verfolgt, die ganz eng mit dem Begriff der „Individualisierung", wie ihn Ulrich Beck geprägt hat, verbunden sind. Individualisierung, das meint hier in erster Linie die Freisetzung des Individuums aus seinen traditionellen und tradierten Wertbezügen und sozialen Milieus mit der Folge, dass das Individuum wesentlich stärker in der Selbst- und Eigenverantwortung der Entscheidungen gefordert ist. Im negativen Sinne bedeutet Individualisierung einen Verlust an Sicherheiten, im positiven Sinne einen Zugewinn an Autonomie und individueller Entscheidungsmöglichkeit. „Dazu gehört die abnehmende Bereitschaft sich anzupassen, sich einzuordnen, nur auszuführen – von den einen als Egoismus-Epidemie gegeißelt, von den anderen als Emanzipation gefeiert" (*Sprenger, 2001, 37*).

Verblüffend ist aus meiner Sicht an dieser Debatte, dass der Individualisierungsprozess für die unterschiedlichsten gesellschaftlichen Bereiche beschrieben und untersucht wurde, vor den Toren der Unternehmen und sozialen Einrichtungen aber Halt gemacht hat. Wir nehmen alle mehr oder weniger nicht zur Kenntnis, dass der Individualisierungsprozess längst Einzug gehalten hat in die Etagen der Unternehmen und Organisationen des Sozialsektors. Wie wäre es denn sonst anders zu erklären, dass wir gerade in christlich und weltanschaulich ausgerichteten Einrichtungen der Wohlfahrtspflege einen intensiven Versuch feststellen können, die wertbezogenen Grundlagen in Form von Leitbildern in einem mühsamen Prozess neu zu definieren. Die Notwendigkeit dieser Bemühungen machen doch nur einen Sinn, wenn wir uns ehrlich eingestehen, dass die Gewissheit eines gemeinsamen Grundverständnisses der Mitarbeiter und Mitarbeiterinnen längst dabei ist, sich in einem zunehmend beschleunigenden Individualisierungsprozess zu verflüchtigen. Mit einem großen Aufwand versuchen wir im Alltag der Organisationen mit Mitarbeiterinnen und Mitarbeiter ein gemeinsames und tragfähiges Leitbild neu zu vereinbaren. Dies gelingt partiell auch immer wieder, wird spätestens aber dann konfliktträchtig, wenn Mitarbeiterinnen und Mitarbeiter sich an der Gängelleine des organisatorischen Regelungszwangs wähnen, und dagegen zu rebellieren beginnen.

Denken wir doch deshalb einmal über einen anderen Weg nach. Versuchen wir doch nicht, das mag revolutionär klingen, die Menschen auf die Bedürfnisse der Organisation abzurichten, sondern die Organisation auf die Bedürfnisse der Mitarbeiterinnen und Mitarbeiter auszurichten. Ich höre geradezu das Raunen in den Köpfen: „Das gäbe ja nur Chaos, wenn jeder machen könnte, was er wollte!" Ich bin weit davon entfernt, mit meiner Forderung für Beliebigkeit und Chaos in Organisationen zu plädieren oder Organisationen als Zentren der Selbstverwirklichung für ihre Mitarbeiterinnen und Mitarbeiter zu betrachten. Wir sollten aber die Frage stellen, warum es uns so schwer fällt, die Selbstverantwortung von Mitarbeiterinnen und Mitarbeitern in unseren Organisationen radikal ernst zu nehmen. Marktorientierung mit der Stärkung der dezentralen Mitarbeiterverantwortung kann unter den gegenwärtigen Bedingungen im Sozialbereich nur dann erfolgreich gemanagt werden, wenn die Selbstverantwortung des Individuums auch tatsächlich ernst genommen wird. Anderenfalls werden wir das erleben, was wir zur genüge aus dem Alltag kennen: Arbeitsunzufriedenheit, mangelnde Bindung, innere Kündigung und Verlust der Motivation.

Selbstverantwortliches Handeln heißt doch nichts anderes, als die notwendigen Freiräume und Entscheidungsspielräume der Mitarbeiter und Mitarbeiterinnen zuzulassen und zu unterstützen. Und wir wissen es doch auch aus den vielen Untersuchungen zur Arbeitsmotivation, dass genau dies die Voraussetzungen dafür ist, schöpferisches, verantwortungsbewusstes und kompetentes Verhalten bei Mitarbeiterinnen freizusetzen Und hat dies nicht auch sehr viel mit Menschlichkeit zu tun? Ich plädiere dafür den Mitarbeitern mehr Selbstverantwortung zuzugestehen. Dabei ist mir sehr wohl bewusst, dass es auch Mitarbeiter und Mitarbeiterinnen gibt, die aus verschiedenen Gründen diese Freiräume nicht als Chance begreifen wollen oder begreifen können. Denn Freiräume gibt es ja nicht zum Nulltarif, sondern sie machen nur dann einen Sinn, wenn der Zugewinn an individueller Gestaltungsmöglichkeit daran gebunden ist, diesen Zugewinn auch persönlich zu verantworten. Dazu müssen aber nicht nur in den Köpfen der Mitarbeiterinnen und Mitarbeiter neue Denkmuster entstehen, sondern auch Führungskräfte müssen ihr Führungsverständnis und Führungsverhalten neu überdenken. Damit komme ich zum vierten Kapitel meines Vortrags.

Nicht Vorgesetzte, sondern Führungskräfte sind gefordert.

Meine Damen und Herren, beim Thema neues Führungsverhalten könnte ich mich jetzt einreihen in die lange Liste der Führungsinstrumente, die gegenwärtig in der populistisch ausufernden Führungsliteratur den angehenden oder praktizierenden Führungskräften empfohlen wird. Mitarbeiterbefragungen, Leistungsbeurteilungen, Zielvereinbarungen, Mitarbeitergespräche, 360° Beurteilungen stellen nur eine kleine Auswahl der Instrumente dar, die auf Führungsseminaren gelehrt und mehr oder weniger erfolgreich in die Praxis umgesetzt werden. Natürlich können Mitarbeitergespräche und Mitarbeiterbefragungen einen Sinn machen, um Stimmungen und Tendenzen in Abteilungen und bei einzelnen Mitarbeitern besser zu erfassen und darauf reagieren zu können. Natürlich können Leistungsbeurteilungen helfen, dass nivellierende Einerlei des Mittelmaßes – wie es gerade im Sozialsektor nicht selten zur Norm erhoben wurde - zu durchbrechen und Mitarbeiterinnen in ihrer Leistungsmotivation zu bestärken. Sicherlich können auch Zielvereinbarungen dazu beitragen, die mittel- und langfristigen Ziele von Organisationen mit den Zielen der Mitarbeiter zu koordinieren und abzugleichen und selbstverständlich schadet es auch Führungskräften nichts, wenn sie nicht nur beurteilen, sondern auch selbst beurteilt werden. Aber diese Instrumente werden nur äußerlich bleiben, wenn das Menschenbild von Führungskräften und das „heimliche" Führungsverhalten von der Annahme des unmotivierten Mitarbeiters und nicht der selbstverantwortlichen Mitarbeiterin ausgehen.

Das traditionelle Modell der Struktur und Gestaltung von Organisationen baut auf der Idee der Dominanz von Struktur, Regeln und Normen gegenüber den Mitarbeiterinnen und Mitarbeitern auf. Hierarchische Gliederung, Vereinheitlichung der Arbeitsprozesse, Verpflichtung der Mitarbeiter auf vordefinierte Regelwerke lösen die Vielfalt und Kreativität der Individuen zugunsten der Konformität auf. Im alten Bild der Organisationen werden Menschen geschaffen, die sich ein- und anpassen. Sie sind Mittel zum Zweck, um vordefinierte Aufgaben zu lösen und die Erfordernisse der Organisation zu lösen. Der Mensch steht nicht im Mittelpunkt, sondern ist Werkzeug. Moderne Organisationsmodelle reduzieren den Zentralismus und die Hierarchie zugunsten von dezentralen Netzwerken, Modulen, Gitterwerken, Systemen auf Zeit oder wie auch immer die Bezeichnungen dafür lauten und stärken dadurch die Selbst- und Eigenverantwortung der Mitarbeiter und Mitarbeiterinnen. Den Führungskräften kommt bei diesem Umbau der Organisationen eine

Schlüsselstellung zu: sie schaffen die Voraussetzungen dafür und sie vermitteln im Alltag, ob eine Organisationskultur mehr zur Gängelung oder mehr zur Stärkung der Eigenverantwortung beiträgt. Deshalb sind nicht Vorgesetzte an dieser Stelle notwendig, sondern unterstützende Führungskräfte.

Vorgesetzte, das sind Menschen, die aufgrund ihrer Position Macht über Mitarbeiterinnen und Mitarbeiter bekommen haben. Diese Rolle legitimiert sich aus der Struktur, d.h. der Hierarchie der Organisation. Demgegenüber legitimieren sich Führungskräfte darüber, ob sie Voraussetzungen für die Entfaltung der schöpferischen und selbstverantwortlichen Kräfte der Mitarbeiterinnen und Mitarbeiter schaffen und diese im Alltag der Organisation auch unterstützen und fördern. Dies bedeutet nun aber keineswegs, dass ich damit den Leistungsanspruch aus Organisationen zugunsten eines Selbstverwirklichungsanspruchs suspendieren will.

Organisationen im Sozialsektor sind eine Leistungsgemeinschaft in der eine Dienstleistung zu erstellen ist, die etwas kostet, die beurteilt wird und die auch hohen fachlichen Qualitätsansprüchen genügen soll. Sie sind aber auch eine Personengemeinschaft, in der die Besonderheit des Individuums mit seinen Stärken und Schwächen Anerkennung und Unterstützung findet und sie sind eine Wertegemeinschaft, in der die grundlegende Wertebasis bewusst gemacht und im Alltag auch gelebt wird. Modernes Führen heißt, eine Balance zu erlangen zwischen diesen Erfordernissen und Ansprüchen oder anders formuliert, einen Ausgleich zu finden zwischen „Gemeinschaft" und „Individuum", zwischen „Ich" und „Wir", zwischen „Selbstverantwortung" und „Hierarchie", zwischen „Kontinuität" und „Wandel", zwischen „Autonomie" und „Zusammenarbeit" und zwischen „Tradition" und „Innovation". Diese Balance hat aber nur dann eine Chance, wenn Mitarbeiterinnen und Mitarbeitern dafür ein Minimum an Ressourcen zur Verfügung steht. Lassen Sie mich deshalb in meinen letzten Bemerkungen noch kurz auf diesen Aspekt eingehen, und damit den Bogen zur Einleitung spannen.

Ressourcenverantwortung ohne Ressourcen

Der Gesetzgeber macht es sich zur Zeit bei der Schaffung neuer gesetzlicher Grundlagen im Sozialsektor an vielen Stellen leicht, indem er höhere Leistungs- und Qualitätsanforderungen festlegt, ohne auf der anderen Seite die dafür notwendigen finanziellen Ressourcen bereitzustellen. So entsteht die paradoxe Situation, dass Mitarbeiterinnen und Mitarbeiter mehr

Ressourcenverantwortung zugestanden wird, diese Ressourcen aber immer knapper werden. Die eingangs beschriebene Steigerung der Arbeitsbelastung und eine sinkende Arbeitsmotivation ist die Folge. Am Beispiel der vollstationären Altenpflegeeinrichtungen kann man das ganz gut beobachten. So hat der Pflegeaufwand bei den körperlich Schwerstbedürftigen und der Betreuungsaufwand bei den dementiell Erkrankten mit längerer Verweildauer deutlich zugenommen. Außerdem stellen das Pflegeversicherungsgesetz und das Pflegequalitätssicherungsgesetz höhere Ansprüche an die Qualitätsstandards der Pflege. Dies hat dazu geführt, dass der Aufwand an Planung und Dokumentation, Besprechungen und Anleitungen sowie Schulungen zugenommen hat und dies zu Lasten der direkten Pflege geht. Ohne einen angemessenen Ausgleich dafür ist zu erwarten, dass weder die Ergebnisqualität der Pflege noch die Arbeitsmotivation des Pflegepersonals gesteigert werden kann.

Hier schließt sich der Kreis: Der Zuwachs an betriebswirtschaftlicher Kompetenz und selbstverantwortlichem Handeln bei Mitarbeiterinnen und Mitarbeitern sozialer Einrichtungen kann eine Chance sein. Dies gilt aber nur dann, wenn die geschaffenen Spielräume nicht im Würgegriff sich verknappender Ressourcen untergehen. Der Umgang mit knappen Ressourcen hat zwar, so war ja meine Ausgangsthese zur Ökonomisierung des Sozialsektors geführt. Knappe Ressourcen können betriebswirtschaftlich auch erfolgreich gemanagt werden. Aber auch hier gibt es Grenzen, wenn nicht die Qualität der Arbeit und die Arbeitsmotivation der Mitarbeiterinnen und Mitarbeiter leiden sollen. Hier sind, so denke ich, die Einrichtungsträger als Interessenvertreter gefordert. Sie müssen an dieser Stelle aktiv werden, um zu einem besseren Ausgleich zwischen veränderten Anforderungen und notwendigen finanziellen Ressourcen zu kommen. Nur so können die neuen Herausforderungen auch zu einer Verbesserung der Qualität der Leistung, der Zufriedenheit der Mitarbeiterinnen und Mitarbeiter und damit zu mehr Menschlichkeit insgesamt führen.

Literatur:

Malik, F.: Führen, Leisten, Leben. Wirksames Management für eine neue Zeit. Stuttgart, München 2001. 9. Auflage.

Nüß, S./Schubert, H. (Hg.): Managementkompetenzen in der sozialen Arbeit – Was verlangt die Praxis? In: Schubert, H. (Hg.): Sozialmanagement. Opladen 2001. S. 143-168.

Puch, H.-J./Westermeyer, K.: Managementkonzepte. Freiburg 1999.

Puch, H.-J. : Soziale Arbeit im Aufbruch. Auf dem Weg zu einer neuen Professionalität? In: *König, J./Oerthel, Ch./Puch, H.-J.*: Qualitätsmanagement und Informationstechnologien im Sozialmarkt. Starnberg 2000. S. 51-65.

Sauer, P.: Analyse von Stellenanzeigen im Bereich Sozialer Arbeit. In: Soziale Arbeit, Jg. 49, Heft 4. S. 138-143.

Sprenger, R.K.: Aufstand des Individuums. Frankfurt am Main/New York 2001.

Zapf, D.: Mobbing in Organisationen. Stand der Forschung. In: Zeitschrift für Arbeits- und Organisationspsychologie. 43 Jg. Heft 1/1999. S. 1-25.

2019

Kindertagesstätten erfolgreich leiten[68]

Die Leitung von Kitas ist eine vielfältige und anspruchsvolle Aufgabe. Um diese erfolgreich bewältigen zu können, sollten Leitungskräfte die Handlungsanforderungen, die an sie gerichtet sind, kennen. Außerdem sollten sie über Kompetenzen verfügen, die ihnen dabei helfen, die Erwartungen von außen mit dem eigenen beruflichen Selbstbild in Balance zu bringen.

Die Anforderungen an die Leitung von Kindertagesstätten haben sich grundlegend geändert. Mit dem Bildungs-, Erziehungs- und Betreuungsauftrag, wie er in den Bildungs- und Erziehungsplänen der Länder formuliert ist, hat sich das frühpädagogische Berufsbild professionalisiert. Zusätzlich setzen gesetzliche Vorgaben Leitplanken für das fachlich-pädagogische Handeln. Darüber hinaus erfordern neue Finanzierungsmodelle und der Wettbewerb zwischen den Einrichtungen strategische und betriebswirtschaftliche Kompetenzen von Kita-Leitungen. Um diesen vielfältigen Anforderungen gerecht zu werden und dabei selbst nicht zu scheitern, ist ein professionelles Leitungshandeln erforderlich. Wir stellen in diesem Beitrag Eckpunkte einer erfolgreichen Leitung vor.

Unzureichende Unterstützung und Wertschätzung der Kita-Leitung

Der Deutsche Kitaleitungskongress gibt seit 2015 jährlich eine repräsentative Studie heraus, in der Kita-Leitungen zu aktuellen Themen befragt werden. Dabei zeigt sich, dass Kita-Leitungen unter einer hohen Arbeitsbelastung und einer geringen Wertschätzung leiden. In der Studie von 2015[69] geben 51% der Befragten an, dass sie sich den Belastungen des Arbeitsalltags nicht

[68] Der Beitrag wurde zusammen mit Egon Endres in KiTa aktuell Recht, 3/2019 veröffentlicht. S. 84 -86.

[69] BeWAK Studie (2015): Befragung zur Wertschätzung und Anerkennung von Kitaleitungen. Von der Gesellschaft unterschätzt, von der Politik vernachlässigt. Köln.

gewachsen fühlen. 53% haben den Eindruck, erschöpft und ausgelaugt zu sein. Diese subjektive Arbeitsbelastung wird noch durch eine geringe Wertschätzung und Anerkennung seitens der Politik verschärft. In der 2018 veröffentlichten Studie[70] beklagen 80% der Befragten eine mangelnde Wertschätzung durch die Politik und 78% fühlen sich nur mehr oder weniger durch ihre Träger unterstützt. Dieses kurze Schlaglicht verdeutlicht, dass Kita-Leitungen einen grundlegenden Konflikt zu bewältigen haben. Mit mangelnder Unterstützung und Wertschätzung von außen ist eine erfolgreiche Leitung von Kitas aber nur schwer möglich. Deshalb sind mehr Wertschätzung durch die Politik und eine ausreichende Unterstützung der Leitung durch den Träger eine Grundvoraussetzung für eine erfolgreiche Kita-Leitung.

Spannungsfelder für Kita-Leitungen

Spannungsfelder für Kita-Leitungen Die Wahrnehmungen der Kita-Leitungen spiegeln grundlegende Spannungsfelder wider. Aus der Perspektive der Managementtheorie hat die Leitung u.a. die Aufgabe, dafür Sorge zu tragen, dass die fachlich-pädagogische Qualität stimmt (Aufgaben- und Qualitätsorientierung) und gleichzeitig die Motivation und Leistung der Mitarbeiter/innen angemessen ist (Mitarbeiter/innenorientierung). Ein weiteres grundlegendes Spannungsfeld ist der Herausforderung geschuldet, dass Kitas sich ständig weiterentwickeln müssen (Innovationsorientierung). Gleichzeitig müssen Kita-Leitungen aber darauf achten, die Werte und Kultur ihrer Einrichtung zu bewahren (Traditionsorientierung). Wie Forschungen zeigen, sind Organisationen jedoch nur dann stabil, wenn sie zwischen der Notwendigkeit der Organisationsentwicklung, der Berücksichtigung der kulturellen Traditionen, der Beachtung der fachlichen Qualität und der Motivation der Mitarbeiter/ innen eine Balance schaffen.

Iris Nentwig-Gesemann, Katharina Nicolai und Luisa Köhler[71] sehen in der Kita-Leitung eine Schlüsselposition für die Qualität der Einrichtung. Um in Bezug

---

[70] DKLK-Studie (2018): Befragung zur Wertschätzung und Anerkennung von Kita-Leitungen. Die Kita-Leitung im Zentrum der Qualitätsdebatte. Köln.

[71] Nentwig-Gesemann, Iris/Nicolai Katharina/Köhler, Luisa (2016): Kita-Leitung als Schlüsselposition. Erfahrungen und Orientierungen von Leitungskräften in Kindertagesstätten. Bertelsmann Stiftung (Hrsg.). Gütersloh, S. 31 ff.

auf die Kinder, die Eltern, die Mitarbeiter/innen, den Träger und die Profession erfolgreich zu sein, haben sie in folgenden Spannungsfeldern kompetent zu agieren und zu einem Ausgleich zu kommen: a) strukturelle Rahmenbedingungen (trägerspezifische Besonderheiten, rechtliche und ökonomische Vorgaben etc.), b) professionelle Erwartungen von außen (Wissenschaft und Forschung, Berufsverband etc.), c) das professionelle Selbstverständnis der Leitung (berufsbiografisches Selbstbild etc.) und d) die habituellen Orientierungen (nur z.T. bewusste Muster des Denkens, Deutens und Handelns der Leitung).

Ein erfolgreiches Leitungshandeln setzt also voraus, dass die beschriebenen Spannungsfelder auf der Leitungsebene und im Team wahrgenommen und transparent bearbeitet werden. Um zu einer reflektierten beruflichen Identität zu kommen, kann auf der persönlichen Ebene ein Rollenmanagement helfen. So können die Rollenerwartungen aus der Distanz betrachtet und mit den eigenen Erwartungen in Einklang gebracht werden. Auf der Teamebene können die nur z.T. bewussten Erwartungen der Teammitglieder bzgl. der Spannungsfelder offengelegt und in Bezug auf einen Teamkonsens bearbeitet werden.

Kompetenzanforderungen an Kita-Leitungen

Grundsätzlich stellt sich aber die Frage, über welche Kompetenzen Kita-Leitungen verfügen sollten, um in dem Feld vielfältiger Anforderungen und Spannungen erfolgreich zu agieren. Eine Expertengruppe der *»Weiterbildungsinitiative Frühpädagogische Fachkräfte«* (WIFF) hat 2014 einen Vorschlag vorgelegt, in dem Kompetenzen und Handlungsanforderungen an Kita-Leitungen formuliert werden.[72] Die Expertengruppe orientiert sich an dem Modell des Deutschen Qualifikationsrahmens (DQR), hat diesen aber modifiziert. Der DQR unterscheidet zwischen *Fachkompetenz*, die in die Dimensionen Wissen (Kenntnisse und Wissensbestände) und Fertigkeiten (Handlungsbezug) unterteilt ist. Eine weitere Unterscheidung umfasst die personale Kompetenz mit den Dimensionen *Sozialkompetenz* (Team- und Führungsfähigkeit, Kommunikation) und *Selbstkompetenz* (Eigenständigkeit,

[72] Deutsches Jugendinstitut/Weiterbildungsinitiative Frühpädagogische Fachkräfte (Hrsg.) (2014): Leitung von Kindertageseinrichtungen. Grundlagen für die kompetenzorientierte Weiterbildung. WiFF Wegweiser Weiterbildung. Band 10. München.

Verantwortung, Reflexivität, Lernkompetenz). Diese Unterscheidungen des DQR werden durch Handlungsanforderungen ergänzt, die »typische, regelmäßig wiederkehrende Situationen aus dem Berufsalltag der frühpädagogischen Fachkräfte im jeweiligen Qualifizierungsbereich" (S.120) beschreiben. Das so entstandene Modell umfasst 29 Handlungsanforderungen in 5 Handlungsfeldern, die den o.g. Kompetenzunterscheidungen zugeordnet werden.

- Aufgaben und Ziele erfüllen (Bildungs-, Erziehungs- und Betreuungsauftrag; Betriebsführung)
- Selbstmanagement: sich selbst führen
- Mitarbeiterinnen und Mitarbeiter führen
- Zusammenarbeit gestalten
- Organisation entwickeln

Diese Handlungsanforderungen stellen sowohl für Institutionen der beruflichen und akademischen Weiterbildung aber auch für die Mitarbeiter/innen und die Träger von Kitas eine Orientierungshilfe dar. Zum einen kann die Kommunikation zwischen Träger und Kita-Leitung in Bezug auf Unterstützung und Qualitätsstandards transparent geführt werden, zum anderen können Kita-Leitungen ihre eigene Praxis im Spiegelbild der umfangreichen Handlungsanforderungen kritisch reflektieren und überprüfen.

Das WIFF-Modell formuliert idealtypische Anforderungen an eine professionelle Kita-Leitung. Wie aber sieht es mit dem tatsächlichen Leitungsverhalten in Kitas aus? Welches Leitungsverständnis haben Kita-Leitungen eigentlich? Wie erleben sie das Verhältnis Von Handlungsanforderungen und Leitungsverhalten? *Iris Nentwig-Gesemann, Katharina Nicolai und Luisa Köhler* geben in ihrer Studie Einblicke in das tatsächliche Leitungsverhalten von Kita-Leitungen.[73] Die Forscherinnen konnten drei Idealtypen von Führung identifizieren.

---

[73] Nentwig-Gesemann, Iris/Nicolai Katharina/Köhler, Luisa (2016): Kita-Leitung als Schlüsselposition. Erfahrungen und Orientierungen von Leitungskräften in Kindertagesstätten. Bertelsmann Stiftung (Hrsg.). Gütersloh, S. 31 ff.

Typologien des tatsächlichen Leitungsverhaltens

Der *Typus Fürsorglichkeit* steht für ein Leitungs- und Führungsverhalten, das stark an der Ausgestaltung persönlicher und harmonischer Beziehungen zu den Teammitgliedern und den Eltern orientiert ist. Viel Zeit wird in die persönlichen Kontakte investiert. Leitung und Team verstehen sich als solidarische Gemeinschaft. Aber: gemeinsam leiden Team und Leitung unter den schlechten Rahmenbedingungen und dem Modernisierungsdruck. Eine klare Positionierung gegenüber dem Träger sowie die Delegation von Aufgaben fällt schwer. Gegenüber den Kindern sehen Leitungen sich durchaus als wirkungsvoll. Gegenüber dem Träger werden jedoch eher geringe Einflussmöglichkeiten gesehen. Verwaltungs- und Managementaufgaben werden negativ und als »fachfremd« wahrgenommen. Gepaart ist dies mit der Einschätzung, nicht ausreichend für die Aufgabe qualifiziert zu sein.

Der *Typus Management* steht für ein Leitungs- und Führungsverständnis, das an betriebswirtschaftlich definierten Managementaufgaben orientiert ist. Die Prozesse und Abläufe in den Kitas werden deshalb so organisiert, dass ein reibungsloser Ablauf und das Erbringen von guten Leistungen möglich sind. In Bezug auf die Bereiche Verwaltung und Management erleben die Kita-Leitungen sich selbst als autonom und selbstwirksam. Zwischen den Leitungsaufgaben und dem pädagogischen Kerngeschäft wird jedoch eine klare Trennlinie gezogen. Das professionelle Selbstverständnis der Leitung ist an dem Berufsbild des/der Managers/Managerin orientiert, verbunden mit der Wahrnehmung eines massiven gesellschaftlichen Anerkennungsdefizits.

Der *Typus Leadership* steht für ein Leitungs- und Führungsverständnis, das sowohl an den Anforderungen des Managements wie an der Qualität der frühpädagogischen Arbeit orientiert ist. Dieser komplexe Typus versucht die Ebene der Interaktion (Austausch im Team), mit der strukturellen Ebene (Organisation und Management) und der pädagogischen Ebene (frühpädagogische Qualität) in Einklang zu bringen. Die Autorinnen der Studie unterscheiden hier zwischen zwei Untertypen. In dem *Untertypus teambezogenes Leadership* wird der Fokus auf die Personal- und Qualitätsentwicklung gelegt. Kita-Leitung sieht sich als pädagogische Expertin, welche die pädagogische Arbeit, Elternarbeit und Teamentwicklung vorbildhaft zusammenbringt. In dem Untertypus *strukturbezogenes Leadership* wird der Fokus mehr auf die Führung einer Organisation sowie die Konzeptions- und Organisationsentwicklung gelegt. Der Ort Kindertagesstätte wird im gesellschaftlichen Kontext gesehen, d.h. das

Pädagogische wird stark auf der Ebene von Organisations- und Teamstruktur sowie der sozialräumlichen Vernetzung gestaltet.

Fazit

Eine erfolgreiche Kita-Leitung muss die Komplexität der unterschiedlichen Anforderungen im Feld wahrnehmen und interpretieren können. Gleichzeitig benötigt sie Handlungsstrategien, um die eigene Position offensiv gegenüber dem Träger, den Eltern und dem Team zu vertreten. Außerdem gehört zu der Leitungskompetenz neben dem frühpädagogischen Fachwissen auch ein Wissen über die betriebswirtschaftliche und rechtliche Steuerung von Kitas. Ferner sind Sozial- und Selbstkompetenzen erforderlich, die ein zielgerichtetes frühpädagogisches und managementbezogenes Handeln im Team integrieren können. Der Typus Leadership bietet für diese vielfältigen Aufgaben eine gute Orientierungshilfe.

2018

Human Resource Management in der Kinder- und Jugendhilfe[74]

Human Resource Management (HRM) oder Mitarbeiterführung agieren in einem komplexen institutionellen Feld. Das Handeln kann direkt erfolgen (z.B. durch Mitarbeitergespräche) oder indirekt (z.B. durch Delegation von Verantwortung). In beiden Fällen sind geht es um eine verhaltensbezogene Einflussnahme, um die Leistung und die Motivation von Mitarbeitenden zu optimieren. Die aktuelle Debatte um das Human Resource Management geht von der Annahme aus, dass ein Wechseln in der Kultur der Führung erforderlich ist hin zu mehr eigenverantwortlichem und eigenständigen Handeln der Mitarbeitenden. Wir zeichnen in dem Beitrag an ausgewählten Führungstheorien den Wandel von traditionellen zu modernen Konzepten der Führung nach. An dem Modell der transformativen Führung werden exemplarisch aktuelle Herausforderungen der Mitarbeiterführung beschrieben.

Bezugspunkte von Mitarbeiterführung in der Kinder- und Jugendhilfe

Human Resource Management, so wie wir es hier verstehen, hat immer einen institutionellen Bezug. Dieser wird aus soziologischer Perspektive im Allgemeinen als „Organisation" und aus betriebswirtschaftlicher Perspektive als „Unternehmen" bezeichnet. In der Managementliteratur ist deshalb von „Mitarbeiterführung" oder „Human Resource Management" (HRM) die Rede. Wenn der institutionelle Kontext konstitutiv für das Human Resource Management ist, dann stellt sich in Bezug auf die Kinder- und Jugendhilfe die Frage, ob es eine besondere Art von Führung in diesem Handlungsfeld gibt? Wir gehen von der Annahme aus, dass dies nicht der Fall ist. Dies wollen wir kurz begründen. In unserem Beitrag geht es um die grundlegenden theoretischen Aspekte von Führung. Diese unterscheiden sich nicht in Bezug auf ihren jeweils spezifischen Organisationskontext. Unterschiedliche Organisationen sind lediglich situative Modifikationen, aber keine

[74] Der Beitrag wurde zusammen mit Egon Endres in: Jugendhilfe 56. Jahrgang, Heft 6/2018 S. 649-656 veröffentlicht.

essentiellen Veränderungen von Führung. Deshalb sind die Erkenntnisse, die uns Führungsforschung und -theorie liefern, in ihren Grundzügen auch auf die Kinder- und Jugendhilfe anwendbar. Unberührt davon bleibt jedoch, dass wir es mit Leerstellen zu tun haben, was die empirische Forschung zu Führung in der Kinder- und Jugendhilfe anbelangt. Hier besteht ein großer Forschungsbedarf.

Führung in der Kinder- und Jugendhilfe kann in einem ersten Zugang als Interaktion zwischen Führungskräften und Mitarbeitenden beschrieben werden. Dieses Verständnis kommt in einer Vielzahl von Definitionen zum Ausdruck. Wir beziehen uns deshalb zunächst auf die Definition von *von Rosenstiel* (2009), demzufolge Führung als »bewusste und zielbezogene Einflussnahme auf Menschen (S. 3) verstanden werden kann. Die neuere Führungsforschung hat jedoch gezeigt, dass diese Einflussnahme keinesfalls nur von der Führungskraft ausgeht, sondern auch von den Mitarbeitenden selbst. »Führen und geführt werden« (*Neuberger* 1995) bringt diese Perspektive auf den Punkt.

Die aktuelle Debatte verweist jedoch noch auf einen weiteren Aspekt: Ist das traditionelle Führungsdenken im Sinne einer kausalen Einflussnahme der Führungskraft auf das Verhalten der Mitarbeitenden eigentlich noch zeitgemäß? Angesichts der qualitativen Veränderungen von Arbeit, die in den Konzepten von »Arbeit 4.0« und »New Work« (*Bergmann* 2017) zum Ausdruck kommen und unter Beachtung der begrenzten Steuerungsfähigkeit von komplexen Organisationen, muss das Führungsverhalten neu gedacht werden. Moderne bzw. postmoderne Organisationen (»agile Organisationen«) sehen Mitarbeitende längst nicht mehr als willenlose Befehlsempfänger, sondern als eigenverantwortlich und selbständig agierende Personen im Rahmen von abgesteckten Ziel- und Verantwortungshorizonten. Damit hat eine Führungskultur, deren Leitbild einem überholten mechanistischen Führungsverständnis entspricht, ausgedient. Erforderlich ist deshalb ein Kulturwechsel in der Führung, welcher die Grundlagen eines dialogischen Miteinanders auf der Basis selbstverantwortlichem Handeln von Führungskräften und Mitarbeitenden zur Grundlage hat, Diese spannende Debatte wird in jüngster Zeit verstärkt in der Fach« und Managementliteratur geführt (*vgl. Seliger* 2014).

Als weiterer Bezugspunkt des Human Resource Managements in der Kinder- und Jugendhilfe ist zu berücksichtigen, dass diese sich in einem komplexen und ausdifferenzierten »Kräftefeld« (*Fleißer* 2014) vollzieht, das u.a. in einem hohen Ausmaß von Rechtsnormen geprägt ist. Überdies steht die Kinder- und Jugendhilfe im kontinuierlichen Austausch mit einer Vielzahl an Anspruchsgruppen bzw. Akteuren, Human Resource Management hat deshalb stets die Zielsetzungen und Ansprüche der eigenen Organisation, die Qualität der Leistung, die Wirkungen für die Adressaten (Outcome) die kooperierenden Organisationen sowie die gesellschaftlichen Rahmenbedingungen in das Handeln einzubeziehen (vgl. Puch 1997[2], S. 180 f.) und das Führungsverhalten vor diesem Kontext zu reflektieren.

Führungserfolg und Motive

Human Resource Management hat darüber hinaus immer auch einen normativen Bezug, Dieser kommt u.a. in der Definition des Führungserfolgs zum Ausdruck. Das was als Führungserfolg bezeichnet wird, erfolgt durch unterschiedliche Akteure und kann dementsprechend durchaus widersprüchlich sein. *Brodbeck, Maier & Frey* (2002) schlagen vor, den Führungserfolg an folgenden Kriterien zu messen:

1. Das Ausmaß des Einflusses auf andere: Wie nachhaltig gelingt es der Führungsperson Mitarbeitenden in ihrem Leistungsverhalten, ihrer Arbeitsmotivation und in ihren Einstellungen (z.B.: in der Lern- und Innovationsbereitschaft) zu beeinflussen?

2, Die Leistung der Mitarbeitenden: Qualität und Quantität der Arbeitsleistungen, Wissens- und Fertigkeitserwerb sowie Innovationskompetenz können hier als Indikator dienen.

3. Die Gesundheit und die Arbeitszufriedenheit der Mitarbeitenden: Belastende und überfordernde Arbeitsbedingungen führen zu Stress, Unzufriedenheit, erhöhtem Krankenstand, verringerter Leistung und unzureichender Bindung der Mitarbeitenden an der Organisation.

4. Die Anerkennung als Führungsperson durch Mitarbeitende und Vorgesetzte: Welche Akzeptanz erfahren Führungskräfte bei den Mitarbeitenden (Führungskräftebeurteilung) und welche Reputation erhalten Führungskräfte in der Unternehmenshierarchie (z.B. durch Statussymbole und Gratifikationen).

Lange Zeit wurde Führungserfolg in erster Linie mit der Persönlichkeit bzw. den *Eigenschaften der Führungsperson* in Verbindung gebracht. Eigenschaftstheorien halten Persönlichkeitsmerkmale wie Extraversion,

Offenheit gegenüber Neuem, Gewissenhaftigkeit, emotionale Reife und Intelligenz für bedeutend. Diese Dispositionen, die als zeitstabil und situationsunabhängig gesehen werden, können sich im Führungsalltag herausbilden oder weiterentwickeln.

Besonders interessant ist in diesem Zusammenhang die Motivtheorie von *McClelland* (1987). Motive werden als individuelle Präferenzen für das Erleben bestimmter emotionaler Erfahrungen verstanden, die dem Bewusstsein nicht unmittelbar zugänglich sind. *McClelland* unterscheidet drei Hauptmotive Leistung, Macht und sozialer Anschluss. Menschen mit hoher Leistungsmotivation streben nach Erfolg und wollen Dinge besser und effizienter als andere Menschen machen. Sie bevorzugen Arbeitstätigkeiten und Bedingungen mit hoher Eigenverantwortung, persönlichem Einfluss auf das Arbeitsergebnis, schnellem Feedback und sie wünschen Vergleichsmöglichkeiten mit anderen Menschen. Menschen mit hoher Leistungsmotivation wählen Ziele die anspruchsvoll aber erreichbar sind. Führungspersonen, die individuelle Leistungsrückmeldungen und Anreize erfahren, sind nach *McClelland* erfolgreicher (*vgl. Brodbeck/Meyer/Frey* 2002). Bei Führungspersonen mit hoher unternehmerischer Verantwortung findet sich demnach ein ausgeprägtes Leistungsmotiv.

Bei den Machtmotiven ist zwischen sozialisierten und personalisierten Motiven zu unterscheiden. Personen mit hohem personalisiertem Machtmotiv üben in sozial nicht verträglicher Weise Macht aus und versuchen andere zu dominieren. Personen mit hohem sozialisiertem Machtmotiv haben hingegen ein hohes Maß an Selbstkontrolle, handeln sozialverträglich und versuchen andere dazu zu bewegen, wertvolle Ziele zu erreichen. Darüber hinaus wird ein soziales Anschlussmotiv beschrieben, das auf Geborgenheit und Zusammengehörigkeit und das Herstellen vertrauter und geselliger Situationen mit anderen Menschen zielt. Bei Führungstätigkeiten, so *McClelland,* ist ein hohes sozialisiertes Machtmotiv bei eher geringer Ausprägung des sozialen Anschlussmotivs förderlich.

Verhaltenstheorien zur Erklärung von Führung haben das Augenmerk darauf gerichtet, wie bestimmte Verhaltensweisen den Führungserfolg beeinflussen. Das gilt insbesondere für solche Fähigkeiten, die erlernt und entwickelt werden können. So lassen sich technische, soziale sowie konzeptionelle Fähigkeiten unterscheiden. Technische Fähigkeiten können Fach„ oder Methodenwissen umfassen. Soziale Fähigkeiten beziehen sich bspw. auf das Vermögen, Beziehungen aufzubauen oder zu kommunizieren.

Konzeptionelle Fähigkeiten beinhalten analytisches Denken und das Vermögen, komplexe Zusammenhänge zu erfassen oder Widersprüche zusammenzuführen (*vgl. Stippler et al.* 2011).

Verhaltenstheorien folgen dem Verständnis, dass sich erfolgreiche Führungskräfte trainieren und aufbauen lassen, In der Regel wird das Verhalten von Führungskräften sowohl aus ihrer eigenen Perspektive als auch aus der der Mitarbeitenden eingeschätzt. Dabei sind zwei übergeordnete Kategorien maßgeblich. Die sog. Mitarbeiter- bzw. Beziehungsorientierung (Consideration) drückt aus, inwieweit eine Führungsperson sich gegenüber Mitarbeitenden freundlich und unterstützend verhält. Es geht dabei um die Frage, in welchem Ausmaß die Führungskraft am Wohlbefinden der Mitarbeitenden interessiert ist. Im Gegensatz dazu erfasst die sog. Aufgabenorientierung (Initiating Structure), in welchem Umfang eine Führungskraft ihr Verhalten an der Zielerreichung und Aufgabenerledigung ausrichtet: »Mein Vorgesetzter weist spezifische Arbeitsaufgaben zu, legt Wert auf die Einhaltung von Terminen«.

Blake und Mouton (1987) beschrieben in einem Verhaltensgitter den idealen Führungsstil bei maximalen Werten sowohl auf der Ebene Mitarbeitenden als auch auf der Ebene der Aufgaben- bzw. Leistungsdimension. Dieser Führungsstil stößt in der Praxis allerdings dort an Grenzen, wo Ziele vorhanden sind, die in direktem Widerspruch zueinanderstehen. Die Auflösung derartiger Zielkonflikte wird als Aufgabe von Führung gesehen. Dabei lautet die zentrale Maxime: Hart in der Sache, wertschätzend mit der Person. Das Verhaltensgitter von *Blake und Mouton* findet noch immer im Rahmen von Trainingsprogrammen bei der Bestimmung des persönlichen Führungsstils Anwendung. Allerdings hat sich in der Praxis und in der Forschung zunehmend die Einsicht durchgesetzt, dass der Führungserfolg stark von den jeweiligen Situationen abhängig ist, die sowohl in den Eigenschafts- als auch in den Verhaltenskonzepten zu wenig berücksichtigt werden (*vgl. Northouse* 2013).

Zielorientierte Gespräche mit Mitarbeitenden

Ein wichtiges Führungsinstrument sind auch in der Kinder- und Jugendhilfe regelmäßig stattfindende Gespräche mit Mitarbeitenden (*vgl. Winkler/Hofbauer* 2010). Vorgesetzte und Mitarbeitende legen gemeinsam Ziele fest, stecken ihren Verantwortungsbereich für bestimmte Ergebnisse ab, führen auf dieser Grundlage ihren Bereich und bewerten die Leistungsbeiträge der einzelnen Mitarbeitenden.

Häufig sind mit Mitarbeitergesprächen auch Zielvereinbarungen verbunden. Sie erfolgen in einem Prozess, bei dem Oberziele bis hin zu operationalen Bereichszielen konkretisiert und abgestimmt werden. Dieser Prozess wiederholt sich im Idealfall auf jeder Hierarchieebene und in jeder Führungsperiode. Es werden regelmäßig Ist-Ergebnisse und Soll-Vorgaben verglichen, um rechtzeitig Fehlentwicklungen entdecken und korrigieren zu können. Zu Beginn einer jeden Budgetperiode (i.d.R. ein Jahr) einigen sich Vorgesetzte und Mitarbeitende auf Leistungs-, Förder- und Entwicklungsziele. Am Ende der Periode treffen sie sich wieder, um Abweichungen der Ergebnisse von den Zielen zu diskutieren.

Das Konzept der *Führung durch Zielvereinbarungen* (Management by Objectives - MbO) beruht auf Annahmen des Human Resources Modells: Mitarbeitende verfügen über nicht ausgenutzte, aber durch Motivation aktivierungsfähige Potentiale. Die Leistungsmotivation wird vor allem durch die Vereinbarung realistischer, aber anspruchsvoller Ziele, die Vorgabe mittelschwerer Aufgaben und häufigen Feedbacks gefördert. Es wird ein ausgewogenes Verhältnis zwischen externer Managementkontrolle und interner Selbstkontrolle angestrebt. Das MbO-Konzept berücksichtigt auch, dass Partizipation an der Entscheidungsfindung zu einer höheren Akzeptanz der Ziele führt als deren Vorgabe ohne Abstimmung. Allerdings sind auch Zielerreichungsgespräche stets Ausdruck des Zusammenspiels von persönliche Arbeitsverhalten, organisatorischen sowie externen Faktoren.

Sogenannte *Situations- bzw. Kontingenztheorien* der Führung gehen davon aus, dass der Führungserfolg abhängig ist von den situativen Bedingungen, in denen Führungskraft und Mitarbeitende handeln. Als wichtige Faktoren werden dabei die Mitarbeitenden, die Aufgabenstruktur, sozialer Kontext, Führungssituation, soziale Interaktion, Wirtschafts- und Marktsituation sowie kulturelle Normen, Werte und Grundüberzeugungen gesehen (*vgl. Brodbeck* 2016). Die zentrale Erkenntnis lautet: Führungskräfte wenden nicht gegenüber allen Mitarbeitenden und in allen Situationen denselben Führungsstil an. Führung muss der Situation entsprechen, um effektiv zu sein. Ob eine Entscheidung wirksam wird bzw. gelingt, hängt sowohl von ihrer Qualität als auch von ihrer Akzeptanz ab.

Vroom und Jago (1991) unterscheiden Situationsaspekte, die die Wirksamkeit einer Entscheidung begünstigen und folglich bei Entscheidungen bereits frühzeitig im Blick sein sollten. Ausgangspunkt ist das Verständnis, dass eine

Führungskraft stets unter verschiedenen Entscheidungsstilen sowohl für Einzel- als auch für Gruppenentscheidungen zu wählen hat. Ein Entscheidungsstil ist bspw. die Alleinentscheidung auf der Grundlage der vorhandenen Information. Diese Situation kann bspw. gegeben sein, wenn sexualisierte Gewalt und Grenzverletzungen eingetreten sind. Ein weiterer Entscheidungsstil fußt auf einer Gruppenbesprechung, deren Vorschläge oder Ideen die Führungskraft berücksichtigen kann.

Die weitreichendste Form der Einbeziehung der Beschäftigten liegt in der gemeinsamen Abstimmung, bei der auf der Grundlage des Abwägens von Alternativen versucht wird, einen gemeinsamen Konsens zu erzielen. Diese maximale Einbeziehung des Teams ist stets dann gefordert, wenn es sich um Regeln im Zusammenspiel des Teams geht. *Vroom und Jago* (1991) gehen davon aus, dass es keinen optimalen Führungsstil gibt, der in jeder Situation wirksam ist. Vielmehr gilt es die jeweiligen situativen Konstellationen zu berücksichtigen. Solche Situationsmerkmale sind bspw. die geografische Nähe oder das Ausmaß an Zeit bzw. das Vorhandensein von Zeitzwang. Dabei kommen unterschiedliche Entscheidungsregeln zur Geltung. So schließt sich die Alleinentscheidung aus, wenn die Entscheidungsqualität wichtig ist und der Vorgesetzte nicht über alle Informationen verfügt. Wenn im Team die Organisationsziele geteilt werden und die Akzeptanz von Bedeutung ist, ist die Alleinentscheidung der Führungskraft wenig sinnvoll. Letztlich bleibt es aber dem Ermessen der einzelnen Führungskraft überlassen, wie eine Situation einzuschätzen ist.

Transformationale Führung

Besondere Perspektiven zu Erklärung von Führungshandeln bieten Konzepte zu transformationaler Führung. Die wesentliche Aufgabe von Managern besteht nach diesen Konzepten darin, Mitarbeitende an der (Weiter-)Entwicklung gemeinsamer Werte und Überzeugungen zu beteiligen. Transformationale Führung unterscheidet sich von transaktionaler Führung. Letztere setzt rationale Austauschbeziehungen zwischen Führungskraft und Mitarbeitende voraus. Zentraler Modus ist das Prinzip der Verstärkung: Spezifische Leistungen bzw. positives Verhalten werden belohnt bzw. nicht erwünschtes Verhalten erfährt Konsequenzen. Im Gegensatz dazu basiert transformationale Führung darauf, dass die Führungskraft eine Vision für die gesamte Organisation im gemeinsamen Dialog zu entwickeln vermag. Diese Vision soll sinnstiftend sein, die Grundwerte der Organisation berücksichtigen und langfristig angelegt sein. (*vgl. Northouse* 2013, S. 191 ff.; *Stippler et al.* 2011, S. 55 f.).

Transformational orientierte Führungskräfte verstehen es, als Identifikationsperson zu wirken, Enthusiasmus zu vermitteln sowie integer zu handeln. Ferner gelingt es ihnen, die Beschäftigten über eine gemeinsam getragene Vision zu motivieren und die Bedeutung von daraus folgenden Zielen und Aufgaben sichtbar zu machen. Transformationale Führung setzt Charisma und die Fähigkeit voraus, Mitarbeitende intellektuell zu stimulieren und des Weiteren für sie Fürsorge zu tragen. Gerade in interkulturellen Situationen hat es sich bewährt, die Einstellungen und Motive der Mitarbeitenden mit den Organisationszielen und -visionen in Einklang zu bringen.

Bei aller Kritik am Modell der transformationalen Führung (insbesondere der Orientierung am Charisma einzelner Führungspersonen) beleuchtet es auf differenzierte Weise, wie wichtig es für Führungskräfte ist, die verschiedenen Organisationsmitglieder bei der (Weiter-) Entwicklung von Werten und Überzeugungen aktiv einzubeziehen.

Wie der Name ausdrückt ist transformationale Führung ein Prozess, der Menschen verändert: »It is concerned with emotions, values, ethics, standards, and long-term goals.« (*Northouse* 2013, S. 185). Gelingt transformationale Führung, unterstützen Mitarbeitende ihre Führungskräfte bei der Weiterentwicklung der Organisation. Insbesondere wissens- und werteorientierte Organisationen sind auf dialog- und beteiligungsorientierte Führungsformen angewiesen, die unter dem Begriff »geteilte Führung« (Shared Leadership) verstanden werden können (*Winkler 2012*). Dabei kommt es immer mehr darauf an, über die eigenen Organisationsgrenzen hinaus „schwache Signale" so ein zentraler Begriff der neueren Strategieforschung — wahrzunehmen und mit der Umwelt in Austausch zu treten. Nach diesem Verständnis sind Führungskräfte zwingend darauf angewiesen, Netzwerke zu berücksichtigen.

Mit unseren Ausführungen wollten wir deutlich machen, in welchem komplexen Feld Human Resource Management agiert, welche Spannungsverhältnisse auszuhalten sind und welche Balancen dennoch hergestellt werden müssen. *Fleißer (2016)* zeigt in einer empirischen Studie auf, dass in der Kinder- und Jugendhilfe die Definitionsmacht darüber, was Hilfe bedeutet, nur eingeschränkt dem Führungshandeln zugänglich ist. Sachzwänge und Zweckrationalitäten machen ein Ausbalancieren von Wirtschaftlichkeit und Fachlichkeit notwendig. In diesem Zusammenhang beschränken sich Führungskräfte vielfach auf die mikropolitische Arena. „Hierbei werden sie in ihren möglichen Handlungsalternativen jedoch beschränkt."(*Fleißer* 2016, S. 541).

Um die Handlungskompetenzen zu erweitern sind zunehmend Netzwerkkompetenzen in der Führung erforderlich. Auch organisations- und einrichtungsübergreifend geht es stets um Verständigungsprozesse und die Entwicklung von gemeinsamen Zielvorstellungen. Führungskräfte sollten deshalb Grenzgängerinnen und Grenzgänger sein. Als solche können sich die zu lösenden Probleme nicht aussuchen, wohl aber die Strategien und Methoden ihrer Bewältigung, die wiederum stets mit konkreten Kooperationspartnern verknüpft sind. Die Chancen des Grenzgängers liegen gerade darin, dass er diejenigen Personen im Netzwerk aufsucht, die aus seiner subjektiven Sicht am ehesten geeignet sind, zu einer Problembewältigung beizutragen (*vgl. Endres 2012 und 2014*). Hierdurch gelingt es Problemlösungen zu finden, für die innerhalb der Organisation (noch) keine Kooperationserfahrungen, geschweige denn Kooperationsmuster vorliegen. Netzwerke sind zwar kein Königsweg, bieten aber beachtliche Chancen, die in der Kinder- und Jugendhilfe noch lange nicht erschlossen sind.

Literatur

Bergmann, F. (201 7). Neue Arbeit, Neue Kultur: Freiburg.

Blake, R.R./Mouton J./Lux, E. (1987). Verhaltensgitter der Führung. In: Kieser, A./Reber, G./Wunderer R. (Hrsg.). Handwörterbuch der Führung: Stuttgart. S. 2015-2028.

Brodbeck, F. C./Maier, G./Frey, D. (2002). Führungstheorien. In: Frey, D. (Hrsg.). Theorien der Sozialpsychologie. Band II (S. 329—365). Bern: Huber.

Brodbeck, F. C. (2016). Internationale Führung. Das GLOBE-Brevier in der Praxis. Berlin und Heidelberg: Springer.

Endres, E. (2012). Erfolgsbausteine des Netzmanagements. Politische Studien 445, 48—59.

Endres, E. (2014). Von den Freiheiten eines Grenzgängers. In: Clases, C./Dick, M./Manser, T./Vollmer, A. (Hrsg.). Grenzgänge der Arbeitsforschung. Eine Festschrift für Theo Wehner. (S. 145—157) Lengerich: Pabst.

Fleißer, M. (2014). Führungshandeln in der Sozialen Arbeit. Eine qualitative Untersuchung in ausgewählten Einrichtungen der Kinder- und Jugendhilfe. Marburg: Tectum.

Fröse, M.W. (2015). Transformationen in »sozialen« Organisationen. Würzburg.

McClelland, D.C. (1987). Human motivation. Cambridge.

Neuberger, O. (1995) Führen und geführt werden. Stuttgart.

Northouse, P. G. (201 3). Leadership. Theory and Practice. Thousand Oaks: Sage.

Puch, H. J. (1997^2). Organisation im Sozialbereich. Eine Einführung für soziale Berufe. Freiburg: Lambertus.

Puch, H. J./Westermeyer, K. (1999). Managementkonzepte. Eine Einführung für soziale Berufe. Frei-
burg: Lambertus.

Rosenstiel, L. v. (2009). Grundlagen der Führung. In: Rosenstiel, L. v./Domsch, M/Regnet, E. (Hrsg.): Führung von Mitarbeitern. (S. 3—27). Stuttgart: Schäffer-Poeschel.

Seliger, R. (2014): Positive Leadership. Die Revolution in der Führung. Stuttgart.

Stippler, M./Moore, S./Rosenthal, S./Dörffer, T. (201 1). Führung. Überblick über Ansätze, Entwicklungen, Trends. Gütersloh: Bertelsmann.

Vroom, V. H./Jago, A. G. (1991). Flexible Führungsentscheidungen. Management der Partizipation in Organisationen. Stuttgart: Poeschel.

Winkler B./Hofbauer, H. (2010). Das Mitarbeitergespräch als Führungsinstrument. Handbuch für Führungskräfte und Personalverantwortliche. 4., völlig überarbeitete Auflage. München: Hanser.
Winkler, B. (2012). Shared Leadership Ansätze nutzen. Wie hierarchische und geteilte Führung zusammenspielen. In: Organisationsentwicklung, Jg. 31, Heft 3, S. 4-6.

Wandel beruflicher Lebenswelten

Die Hochschule

2006

Antrittsrede.

Perspektiven einer Präsidentschaft[75]

Sehr geehrte Frau Oberkirchenrätin Dr. Greiner,
liebe Festgäste, sehr geehrte Damen und Herren,

der programmatische Titel: „Perspektiven einer Präsidentschaft" betrachtet das Geplante, das Zukünftige. Das ist gut so. Schließlich erwarten Sie von einer Antrittsrede etwas über Ideen und Visionen zu erfahren. Perspektiven für die Zukunft können aber nur dann angemessen beurteilt werden, wenn man ihre Wurzeln kennt. Zukunftsentwürfe sind blind oder zumindest in ihrer Klarheit getrübt, wenn ihnen das Bewusstsein der Vergangenheit fehlt. Diejenigen, die Verantwortung in neuen Positionen übernehmen, hatten Vorgänger, die Berge abtrugen, Wege ebneten und damit Neues schufen. Nachfolger knüpfen an diesen Leistungen an und versuchen sie zu mehren. Deren Vorteil besteht darin, dass sie auf den Schultern ihrer Vorgänger sitzen und vielleicht nur deshalb etwas weiter sehen können.

Fünfzehn Jahre Präsidentschaft von *Prof. Dr. Roland Proksch* an der Evangelischen Fachhochschule Nürnberg sind eine lange und die Hochschule prägende Zeit. Neben den vielen hier schon genannten Verdiensten ist für mich die Umwandlung der Evangelischen Stiftungsfachhochschule Nürnberg in die Evangelische Fachhochschule Nürnberg und die Zusammenführung dreier räumlich getrennter Fachbereiche unter dem Dach der Bärenschanzstraße die nachhaltigste Veränderung. Ohne diesen mutigen und Widerstande überwindenden Schritt, stünde die Evangelische Fachhochschule heute nicht da, wo sie steht.

Lieber *Roland Proksch*, dafür danke ich Dir, aber auch für die offene und faire Kommunikation in all den Jahren, in denen ich als Dekan mit Dir eng zusammenarbeiten durfte.

[75] Antrittsrede anlässlich der Einführung als Präsident am 20. Oktober 2006

Sehr geehrte Damen und Herren, liebe Festgäste, wir leben in einer dynamischen, meistens hektischen, selten ruhigen Zeit. Der Umbruch, die Flexibilität und der Wandel sind zum charakteristischen Merkmal unserer Gesellschaft geworden. Die Notwendigkeit, ja stellenweise der Zwang zur Veränderung hat auch vor den Hochschulen nicht Halt gemacht. National und international werden die Hochschulen reformiert und bestehende Verhältnisse radikal verändert. Im Sommer dieses Jahres wurde das neue Bayerische Hochschulgesetz verabschiedet und in der Debatte des Landtags war die Rede davon, dass das Gesetz die umfassenste und nachhaltigste Änderung der Hochschullandschaft seit 1945 mit sich bringen wird. Ob das so sein wird, lässt sich erst künftig verifizieren. Bereits jetzt lässt sich aber feststellen, dass die Politik Rahmenbedingungen geschaffen hat, die für die Hochschulen eine radikale Herausforderung bedeuten. Herr Staatsminister Dr. Goppel hat es anlässlich des Hochschulpolitischen Forums am 11. Juli 2006 in München deutlich gesagt: „Die Hochschulen haben neue Freiheiten bekommen. Nun liegt es an ihnen, diese Freiheiten zu nutzen. Der Wettbewerb um die Entwicklung innovativer Ideen ist damit eröffnet."

Welche Perspektiven ergeben sich für die Evangelische Fachhochschule Nürnberg aus den neuen Freiheiten? Ganz neu ist das Thema Hochschulautonomie für uns als kirchliche Hochschule nicht. Wenn das neue Hochschulgesetz den staatlichen Hochschulen nun eine größere Autonomie bei der Gestaltung ihrer Hochschulstrukturen zuweist, so galt dies für uns als Kirchliche Hochschule in gewissem Umfang bereits bisher. So wurde an der Evangelischen Hochschule bereits früh eine neue Haushaltssteuerung eingeführt und hochschulübergreifende kollegiale Lehrevaluationsverfahren implementiert. Letztere haben wir in Kooperation mit der Katholischen Stiftungsfachhochschule München entwickelt. Aber auch für uns gilt, dass die neuen hochschulpolitischen Rahmenbedingungen eine enorme Herausforderung darstellen.

Das Image der Evangelischen Fachhochschule Nürnberg ist traditionell gut. Dies zeigen die Hochschulrankings, Befragungen von Ehemaligen oder auch die Rückmeldungen von Arbeitgebern. Sich darauf aber auszuruhen, wäre fahrlässig. Gerade als relativ kleine Fachhochschule dürfen nicht stehen bleiben, sondern sind zu einer stetigen und kontinuierlichen Weiterentwicklung aufgerufen. Es stimmt mich dabei sehr zuversichtlich, dass in dem Kollegium der Hochschule, in der Lehre wie auch in der Verwaltung und der Bibliothek, viele positive Energien, fachliche Kompetenzen und eine hohe Bereitschaft zum Engagement vorhanden sind.

Eine meiner Aufgaben sehe ich deshalb darin, dieses Potenzial tatkräftig zu unterstützen und dafür Entfaltungsspielräume zu schaffen.

Allerdings wäre es etwas realitätsfremd, wenn man trotz dieser grundsätzlich positiven Einschätzung davon ausgehen würde, dass Wandlungsprozesse der hier beschriebenen Art reibungslos und ohne Widerstand vonstattengingen. Entscheidend ist aus meiner Sicht dabei, offen für einen Austausch zu sein und Kritik und Widerspruch auch als Angebot zur Überprüfung der eigenen Sichtweise zu begreifen. Erfahrungen aus der Organisationsentwicklung zeigen sehr deutlich, dass Führungskräfte dazu neigen, ihre eigene, meist positive Sichtweise von Organisationsentwicklungsprozessen zu verallgemeinern. Mitarbeiterinnen und Mitarbeiter andererseits erschließt sich nicht immer der Blick für das Ganze oder die langfristige Absicherung ihrer Organisation. Ein Perspektivenwechsel bringt da erstaunliche neue Einsichten.

Ich möchte Sie deshalb zu einem kleinen Gedankenexperiment einladen. Kommen Sie mit auf eine imaginäre Reise in einem ICE, sagen wir auf der Hochgeschwindigkeitstrasse zwischen Nürnberg und München. Obwohl unser Zug mit gleichbleibender Geschwindigkeit auf der Strecke fährt, ergibt sich für den Betrachter und die Betrachterin der Landschaft je nach Position im Zug eine sehr unterschiedlich Perspektive (*vgl. Lotter, Wolf in brandeins Wissen, Hamburg 2004*).

Gehen wir zunächst gemeinsam an das Ende des Zuges und blicken auf die zurückliegende Strecke. Bei einem Blick aus dem rückwärtigen Panoramafenster des letzten Wagens im dahinrasenden ICE fließt die hinter uns liegende Strecke langsam und geordnet nach hinten weg. Man erkennt in der Ferne die vertrauten Erinnerungen der Vergangenheit. Sie verschwinden nur langsam und die Dramatik der Geschwindigkeit erschließt sich nicht wirklich. Eher beschaulich können die Gedanken im Erinnern an die Vergangenheit nachklingen.

Gehen wir nun nach vorne, an die Spitze des Zuges. Aus dieser Perspektive ist in der Ferne des Horizonts die Zukunft noch ganz ruhig, das Neue strömt uns nur langsam entgegen, lässt sich eher erahnen aber noch nicht konkret erkennen. Nur an den Rändern unseres Blickfeldes, dort, wo sich das Neue, die Zukunft, mit der Gegenwart verbindet, flackern unruhig tausend Linien und lassen die Dramatik der Veränderung spüren.

Nach dieser Perspektive gehen wir nun in die Mitte des Zuges und gönnen uns einen Blick aus dem Abteilfenster. Der Blick zeigt, dass sich die Landschaft bei der rasenden Geschwindigkeit verformt: Je schneller wir das Gegenwärtige durchfahren, desto unschärfer werden die Konturen. Viele Informationen fliegen gleichzeitig auf uns ein und wir haben nur ein kleines Fenster, durch das wir das Gegenwärtige eingeschränkt wahrnehmen können. Das ist verwirrend und verunsichernd zugleich.

Was hilft dieser Wechsel der Perspektiven? Ich denke, der gegenwärtige Hochschulentwicklungsprozess hat viele Ähnlichkeiten mit dem rasenden ICE. Wir als Beteiligte dieses Prozesses sind aufgerufen, in der Gegenwart die Zukunft zu gestalten. Paradoxerweise ist aber gerade die Gegenwart jene Phase, in der wir die Dynamik der Veränderung am schwersten wahrnehmen können. Die Schwierigkeiten der Wahrnehmung liegen insbesondere in den Übergängen, die das Heute und Morgen bzw. die Gegenwart und die Zukunft trennen. Die Übergänge fließen und sind nur schemenhaft wahrnehmbar. Dies ist kein Grund zur Panik oder zur Angst. Wir müssen nur lernen, mit diesem Flüchtigen, mit den rasenden Linien umzugehen. Eine wichtige Verantwortung kommt dabei der Hochschulleitung zu. Eine ihrer Aufgaben besteht darin, die Unschärfe des Übergangs zu glätten und aus dem wirren Flackern von Linien eine ruhige gleichmäßige Bewegung in Richtung Zukunft zu machen.

Nach diesen fast schon philosophisch anmutenden Überlegungen möchte ich wieder in die Sphäre des Konkreteren zurückkehren. Wie lassen sich die Zukunftsaufgaben, die gemeinsam an der Evangelischen Fachhochschule zu bewältigen sind, beschreiben? Ein paar ausgewählte Aspekte greife ich heraus. Der Prozess, der gegenwärtig an allen Hochschulen den breitesten Raum einnimmt, ist der sogenannten Bolognaprozess, also die Umstellung der Studiengänge auf Bachelor- und Masterabschlüsse und die Modularisierung der Studienangebote. Dieser Prozess ist bei uns so gut wie abgeschlossen.

Sieht man den Bolognaprozess aber nicht nur als einen Austausch von Überschriften, sondern begreift ihn wie er eigentlich gedacht ist, als Paradigmenwechsel mit gravierenden Auswirkungen auf das Lehrverhalten der Professoren und Professorinnen und das Lernverhalten der Studierenden, dann bleibt noch sehr viel zu tun. Einstellungen und Haltungen aller Beteiligten müssen überprüft und verändert werden, neue Kompetenzen sind zu erwerben, wenn die Idee des selbstverantwortlichen und selbstorganisierten Studiums unter Anleitung und Begleitung wirklich greifen soll. Wir werden deshalb in einer zweiten Phase der Umsetzung des Bolognaprozesses unsere Aufmerksamkeit verstärkt auf die Qualität der Lehr- und Lernprozesse richten und hier nach neuen Modellen und Konzepten suchen. Es kommt uns dabei zugute, dass wir in der Vergangenheit schon einiges an Erfahrungen beispielsweise im Bereich des projektorientierten Studiums sammeln konnten. Diese Erfahrungen gilt es nun auszuwerten, dort wo sie sich bewährt haben beizubehalten und dort, wo sie den Anforderungen nicht mehr entsprechen, nach Neuem zu suchen.

Mit dem Bolognaprozess hat sich auch eine Veränderung unseres Angebotsprofils an Studiengängen ergeben. Drei, bzw. mit den Masterstudiengängen fünf Studiengänge, sind an der Evangelischen Stiftungsfachhochschule neu entstanden und zwei weitere sind in Planung. Diese Strategie der Diversifikation von Studienangeboten entspricht dem gegenwärtigen Trend und erleichtert uns ein flexibles Reagieren auf Veränderungen des Arbeitsmarktes. Unsere engen Kontakte und Vernetzungen zu den potentiellen Arbeitgebern unserer Studierenden im Bereich der Wohlfahrtsverbände, der Kirche und den Kommunen sind dabei sehr hilfreich. Strategien der Diversifikation bergen allerdings das Risiko in sich, zu einem Markt der Beliebigkeit zu verkommen und konturlos zu werden.

Ich meine, dass diese Gefahr bei uns nicht besteht. Wir haben ein klares Angebotsprofil an der Evangelischen Fachhochschule: Pädagogische Berufsfelder, von der Pflegepädagogik über die Heilpädagogik bis zur Sozialen Arbeit bilden das eine Profil. Das zweite Profil gruppiert sich um Prozesse der Bildung bzw. Erwachsenenbildung mit einem Masterstudiengang „Adult Education" und dem Studiengang Religionspädagogik und Kirchliche Bildungsarbeit. Das dritte Profil bietet Angebote für Leitungs-, Organisations- und Managementtätigkeiten in Unternehmen des Sozial- und Gesundheitsbereichs. Mit dem Pflegemanagement, der Sozialwirtschaft und dem Masterstudiengang Sozialmanagement sind wir für Qualifikationen auf der Führungs- und auf der operativen Ebene gut aufgestellt. Drei Beine garantieren bekanntermaßen einen hohen Grad an Stabilität. Deshalb werden wir auch weiterhin auf dieses Profil setzen.

Allerdings: Dieses Angebotsprofil ist in den letzten Jahren weitgehend mit bestehenden personellen und finanziellen Ressourcen entstanden. Allen

Kolleginnen und Kollegen, die sich hier intensiv beteiligt haben, gilt deshalb mein herzlicher Dank für das umfassende Engagement. Dieses Engagement wird auch außerhalb der Hochschule wahrgenommen. In Gesprächen mit dem Wissenschaftsministerium und unserer Trägerin, der Evangelischen Landeskirche, wird immer wieder deutlich, dass unsere Arbeit sehr geschätzt wird. Es wird erkannt, dass die Evangelische Fachhochschule Nürnberg ein Kompetenzzentrum sowohl in der Ausbildung sozialer Berufe wie in der anwendungsbezogenen Forschung für Diakonie, Kirche und Kommunen mit nachhaltigen Wirkungen in diesen Arbeitsfeldern ist. Ich bin mir deshalb sicher, dass wir auch künftig im Wissenschaftsministerium und bei unserer Trägerin ein offenes Ohr und Unterstützung für unsere Anliegen finden werden.

Hochschulen sind keine isolierten Inseln. Sie sind eingebunden in ein Netz von Unterstützern und Kooperationspartner. Auch wir als Evangelische Fachhochschule sind Partner solcher Netzwerke und sind bestrebt, diese Kontakte und Verbindungen in den nächsten Jahren auszubauen.

So pflegt die Evangelische Fachhochschule bereits jetzt nationale und internationale Kooperationen mit anderen Hochschulen. Gerade neu hat sich ein internationales Kooperationsprojekt mit der Universität Skopje und dem Städtischen Klinikum Nürnberg entwickelt. Besonders freue ich mich, dass in Verantwortung unserer Vizepräsidentin, *Frau Professor Dorothea Geuthner*, der Kontakt und die Kooperation zu der Pacific Lutheran University in Tacoma geknüpft und ausgebaut wurde. Kolleginnen aus dem Fachbereich Religionspädagogik und Kirchliche Bildungsarbeit hielten dort Gastvorträge oder nutzten den Aufenthalt für ihre Forschungstätigkeit. Für die Zukunft ist ein stärkerer Austausch von Studierenden geplant.

Aber auch vor Ort kooperieren und vernetzen wir uns. Im Innovationspakt Bayern sind wir aufgerufen, im Bereich der konsekutiven Masterstudiengänge mit der Georg-Simon-Ohm Fachhochschule zu kooperieren. Das fiel uns leicht, da wir mit dem dortigen Fachbereich Sozialwesen seit langem eine sehr gute Kooperation pflegen. Dies gilt auch für die Katholische Stiftungsfachhochschule München, die nicht nur ein uns vergleichbares Angebotsprofil im Bereich Sozialer Arbeit und Pflegemanagement hat, sondern mit der wir auch viele Projekte gemeinsam vorangebracht haben.

Lassen Sie mich aus der Vielzahl an Hochschulkooperationen noch eine herausgreifen, die mir besonders wichtig ist. Heute Vormittag hatten wir eine Anhörung zu dem gemeinsam mit der Augustana Hochschule Neuendettelsau geplanten Masterstudiengang „Christian Leadership Competence". Ich denke, dies ist ein Signal, die Kooperation zwischen unseren beiden Hochschulen in der Zukunft noch enger zu gestalten.

Von großer Bedeutung sind aber auch unsere engen Kontakte zu den diakonischen, kirchlichen, kommunalen und privaten Trägern von Einrichtungen der Gesundheits-, Pflege-, Sozial- und Bildungsberufe. Hervorzuheben ist hier die gute Zusammenarbeit mit der Stadt Nürnberg, den Kliniken und den Altenhilfeeinrichtungen aber auch die Kooperation mit privaten Trägern wie den Dr. Loew Soziale Dienstleistungen. Viele unserer Studierenden finden in diesen Bereichen einen Arbeitsplatz und wir hören es natürlich nicht ungern, wenn gerade die Qualifikation und Kompetenz unserer Studierenden lobend erwähnt wird.

Die Wohlfahrtsverbände, sei es die Diakonie, die Caritas, die Arbeiterwohlfahrt oder der Paritätische, sind nicht nur Arbeitgeber für unsere Studierenden, sondern auch für unsere Professoren und Professorinnen wichtige und anregende Austauschpartner in den verschiedenen Arbeitsfeldern. Enge, sehr gute Kooperationen pflegen wir mit den großen diakonischen Einrichtungen vor Ort: Stadtmission Nürnberg, Rummelsberger Anstalten, Diakoniewerk Neuendettelsau und natürlich dem Dachverband der Diakonie, dem Diakonischen Werk. Auch hier wünsche ich mir, dass wir diese positiven Erfahrungen ausbauen und zum gemeinsamen Nutzen mehren. Dies gilt selbstverständlich auch für die Evangelische Landeskirche, die ja nicht nur Trägerin unserer Hochschule ist, sondern auch Arbeitgeber beispielsweise für die Religionspädagoginnen.

In dem Reigen der Kooperationspartner dürfen die Politik und das Wissenschaftsministerium nicht fehlen. Auf der politischen Ebene gibt es, wie wir heute auch bei den Grußworten sehen konnten, enge Kontakte auf kommunaler und landespolitischer Ebene. Wie ich meiner Terminplanung der nächsten Wochen und Monaten entnommen habe, wird es kurz- und mittelfristig eine Reihe von Gelegenheiten für einen Austausch mit der Politik geben. Ich werde diese gern nutzen. Das Wissenschaftsministerium aber auch das Sozialministerium als wichtiges Fachministerium für uns, haben bisher unsere Arbeit sehr wohlwollend unterstützt. Das ist nicht selbstverständlich und dafür danke ich. Um diese Zusammenarbeit noch intensiver zu pflegen, habe ich Herrn *Staatsminister Dr. Thomas Goppel* und Herrn *Ministerialdirektor Dr. Friedrich Wilhelm Rothenpieler* zu einem Besuch an unsere Evangelische Fachhochschule eingeladen, damit sie sich vor Ort einen Eindruck von unserer Arbeit machen können.

Meine Damen und Herren, liebe Festgäste, ich habe Ihnen an ausgewählten Punkten gezeigt, wo ich die Perspektiven meiner Amtszeit sehe. Auf ein Anliegen, das mich umtreibt, möchte ich Sie am Ende noch hinweisen. Wir sind eine Hochschule und unser Auftrag ist neben der anwendungsbezogenen Forschung insbesondere die Qualifizierung unserer Studierenden. In der Regel wird dieser Vermittlungsprozess sehr stark unter kognitiven Aspekten betrachtet. Unsere Studierenden sollen ihr Wissen mehren, es kritisch reflektieren, qualifiziert anwenden und schließlich evaluieren.

Greifen wir da aber als Hochschule nicht etwas zu kurz? Mit welchem Selbstverständnis begleiten wir diese Bildungsprozesse? Die Wissensmehrung an der Hochschule ist eingebettet in Lern-, Bildungs- und Persönlichkeitsentwicklungsprozesse die meines Erachtens nicht dem Zufall überlassen werden sollten. Gerade für unsere Studierenden, die in ihrem späteren Berufsfeld soziale Beziehungen zu Menschen gestalten, scheint mir dies ein bisher vernachlässigtes Feld zu sein. Im Bildungskonzept der Evangelisch-Lutherischen Kirche in Bayern wird unter anderem formuliert: „Bildung ist zu verstehen als ein Zusammenspiel, ein Miteinander und eine Verschränkung von Lernen, Wissen und Erkenntnis, von Fähigkeit und Können, von Wertbewusstsein, Einstellungen und Deutungen, von Handeln und Tun, von Sinn und Spiritualität" (2004, S. 26). Welche Antwort geben wir als Evangelische Fachhochschule auf diesen umfassenden Bildungsbegriff und wie setzen wir diese in unserem Hochschulalltag um? Jeder und jede wird seine bzw. ihre eigenen Bezüge und Assoziationen zu dem Thema herstellen können. Mir geht es darum, an unserer Evangelischen Fachhochschule einen Diskussionsprozess anzustoßen, der dazu beitragen soll, dieses Selbstverständnis zu klären und Antworten darauf zu finden, wie ein gemeinsam erarbeitete Konsens im Hochschulalltag umgesetzt und gelebt werden kann.

Meine Damen und Herren, liebe Festgäste, ich habe Ihnen in der gebotenen Kürze aufgezeigt, was mir wichtig ist und wo ich Schwerpunkte in meiner Amtszeit setzen möchte. Anfangs sprach ich davon, dass ich auch in der Tradition meines Vorgängers stehe. Aber auch in der Gegenwart der zu bewältigenden Aufgaben stehe ich nicht alleine da. In der Vizepräsidentin, Frau *Professorin Dorothea Geuthner,* und dem Kanzler, Herrn *Diplomkaufmann Uwe Reißmann,* finde ich nicht nur kompetente Partner in der Hochschulleitung, sondern auch eine engagierte und tatkräftige Unterstützung. Unsere Aufgaben und Verantwortlichkeiten sind zwar unterschiedlich verteilt, aber gerade deshalb bilden wir ein durchsetzungsfähiges Team. Ich danke beiden besonders für die sehr gelungene Vorbereitung des heutigen Festaktes. Eine Hochschulleitung benötigt darüber hinaus aber auch die Mitarbeit der Dekaninnen und Dekane, denen gerade in dem gegenwärtigen Hochschulentwicklungsprozess eine sehr wichtige Aufgabe zukommt. Ich freue mich deshalb auch sehr auf die Zusammenarbeit mit Frau *Professorin Barbara Städtler-Mach,* Herrn *Professor Gerd E. Stolz* und Herrn *Professor Christoph Zeitler,* die jeweils in ihren Fachbereichen in Leitungsverantwortung stehen.

Bedanken möchte ich aber auch bei den Mitarbeiterinnen und Mitarbeitern der Zentralverwaltung und den Fachbereichsverwaltungen, die gerade in den letzten Monaten durch die Einführung neuer EDV-Systeme und neuer Aufgaben in der Bibliothek sehr belastet waren und noch sind. Vielen Dank für ihr großes Engagement.

Lassen Sie mich am Ende noch einen persönlichen Dank aussprechen: *Professor Karl Foitzik,* Emeritus und ehemaliger Dekan am Fachbereich Religionspädagogik, hat als Liturg den heutigen Festgottesdienst geplant und mitgestaltet. Frau *Anneliese Schneidereit* aus dem Hochschulsekretariat hat die Hektik der Festvorbereitung geduldig ertragen und zu dem Gelingen des heutigen Festakts intensiv beigetragen. Beiden gilt mein herzlicher persönlicher Dank. Ihnen allen danke ich für Ihr Kommen und Ihr geduldiges Zuhören.

2008

Neu verwurzelt.
10 Jahre neue Hochschulorganisation[76]

Sehr geehrte Damen und Herren,
liebe Festgäste,

der Wirtschafts- und Sozialwissenschaftler *Professor Dr. Detlef Müller-Böling*, von 1994 bis 2008 Leiter des Centrums für Hochschulentwicklung (CHE) in Gütersloh und Spiritus Rector der Hochschulentwicklung in Deutschland hat den Begriff der *„Entfesselten Hochschule"* in vielen seiner Veröffentlichungen geprägt. Er charakterisiert damit den in allen Bundesländern mit unterschiedlichen Akzenten in Gang gekommenen Prozess der Deregulierung der Hochschulen.

Das von *Professor Müller-Böling* gewählte Bild der Entfesselung lädt zum Nachdenken ein: Was passiert eigentlich, wenn nach langer Zeit Fesseln entfernt werden? Wird die neu gewonnene Freiheit wahrgenommen und wenn ja, wie wird sie genutzt? Nicht zwangsläufig und automatisch führt die Befreiung von Fesseln dazu, neu gewonnene Bewegungsfreiheiten erfolgreich zu nutzen. Manche wollen in ihrer Euphorie Bäume ausreißen, merken dann aber schnell, dass die Muskeln verkümmert sind und die Kraft nicht ausreicht. Andere haben sich an die reduzierte Kraft ihrer Muskeln gewöhnt und empfinden dies als normal. Ich will das Bild nicht zu sehr ausreizen,

---

[76] Festakt am 29. Oktober 2008 zum 10jährigen Jubiläum der Evangelischen Fachhochschule Nürnberg. Diese entstand am 01. Oktober 1998 aus der Zusammenlegung der Evangelischer Stiftungsfachhochschule Nürnberg (Gründung 1971) mit dem Fachbereichs Religionspädagogik und Kirchliche Bildungsarbeit (Gründung 1972 als Fachbereich an der Augustana-Hochschule Neuendettelsau) und dem Fachbereich Pflegemanagement (Gründung 1996 als Fachbereich der Evangelischen Stiftungsfachhochschule mit Sitz in Neuendettelsau).

denke aber schon, dass deutlich wurde, wie unterschiedlich mögliche Reaktionen ausfallen können.

Vor der Herausforderung, eine entfesselte Hochschule zu bändigen stehen die kirchlichen Hochschulen gleichermaßen wie die staatlichen. Die Evangelische Fachhochschule Nürnberg hat die Herausforderung angenommen und vieles umgesetzt. Dennoch bleiben noch weitere wichtige Aufgaben in den nächsten Jahren zu erledigen. Wir sind dazu bereit und werden uns nicht auf dem Erreichten ausruhen.

Ich habe es bei meiner Begrüßung gesagt, die Evangelische Fachhochschule Nürnberg ist neu verwurzelt und angetreten, das Vertrauen zwischen den Fachbereichen zu stärken. Die Grenzen werden durchlässiger und der Horizont erweitert sich auf die Hochschule als Ganzes. Dies ist deshalb wichtig, weil im Rahmen des Wettbewerbs in erster Linie nicht Fachbereiche, sondern Hochschulen miteinander konkurrieren. Der gute oder schlechte Ruf einer Hochschule differenziert nicht bis auf feingliedrige Organisationsebenen, er ist global. Das kann man bedauern, dennoch ist es so. Prüfen Sie es selbst. In der Regel machen wir im Alltag sehr spezifische kleinteilige Erfahrungen mit Organisationen, wir übertragen diese aber in unserem Urteil schnell auf die gesamte Organisation. Grenzen von Organisationen existieren in den Köpfen werden aber auch durch Strukturen geschaffen, die diese zementieren oder öffnen. Um Grenzen zu überwinden müssen deshalb nicht nur Wahrnehmungen überprüft und geändert werden, sondern auch Strukturen.

Ich habe eine Vision, von der ich hoffe, dass sie Wirklichkeit wird: In naher Zukunft ist das gegenseitige Vertrauen aller an der Hochschule so stabil, dass wir nicht mehr die Reservate der Fachbereiche benötigen, um Sicherheit zu tanken. Die Verdreifachung von Verwaltungs- und Gremienstrukturen ist nicht per se die Bedingung demokratischer Entscheidungsfindung und effektiver Verwaltungsorganisation. Dies deshalb in absehbarer Zeit gemeinsam zu überdenken, wird eine der großen Herausforderungen sein.

Blicken wir die letzten 10 Jahre zurück, so hat sich die Evangelische Fachhochschule hervorragend in der Hochschullandschaft etabliert. Bei unseren Kooperationspartnern sind wir geachtet, unsere Absolventinnen und

Absolventen werden gerne angestellt, in der Politik werden wir gehört und in der Praxis begleiten und unterstützen wir mit unserer wissenschaftlichen Kompetenz Entwicklungs- und Innovationsprojekte. Die Nachfrage nach Studienplätzen ist ungebrochen, ja erhöht sich sogar jährlich. Insbesondere die Nachfrage nach Studienplätzen hängt mit der Qualität des Studiums aber auch mit der Differenzierung unseres Angebots in den letzten Jahren zusammen. Unter erheblichen Anstrengungen haben wir unser Studienangebot ausgebaut. Aus den ursprünglich 3 Studiengängen sind heute 9 bzw. 11 Studiengänge geworden und weitere werden dazukommen.

Das rasche Wachstum hat organisatorisch zu manchen Verwerfungen und Reibungsverlusten geführt. Eine der vordringlichen Aufgaben der nahen Zukunft wird es deshalb sein, diese Reibungsverluste abzubauen und die Organisation zu verbessern. Hier sind besonders die Mitarbeiterinnen der Verwaltung in ihrer leidvollen Erfahrung angesprochen. Sie haben viel in der Vergangenheit geleistet. Gemeinsam müssen wir nun schauen, wo Entlastungen möglich sind oder Aufgaben effektiver verteilt werden können. Dies ist auch deshalb wichtig, weil der Entwicklungsplan der Hochschule noch weitere Studiengänge in der nahen Zukunft vorsieht. So sind ein Dualer Studiengang Pflege und ein Bachelorstudiengang Diakonik für das Jahr 2010 geplant.

Meine Damen und Herren, die Profilbildung der Hochschulen wird meines Erachtens sehr einseitig unter dem Aspekt des Angebots an Studiengängen diskutiert. Dies ist zwar durchaus ein wichtiger Aspekt, erschöpft sich darin aber nicht. Profilbildung heißt auch zu fragen, welches Bild eine Hochschule von den Studierenden hat und wie sich dieses Bild im Studienalltag wiederfindet und gepflegt wird. Profilbildung heißt auch, wie Mitarbeiterinnen und Mitarbeiter miteinander umgehen und ob die geforderte gegenseitige Wertschätzung mehr ist als ein joviales Schulterklopfen. Und: Profilbildung heißt auch, zu fragen, worin das Evangelische des Profils der Hochschule besteht.

Kurz, die Frage nach dem Profil ist auch eine Frage nach der gelebten Kultur an unserer Evangelischen Fachhochschule. Wir haben dieses Thema zum Gegenstand eines Konvents gemacht und damit einen Diskussionsprozess angestoßen, der bereits konkrete Früchte trägt aber noch lange nicht abgeschlossen ist. Konkret sichtbar wurde dies bereits für unsere neuen Mitarbeiterinnen und Mitarbeiter, für die wir die Einführung an unsere Hochschule neu und bewusst auch im Rahmen eines Gottesdienstes gestaltet haben. Das sind zwar erst kleine Schritte, wir werden diese fortsetzen. Dazu gehört auch ein Arbeitskreis der sich aus Mitarbeiterinnen und Mitarbeitern aus Verwaltung und Lehre zusammensetzt und nach Möglichkeiten der Umsetzung des Evangelischen Profils an unserer Hochschule sucht. Hier sind schon viele konkrete Ideen entstanden, und ich hoffe, dass insbesondere die neuen Mitarbeiterinnen und Mitarbeiter hier eine Chance sehen, sich mit ihren Ideen und Vorstellungen einzubringen.

Meine Damen und Herren, der Prozess der staatlichen Deregulierung wie ich ihn mit *Müller-Böling* eingangs kurz beschrieben habe, schafft für die Hochschulen Freiräume, die nun eigenverantwortlich gefüllt werden müssen. Dazu bedarf es aber neuer Willensbildungs- und Entscheidungsstrukturen die Zuständigkeiten und Verantwortlichkeiten an Leitungsverantwortliche delegieren und nicht in der Unverbindlichkeit von Hochschulgruppen zu belassen.

Ich weiß, dass dies ein heißes Eisen ist und an einer Evangelischen Hochschule allemal. Hier kollidieren Vorstellungen von Basisdemokratie und Professorenautonomie einerseits mit Konzepten der Leitungsverantwortung und institutioneller Autonomie der Hochschule als Ganzes andererseits. Wollen wir auf Dauer als Hochschule handlungsfähig bleiben, müssen diese Tabus angesprochen und Lösungen dazu entwickelt werden. Wir müssen und werden dies nach innen in Bezug auf die internen Entscheidungsstrukturen tun, wir werden es aber auch nach außen als Thema aufgreifen. Wenn der Staat seinen Hochschulen vertraut und ihnen mehr Freiräume zugesteht, dann müssen wir auch in Bezug auf unsere Trägerin dieses Verhältnis neu diskutieren und ausloten. Konkret, wenn der Staat mit seinen Hochschulen Zielvereinbarungen trifft, warum treffen wir als Evangelische Hochschule mit unserer Trägerin nicht auch Zielvereinbarungen, die über Studierenden-Kennzahlen hinausgehen? Dies wäre eine Chance, nach innen mehr Handlungsfreiheit zu gewinnen und nach außen unserer Trägerin mehr Sicherheit zu geben. Wir sollten mit kleinen Schritten anfangen und diese dann ausbauen.

Meine Damen und Herren, ich wurde gebeten, mich kurz zu halten und mich auf wenige Aussagen zu beschränken. Ich habe dies versucht. Vieles bliebe noch zu sagen, beispielsweise, dass wir gerade dabei sind, den Bereich der Forschung strukturell besser an der Hochschule zu verankern und auch hier nach innen und außen ein klares Profil entwickeln werden. Oder: dass die vielen Aktivitäten zur Auslandsarbeit nun erste erkennbare Früchte zeigen und als eigener Entwicklungsschwerpunkt auch in den nächsten Jahren verstetigt werden. Oder, dass wir uns im nächsten Jahr umbenennen in Evangelische Hochschule Nürnberg. Hochschule für angewandte Wissenschaften. Ich beschränke mich und lasse es bei meinen Andeutungen.

Meine Damen und Herren, ich hoffe sehr, dass das heimliche Motto der Evangelischen Fachhochschule Nürnberg: *„Tradition und lebendige Erneuerung"* für Sie konkret und greifbar geworden ist. Ich würde mir wünschen, dass Sie uns auch weiterhin – wie in der Vergangenheit – kritisch aber wohlwollend begleiten. Wir freuen uns darauf, auch in der Zukunft mit Ihnen erfolgreich zusammenzuarbeiten. Wenn wir weiterhin offen sind für Veränderungen und bereit, aus den Erfahrungen zu lernen, dann sehe ich den nächsten 10 Jahren der Evangelischen Hochschule Nürnberg voller Zuversicht entgegen.

Chronologie der Veröffentlichungen

Chronologie der Veröffentlichungen

1982: Jugend und Gemeinschaftswohnen. In: Archiv für Wissenschaft und Praxis der sozialen Arbeit. Heft 1/1982. Deutscher Verein für öffentliche und private Fürsorge. Frankfurt am Main. S. 29 – 43.

1990: Die Selbsthilfegruppen. Inszenierung gegenseitiger Hilfe von Betroffenen. In: Brennpunkte Sozialer Arbeit (1990): Soziale Gruppenarbeit. Neuwied. S 41 – 64.

1991: Inszenierte Gemeinschaften. Strukturwandel der Moderne. In: neue praxis – Zeitschrift für Sozialarbeit, Sozialpädagogik und Sozialpolitik. 21. Jahrgang. 1/1991. S. 12 – 25. Grundlage des Artikels ist meine Dissertation mit dem Titel: Inszenierte Gemeinschaften. Gesellschaftlicher Wandel und lebensweltliche Handlungsstrategien in der sozialen Arbeit, Frankfurt 1988.

1993: Professionalität und Wirtschaftlichkeit. In. Scharinger, Karl (Hrsg.) (1993): Reicht guter Wille? Jugendarbeit & Management. Nürnberg Forum der Jugendarbeit 1993.emwe-Verlag.

1999: Professionalität und Ethik. Festvortrag anlässlich der Förderpreisverleihung der Dr. Loew'schen Einrichtungen am 25. Juni 1999. In: Dr. Loew'sche Einrichtungen (Hrsg.) (2002): Wirtschaft fördert Wissenschaft. Sozialarbeit im Wandel der Zeit. Eine Sammlung von Festvorträgen anlässlich der Förderpreisverleihungen der Dr. Loew'schen Einrichtungen an der Evangelischen Hochschule Nürnberg. S. 3 – 8.

2000: Soziale Arbeit im Aufbruch. Auf dem Weg zu einer neuen Professionalität? In: König, J./ Oerthel, Ch./ Puch, H.-J. (Hrsg.): (2000): Qualitätsmanagement und Informationstechnologien im Sozialmarkt. Starnberg. S. 51 – 65.

2001: Ökonomisierung ist die Antwort. Was war eigentlich die Frage? – Ein Zwischenruf. Festvortrag anlässlich der Förderpreisverleihung der Dr. Loew'schen Einrichtungen am 21. Juni 2001. Veröffentlicht in: Dr. Loew'sche Einrichtungen (Hrsg.) (2002): Wirtschaft fördert Wissenschaft. Sozialarbeit im Wandel der Zeit. Eine Sammlung von Festvorträgen anlässlich der Förderpreisverleihungen der Dr. Loew'schen Einrichtungen an der Evangelischen Hochschule Nürnberg. S. 9 – 11.

2001: Der Sozialmarkt in Deutschland. In: Blätter der Wohlfahrtspflege. 148 Jahrgang. Heft 5/6 2001. S. 104 – 106.

2002: Personalführung zwischen Markt und Menschlichkeit. Vortrag auf dem Sozialpolitischen Forum der Stadtmission Nürnberg am 20. Juni 2002.

2003: Der Sozialmarkt. Eine Wirtschaftsmacht im Schatten. Vortrag anlässlich einer Fachtagung des Bundesverbandes Evangelische Behindertenhilfe am 27. Oktober 2003 in Volmarstein.

2006: Noch großes Entwicklungspotenzial. Evaluation des Ehrenamtsgesetzes der bayerischen Landeskirche. In: Nachrichten der Evangelisch-Lutherischen Kirche in Bayern 7/2006. S. 217 -221. (zusammen mit Beate Hofmann).

2006: Perspektiven einer Präsidentschaft. Antrittsrede anlässlich der Einführung als Präsident der Evangelischen Fachhochschule Nürnberg am 20. Oktober 2006.

2007: Die Zukunft entwerfen. Innovationsmanagement in Sozialunternehmen. Vortrag am 08. November 2007 auf der ConSozial zusammen mit Egon Endres. Veröffentlicht in: König, Joachim/ Oerthel, Christian & Puch, Hans-Joachim (Hrsg.) (2008): In Soziales investieren – Mehr Werte schaffen. ConSozial 2007. München 2008. S. 68-77.

2008: Neu verwurzelt. 10 Jahre neue Hochschulorganisation. Festvortrag anlässlich des Festakts am 29. Oktober 2008 zum 10jährigen Jubiläum der neuen Struktur der Evangelischen Fachhochschule Nürnberg.

2015: Von der Wohlfahrt zur Sozialwirtschaft. Wohlfahrtspflege im Dilemma zwischen fachlicher Qualität und wirtschaftlicher Effizienz. In: Rummelsberger Reihe: 125 Jahre Menschen an Ihrer Seite. S. 32 – 43. Bielefeld.

2017: Ehrenamt und freiwilliges Engagement – Gasteditorial. In Socialnet 11/2017. www. socialnet.de Ehrenamt und freiwilliges Engagement socialnet.de

2018: Human Resource Management in der Kinder- und Jugendhilfe. In: Jugendhilfe 6/2018. S. 649 – 656. Zusammen mit Egon Endres.

2019: Kindertagesstätten erfolgreich leiten. In: Kita aktuell Recht. 3/2019. S. 84 – 86. Zusammen mit Egon Endres.

2022: Wege der Erkenntnis. Rational denken, Sinn suchen, Selbsterkenntnis und Glück. In: König, Joachim - Evangelische Hochschule Nürnberg (Hrsg.) (2022): Kontinuität im Wandel. S. 285 – 297. Festschrift anlässlich der Emeritierung von Präsidentin Prof. Dr. Barbara Städtler-Mach. Nürnberg 2022.

Berufliche Biographie

1965 – 1969	Berufsausbildung zum Werkzeugmacher
1970 – 1974	Studium der Sozialen Arbeit
1975 – 1979	Studium der Soziologie, Politikwissenschaft und Pädagogik
1979 – 1980	Wissenschaftlicher Mitarbeiter an der Universität Erlangen-Nürnberg bei Prof. Dr. Joachim Matthes
1980 – 1981	Wissenschaftlicher Mitarbeiter an der Universität Bamberg bei Prof. Dr. Peter Gross
1981 – 1988	Mitarbeiter bei der Stadt Erlangen: Soziokulturelle Stadtteilarbeit. Beurlaubung für die Dissertation 1986 – 1988.
1988	Promotion zum Dr. rer. pol. an der Otto-Friedrich-Universität Bamberg. Erstgutachter: Prof. Dr. Peter Gross. Zweitgutachter: Prof. Dr. Ulrich Beck
1988	Berufung zum Professor für Soziale Arbeit und Soziologie an die Evangelischen Hochschule Nürnberg
1998 – 2006	Dekan des Fachbereichs Sozialwesen der Evangelischen Hochschule Nürnberg.
2006 – 2014	Präsident der Evangelischen Hochschule Nürnberg
2010 – 2014	Vizepräsident der Virtuellen Hochschule Bayern (vhb)
01.10.2014	Ruhestand

Futh

Rationalisierung der Datenverarbeitung
Band V

Dipl.-Kfm. Horst Futh

Rationalisierung der Datenverarbeitung

Band V

EDV-Systemrevision

Organisatorische Zweckmäßigkeit
Wirtschaftlichkeit – Datensicherung
Datenschutz

Mit 20 Abbildungen, 4 Formularen und zahlreichen Standard-Fragebogen

R. Oldenbourg Verlag
München Wien 1976

CIP-Kurztitelaufnahme der Deutschen Bibliothek

Futh, Horst
Rationalisierung der Datenverarbeitung.
Bd. 5. EDV-Systemrevision : organisator. Zweckmässigkeit, Wirtschaftlichkeit, Datensicherung, Datenschutz.
ISBN 3-486-34941-4

Druck und Bindearbeiten: R. Oldenbourg Graphische Betriebe GmbH, München

ISBN 3-486-34941-4

Inhalt

Vorwort zur Gesamtausgabe

Alle mit der Datenverarbeitung zusammenhängenden Fragen sind heute aktueller denn je. Nicht nur, daß die Anzahl der installierten EDV-Anlagen von Jahr zu Jahr wächst und immer mehr Anwendungsgebiete auf die EDV umgestellt werden, auch die EDV-Probleme haben erheblich zugenommen. Während in den 60er Jahren die maschinelle Abwicklung von Massen- und Routinearbeiten im Vordergrund stand, werden heute Lösungen für Dispositions- und Informationssysteme, für den Einsatz von Dialoggeräten und für den Aufbau von Datenbanken gesucht. Diese Entwicklung stellt neue Fragen und verlangt ein Abweichen von eingefahrenen Wegen. Hinzu kommt, daß die Unternehmen heute aus wirtschaftlichen Gründen gezwungen sind, rationellere Verfahren und Techniken in der EDV einzusetzen. Mehr Planung und Überwachung, der Einsatz normierter Organisations- und Programmierungstechniken und die Einführung von Kostenbudgets und Wirtschaftlichkeitsberechnungen werden bald zum Maßnahmenkatalog jeder EDV-Abteilung gehören.

Dem Wandel in der EDV und den Anforderungen, die künftig an die EDV-Mitarbeiter, aber auch an die Geschäftsleitungen und Mitarbeiter in den Fachabteilungen gestellt werden, will diese Buchreihe Rechnung tragen. Sie erstreckt sich auf das Gesamtgebiet der EDV-Technik und wird nur dort eingeschränkt, wo sich die EDV-Aktivitäten auf herstellerbezogene Hardware- und Softwaretechniken beziehen.

Die neue Buchreihe umfaßt folgende Bände:

Band I Grundlagen der EDV
- Hardware, Software, Orgware -

Band II	Einrichtung und Betrieb von EDV-Abteilungen - Strukturorganisation, Personalführung, Auswahl von Hardware und Software, Wirtschaftlichkeitsberechnungen, Gesamtplanung -
Band III	Entwicklung und Einführung von EDV-Systemen - Voruntersuchung, Projektsteuerung, Projektrealisierung, Änderungsdienst -
Band IV	Rechenzentrumsorganisation - Arbeitsplanung und Ablaufvorbereitung, Datenerfassung und Datenverarbeitung, Kontrolle und Abstimmung -
Band V	EDV-Systemrevision - Organisatorische Zweckmäßigkeit, Wirtschaftlichkeit, Datensicherung, Datenschutz -

Weitere Bände dieser Reihe sind geplant.

Oktober 1975 Horst Futh

Vorwort zu Band V

Es ist leicht einzusehen, daß die maschinelle Datenverarbeitung anderer Kontrollen und Sicherungsmaßnahmen bedarf als manuelle Abläufe. Der zunehmende Einsatz der Datenfernübertragung, die Einrichtung des Dialogverkehrs, die Speicherung großer, miteinander verknüpfter Informationen in Datenbanken und neue Vorschriften des Gesetzgebers für den Datenschutz führen dazu, daß das Thema der Kontrolle und Datensicherung noch erheblich mehr an Bedeutung als bisher erlangt.

Kontrolle und Datensicherungen sind jedoch nur dann voll wirksam, wenn sie durch entsprechende Überprüfungen (EDV-Revisionen) ergänzt werden. Während der Einbau von Kontrollen und Sicherungsmaßnahmen Sache des EDV-Personals ist, sind für die EDV-Revision betriebseigene Revisoren und betriebsfremde Revisoren (Betriebs- und Wirtschaftsprüfer, Unternehmensberater) zuständig.

Dieses Buch will zeigen, wie EDV-Revisionen durchgeführt und welche Hilfsmittel hierzu benutzt werden. Es wendet sich sowohl an Revisoren und Prüfer als auch an die betroffenen Führungskräfte von EDV-Abteilungen. Die einzelnen Abschnitte des Buches werden durch schaubildliche Darstellungen und Formulare sowie Standard-Fragen und -Antworten ergänzt.

Oktober 1975 Horst Futh

1. Einführung

Revision und Kontrollen

Unter dem Begriff "Revision" wollen wir - eingeschränkt auf die EDV-Revision - die nachträgliche Überprüfung von EDV-Programmen und EDV-Arbeitsabläufen (im weitesten Sinne) verstehen. Eine solche EDV-Revision soll sicherstellen, daß die Programme im Sinne der Grundsätze ordnungsmäßiger Buchführung richtig und die Arbeitsabläufe in der EDV-Abteilung zweckmäßig gestaltet, wirtschaftlich und sicher sind. Im Hinblick auf Vorgehensweise und Hilfsmittel ist es völlig gleich, ob die EDV-Revision durch betriebseigene Revisoren (interne Revision) oder betriebsfremde Wirtschafts- oder Betriebsprüfer (externe Revision) durchgeführt wird.

Demgegenüber handelt es sich bei den "Kontrollen" um Sicherungsmaßnahmen, die von vornherein durch das EDV-Personal in die Programme eingebaut bzw. bei den Arbeitsabläufen vorgesehen werden. Den verschiedenen Möglichkeiten entsprechend unterscheiden wir organisatorisch-administrative, programmierte (Software-) und Hardware-Kontrollen. Naturgemäß bezieht sich die EDV-Revision auch auf die Überprüfung der Kontrollen selbst. Bild 1 zeigt eine Übersicht der Revision und Kontrollen.

EDV-Systemrevision und EDV-Programmrevision

Die EDV-Revision (ganz gleich, ob intern oder extern durchgeführt) wird nach EDV-Systemrevision und EDV-Programmrevision unterschieden. Die Programmrevision befaßt sich lediglich mit der Überprüfung einzelner Anwendungsprogramme im Sinne der Grundsätze ordnungsmäßiger Buchführung. So wird beispielsweise überprüft, ob die Soll- und Habenposten

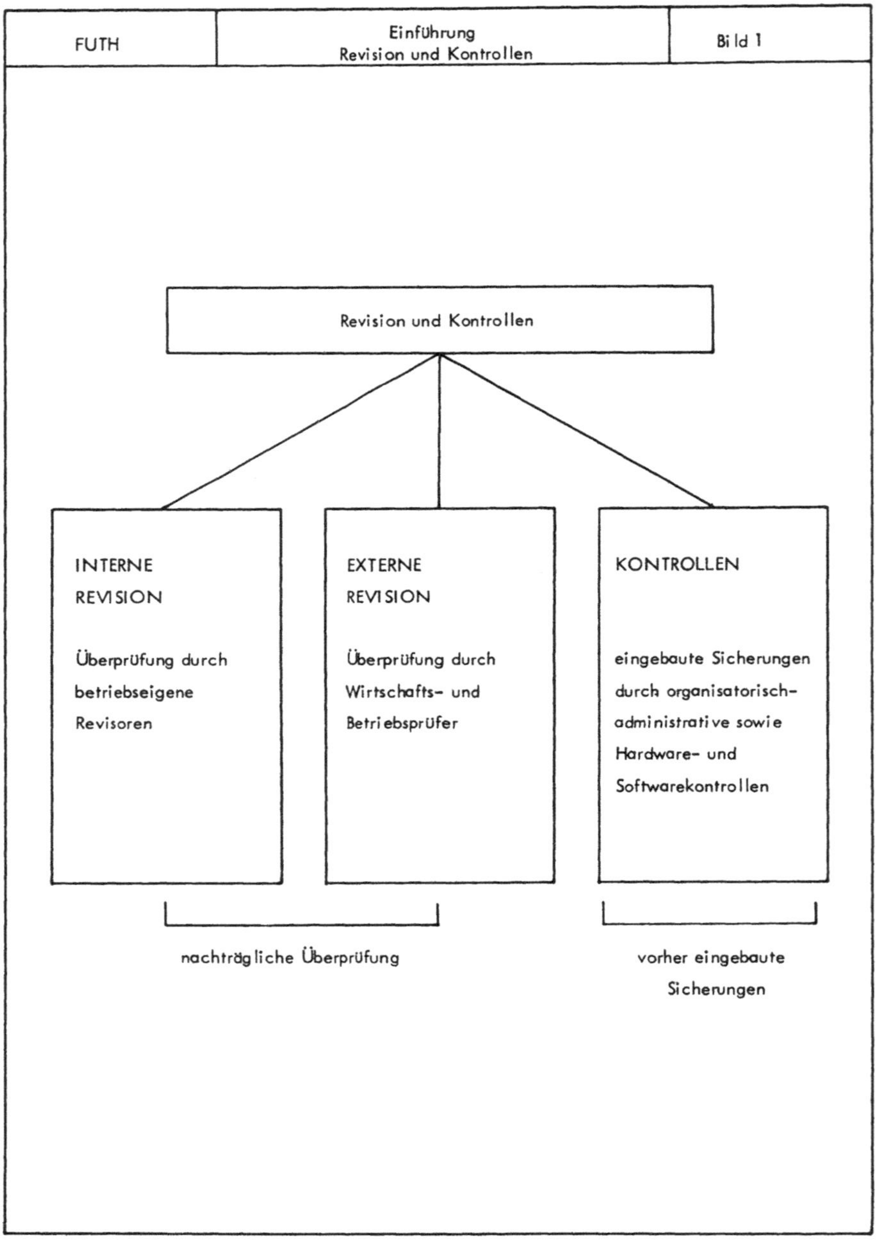
FUTH
Einführung
Revision und Kontrollen
Bild 1
Revision und Kontrollen
INTERNE
REVISION
Überprüfung durch
betriebseigene
Revisoren
EXTERNE
REVISION
Überprüfung durch
Wirtschafts- und
Betriebsprüfer
KONTROLLEN
eingebaute Sicherungen
durch organisatorisch-
administrative sowie
Hardware- und
Softwarekontrollen
nachträgliche Überprüfung
vorher eingebaute
Sicherungen

richtig verbucht, Soll- und Habenkonten maschinell abgestimmt und ausreichend programmierte Kontrollen in den Programmen eingebaut sind. Die Programmrevision ist nicht Gegenstand dieses Buches. Jedoch muß darauf hingewiesen werden, daß Programmrevisionen allein ziemlich nutzlos sind, wenn nicht gleichzeitig sichergestellt ist (und entsprechend überprüft wird), daß die Programme sicher ablaufen und nicht durch das Bedienungspersonal manipuliert werden können.

Die EDV-Systemrevision befaßt sich dagegen mit dem Gesamtgeschehen in der EDV-Abteilung, ausgeschlossen die Überprüfung der Anwendungsprogramme. Sie soll sicherstellen, daß die Abläufe in der EDV-Abteilung zweckmäßig organisatorisch gestaltet und wirtschaftlich sind sowie den gesetzlichen und betrieblichen Anforderungen an Datensicherung und Datenschutz entsprechen. In Bild 2 ist noch einmal der Zusammenhang zwischen EDV-Systemrevision und EDV-Programmrevision dargestellt.

Ziele der EDV-Systemrevision

Die Überprüfung von EDV-Abteilungen (kurz als EDV-Systemrevision bezeichnet) hat das Ziel, das gesamte Geschehen in der EDV-Abteilung transparent zu machen, um es im Hinblick auf

- organisatorische Zweckmäßigkeit
  (Sind die Arbeitsabläufe organisatorisch sinnvoll gestaltet?)

- Wirtschaftlichkeit
  (Sind die Arbeitsabläufe und Hilfsmittel wirtschaftlich, und welche Möglichkeiten zur Kostenreduzierung gibt es?)

- Datensicherung
  (Sind die Programme, Daten und Unterlagen gegen Verlust, Zerstörung und Beschädigung gesichert?) und

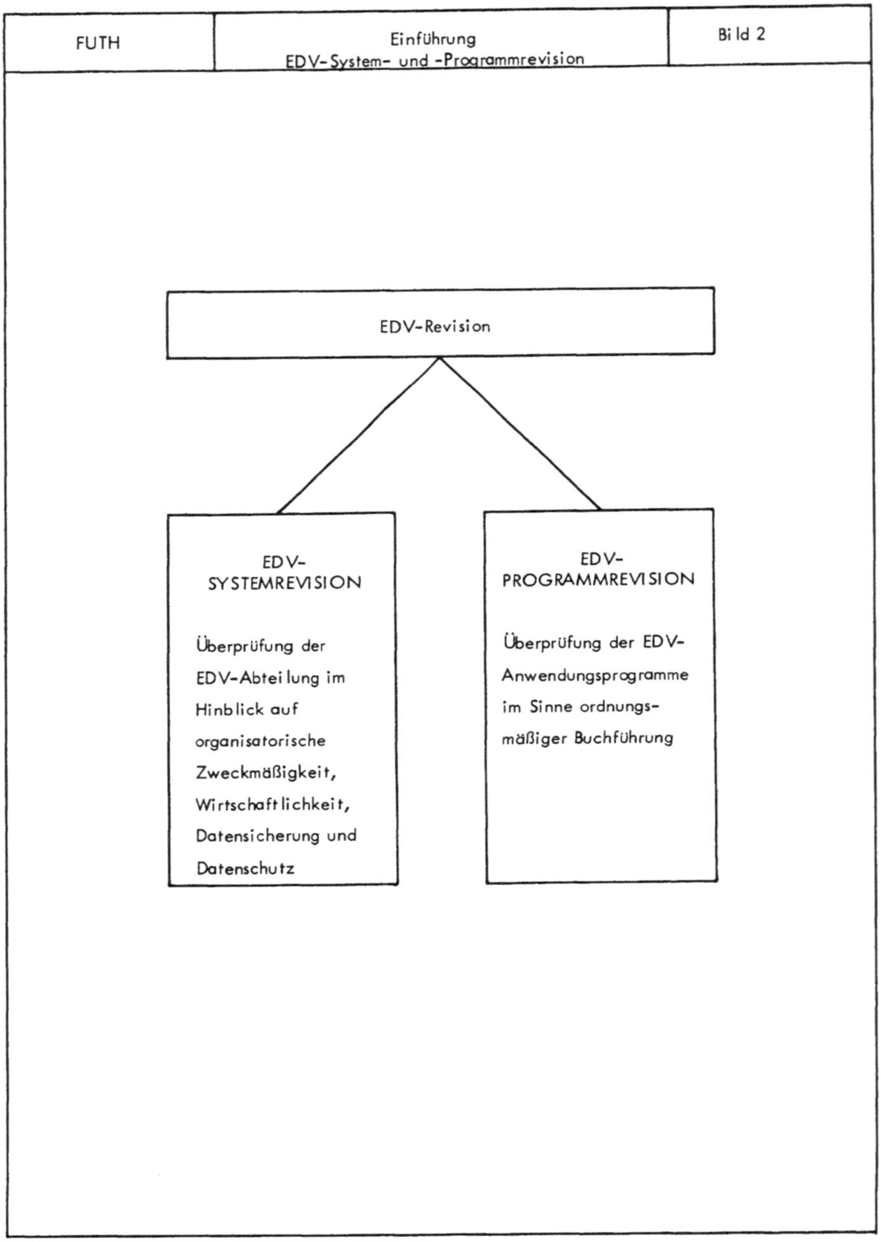
FUTH
Einführung
EDV-System- und -Programmrevision
Bild 2
EDV-Revision
EDV-
SYSTEMREVISION
Überprüfung der EDV-Abteilung im Hinblick auf organisatorische Zweckmäßigkeit, Wirtschaftlichkeit, Datensicherung und Datenschutz
EDV-
PROGRAMMREVISION
Überprüfung der EDV-Anwendungsprogramme im Sinne ordnungsmäßiger Buchführung

- Datenschutz
  (Sind die Daten, Programme und Unterlagen vor Mißbrauch geschützt, um sowohl Mißbräuche von Geschäftsgeheimnissen als auch gegenüber der Privatsphäre des Einzelnen entsprechend dem Bundes-Datenschutzgesetz BDSG auszuschließen?)

überprüfen und ständig überwachen zu können. Bild 3 zeigt eine Übersicht über die einzelnen Ziele der EDV-Systemrevision.

<u>Objekte der EDV-Systemrevision</u>

Im Prinzip ist es völlig gleich, in welche Revisionsobjekte oder -bereiche das Geschehen in der EDV-Abteilung unterteilt wird. Wichtig ist es dagegen, die Einteilung so vorzunehmen, daß weder Revisionslücken noch Revisionsüberschneidungen vorkommen.

Für die beste Abgrenzung der Revisionsobjekte halten wir die Unterteilung in die drei Bereiche

- <u>Revision der Projektumstellung mit</u>
  - Projektplanung und -kontrolle
    (EDV-Antragsverfahren, EDV-Analyse, EDV-Auftragsverfahren, EDV-Koordinationsstelle, EDV-Projektsteuerung)

  - Projektrealisierung
    (Systemplanung, Systemrealisierung, Systemeinführung)

  - Änderungsdienst
    (Antrags- und Genehmigungsverfahren, Durchführung, Freigabe und Dokumentationsänderung)

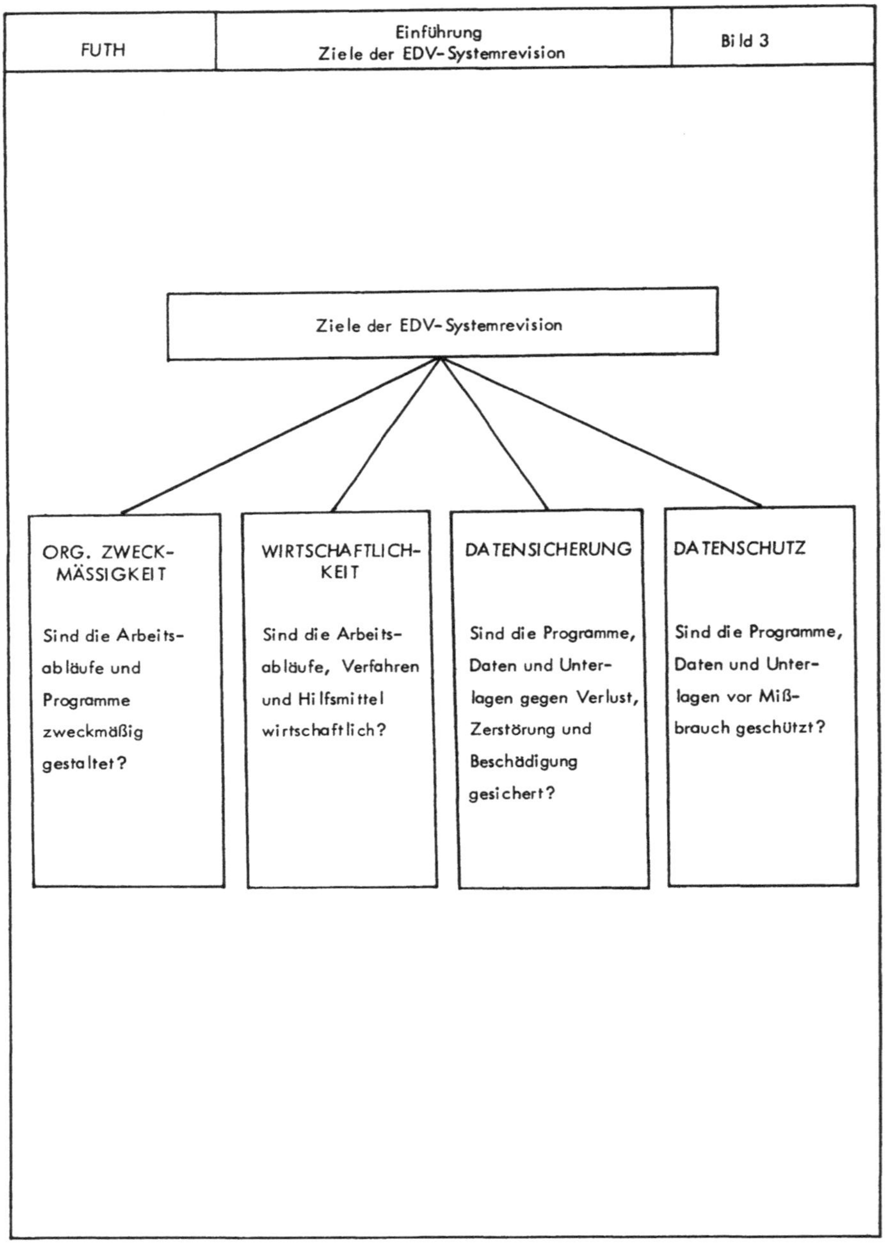
FUTH
Einführung
Ziele der EDV-Systemrevision
Bild 3
Ziele der EDV-Systemrevision
ORG. ZWECK-MÄSSIGKEIT
Sind die Arbeitsabläufe und Programme zweckmäßig gestaltet?
WIRTSCHAFTLICHKEIT
Sind die Arbeitsabläufe, Verfahren und Hilfsmittel wirtschaftlich?
DATENSICHERUNG
Sind die Programme, Daten und Unterlagen gegen Verlust, Zerstörung und Beschädigung gesichert?
DATENSCHUTZ
Sind die Programme, Daten und Unterlagen vor Mißbrauch geschützt?

- <u>Revision der RZ-Abwicklung mit</u>
  - Räume und Einrichtungen
    (Gebäude und Räume, Versorgungs- und Klimaeinrichtungen)

  - Hardware und Software
    (EDV-Anlage, Datenerfassungs- und Datenübertragungsgeräte, System- und Anwendungssoftware)

  - Arbeitsabläufe im Rechenzentrum
    (Arbeitsplanung und -vorbereitung, Datenerfassung, Maschinenraum, Kontrolle und Abstimmung)

- <u>Revision projektunabhängiger Bereiche mit</u>
  - EDV-Anwendungen
    (Generelle Anwendungsanalyse, Überprüfung von Einzelanwendungen)

  - EDV-Strukturorganisation
    (Einordnung der EDV-Abteilung, Gliederung der EDV-Abteilung, Stellenbeschreibung)

  - EDV-Personalsystem
    (Personalbedarfsermittlung, Personalplanung, Personalbeschaffung, Mitarbeiterbeurteilung, Karriereförderung, Gehaltsfindung, Aus- und Weiterbildung)

  - EDV-Kosten
    (Kostenerfassung, Leistungserfassung, Kosten- und Leistungsverrechnung).

Bild 4 bringt noch einmal eine Übersicht über die Objekte der EDV-Revision.

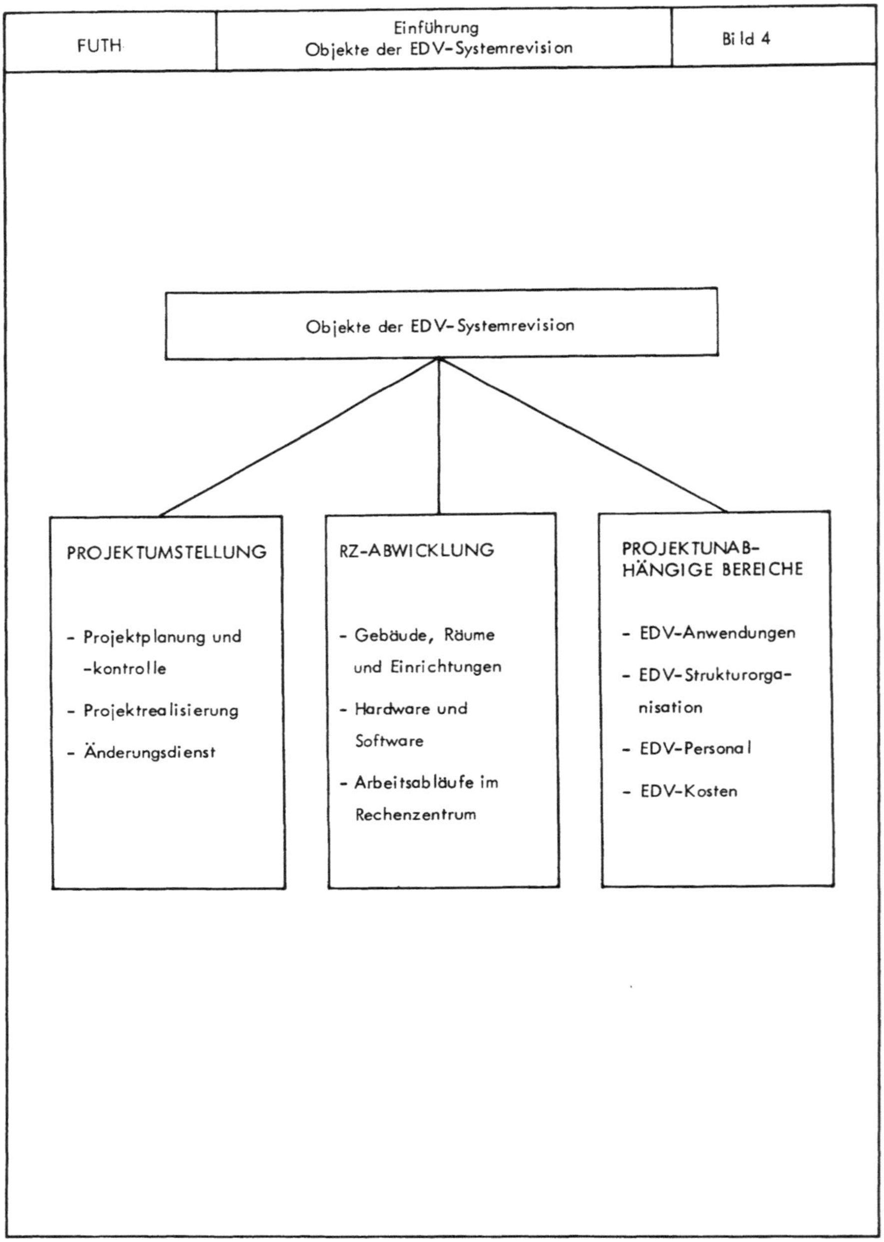
FUTH
Einführung
Objekte der EDV-Systemrevision
Bild 4
Objekte der EDV-Systemrevision
PROJEKTUMSTELLUNG
- Projektplanung und -kontrolle
- Projektrealisierung
- Änderungsdienst
RZ-ABWICKLUNG
- Gebäude, Räume und Einrichtungen
- Hardware und Software
- Arbeitsabläufe im Rechenzentrum
PROJEKTUNABHÄNGIGE BEREICHE
- EDV-Anwendungen
- EDV-Strukturorganisation
- EDV-Personal
- EDV-Kosten

Ablauf der EDV-Systemrevision

Der Ablauf einer EDV-Systemrevision vollzieht sich in den drei Stufen:

- Planung und Vorbereitung der Revision
  - Festlegung der Revisionsbereiche und -termine
  - Information der betroffenen Stellen und Personen
  - Änderung und Ergänzung der Revisions-Fragebogen
- Durchführung der Revision
  - Aufnahme der festgestellten Tatbestände mit Hilfe der Revisions-Antwortbogen
  - Auswertung und Beurteilung mit Hilfe der Revisions-Ergebnisbogen
  - Präsentation und Diskussion der Revisionsergebnisse
- Organisationsberatung
  - Ausarbeitung eines Maßnahmenkataloges mit Hilfe der Revisions-Empfehlungsbogen
  - Präsentation der vorgeschlagenen Maßnahmen und Entscheidung über Änderungen und Verbesserungen
  - Mitwirkung bei der Einführung von Änderungen und Verbesserungen.

Der Zeitaufwand für eine EDV-Systemrevision hängt einmal vom Umfang und Schwierigkeitsgrad der Revisionsobjekte und zum anderen davon ab, ob eine vollständige oder nur eine Teilrevision durchgeführt werden soll. Soweit sich der Revision auch eine detaillierte Organisationsberatung, d.h. die Ausarbeitung eines Maßnahmenkataloges und die Mitwirkung bei der Einführung von Änderungen und Verbesserungen (und dies ist die Regel) , anschließt, wird sich der Zeitaufwand noch weiter erhöhen. Bei einer kompletten Überprüfung der EDV-Abteilung muß mit einem Zeitaufwand von 4-6 Wochen, zusätzlich einem Zeitaufwand von weiteren 1-2 Monaten für eine detaillierte Organisationsberatung, gerechnet werden. Es sei nochmals darauf hingewiesen, daß es völlig gleich ist, ob die EDV-Systemrevision durch betriebseigene oder betriebsfremde Revisoren durchgeführt wird. Unabdingbare Voraussetzung für eine wirksame EDV-Systemrevision ist dagegen, daß die Revisoren unabhängig gegenüber der EDV-Abteilung und fachkundig sowohl in der Revision als auch in der EDV-Materie sind. Sofern geeignete Revisoren zur Verfügung stehen, sollte die Systemrevision zu den Aufgaben der internen Revisionsabteilung gehören. Externe Revisoren (Wirtschaftsprüfer, Betriebsprüfer, Unternehmensberater) besitzen gegenüber internen Revisoren den Vorteil einer geringeren Betriebsblindheit und größerer Markterfahrungen. Auch können sie aufgrund ihrer Erfahrungsbreite besser als betriebseigene Revisoren Vorschläge zur Änderung und Verbesserung bestehender Abläufe machen. Bild 5 zeigt eine Übersicht über den Ablauf einer Systemrevision.

Hilfsmittel der EDV-Systemrevision

Als Hilfsmittel für die EDV-Systemrevision dienen:

- der Revisions-Fragebogen
  (zur Aufnahme der Revisionsfragen)

- der Revisions-Antwortbogen
  (zur Aufnahme der festgestellten Tatbestände)

- der Revisions-Ergebnisbogen
  (zur Aufnahme der Revisionsergebnisse) und

- der Revisions-Empfehlungsbogen
  (zur Aufnahme der Revisionsempfehlungen,
  d.h. von Änderungen und Verbesserungen).

FUTH	Einführung Ablauf der EDV-Systemrevision	Bild 5

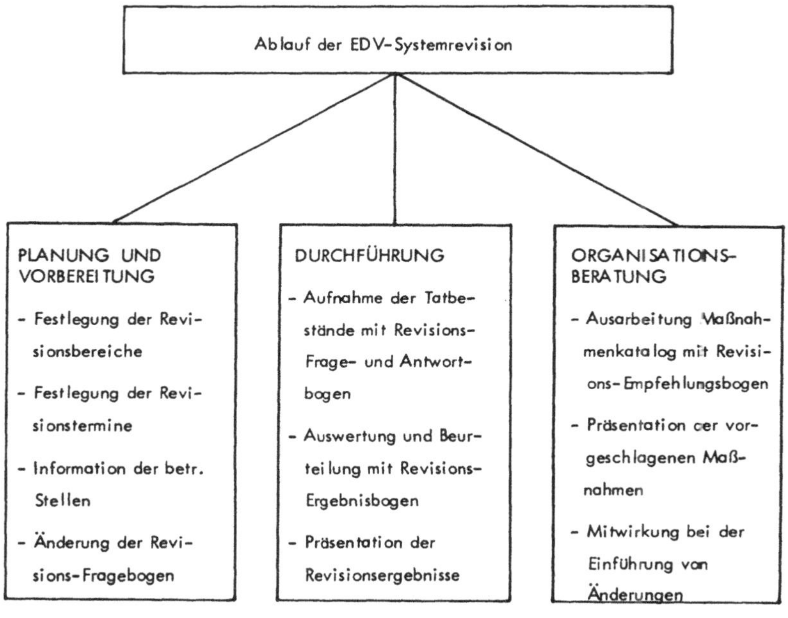

Die im Buch enthaltenen Revisionsfragen sind zum einen das Ergebnis modellhafter Untersuchungen zum Thema EDV-Systemrevision, zum anderen entstammen sie der langjährigen EDV-Revisionspraxis des Verfassers. Sie dürften zu einem hohen Prozentsatz die meisten der für jeden Revisionsfall vorkommenden Fragen abdecken. Dennoch ist es unumgänglich, daß die hier aufgeführten Fragen zunächst daraufhin überprüft werden, ob sie voll und ganz einer EDV-Systemrevision im Einzelfalle entsprechen. In der Regel wird es so sein, daß im Revisionseinzelfall sowohl Fragen entfallen können als auch weitere Fragen hinzugefügt werden müssen.

In ähnlicher Weise verhält es sich mit den im Buch aufgeführten Standard-Antworten. Diese Antworten können immer nur Orientierungshilfen sein und dürfen auf keinen Fall als Patentrezept für den einzelnen Revisionsfall angesehen werden! Dies bedeutet, daß die bei einer Revision festgestellten Tatbestände im einzelnen durchaus von der aufgeführten Standard-Antwort abweichen können, ohne daß hieraus auf eine negative Aussage geschlossen werden darf. Umgekehrt aber sollte eine Abweichung von einer Standard-Antwort Anlaß dazu sein, die Ursache für die Abweichung vom Standard besonders zu überprüfen und die Abweichungsberechtigung zu untersuchen. Hierzu können letztlich nur die Erfahrungen der Revisoren bzw. Vergleiche mit ähnlich gelagerten EDV-Abteilungen in anderen Unternehmen dienen. Im übrigen empfiehlt sich die Ausarbeitung eines speziellen, firmenbezogenen Handbuches der EDV-Systemrevision, das entsprechend zugeschnittene Revisionsfragen und Revisionsantworten enthält und laufend vervollständigt werden muß. Bild 6 zeigt noch einmal eine Übersicht über die Hilfsmittel der EDV-Systemrevision.

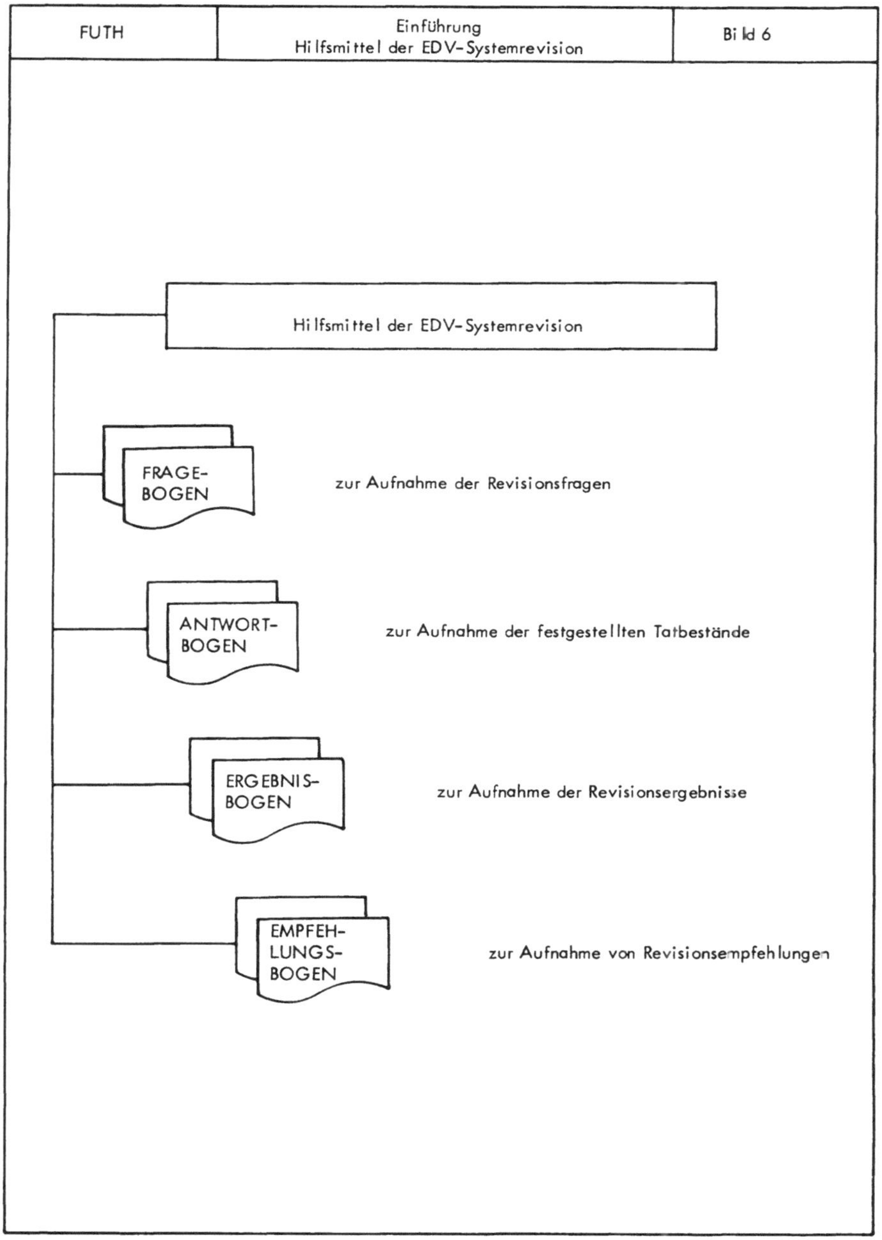
FUTH
Einführung
Hilfsmittel der EDV-Systemrevision
Bild 6
Hilfsmittel der EDV-Systemrevision
FRAGE-
BOGEN
zur Aufnahme der Revisionsfragen
ANTWORT-
BOGEN
zur Aufnahme der festgestellten Tatbestände
ERGEBNIS-
BOGEN
zur Aufnahme der Revisionsergebnisse
EMPFEH-
LUNGS-
BOGEN
zur Aufnahme von Revisionsempfehlungen

Beispiel einer EDV-Systemrevision (Ausschnitt)

Im folgenden haben wir einen Ausschnitt aus einer EDV-Systemrevision mit der Verwendung von Fragebogen, Antwortbogen, Ergebnisbogen und Empfehlungsbogen (Formulare V/01 bis V/04) dargestellt. Als Revisionsobjekt wurden die EDV-Kosten (Abschnitt Kostenerfassung) gewählt.

FUTH	REVISIONS-FRAGEBOGEN	erstellt am: 19.8.75 erstellt durch: Flemming

Revision der EDV-Kosten
- Kostenerfassung -

Lfd. Nr.	Fragen
010	Wie werden die EDV-Gesamtkosten beurteilt?
020	Wie haben sich die EDV-Gesamtkosten in den letzten fünf Jahren entwickelt?
030	Wie werden sich die EDV-Kosten in den nächsten Jahren voraussichtlich entwickeln?
040	Wie verteilen sich die EDV-Gesamtkosten auf die einzelnen Kostenarten?
050	Hat sich die Relation der einzelnen Kostenarten zueinander verschoben und wie wird die künftige Entwicklung voraussichtlich aussehen?
060	Werden Wirtschaftlichkeitsvergleiche und Kostenkontrollen für Umstellungsprojekte vorgenommen?
070	Werden Wirtschaftlichkeitsvergleiche und Kostenkontrollen für RZ-Abwicklungen vorgenommen?
080	Wurden Alternativen zu eigenen RZ-Abwicklungen untersucht?
090	Wie verhalten sich die Personalkosten für Neuumstellungen und Änderungen zueinander?
100	Welcher Betrag wurde in den letzten 3 Jahren jährlich für die Mitarbeiterschulung ausgegeben?
110	Ist die Vertragsart für die Maschineninstallation richtig gewählt?
120	Sind alle Einsparungen bei der Hardware ausgeschöpft?
130	Sind alle steuerlichen Gesichtspunkte berücksichtigt?
140	Sind alle Einsparungen bei den Personalkosten ausgeschöpft?
150	Werden die Softwarekosten ausreichend kontrolliert?
160	Sind Einsparungen bei den Betriebskosten möglich?

Formular V/01

Lfd. Nr.	Fragen
170	Sind alle Einsparungen bei den Materialkosten ausgeschöpft?
180	Werden die einzelnen Kostenarten jährlich überprüft?
190	Werden Kostenerhöhungen und Einsparungen an der richtigen Stelle vorgenommen?
200	Sind unvorhergesehene Kosten durch entsprechende Versicherungen gedeckt?

FUTH	REVISIONS-ANTWORTBOGEN	erstellt am: 24.9.75 erstellt durch: Flemming

Revision der EDV-Kosten
- Kostenerfassung -

Lfd. Nr.	Antworten
010	Die EDV-Gesamtkosten betrugen im letzten Jahr 2.600 TDM bei einem Firmenumsatz von 240 Mio DM.
020	EDV-Gesamtkosten: 1970 = 1.300 TDM; 1971 = 1.900 TDM; 1972 = 2.000 TDM; 1973 = 2.200 TDM; 1974 = 2.600 TDM Firmenumsatz: 1970 = 150 Mio DM; 1971 = 180 Mio DM; 1972 = 200 Mio DM; 1973 = 250 Mio DM; 1974 = 240 Mio DM
030	Für die nächsten 3 Jahre sind nur bei den Personal=kosten (ca. 50% p.a.), Gehaltserhöhungen und Neuein=stellungen, Kostensteigerungen geplant.
040	Maschinenmiete incl. DE-Geräte 1.300 TDM p.a., Personal=kosten 1.000 TDM p.a., Material- und Betriebskosten 300 TDM p.a. (1975).
050	Während die Personalkosten 1970 noch 50% der EDV-Ge=samtkosten betrugen, war die Relation 1974 etwa 40:60; bis 1978 sollen die Personalkosten auf 60% der Gesamtkosten steigen.
060	Ja, es wird eine Projektplanung und -kontrolle durch=geführt; Abweichungen führen aber zu keinerlei Konse=quenzen.
070	Nein.
080	Wurde bisher nicht untersucht.
090	Ca. 80% der Personalkosten werden für Umstellungen und 20% für Änderungen und Pflege aufgewendet.
100	1972 = 10.000 DM 1973 = 15.000 DM 1974 = 12.000 DM
110	Wurde bisher nicht geprüft.
120	Mixed-Hardware (2 Bandgeräte, 3 Magnetplattengeräte) ist eingesetzt.

Formular V/02

Lfd. Nr.	Antworten
130	Wurde bisher nicht geprüft.
140	Ja.
150	Ein Softwarekonzept und dazu kostenmäßige Software-beurteilungen wurden nicht vorgefunden.
160	Nein.
170	Nein, es werden zu viele vorgedruckte Formulare, auch für innerbetriebliche Zwecke, benutzt.
180	Nein.
190	Wurde bisher nicht untersucht.
200	Nein, es bestehen keinerlei Versicherungen.

FUTH	REVISIONS-ERGEBNISBOGEN	erstellt am: 3.10.75 erstellt durch: Flemming

Revision der EDV-Kosten
- Kostenerfassung -

Lfd. Nr.	Ergebnisse
	Das Ergebnis der Revision läßt sich wie folgt zusammenfassen:
1.	Die EDV-Gesamtkosten betrugen 1970 ca. 0,85% und 1974 ca. 1,1% vom Firmenumsatz und lagen damit innerhalb der Branchenkennzahl (0,6 bis 1,2%); eine weitere Steigerung sollte jedoch vermieden werden.
2.	Die Relation Personalkosten: Maschinenkosten betrug 1970 ca. 50:40, 1974 dagegen 40:60; anzustreben ist eine Relation 60:30.
3.	Die Kostenplanung und -kontrolle bei neuen Projekten ist nahezu sinnlos, da keinerlei Folgen gezogen werden.
4.	Wirtschaftlichkeitsuntersuchungen im Bereich der RZ-Abwicklung fehlen völlig.
5.	Die Relation von 80:20 (Neuanstellungen: Wartung) ist recht günstig.
6.	Die direkten Kosten für Weiterbildung betrugen 1970 = 100 DM und 1974 = 110 DM je Mitarbeiter; sie sind völlig unzureichend.
7.	Im Vergleich zu den Personalkosten aber auch zum Firmenumsatz sind die Maschinenkosten zu hoch.
8.	Es fehlt ein Softwarekonzept: Einsatz von Systemsoftware und Standard-Anwendungssoftware.
9.	Die organisatorischen Maßnahmen auf dem Sektor der Belegestaltung sind völlig unzureichend: es werden zu viele und zu komplizierte Formulare benutzt.
10.	Auftretende Gefahren und Schadensfälle sind in keinem Falle durch Versicherungen gedeckt.

Formular V/03

Lfd. Nr.	Ergebnisse

FUTH	REVISIONS-EMPFEHLUNGSBOGEN	erstellt am: 31. 10. 75 erstellt durch: Flemming

Revision der EDV-Kosten
- Kostenerfassung -

Lfd. Nr.	Empfehlungen
	Im Hinblick auf die EDV-Kosten empfehlen wir folgende Maßnahmen:
1.	Die EDV-Gesamtkosten in den nächsten 3 Jahren nicht oder nur geringfügig zu erhöhen.
2.	Die Kostenrelation Personal: Maschinen dadurch zu ändern, daß die Maschinen - zugunsten der Personalkosten abgebaut werden; dies kann durch Abmietung des Stanzers und der noch vorhandenen Lk-Maschinen sowie durch eine Geräteumstellung in der Datenerfassung erfolgen.
3.	Für Neuanstellungen sollten Kostenlimits festgelegt werden; diese dürfen nur mit vorheriger Genehmigung der Fachabteilungen bzw. der Geschäftsführung überschritten werden.
4.	Im Bereich der RZ-Abwicklung sollten Wirtschaftlichkeitsuntersuchungen durchgeführt und die ermittelten Werte mit vergleichbaren Branchenwerten verglichen werden.
5.	Für die Weiterbildung der Mitarbeiter ist ein Konzept aufzustellen; die Weiterbildung sollte je Mitarbeiter und Jahr 2-3 Wochen betragen, wofür an direkten Kosten 2.000-3.000 DM je Mitarbeiter und Jahr anzusetzen ist.
6.	Es sollte für die nächsten 3 Jahre ein Softwarekonzept erstellt werden, und zwar nach benötigter Systemsoftware und möglicher Standard-Anwendungssoftware
7.	Die komplette Belegestaltung ist zu untersuchen auf a) die Verwendung von Blankopapier und b) auf die Verwendung von einheitlichen Belegen; geschätzt können ca. 30% bis 50% der Materialkosten eingespart werden.
8.	Es sind die möglichen Hauptschäden zu schätzen, und zwar a) an der Hardware und b) an Programmen und Daten, und entspr. Versicherungsangebote einzuholen.

Formular V/04

Lfd. Nr.	Empfehlungen

2. Revision der Projektumstellung

2.1 Projektplanung und -kontrolle

Untersuchung, Auswertung und empfohlene Maßnahmen erstrekken sich in diesem Abschnitt auf die Revisionsbereiche

- EDV-Antragsverfahren
  (Umstellungsanträge)

- EDV-Analyse
  (Voruntersuchung)

- EDV-Auftragsverfahren
  (Auftraggeber, Budgetierung, Kontrolle)

- EDV-Koordinationsstelle
  (Aufgaben, Zusammensetzung, Entscheidungskompetenz)

- EDV-Projektsteuerung
  (Projektmanagement, Projektvorgabe, Projektüberwachung, Zeitschätzungen).

Die folgenden Standard-Fragen und Orientierungs-Antworten (und dies gilt für alle Buchabschnitte!) werden je Unterabschnitt und im Zehnersprung numeriert. Die Numerierung je Unterabschnitt hat den Vorteil einer eindeutigen sachlichen Zuordnung, während die Numerierung im Zehnersprung dem Anwender die Möglichkeit bietet, weitere Fragen, mit entsprechender Folgenummer in einer Einerstelle, einfügen zu können. Bild 7 zeigt eine Übersicht über den Arbeitsablauf bei der Projektplanung und -kontrolle

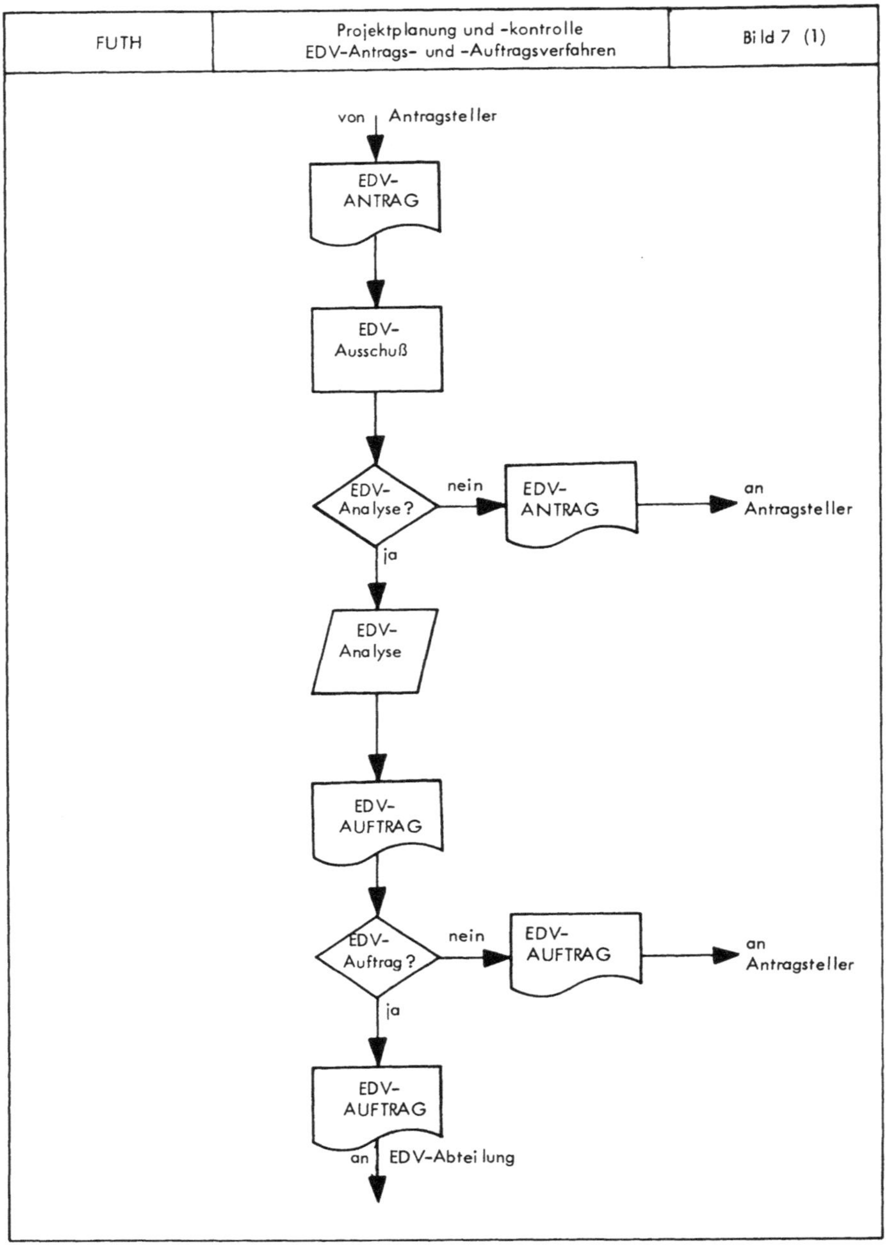

FUTH
Projektplanung und -kontrolle
EDV-Antrags- und -Auftragsverfahren
Bild 7 (1)
von Antragsteller
EDV-ANTRAG
EDV-Ausschuß
EDV-Analyse?
nein
EDV-ANTRAG
an Antragsteller
ja
EDV-Analyse
EDV-AUFTRAG
EDV-Auftrag?
nein
EDV-AUFTRAG
an Antragsteller
ja
EDV-AUFTRAG
an EDV-Abteilung

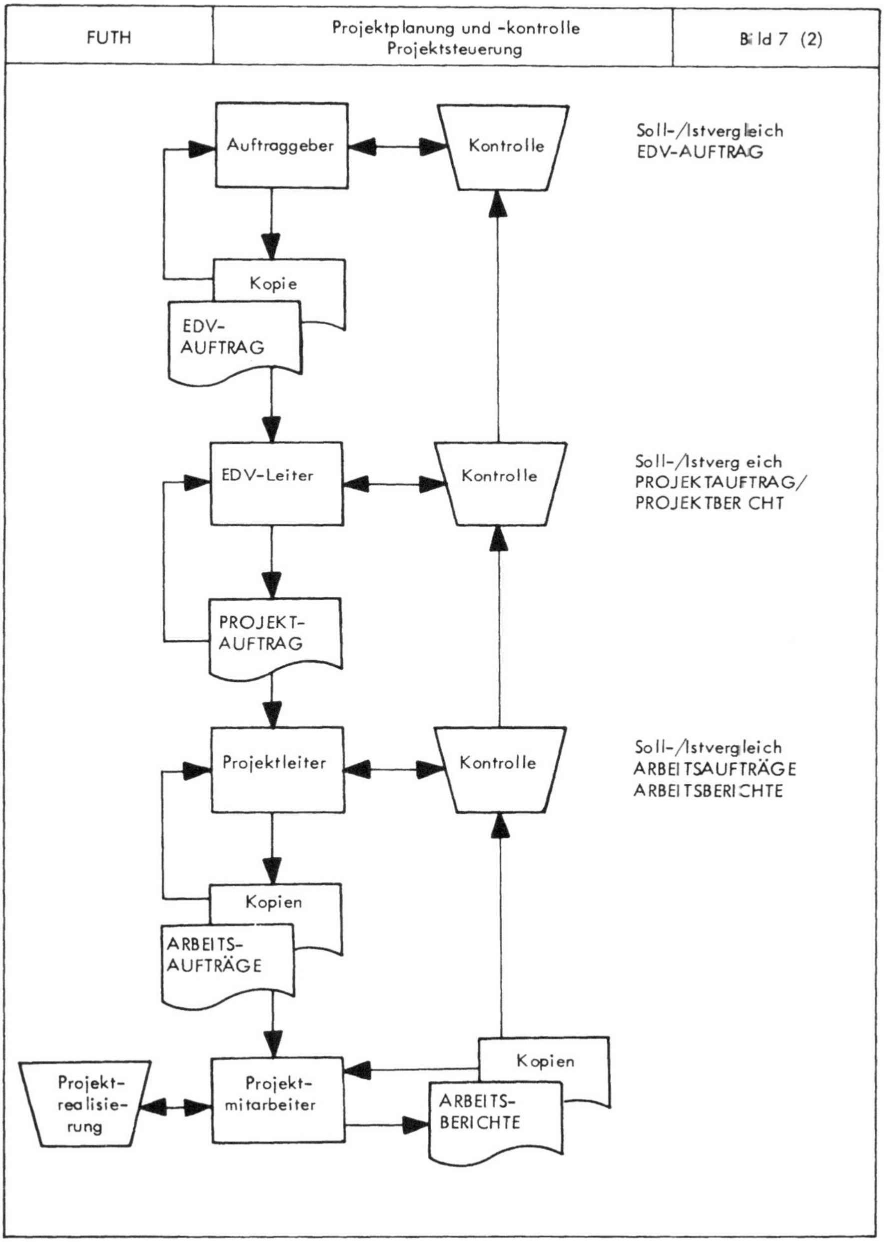
FUTH
Projektplanung und -kontrolle
Projektsteuerung
Bild 7 (2)
Auftraggeber
Kontrolle
Soll-/Istvergleich
EDV-AUFTRAG
Kopie
EDV-
AUFTRAG
EDV-Leiter
Kontrolle
Soll-/Istvergleich
PROJEKTAUFTRAG/
PROJEKTBERICHT
PROJEKT-
AUFTRAG
Projektleiter
Kontrolle
Soll-/Istvergleich
ARBEITSAUFTRÄGE
ARBEITSBERICHTE
Kopien
ARBEITS-
AUFTRÄGE
Projekt-
realisie-
rung
Projekt-
mitarbeiter
Kopien
ARBEITS-
BERICHTE

EDV-Antragsverfahren

010 Gibt es ein EDV-Antragsverfahren?

Es sollte schriftlich und verbindlich festgelegt sein, welche Stellen Anträge auf EDV-Umstellungen stellen dürfen, welche Form und welchen Inhalt EDV-Anträge haben müssen, welche Stelle EDV-Anträge entgegennimmt, wer über EDV-Anträge entscheidet und was bei Annahme bzw. Ablehnung von EDV-Anträgen geschieht.

020 Welche Stellen sind berechtigt, EDV-Anträge zu stellen?

Außer den hauptverantwortlichen Fachabteilungen sollten vor allem die Betriebsorganisation und EDV-Abteilung berechtigt sein, Anträge auf EDV-Umstellungen zu stellen.

030 Wer darf EDV-Anträge stellen?

Die Antragstellung sollte auf Führungskräfte beschränkt bleiben.

040 Gibt es für EDV-Anträge ein vorgeschriebenes Formular?

Ein solches Formular ist wegen seiner Einheitlichkeit als vorteilhaft anzusehen, jedoch nicht unbedingt erforderlich.

050 Ist der Antragsinhalt vorgeschrieben?

Der Inhalt von EDV-Anträgen sollte zwingend vorgeschrieben sein und sowohl die Schwachstellen und Engpässe des gegenwärtigen Arbeitsablaufes als auch erste Vorstellungen und geschätzte Vorzüge einer EDV-Umstellung umfassen.

060 Welche Stelle nimmt EDV-Anträge entgegen?

Am besten werden EDV-Anträge über die Betriebsorganisation und EDV-Abteilung (die hierzu eine erste Stellungnahme abgeben) an eine EDV-Koordinationsstelle (EDV-Ausschuß) geleitet.

070 Soll das EDV-Antragsverfahren auch für Projekte verwandt werden, deren Umstellung bereits langfristig geplant ist?

Ja. Auch für solche Projekte sollte ein EDV-Antrag (mit entsprechendem Hinweis auf die EDV-Planung) gestellt werden.

080 Wer entscheidet über die Annahme oder Ablehnung von EDV-Anträgen?

Über EDV-Anträge sollte am besten die genannte EDV-Koordinationsstelle entscheiden. Gibt es eine solche Stelle nicht, so sollte gemeinsam von Fachabteilung, Betriebsorganisation und EDV-Abteilung entschieden werden.

090 Was erfolgt bei Annahme eines EDV-Antrages?

Bei Annahme eines EDV-Antrages wird eine EDV-Analyse (Voruntersuchung) durchgeführt.

100 Welche anderen Möglichkeiten gibt es neben der Annahme?

Der EDV-Antrag kann an die betreffende Fachabteilung zur Vervollständigung der Angaben zurückgewiesen oder, wenn klar ersichtlich ist, daß sich das betreffende Arbeitsgebiet nicht für eine EDV-Umstellung eignet, abgelehnt werden.

EDV-Analyse

110 Welche Zielsetzung hat die EDV-Analyse (Voruntersuchung)?

Mit Hilfe der EDV-Analyse soll untersucht werden, ob eine EDV-Umstellung technisch möglich, organisatorisch zweckmäßig und wirtschaftlich ist, welche Vorteile die Umstellung bringen wird und mit welchem Zeit- und Personalaufwand bzw. mit welchen Kosten zu rechnen ist.

120 Wer trägt die Kosten für eine EDV-Analyse?

Die Kosten für eine EDV-Analyse sollten auf die betreffende(n) Fachabteilung(en) verrechnet werden.

130 Wer führt eine EDV-Analyse durch?

Für die Durchführung einer EDV-Analyse sollte ein Untersuchungsteam gebildet werden, dem insgesamt 2 - 3 Mitarbeiter angehören, und zwar aus der betreffenden Fachabteilung, der EDV-Abteilung und möglichst auch der Betriebsorganisation. Die Teamleitung sollte bei dem erfahrensten Mitarbeiter liegen.

140 Gibt es Vorschriften für die Dokumentation der Analyseergebnisse?

Hier sollte unbedingt ein einheitlicher, verbindlich vorgeschriebener Formularsatz verwendet werden, der gleichzeitig zur Vergabe des EDV-Auftrages an die EDV-Abteilung und für die Budgetkontrolle nach Abschluß der Umstellung dient.

150 Welche Angaben und Unterlagen sollte diese Dokumentation enthalten?

Die hauptsächlichen Punkte einer solchen Dokumentation sind die Kurzbeschreibung des gegenwärtigen Verfahrens, eine erste Grobkonzeption des geplanten Verfahrens, erwartete Einsparungen und Vorteile, geplante Termine für die einzelnen Umstellungsstufen, der geschätzte Zeit-, Personal- und Kostenaufwand, der voraussichtliche Personal- und Maschinenaufwand nach der Umstellung sowie Stellungnahmen der betroffenen Fachabteilungen, der Betriebsorganisation und der EDV-Abteilung. Die Angaben im Formularsatz können durch weitere Unterlagen ergänzt werden.

160 Welcher durchschnittliche Zeitaufwand wird für EDV-Analysen benötigt?

Der Zeitaufwand für eine EDV-Analyse sollte möglichst gering gehalten werden und in der Regel 2 - 6 Zeitwochen nicht überschreiten.

170 Wer erhält die Dokumentation der EDV-Analyse?

Das Ergebnis der EDV-Analyse in Form der genannten Dokumentation geht an den Auftraggeber, also entweder an die EDV-Koordinationsstelle oder an einen gemeinsamen Kreis von Fachabteilung, EDV-Abteilung und Betriebsorganisation.

180 Wer entscheidet, aufgrund der genannten Dokumentation, über die Vergabe von EDV-Aufträgen?

Über die Vergabe von EDV-Aufträgen, d.h. die Durchführung der folgenden EDV-Umstellung, sollte ebenfalls das vorgenannte Gremium bzw. bei Großaufträgen die Geschäftsführung entscheiden.

190 Wer legt die Umstellungsprioritäten fest?

Soweit keine EDV-Koordinationsstelle im Unternehmen besteht, sollte zunächst eine gemeinsame Festlegung der Umstellungsprioritäten zwischen EDV-Abteilung und betroffener Fachabteilung versucht werden. Erst bei mangelnder Einigung muß die Geschäftsführung über die Umstellungsrangfolge entscheiden.

200 Welche weiteren Möglichkeiten gibt es nach Abschluß einer EDV-Analyse?

Außer dem EDV-Auftrag für die Durchführung der geplanten Umstellung ist auch eine Entscheidungsvertagung (mit weiteren Untersuchungen) oder eine Ablehnung bzw. Verschiebung des Umstellungsbeginns möglich. Auch der Hinweis auf eine andere Rationalisierungslösung ist denkbar.

EDV-Auftragsverfahren

210 Wer vergibt EDV-Aufträge, und wer ist Auftraggeber?

Wenn auch die EDV-Koordinationsstelle formal EDV-Aufträge vergibt, so bleibt doch die betreffende Fachabteilung bzw., bei Großprojekten, die Geschäftsleitung der eigentliche Auftraggeber an die EDV-Abteilung.

220 Werden EDV-Aufträge schriftlich formuliert, und sind sie verbindlich?

EDV-Aufträge müssen unbedingt (am besten auf der letzten Seite der Dokumentation aus der EDV-Analyse) schriftlich formuliert werden und innerhalb von Überschreitungstoleranzen verbindlich sein.

230 Welchen Inhalt muß ein EDV-Auftrag haben?

Datum der Auftragsvergabe, Auftraggeber, Umstellungspriorität, Hinweise für die Berichterstattung an den Auftraggeber, ergänzt um die Dokumentation aus der EDV-Analyse.

240 Wer ist für die Abwicklung eines EDV-Auftrages verantwortlich?

Die Verantwortung gegenüber dem Auftraggeber liegt beim EDV-Leiter, Mitverantwortung (im Innenverhältnis) trägt der betreffende Projektleiter.

250 Wie oft erfolgt eine Berichterstattung an den Auftraggeber?

Entsprechend der Festlegung im EDV-Auftrag (üblicherweise einmal monatlich und bei Abschluß einer Projektstufe) sollte der EDV-Leiter dem Auftraggeber Bericht über Stand und Entwicklung des Projekts erstatten.

260 Wie oft und durch wen wird die Einhaltung des EDV-Auftrages hinsichtlich Terminen sowie Zeit-, Personal- und Kostenaufwand überprüft?

Die Überprüfung sollte wöchentlich durch den Projektleiter und monatlich einmal durch den EDV-Leiter erfolgen.

270 Was geschieht bei wesentlichen Abweichungen vom Termin- und Aufwandssoll im EDV-Auftrag?

EDV-Leiter und Projektleiter müssen zunächst überprüfen, ob Überschreitungen in anderen Stufen aufgefangen werden können bzw. innerhalb der im EDV-Auftrag genannten Toleranzen liegen. In allen anderen Fällen muß der Auftraggeber rechtzeitig informiert und der EDV-Auftrag entsprechend erweitert oder reduziert werden.

280 Werden die Kosten der Umstellung verrechnet?

Soweit eine Verrechnung der EDV-Kosten geschieht (und dies ist allgemein empfehlenswert), sollten möglichst auch die Umstellungskosten auf die sie verursachenden Fachabteilungen verrechnet werden.

290 Wird nach Abschluß einer Umstellung ein Soll-/Istvergleich durchgeführt?

Nach Abschluß einer jeden Umstellung sollte unbedingt ein Soll-/Istvergleich vorgenommen werden, um die Ursachen und Größenordnungen der einzelnen Abweichungen festzustellen und Erfahrungen für künftige Planungen zu sammeln.

300 Werden über längere Zeiträume Abweichungsanalysen für Umstellungen durchgeführt?

Über längere Zeiträume hinweg sollte untersucht werden, in welchem Umfange, in welcher Art und mit welchen Ursachen Abweichungen von der Umstellungsplanung vorkommen.

EDV-Koordinationsstelle

310 Gibt es eine EDV-Koordinationsstelle (einen EDV-Ausschuß) im Unternehmen?

Eine solche Koordinationsstelle ist im allgemeinen sehr vorteilhaft für die Integration der EDV-Abteilung und EDV-Aufgaben im Unternehmen.

320 Wer sollte die Koordinationsstelle leiten?

Leiter der Koordinationsstelle sollte möglichst ein Mitglied der Geschäftsleitung oder der Leiter einer neutralen Abteilung sein, wie beispielsweise der Leiter der Betriebsorganisation oder der Leiter der betriebswirtschaftlichen Abteilung.

330 Wie setzt sich die Koordinationsstelle zusammen?

Ständige Mitglieder der EDV-Koordinationsstelle sind der Leiter der Betriebsorganisation, der Leiter der EDV-Abteilung sowie 2 - 3 leitende Mitarbeiter von

Fachabteilungen, die letzteren stellvertretend für alle Fachabteilungen. Von Fall zu Fall werden dann weitere Mitglieder aus den von der Umstellung betroffenen Fachabteilungen hinzugezogen.

340 Gibt es schriftliche Richtlinien über Aufgaben und Vollmachten der Koordinationsstelle?

Die Aufgaben und Vollmachten der EDV-Koordinationsstelle sollten schriftlich fixiert und allen betroffenen Stellen bekannt gemacht werden.

350 Welche Aufgaben und Vollmachten hat die Koordinationsstelle im Zusammenhang mit der Projektplanung und -kontrolle?

Diese Aufgaben und Vollmachten sind: Entscheidung über EDV-Anträge, Vergabe von Aufträgen für EDV-Analysen, Entscheidungsvorbereitungen über die Vergabe von EDV-Aufträgen, Festlegung von Umstellungsprioritäten sowie die sachliche Umstellungskoordination.

360 Welche weiteren Aufgaben hat die Koordinationsstelle?

Neben den Hauptaufgaben bei der Projektplanung und -kontrolle sollte die Koordinationsstelle auch an der mittel- und langfristigen Gesamtplanung für EDV-Abteilung und EDV-Aufgaben im Unternehmen mitwirken.

EDV-Projektsteuerung

370 Wie erfolgt die Bildung der Projektteams?

Abhängig vom Umfang und vom Fertigstellungstermin werden ein oder mehrere Projektteams je Umstellungsprojekt gebildet.

380 Wie setzen sich die Projektteams zusammen, und wieviele Mitglieder haben sie durchschnittlich?

Die Projektteams sollten aus Mitgliedern der EDV-Abteilung (Systemplaner, Systemanalytiker, Programmierer), der Betriebsorganisation (für die Systemplanung) und der von der Umstellung betroffenen Fachabteilungen zusammengesetzt sein. Die Anzahl der einzelnen Teammitglieder hängt vom Umfang, vom Schwierigkeitsgrad und vom Fertigstellungstermin des Projekts ab, wobei im Durchschnitt 2 bis 6 Personen zu einem Projektteam gehören.

390 Wem sind die Projektteams unterstellt?

Im Sinne des Projektmanagements muß die Projektverantwortung gegenüber den Auftraggebern allein beim EDV-Leiter liegen, weswegen die Projektteams allein ihm unterstellt sein sollten.

400 Wer leitet die Projektteams, und welche Voraussetzungen muß ein Projektleiter erfüllen?

Projektleiter können sowohl Mitarbeiter der EDV-Abteilung sein (in der Regel ein EDV-Organisator, Systemplaner oder Systemanalytiker) als auch Mitarbeiter der Betriebsorganisation oder (im Einzelfalle) der betroffenen Fachabteilungen. Voraussetzungen für den Einsatz als Projektleiter sind eine persönliche Integrität, ausreichende fachliche Erfahrungen in mindestens einer Disziplin, gute Kenntnisse in den anderen Disziplinen sowie die Befähigung zur sachlichen Anleitung von Projektmitarbeitern.

410 Welche Aufgaben und Vollmachten hat ein Projektleiter?

Die Aufgaben ergeben sich aus der fachlichen Leitung eines Projekts, insbesondere also die Projektkontrolle und die fachliche Überprüfung der Arbeitsergebnisse (ggfs. durch Unterstützung anderer EDV-Mitarbeiter, wie z.B. Chefprogrammierer oder Systemprogrammierer). Die Vollmachten sind nahezu ausschließlich fachlicher Natur, können aber im einzelnen begrenzte und genau festgelegte disziplinarische Vollmachten (z.B. Anordnung von Überstunden) einschließen.

420 Werden die Aufgaben und Vollmachten eines Projektleiters im einzelnen schriftlich festgelegt?

Es empfiehlt sich die jeweilige Ausfertigung eines Projektleiterbriefes (nicht zu verwechseln mit dem sachlichen Projektauftrag!), in dem die Aufgaben und Vollmachten festgelegt sind und der dem Projektleiter bei einer Projektvergabe überreicht wird.

430 Wie erfolgt die Gesamtplanung aller Projekte?

Die Gesamtplanung aller Projekte durch den EDV-Leiter sollte mit Hilfe von Übersichtsblättern oder Termintafeln nach Projekten und Mitarbeitern geordnet erfolgen.

440 Nach welchen Methoden wird der Zeitaufwand bei der Projektplanung ermittelt?

Bei der Ermittlung des Zeitaufwandes für organisatorische Arbeiten kann nur analytisch (Zerlegung in einzelne Tätigkeitselemente) und mit Hilfe von Erfahrungswerten vorgegangen werden, während sich für die Programmierung Programmzeitschätzverfahren bewährt haben.

450 Werden mitarbeiter- und betriebsbezogene Ausfallzeiten sowie Produktivitätsfaktoren bei der Zeitschätzung und Terminplanung berücksichtigt?

Mitarbeiterbezogene Ausfallzeiten sind vor allem Urlaub und Fortbildung, betriebsbezogene Ausfallzeiten Werksfeiertage, Betriebsversammlungen u.a. Desweiteren muß bei der Planung berücksichtigt werden, daß die wirkliche Produktivität nicht 8 Stunden täglich beträgt, sondern um ca. 10 - 15 % darunter liegt.

460 Erhält der Projektleiter jeweils einen schriftlichen Projektauftrag, und wie sieht dieser aus?

Der Projektauftrag leitet sich aus dem EDV-Auftrag ab und enthält Termin-, Zeit- und Kostenvorgaben (unter Einbeziehung eines Sicherheitsabschlages). Der Projektauftrag sollte gleichzeitig zur Fortschreibung der Istdaten und zum Ausweis der Soll-/Istabweichungen dienen.

470 Wie oft und in welcher Form erfolgt die Berichterstattung des Projektleiters an den EDV-Leiter?

Im allgemeinen sollte die Berichterstattung des Projektleiters an den EDV-Leiter einmal wöchentlich erfolgen, wobei der Projektleiter über Stand und Entwicklung des Projektes einschließlich Schwierigkeiten und Verzögerungen berichtet. Zur Berichterstattung benutzt der Projektleiter die Daten auf dem fortgeschriebenen Projektauftrag.

480 In welcher Form erfolgt die Überprüfung der Projektergebnisse?

Die Verantwortung für die Qualität der Arbeitsergebnisse gegenüber dem EDV-Leiter liegt beim Projektleiter, der sich zur Überprüfung der Unterstützung anderer Fachkräfte, insbesondere des Chef- und Systemprogrammierers, bedienen kann. Weitere Überprüfungen finden im Einzelfalle durch den EDV-Leiter und, bezogen auf die problembezogenen Ergebnisse, durch die betreffenden Fachabteilungen statt.

490 In welcher Form sind die Projektmitarbeiter in die Projektsteuerung einbezogen?

Jeder Projektmitarbeiter sollte (mit Unterteilung nach Projektstufen und Projekttätigkeiten) einen Arbeitsauftrag erhalten.

500 In welchen Zeitabständen erfolgt die formelle und sachliche Überprüfung der Arbeitsergebnisse?

Es ist ratsam, daß sowohl die formelle Projektüberprüfung (also die Termin- und Kosteneinhaltung) als auch die sachliche Kontrolle der Arbeitsergebnisse einmal wöchentlich erfolgt.

510 Wie und durch wen werden die Arbeitsergebnisse überprüft?

Die Überprüfung obliegt, wie oben ausgeführt, in erster Linie dem Projektleiter, der hierbei durch andere Fachkräfte unterstützt werden kann. Der Soll-/Istvergleich selbst erfolgt anhand der Arbeitsberichte der einzelnen Projektmitarbeiter im Vergleich zu den betreffenden Arbeitsaufträgen und zum Projektauftrag.

520 Auf welche Weise erfolgt die Abstimmung zwischen den einzelnen Plandaten von EDV-Auftrag, Projektauftrag und Arbeitsaufträgen?

Während die Plandaten von EDV-Auftrag und Projektauftrag im allgemeinen übereinstimmen (bzw. sich nur durch eine Sicherheitsreserve unterscheiden), werden die Vorgaben in den Arbeitsaufträgen mit Hilfe von Zeitschätzverfahren und (zunächst) ohne Berücksichtigung der Plandaten von EDV- und Projektauftrag ermittelt. Abweichungen zwischen den Plandaten der einzelnen Aufträge müssen entweder ausgeglichen oder korrigiert werden.

530 Gibt es nach Projektabschluß eine "Manöverkritik", wie sieht sie aus und welche Konsequenzen hat sie?

Ziel einer solchen Manöverkritik sollte es sein, die Verhaltensweisen von Projektleiter und -mitarbeitern einer gemeinschaftlichen Kritik zu unterziehen. Hierbei muß jedoch sichergestellt sein, daß die Kritik sachlich und fair durchgeführt wird.

540 Werden bei Abschluß eines Projektes formelle und sachliche Endkontrollen durchgeführt?

Nach Abschluß eines Projektes müssen die Plandaten aus dem EDV-Auftrag den Istdaten der Projektabwicklung gegenübergestellt und Abweichungen erfaßt werden. Außerdem sollte in einem Abschlußbericht die sachliche Qualität des Projektes analysiert und beurteilt werden.

550 Wer ist für die Endabnahme eines Projektes verantwortlich, und in welcher Form wird sie durchgeführt?

Die Abnahme eines Projektes liegt in der Verantwortung der auftraggebenden Fachabteilung. Die beste und sicherste Abnahme besteht in der Durchführung simulierter Praxistests.

560 In welchem Umfange kommen Soll-/Istabweichungen bei den Umstellungen vor, welche Größenordnung haben sie und worin liegen ihre Hauptursachen?

Über längere Zeiträume hinweg sollten Abweichungsanalysen vorgenommen werden, um die Größenordnung und Ursachen erheblicher Soll-/Istabweichungen zu untersuchen und daraus Maßnahmen für die Verbesserung künftiger Planungen abzuleiten. Anstoß und Kontrolle für solche Analysen sollten bei der EDV-Koordinationsstelle oder bei der Revisionsabteilung liegen.

2.2 Projektrealisierung

Untersuchung, Auswertung und empfohlene Maßnahmen erstrekken sich in diesem Abschnitt auf die Revisionsbereiche

- Systemplanung
  (Grobanalyse und Systementwicklung)

- Systemrealisierung
  (Detailorganisation und Programmierung)

- Systemeinführung
  (Abschlußarbeiten und Übergabe).

Bild 8 zeigt eine Übersicht über den Arbeitsablauf bei der Projektrealisierung.

<u>Systemplanung</u>

010 Welche Anweisungen und Unterlagen erhalten die Projektmitarbeiter für die Durchführung der Systemplanung?

Neben dem Arbeitsauftrag erhalten die Mitarbeiter für diese Projektstufe die Ergebnisdokumentation aus der EDV-Analyse.

020 Welche Mitarbeiter sollten die Systemplanung durchführen?

Da der Entwurf einer Konzeption fachliche, organisatorische und EDV-technische Komponenten enthält, sollte die Systemplanung gemeinsam von Mitarbeitern der betroffenen Fachabteilungen, der Betriebsorganisation und der EDV-Abteilung (EDV-Organisatoren, Systemplaner) durchgeführt werden.

FUTH	Projektrealisierung Systemplanung, -realisierung und -einführung	Bild 8

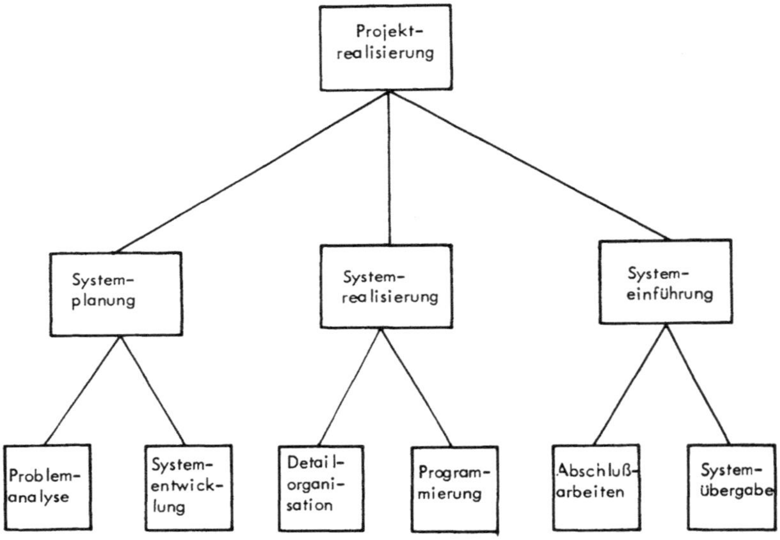

030 Welche Qualifikation müssen diese Mitarbeiter besitzen?

Es muß unbedingt sichergestellt sein, daß die Mitarbeiter für die Durchführung der Systemplanung (als Gruppe gesehen) über ausreichende Kenntnisse und Erfahrungen auf dem Gebiet der betreffenden Anwendung, der Betriebsorganisation und der EDV verfügen.

040 Welchen Anteil nehmen die betroffenen Fachabteilungen an der Systemplanung?

Es ist kaum denkbar, daß höherwertige EDV-Anwendungen ohne die aktive Mitwirkung qualifizierter Fachkräfte aus den betreffenden Fachabteilungen realisiert werden können. Deshalb muß sichergestellt sein, daß qualifizierte Fachkräfte der betroffenen Fachabteilungen zumindest in dieser ersten Stufe des Umstellungsprozesses aktiv an der Gestaltung der neuen Arbeitsabläufe mitwirken.

050 Wie sehen die Aktivitäten der Betriebsorganisation und der Revisionsabteilung in dieser Projektstufe aus?

Die Mitarbeiter der Betriebsorganisation sollten an der Systemplanung mitwirken, um sowohl für eine organisatorisch zweckmäßige Lösung sorgen als auch organisatorische Anschlußprobleme zu konventionellen Arbeitsabläufen berücksichtigen zu können. Die zeitweise Mitarbeit der Revisionsabteilung ist von Vorteil, damit von vornherein ausreichende Kontrollen in die neue Konzeption eingebaut werden.

060 Wer ist für die fachliche Kontrolle in der Projektstufe Systemplanung verantwortlich?

Die fachliche Kontrolle für die zu entwickelnde Konzeption muß unbedingt bei den verantwortlichen

Kräften der betreffenden Fachabteilungen liegen. Die Mitarbeiter der Betriebsorganisation, der EDV-Abteilung und auch der Revisionsabteilung besitzen in fachlicher Hinsicht bezogen auf diese Projektstufe nur die Funktion von Stabs- und Servicestellen.

070 In welchen Zeitabständen erfolgt die fachliche Arbeitskontrolle?

Im allgemeinen kann, wenn Mitarbeiter der betroffenen Fachabteilungen aktiv an der Umstellung mitwirken, die fachliche Arbeitskontrolle in dieser Projektstufe auf eine Kontrolle der Ergebnisse aus der Problemanalyse, auf eine Überprüfung der Konzeption vor der endgültigen Verabschiedung und schließlich auf die Schlußprüfung der entwickelten Konzeption beschränkt bleiben.

080 Werden die benachbarten Arbeitsgebiete integrativ in die Systemplanung einbezogen?

Dieser Punkt ist von großer Wichtigkeit, weil heute kaum einzelne Arbeitsgebiete, sondern Arbeitsabläufe über mehrere Fachabteilungen hinweg auf die EDV umgestellt werden. Hierbei ist genauso auf die Anschlüsse innerhalb eines Arbeitsgebietes als auch zu anderen, integrierten Arbeitsgebieten zu achten.

090 In welcher Form und nach welcher Methode wird die Problemanalyse (Istaufnahme) durchgeführt?

Bei der Problemanalyse sollten nur diejenigen organisatorischen Tatbestände und Pläne ermittelt und analysiert werden, auf die es für die Entwicklung der neuen Konzeption ankommt. Als beste Methode hierfür haben sich Interviews und Untersuchungen mit Hilfe von Fragebogen bewährt.

100 Wie werden die Ergebnisse der Projektstufe Problemanalyse dokumentiert?

Zu den Unterlagen in dieser Projektstufe gehört die Dokumentation des Organisationsaufbaus, des Arbeitsablaufs (Ist-Datenflußplan) und des Datenmengengerüsts.

110 Welchen Feinheitsgrad hat die Problemanalyse?

Die Problemanalyse sollte auf den Feinheitsgrad der sich anschließenden Systementwicklung (Konzeptionsphase) abgestimmt sein. Dies bedeutet, daß die Untersuchung des Istzustandes ohne allzu große Feinheit durchgeführt wird. Erst später, bei der Detailorganisation, werden die benötigten Daten und die erforderlichen Arbeitsschritte mit hohem Feinheitsgrad analysiert.

120 Wie lange dauert eine Problemanalyse durchschnittlich?

Abhängig vom Umfang, Schwierigkeitsgrad und Organisationsstand des betreffenden Arbeitsgebietes und der Qualifikation der eingesetzten Mitarbeiter umfaßt die Problemanalyse in der Regel selten mehr als ein bis drei Zeitmonate.

130 Wie werden die Anforderungen an das neue System ermittelt, welche Merkmale enthalten sie und wer entscheidet endgültig darüber?

Für die Ausarbeitung einer Konzeption benötigt man nicht nur die ermittelten Tatbestände und Plandaten, sondern auch die Anforderungen und Zielsetzungen an das neue System, die nach außerbetrieblichen (gesetzlichen, tariflichen usw.), betriebsnotwendigen und EDV-technischen Anforderungen unterteilt werden sollten. Die Entscheidungen über die Anforderungen liegen sowohl bei den betroffenen Fachabteilungen als auch bei der EDV-Abteilung (EDV-technische Anforderungen).

140 Mit welchem Feinheitsgrad wird die Systementwicklung (Entwurf der Konzeption) durchgeführt?

Es ist sehr schwer, hier allgemein festzulegen, wie grob oder wie fein eine Konzeption aussehen soll. Auf der einen Seite muß die entwickelte Konzeption genügend aussage- und beurteilungsfähig sein, während auf der anderen Seite der Detailorganisation nicht vorgegriffen werden sollte.

150 Welche Ergebnisse aus der Systementwicklung müssen dokumentiert werden?

Neben dem groben Soll-Datenfluß ist der Inhalt der Ein- und Ausgabe, der Speicherung und der Verarbeitung (alles mit nicht zu hohem Feinheitsgrad und mehr inhalts- als gestaltungsbezogen) zu dokumentieren.

160 Wird bei der Systementwicklung in der Regel auch eine Überprüfung der organisatorisch-fachlichen Konzeption vorgenommen?

Es sollte immer geprüft werden, ob die gegenwärtige anwendungstechnische Konzeption (d.h. z.B. das bestehende System der Kostenrechnung oder Buchhaltung) erhalten bleiben oder aber geändert werden soll.

170 Wie lange dauert die Systementwicklung durchschnittlich?

Hier muß davon ausgegangen werden, daß der Zeitaufwand für die Entwicklung einer bestmöglichen Konzeption zunimmt und in der Regel einige Wochen bis einige Monate dauert.

180 Welchen prozentualen Zeitaufwand hat die Systemplanung im allgemeinen an der Gesamtumstellung?

Bedingt durch den zeitlichen Anstieg der Systementwicklung (also der Ausarbeitung der neuen Konzeption) auf der einen Seite und der zunehmenden Reduzierung der Programmierungsarbeiten auf der anderen Seite kann davon ausgegangen werden, daß der Zeitaufwand der Problemanalyse und Systementwicklung durchschnittlich 30 - 40 % der Gesamtumstellungszeit oder sogar darüber beträgt.

190 In welcher Form werden die betroffenen Fachabteilungen mit dem Ergebnis der Systemplanung vertraut gemacht?

Das Ergebnis der Systemplanung sollte als Organisationsvorschlag dokumentiert und den Fachabteilungen in einer Präsentation vorgeführt werden.

200 Wer entscheidet endgültig über das neue System, und wie wird die Entscheidung dokumentiert?

Die endgültige Entscheidung über das neue System sollte bei den auftraggebenden Fachabteilungen liegen, wobei jedoch Betriebsorganisation, Revisions- und EDV-Abteilung Einspruchsrechte haben sollten. Die Stellungnahmen der einzelnen Abteilungen zu der geplanten Konzeption müssen schriftlich festgehalten werden.

210 Wird das Ergebnis der Systemplanung mit der Konzeptionsvorstellung aus der EDV-Analyse (Voruntersuchung) abgestimmt?

Diese Abstimmung hat nur insofern Wert, als sich aus Abweichungen andere Termine und ein anderer Umstellungsaufwand ergeben können.

220 Wird zum Ende der Systemplanung eine neue Termin-, Zeit-, Personal- und Kostenschätzung durchgeführt?

Eine neue Schätzung zu diesem Zeitpunkt ist unbedingt erforderlich, weil bei Abschluß der Systemplanung weitaus mehr Erkenntnisse vorliegen und damit genauere Schätzungsmöglichkeiten bestehen.

230 Wird bei Abweichungen zum ursprünglichen EDV-Auftrag eine Änderung des EDV-Auftrages vorgenommen?

Soweit die neuen Schätzergebnisse außerhalb der Toleranzen des EDV-Auftrages liegen, muß nachträglich eine Änderung oder Erweiterung des EDV-Auftrages vorgenommen werden, wobei jedoch die Ursprungsplandaten als Vergleichswerte erhalten bleiben sollten.

Systemrealisierung

240 Welche Anweisungen und Unterlagen erhalten die Projektmitarbeiter für die Durchführung der Systemrealisierung (Detailorganisation und Programmierung)?

Neben den Arbeitsaufträgen für Detailorganisation und die Ausarbeitung der einzelnen Programme erhalten die Projektmitarbeiter die Dokumentation der Vorstufen, also die dokumentierten Ergebnisse aus der Problemanalyse und Systementwicklung.

250 Welche Mitarbeiter führen die Systemrealisierung durch?

Für die Detailorganisation und Programmierung sind Systemanalytiker und Programmierer (bzw. Organisationsprogrammierer) mit organisations- und programmtechnischen Erfahrungen einzusetzen.

260 Welche Qualifikation besitzen diese Mitarbeiter?

Hier muß mindestens von einer drei- bis fünfjährigen Erfahrung auf dem Gebiet der Detailorganisation bzw. der Programmierung ausgegangen werden, wobei in Zukunft der Organisationsprogrammierer die geeignete Fachkraft für die Durchführung der Projektstufe Systemrealisierung sein wird.

270 Welchen Anteil nehmen die Fachabteilungen an der Systemrealisierung?

Die Mitwirkung der Fachabteilungen bei der Systemrealisierung beschränkt sich im allgemeinen auf die Mitarbeit bei detaillierten Problemanalysen und auf die Kontrolle der Arbeitsergebnisse, insbesondere bei der Detailorganisation.

280 Wer ist für die fachliche Kontrolle in dieser Projektstufe verantwortlich?

Die fachliche Kontrolle in dieser Projektstufe liegt fast ausschließlich beim Projektleiter, der durch andere Fachkräfte, z.B. Chefprogrammierer oder Systemprogrammierer, unterstützt wird.

290 In welchen Zeitabständen erfolgt die fachliche Kontrolle?

Die fachliche Kontrolle erfolgt im Rahmen des Projektmanagements, also in der Regel wöchentlich.

300 Werden zu Beginn der Detailorganisation Rationalisierungsmöglichkeiten durch den Einsatz von Standard-Anwendungssoftware geprüft?

Da in zunehmendem Maße auf dem Markt Standard-Anwendungssoftware angeboten wird, sollte für jeden Einzelfall geprüft werden, ob statt einer individuellen

Lösung eine wirtschaftlichere Standard-Anwendungssoftware eingesetzt werden kann.

310 In welchem Umfange erfolgen Änderungen und Ergänzungen der Konzeption innerhalb der Detailorganisation und Programmierung, und worin liegen die Ursachen hierfür?

Konzeptionelle Änderungen während der Detailorganisation oder gar der Programmierung sollten möglichst unterbleiben bzw. auf ein Mindestmaß beschränkt werden. In allen Fällen ist zu überprüfen, worin die Ursachen für nachträgliche Änderungen und Ergänzungen liegen.

320 Gibt es Checklisten über die durchzuführenden Arbeiten?

Für alle Projektstufen, insbesondere aber für die Detailorganisation und Programmierung, sollten Checklisten über die Tätigkeiten, ihre Reihenfolge und die im einzelnen zu verwendenden Hilfsmittel Bestandteil der Arbeitsvorgabe an die Projektmitarbeiter sein.

330 Auf welchen Unterlagen werden die Ergebnisse der Detailorganisation dokumentiert?

Die wichtigsten Dokumentationsunterlagen in der Projektstufe Detailorganisation sind der Detail-Datenflußplan (Programmfolgeplan) und die Beschreibung der Eingabedaten, Ausgabedaten, Datei- und Satzbeschreibungen sowie der einzelnen Programme.

340 Welche Unterlagen gehören zur Programmvorgabe?

In der Regel sind die genannten Dokumentationsergebnisse der Detailorganisation, nach Programmen unterteilt, identisch mit den Unterlagen der Programmvorgabe.

350 Wie und durch wen erfolgt die sachlich-logische und programmtechnische Überprüfung der Programmvorgaben?

Die Analyse und damit die Überprüfung der Programmvorgaben gehört zur Programmierung und ist im allgemeinen dem betreffenden Programmierer vorbehalten. Nur in Ausnahmefällen und vor allem bei nicht ausreichender Qualifikation hierfür sollte der Projektleiter oder Chefprogrammierer für die sachlich-logische und programmtechnische Überprüfung der Programmvorgaben eingeschaltet werden.

360 Wird in allen Fällen vor der Programmierung eine Programmvorgabe ausgearbeitet?

Soweit nicht Standard-Programme oder -Unterprogramme eingesetzt werden, sollte grundsätzlich in allen Fällen eine Programmvorgabe ausgearbeitet werden.

370 In welche Einzelschritte ist die Programmierung unterteilt?

Die Einzelschritte der Programmierung sind: Analyse der Programmvorgabe, Entwurf der Programmlogik, Codierung, Programmtests und Dokumentation.

380 Nach welchen Methoden wird programmiert?

Hier sollte überprüft werden, ob die verwendeten Programmierungsmethoden einheitlich sind und einem fortschrittlichen Stand (z.B. normierte Programmierung) entsprechen.

390 Welche Programmsprachen werden benutzt?

Hier kommt es darauf an zu überprüfen, ob den Hardware- und Softwaremöglichkeiten entsprechende Programmsprachen (z.B. Cobol von einer bestimmten Größenordnung an) benutzt werden.

400 Gibt es Richtlinien über die einheitliche Verwendung von Daten- (Datei-, Satz- und Feldnamen) und Programmnamen?

Einheitliche Richtlinien hierüber und ihre Beachtung müssen heute zum Rüstzeug jeder EDV-Abteilung gehören.

410 Gibt es zentrale Datei-, Schlüssel- und Programmverzeichnisse, und wie werden diese geführt?

Für Rückfragen und Änderungen in gemeinsam benutzten Dateien, Schlüsseln und Programmen müssen unbedingt solche zentrale Verzeichnisse geführt werden. Die Führung kann manuell (durch einen Mitarbeiter der EDV-Abteilung) oder maschinell (unter der Verantwortung des Systemprogrammierers) erfolgen.

420 Wird mit einheitlichen Symboltechniken bei Datenflußplänen und Programmablaufplänen gearbeitet?

Aus Vereinheitlichungsgründen sollten die entsprechenden DIN-Normen für einheitliche Symboltechniken vorgeschrieben sein.

430 Liegt fest, in welchen Fällen standardisierte Unterprogramme zu verwenden sind?

Es sollte ein Verzeichnis standardisierter Unterprogramme, getrennt nach System- und Anwendungsunterprogrammen, vorhanden sein, auf das die einzelnen Programmierer im Einzelfalle zurückgreifen können.

440 Erfolgt vor der Codierung eine Überprüfung des Programmablaufs?

Programmablaufpläne werden heute meist nur für die Programmablaufsteuerung verwendet. Eine Überprüfung ist im allgemeinen nur erforderlich, wenn ohne normierte Programmierung gearbeitet wird.

450 Welche Richtlinien gibt es speziell für die Codierung?

Neben den Anweisungen des Herstellers für die betreffende Programmsprache sollten hier interne Leitsätze und Einschränkungen (Verwendung bestimmter Befehle, Größenrestriktionen u.a.), als Bestandteil eines Programmierer-Handbuches existieren.

460 In welchem Umfange werden Texterklärungen codiert?

Ein Verzicht auf detaillierte Programmablaufpläne macht es notwendig, entsprechende Texterklärungen mit zu codieren, damit nachträgliche Prüfungen und Änderungen erleichtert werden.

470 Welche Anweisungen gibt es für die Durchführung von Schreibtisch- und Maschinentests?

Auch die Leitsätze für Schreibtisch- und Maschinentests (Vorgehensweise, Umfang der Testdaten, Testauswertungen, Testhilfen, Verfahren des Closed-Shop-Betriebs usw.) gehören zu den Bestandteilen des Programmierer-Handbuches.

480 Wird der Testbedarf geplant?

Der wöchentliche Testbedarf sollte nur dann geplant und der Arbeitsvorbereitung mitgeteilt werden, wenn er zeitweise oder permanent übliche Größenordnungen überschreitet und dadurch die Arbeitsplanung im Rechenzentrum stört.

490 Wie erfolgt die Durchführung der Maschinentests?

Hier muß überprüft werden, ob der Closed-Shop-Testbetrieb organisatorisch (Planung, Testanweisungen) und programmtechnisch (Ablauf der Testarbeiten durch Operator) reibungslos erfolgt und die Programmierer nicht selbst ihre Programme austesten.

500 Wer kontrolliert Umfang und Durchführung der Programmtests?

Hier muß zwischen den fachlichen und programmtechnischen Kontrollen unterschieden werden. Während die fachliche Testkontrolle Sache des Projektleiters ist, sollten programmtechnische Prüfungen (richtige Vorgehensweise, Benutzung von Testhilfen, Umfang der Programmtests usw.) durch den Chef- oder Systemprogrammierer vorgenommen werden.

510 Welche Testhilfen werden benutzt?

Hier ist zu prüfen, ob die vom Hersteller der EDV-Anlage zur Verfügung gestellten Testhilfen benutzt und auf dem Markt angebotene Testhilfen (soweit für das Unternehmen wünschenswert) eingesetzt werden.

520 Wer ist in der Phase der Programmtests für Testdaten, Testdurchführung und Testauswertungen zuständig?

Die Zuständigkeit in dieser Phase sollte beim Programmierer liegen, kontrolliert durch Projektleiter und Chefprogrammierer.

530 Welche Dokumentationsunterlagen werden in der Programmierung gewonnen oder erstellt?

Im Programmierer-Handbuch muß eindeutig und verbindlich festgelegt sein, welche Dokumentationsunterlagen der Programmierer abzuliefern hat. Art und Umfang der Unterlagen hängen teilweise von der verwendeten Programmsprache und Software ab, umfassen jedoch im allgemeinen Programmablaufpläne, Umwandlungslisten, Programmtabellen, Unterprogrammverzeichnisse, Quellenprogramme, Maschinenprogramme, Testdaten und Testlisten.

540 Welchen prozentualen Anteil haben Detailorganisation und Programmierung im allgemeinen an der Gesamtumstellung?

In Abhängigkeit von der betreffenden Anwendung, dem Qualitätsgrad und der eingesetzten Hardware und Software kann im allgemeinen mit einem Aufwand von 40 - 60 % für die Systemrealisierung gerechnet werden.

550 Wie verhalten sich die einzelnen Schritte der Programmierung anteilig zueinander?

Orientierungsgrößen sind: Analyse der Programmvorgabe 2 - 5 %, Erstellung der Programmablaufpläne 10 - 20 %, Codierung 20 - 40 %, Programmtests 20 - 40 % und Programmdokumentation 10 - 20 %.

560 Wie erfolgt die Programmübergabe und -abnahme?

Die Abnahme eines einzelnen Programms sollte durch den Projektleiter, wiederum unterstützt durch Chef- oder Systemprogrammierer, erfolgen. Zur Abnahme gehört sowohl die fachliche als auch die programmtechnische Überprüfung des Programms und eine Kontrolle der Dokumentationsunterlagen.

Systemeinführung

570 Wann beginnt die Planung der Systemeinführung?

Um genügend Zeit für die Übernahme von Datenbeständen, für die Schulung der Mitarbeiter in den Fachabteilungen und für andere Arbeiten zu haben, muß rechtzeitig (beispielsweise parallel zur Detailorganisation oder Programmierung) mit der Planung und Vorbereitung der Systemeinführung begonnen werden.

580 Wer ist für die Planung und Durchführung der Systemeinführung verantwortlich?

Der Projektleiter, assistiert durch seine Projektmitarbeiter.

590 Welche Einzelschritte umfaßt die Systemeinführung?

Die einzelnen Schritte der Systemeinführung sind die Planung und Vorbereitung der Systemeinführung, die Übernahme der Datenbestände, die Durchführung von Systemtests, die Schulung der Mitarbeiter in den Fachabteilungen in der Handhabung des neuen Systems, die Abschlußdokumentation, die Systemübergabe, die Starthilfe und die Abschlußkontrolle.

600 Wie sind die Fachabteilungen von der Systemeinführung betroffen?

Die Fachabteilungen sind in dieser Projektstufe an der Planung und Vorbereitung, der Übernahme der Datenbestände, den Systemtests, der Schulung der Mitarbeiter in der Handhabung des Systems und an der Abschlußkontrolle beteiligt.

610 Wie werden die einzelnen Stellen des Rechenzentrums mit dem umgestellten System vertraut gemacht?

Die Übergabe der entsprechenden Dokumentationsunterlagen und Arbeitsanweisungen an Arbeitsvorbereitung, Datenerfassung und Kontrolle/Abstimmung einschließlich eines Abschlußgesprächs und Übergabeprotokolls genügt in der Regel zur Übergabe des umgestellten Systems an das Rechenzentrum.

620 Welche Umstellungsmethoden werden im allgemeinen angewendet?

Die Wahl der Umstellungsmethode hängt von der betreffenden Anwendung ab. Umstellungsmethoden sind die Direktumstellung (kostenmäßige Vorteile, sicherungsmäßig Nachteile), die Parallelumstellung (im Vergleich zur Direktumstellung verhalten sich hier die Vor- und Nachteile umgekehrt) und eine gemischte Umstellungsmethode aus Direkt- und Parallelumstellung (heute allgemein üblich).

630 Wer ist für die Systemtests verantwortlich, wer liefert hierfür die Testdaten und wer wertet die Testergebnisse aus?

Verantwortlich für die Durchführung der Systemtests ist der Projektleiter. Die fachliche Abnahme, und damit also die Lieferung der Testdaten und Auswertung der Testergebnisse, sollte unbedingt durch die betroffenen Fachabteilungen erfolgen (soweit erforderlich, durch EDV-Organisatoren unterstützt).

640 Wer gibt das umgestellte System frei, und in welcher Form geschieht das?

Die Freigabe eines umgestellten Systems sollte gemeinsam durch Projektleiter und verantwortlicher Fachabteilung erfolgen. Als Hilfsmittel eignet sich ein Übergabe- und Freigabeprotokoll, das gleichzeitig zur offiziellen Freigabe an das Rechenzentrum (vertreten durch die Arbeitsvorbereitung) dient.

650 In welcher Form werden die neuen Programme in die Programmbibliothek aufgenommen?

In Abhängigkeit vom betreffenden Betriebssystem erfolgt die Aufnahme neuer Programme in die Programmbibliothek entweder manuell oder (besser) maschinell unter Verantwortung des Systemprogrammierers.

660 Wie sehen die Richtlinien über die Dokumentation aus, welche Unterlagen enthält die Dokumentation und wer erhält welche Dokumentationsunterlagen?

Über Form, Gliederung und Inhalt einer System- und Programmdokumentation sollten einheitliche und verbindliche Richtlinien bestehen. Im allgemeinen enthält die Abschlußdokumentation Unterlagen aus allen Projektstufen der Umstellung, insbesondere jedoch aus der Detailorganisation (Programmvorgaben), der Programmierung (Programmdokumentation) und der Systemeinführung (Arbeitsanweisungen, Übergabeprotokoll). Üblicherweise reichen drei vollständige Dokumentationssätze, von denen zwei Sätze EDV-Abteilung und Dokumentationsarchiv erhalten, während ein Satz an die entsprechenden Stellen für die Handhabung des Systems in den Fachabteilungen (Arbeitsanweisungen) und im Rechenzentrum (Dokumentation für die Handhabung) verteilt wird.

670 Wie erfolgt die Sicherung der Dokumentation?

Durch sichere Auslagerung eines kompletten Satzes (siehe oben), der ebenfalls dem Änderungsdienst unterliegen muß.

680 Wo und wie werden die Quellenprogramme aufbewahrt?

Die Aufbewahrung der Quellenprogramme, also der Programme in der Programmiersprache, ist für Änderungszwecke erforderlich. Am besten werden die Quellenprogramme zentral und verschlossen beim Chefprogrammierer aufbewahrt.

2.3 Änderungsdienst

Untersuchung, Auswertung und empfohlene Maßnahmen erstrekken sich in diesem Abschnitt auf die Revisionsbereiche

- Antrags- und Genehmigungsverfahren

- Durchführung, Freigabe und Dokumentationsänderung.

Bild 9 zeigt den Arbeitsablauf des Änderungsdienstes.

Antrags- und Genehmigungsverfahren

010 Wer darf Änderungen beantragen?

Es sollte festgelegt werden, wer (Leiter der Fachabteilungen, EDV-Leiter, Projektleiter, Chefprogrammierer, Systemprogrammierer) System-, Programm- und Dateiänderungen beantragen darf.

020 Bedürfen Änderungsanträge einer bestimmten Form?

Änderungsanträge sollten aus Einheitlichkeitsgründen formalisiert werden.

030 Wer entscheidet über die Durchführung von Änderungen?

Wegen der Planung und Disposition sollte die formelle Entscheidung für die Durchführung von Änderungen beim Projektleiter (bis zu einer bestimmten Größenordnung) bzw. beim EDV-Leiter liegen, während die sachliche Entscheidung über die Durchführung von Änderungen von den Fachabteilungen getroffen werden muß.

FUTH	Änderungsdienst Arbeitsablauf Programmänderungen	Bild 9

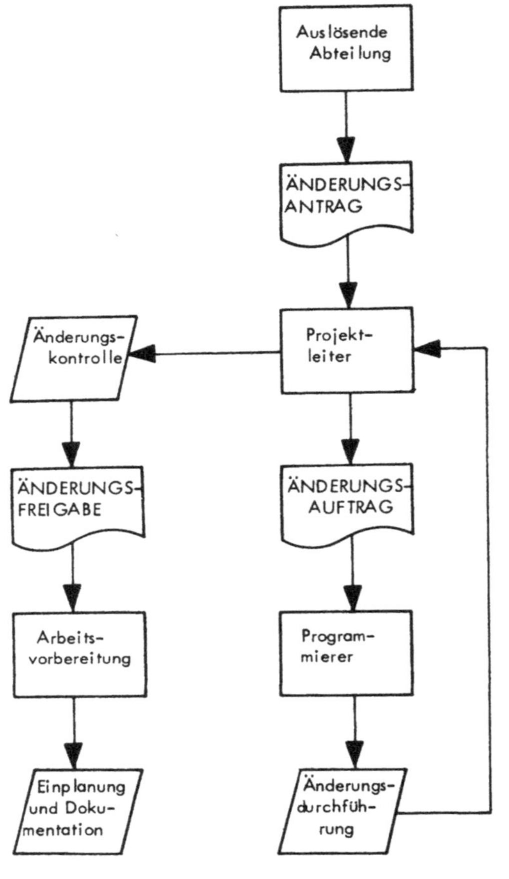

040 Wer erteilt Änderungsaufträge?

Die Erteilung von Änderungsaufträgen an die Programmierer sollte entsprechend der Entscheidungsbefugnis in der EDV-Abteilung durch Projekt- oder EDV-Leiter erfolgen.

050 Bedürfen Änderungsaufträge einer bestimmten Form?

Es ist ratsam, für Änderungsantrag, Änderungsauftrag, Änderungsdurchführung und Änderungsfreigabe ein gemeinsames Formular zu verwenden.

Durchführung, Freigabe und Dokumentationsänderung

060 Wer führt Änderungen durch?

Diese Entscheidung muß dem EDV-Leiter überlassen bleiben, ob das betreffende Projektteam, das die Umstellung durchgeführt hat, ein besonderer Wartungs- und Pflegedienst oder nicht eingesetzte Mitarbeiter die Änderungen durchführen. Im allgemeinen ist (im Hinblick auf Sicherheitsbestimmungen und die wirtschaftliche Durchführung von Änderungen) der Einsatz eines gesonderten Wartungs- und Pflegeteams von Vorteil.

070 Werden Änderungen budgetiert und verrechnet?

Alle Änderungen sollten budgetiert und der verursachenden Kostenstelle belastet werden.

080 Werden Änderungen nach verschiedenen Arten unterteilt?

Aus Wirtschaftlichkeitsgründen und um den Änderungsaufwand der Ursache nach analysieren zu können, ist eine Unterteilung nach außerbetrieblich, betrieblich und programmtechnisch notwendigen sowie organisatorisch wünschenswerten Änderungen erforderlich.

090 Werden Änderungen geplant und kontrolliert?

Es sollte sichergestellt sein, daß Programmänderungen ähnlich wie neue Umstellungen geplant, vorgegeben und im Sinne des Projektmanagements kontrolliert werden.

100 Wie werden Änderungen dokumentiert?

Die Dokumentation von Änderungen muß in gleicher Weise wie bei neuen Umstellungen erfolgen.

110 Wie erfolgt die Änderung der Dokumentation?

Das Formular Änderungsantrag/-auftrag sollte eine Spalte für die Quittierung des Dokumentationsverwalters enthalten. Umgekehrt sind auf dem Deckblatt der Dokumentation Änderungsspalten vorgesehen, in die der Dokumentationsverwalter Dokumentationsänderungen einträgt.

120 Wie werden geänderte Programme abgenommen und freigegeben?

Während die Programmabnahme durch den Projektleiter erfolgt und auf dem Änderungsauftrag bestätigt wird, sollte für die Freigabe an die Arbeitsvorbereitung (mit einer Kopie für den Systemprogrammierer) ein gesondertes Formular verwendet werden.

130 Sind die Programmnamen durch eine Versionsnummer ergänzt?

Wegen der Zeitüberlappung verschiedener Programmversionen ist es unumgänglich, daß alte und geänderte Programme durch eine unterschiedliche Versionsnummer, dem Programmnamen angehängt, unterschieden werden.

140 In welcher Form und wie lange werden die alten Programmversionen aufbewahrt?

Die Freigabemeldung an Arbeitsvorbereitung und Systemprogrammierer sollten Vermerke über Einsatzende und Speicherungsfrist der alten Programmversion und über Einsatzbeginn der neuen Programmversion enthalten. Unabhängig davon muß festgelegt werden, wie lange alte Programmversionen (außerhalb der Programmbibliothek) aufzubewahren sind.

150 Ist sichergestellt, daß bei Programmänderungen Auswirkungen auf andere Programme anerkannt und berücksichtigt werden?

Diese Berücksichtigung sollte unter der Verantwortung des betreffenden Projektleiters und mit Hilfe der Dokumentation erfolgen.

160 Werden bei Dateiänderungen auch entsprechende Änderungen in den Cross-Dateien berücksichtigt?

Verbindungen und Änderungsauswirkungen innerhalb verknüpfter Dateien (Cross-Dateien) müssen aus einem zentralen Dateiverzeichnis ersichtlich sein.

170 Ist sichergestellt, daß geänderte Programme und Dateien nur durch den Systemprogrammierer bzw. Dateiverwalter in die Bibliotheken übernommen werden?

Aus Gründen der Datensicherung und des Datenschutzes ist unbedingt sicherzustellen, daß die Einspeicherung geänderter Programme und Dateien nur durch den Systemprogrammierer bzw. Dateiverwalter erfolgen darf.

180 Ist gewährleistet, daß jeder Eingriff in die Programm- und Dateibibliothek maschinell protokolliert wird?

Es muß gewährleistet sein, daß jeder Eingriff in Programm- und Dateibibliotheken (ohne Ausschaltungsmöglichkeit) maschinell protokolliert wird.

190 Wie viele Mitarbeiter sind ständig mit Wartungs- und Pflegearbeiten beschäftigt?

Im Interesse der Wirtschaftlichkeit muß der Wartungs- und Pflegedienst auf ein Minimum reduziert werden. Ein Aufwand entsprechend 20 - 30 % der Programmiererkapazität ist üblich, ein darüber hinausgehender Satz sollte genau untersucht werden.

200 Welcher Zeit- und Kostenaufwand muß je Programm für Änderungen und Programmpflege angesetzt werden?

Ein Durchschnittswert ist hier nur sehr schwer zu nennen. Durch Stichproben sollte analysiert werden, wie hoch in Abhängigkeit von der Lebensdauer der Aufwand für Programmänderungen ist und welche Ursachen die einzelnen Programmänderungen haben.

3. Revision der RZ-Abwicklung

3.1 Gebäude, Räume und Einrichtungen

Untersuchung, Auswertung und empfohlene Maßnahmen erstrekken sich in diesem Abschnitt auf die Revisionsbereiche

- Gebäude und Räume
- Versorgungs- und Klimaeinrichtungen.

Bild 10 zeigt die modellhafte Anordnung der Räume im Rechenzentrum.

<u>Gebäude und Räume</u>

010 Ist das Rechenzentrum ausreichend gegen äußere Einwirkungen (Feuer, Wasser, Explosion, Strahleneinwirkung, Terrorakte) geschützt?

Hier ist zu prüfen, welche Gefahren dem Rechenzentrum von benachbarten Gebäuden drohen und welchen Gefahren das Rechenzentrum selbst ausgesetzt ist. In diesem Zusammenhang sei auf die Brandschutzrichtlinien für EDV-Anlagen, herausgegeben vom Verband der Sachversicherer e.V. in Köln, verwiesen.

020 Ist das Rechenzentrum elektromagnetisch abgeschirmt?

Die elektromagnetische Abschirmung ist dort wichtig, wo in starkem Maße vertrauliche oder geheime Daten

FUTH	Gebäude, Räume, Einrichtungen Anordnung der Räume	Bild 10

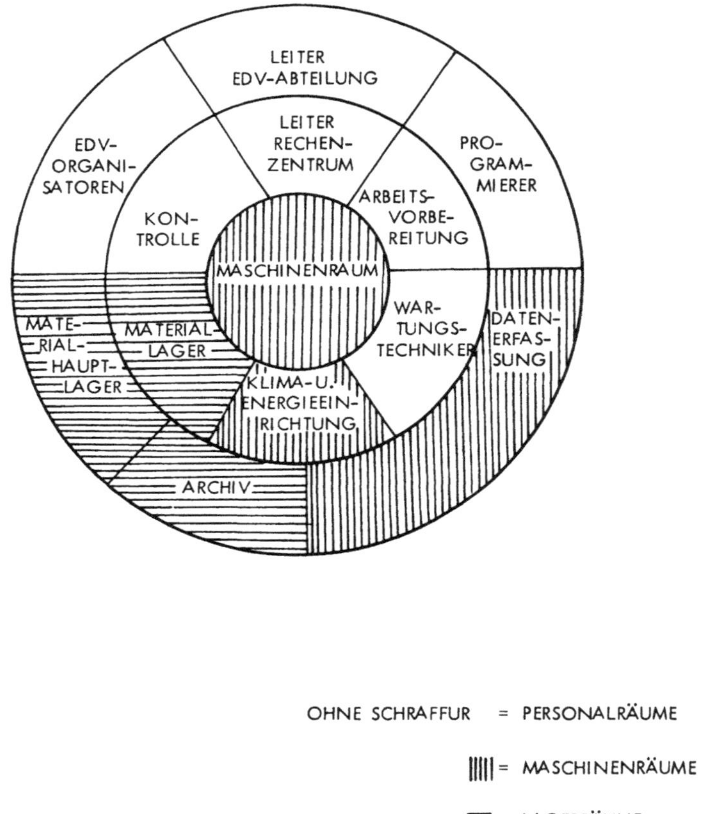

verarbeitet werden. Jedoch ist zu beachten, daß eine völlige elektromagnetische Abschirmung sehr teuer ist.

030 Entspricht die Raumausstattung den gesetzlichen und betrieblichen Anforderungen?

Aus Sicherheitsgründen werden an die Raumausstattung, wie beispielsweise Doppelboden, Wand- und Deckenverkleidung, Bodenbelastungen, wassersichere Decken, staubanziehender Belag usw., besondere Anforderungen gestellt. Einbauteile aus nicht brennbarem Material, feuersichere Verbindungstüren, Verhinderung elektrostatischer Aufladungen und feuerhemmende Zwischenwände können als Beispiel für solche Sicherungsmaßnahmen genannt werden.

040 Sind zu viele Glasflächen vorhanden?

Glasflächen erhöhen nicht nur eine unerwünschte Wärmeeinwirkung, sie bieten auch einen geringeren Schutz gegen Zerstörung und elektronischen Mißbrauch durch Einsatz von Hochfrequenzsendern gegenüber einem festen Mauerwerk.

050 Ist die Lage und Aufteilung der Räume optimal gelöst?

Maschinenräume, Lager- und Personalräume sollten so zueinander angeordnet sein, daß einerseits ausreichend Platz vorhanden ist und zum anderen die Transportwege zwischen den einzelnen Räumen und innerhalb eines Raumes minimal sind. Es empfiehlt sich eine enge Gruppierung von Arbeitsvorbereitung, Archiv, Datenerfassung, Kontrolle/Abstimmung und Materiallager um den Maschinenraum, während alle anderen Räume in einen zweiten Ring angeordnet sind.

060 Welche Zugangssicherungen sind bei den Maschinen-, Versorgungs- und Archivräumen vorhanden?

Die Zugangssicherung sollte aus folgenden Punkten bestehen:

- Einrichtung eines Closed-Shop-Betriebes
- Festlegung, welche Räume des Sicherheitsbereiches (Maschinenräume, Archiv- und Versorgungsräume) von welchen Personen betreten werden dürfen
- Einbau von Zugangssicherungen (Sicherheitsschlösser, fälschungssichere Ausweise und Ausweisleser oder Lichtschranken gekoppelt mit elektrischer Türverriegelung).

070 Wo und wie sind Programme, Daten und Unterlagen zur Archivierung ausgelagert?

Getrennt vom Gebäude des Rechenzentrums sollte ein Sicherheitsarchiv für die Lagerung von Programmen, Daten und Dokumentationsunterlagen eingerichtet sein. Das Sicherheitsarchiv darf aus Transportgründen nicht zu weit vom Rechenzentrum entfernt sein, muß ein Minimum an Klimatisierung ausweisen und darf bei Katastrophen, die das Rechenzentrum treffen, nicht in Mitleidenschaft gezogen werden.

080 Ist ein geschlossenes Feuermelde-System vorhanden?

Neben einer feuerhemmenden Baukonstruktion sollten automatische Rauchmelde- und Feueranlagen in allen Räumen des Rechenzentrums einschließlich des Montagebodens (gegen Kabelbrände) und in den Kanälen der Klimaanlage installiert sein. Die Feuermelde-Einrichtungen sollten bei Gefahr automatisch die Klimaanlage außer Betrieb setzen, die Feuerschutzklappen in den Klimakanälen schließen und die EDV-Anlage abschalten.

090 Sind ausreichende und richtige Feuerlöschanlagen vorhanden?

In allen Räumen des Rechenzentrums sind Handfeuerlöscher (CO_2-Löscher) in ausreichender Zahl aufzustellen. Der Einsatz automatischer CO_2-Feuerlöschanlagen muß mit Signalen gekoppelt sein, damit alle Personen die gefährdeten Räume sofort verlassen können.

100 Sind die Fluchtwege gekennzeichnet?

Es sind Fluchtwege für den Ernstfall festzulegen und ausreichend zu kennzeichnen.

110 Gibt es einen Katastrophenplan?

Ein solcher notwendiger Katastrophenplan weist aus, welche Maßnahmen bei Gefahr von welchen Personen und in welcher Reihenfolge zu treffen sind.

120 Ist das Rechenzentrumspersonal mit allen Sicherungen und Maßnahmen für den Ernstfall vertraut?

Die Installation von Sicherungseinrichtungen und das Vorhandensein eines Katastrophenplans allein genügen noch nicht, um entsprechenden Gefahren zu begegnen. Alle Maßnahmen für den Ernstfall müssen deshalb periodisch geprobt werden.

130 Sind Werksfeuerwehr und Rettungsdienst mit den Besonderheiten von Rechenzentrumsgefahren vertraut?

Der hohe Sicherungs- und Schutzgrad, aber auch die besonderen Gefahren der EDV-Technik (Kunststoffe, starke Zugluft) bedingen besondere Gegenmaßnahmen von Feuerwehr und Rettungsdienst.

140 Ist dafür gesorgt, daß möglichst wenig feuergefährliches Material im Rechenzentrum lagert?

Diese Gefahr kann dadurch reduziert werden, daß Altpapier des öfteren entfernt wird und Verbrauchsmaterial nur in kleineren Mengen in unmittelbarer Nähe der Maschinenräume lagert.

150 Ist das Rauchen im Sicherheitsbereich verboten?

Der Bereich des Closed-Shop-Betriebs (Sicherheitsbereich) sollte grundsätzlich mit einem Rauchverbot belegt sein. Es empfiehlt sich, Pausen- und Raucherräume für das Personal einzurichten.

160 Sind für Programme, Daten und Unterlagen ausreichend verschließbare Schränke vorhanden, und werden diese auch wirklich verschlossen?

Programme, Daten und andere wichtige Unterlagen sind, zusätzlich zu den Gebäudesicherungsmaßnahmen, in verschließbaren Schränken aufzubewahren. Es muß dafür gesorgt werden, daß sie außerhalb der Betriebszeiten und bei Personalentfernung sicher verschlossen sind.

170 Ist sichergestellt, daß Mäntel und Taschen außerhalb des Sicherheitsbereiches aufbewahrt werden?

Damit Programme, Datenträger und Unterlagen nicht unberechtigt entfernt werden können, sollten die Mäntel und Taschen der Mitarbeiter außerhalb der Sicherheitsräume aufbewahrt werden.

180 Gibt es für den Rechenzentrumsbereich einen besonderen Schutz- und Sicherungsbeauftragten?

Soweit nicht ein Sicherungsbeauftragter für den gesamten EDV-Bereich existiert, sollte er zumindest für das Rechenzentrum vorhanden sein. Hierbei genügt es, wenn ein Mitarbeiter des Rechenzentrums (beispielsweise der RZ-Leiter) für alle Schutz- und Sicherungsmaßnahmen im RZ-Bereich zuständig und verantwortlich ist.

Versorgungs- und Klimaeinrichtungen

190 Ist eine unterbrechungsfreie Stromversorgung notwendig und, wenn ja, ist sie voll gewährleistet?

Aus Kostengründen sollte eine voll unterbrechungsfreie Stromversorgung nur dort installiert sein, wo sie aus technischen Gründen (Realtimebetrieb) unbedingt notwendig ist. Typ, Auslegung und Kosten der unterbrechungsfreien Stromversorgungsanlage werden durch die notwendige Leistung, die mittlere fehlerfreie Betriebszeit und die erforderliche Überbrückungszeit bei Netzausfall bestimmt.

200 Ist die Stromversorgung vom öffentlichen Netz unabhängig?

Im Gegensatz zur unterbrechungsfreien Stromversorgung wird die Stromversorgung bei Ausfall des öffentlichen Netzes zunächst unterbrochen, dann jedoch mit Hilfe einer Notstromanlage wieder in Gang gesetzt. Auch eine Notstromversorgung sollte nur dort vorgesehen sein, wo größere Unterbrechungen nicht vorkommen dürfen.

210 Gibt es für die EDV-Anlage eine eigene Hauptleitung?

Um Ausfälle durch Überlastungen auf ein Mindestmaß zu reduzieren, ist es ratsam, daß die EDV-Anlage über eine eigene separate Hauptleitung verfügt, die zumindest keine weiteren Großabnehmer versorgt.

220 Ist bei nicht unterbrechungsfreier Stromversorgung der Schutz der gespeicherten Daten und das Wiederanlaufen von Programmen sichergestellt?

Stromunterbrechung darf nicht zum Verlust von Daten führen. Die zerstörten Daten müssen ohne manuellen Aufwand in akzeptabler Zeit rekonstruiert werden können, und auch die Programme sind so zu sichern (Checkpoints, Restarts), daß sie nach Beseitigung der Störung wieder aufgesetzt werden können.

230 Ist die EDV-Anlage gegen inner- und außerbetriebliche Stromschwankungen abgesichert?

Hier ist lediglich zu prüfen, ob über die üblichen Absicherungen des EDV-Herstellers hinaus weitere Sicherungsmaßnahmen (bei übergroßen Stromschwankungen) erforderlich sind.

240 Wird die Stromversorgung ausreichend überwacht?

Die Versorgungsanlagen sind so zu überwachen, daß vermeidbare Störungen möglichst verhindert werden.

250 Welche Protokolle werden über Versorgungsstörungen geführt?

Versorgungsstörungen sollten nach Zeit, Art, Ursache und Wirkung protokolliert und statistisch ausgewertet werden.

260 Wo ist die Klimaanlage für die Klimatisierung der EDV-Anlage installiert?

Der beste Platz ist in den Kellerräumen unterhalb der EDV-Anlage (geringere Geräuschbelästigung, höhere Sicherheit) oder neben dem Maschinenraum. Die Klimaanlage sollte aus Sicherheitsgründen in einer wasserdichten Wanne aufgestellt sein.

270 Ist eine separate Klimaanlage für die EDV-Anlage vorhanden?

Anlagen- und Raumklimatisierung sollten unbedingt voneinander getrennt sein. Bei kleineren und mittleren EDV-Anlagen ist es so möglich, bei Ausfall durch

Umschaltung auf die Raumklimatisierung den EDV-Betrieb für eine Zeit aufrechtzuerhalten.

280 Was für ein Klimasystem ist installiert?

Aus Gründen der größeren Betriebssicherheit sollte möglichst eine Zweikreisanlage installiert sein.

290 Entspricht die Klimaanlage in ihrer Auslegung und Leistung den Empfehlungen des Herstellers der EDV-Anlage?

Damit Ausfälle und Risiken nicht auf den Benutzer abgewälzt werden können, ist bei Auslegung und Leistungswerten der Klimaanlage unbedingt den Empfehlungen des Herstellers der EDV-Anlage zu folgen.

300 Sind Wartung, Reparatur und Ersatzteilbeschaffung für die Klimaanlage sichergestellt?

Da bei Ausfall der Klimaanlage auch die EDV-Anlage ausfällt, ist der regelmäßigen vorbeugenden Wartung, der schnellen Reparatur und Ersatzteilbeschaffung größte Bedeutung beizumessen. Wartung, Reparatur und Ersatzteilbeschaffung sollten vertraglich geregelt und für kleinere, schnelle Reparaturarbeiten eigene Betriebstechniker ausgebildet sein.

310 Werden Temperatur und relative Luftfeuchte ständig überwacht und protokolliert?

Ausreichende Überwachungs- und Protokollierungseinrichtungen sind heute selbstverständlich. Die Protokolle sollten jedoch ständig ausgewertet werden, um festzustellen, wie oft sich die Klimatisierung Grenzbereichen nähert.

320 Löst die Überwachungsanlage bei Überschreiten der zulässigen Klimawerte Signale aus?

Auch diese Vorrichtung ist unbedingt erforderlich, wobei sowohl optische als auch akustische Signale von Vorteil sind.

330 Ist eine (mit der Klimaüberwachung gekoppelte) automatische Abschaltung der EDV-Anlage vorhanden?

Eine solche automatische Abschaltung ist nur in besonderen Fällen erforderlich. Im allgemeinen reicht eine manuelle Abschaltung der EDV-Anlage aufgrund von Warnsignalen aus.

340 Ist eine ausreichende Wasserversorgung für die Klimatisierung sichergestellt?

Soweit dies möglich ist, sollte aus Kosten- und Sicherheitsgründen eine eigene Wasserversorgung vorhanden sein und nur bei Ausfall auf das öffentliche Netz umgeschaltet werden.

350 Läßt sich die Wasserversorgung durch einen einzigen Haupthahn abstellen?

Wassergefahren können ähnlich schädlich sein wie Feuer, weswegen eine schnelle und sichere Absperrung der Hauptwasserversorgung sichergestellt sein muß.

360 Sind die Luftansaugvorrichtungen für die Klimaanlage besonders geschützt?

Dieser Schutz muß insbesondere dann gewährleistet sein, wenn die Ansaugvorrichtungen leicht zugänglich sind (in Bodennähe, zur Straße gelegen).

370 Werden Protokolle über Störungen in der Klimatisierung geführt?

Ähnlich wie bei der Stromversorgung sind Ausfälle der Klimaanlage nach Zeit, Art, Ursache und Wirkung zu protokollieren und statistisch auszuwerten.

380 Sind die Räume für die Lagerung der Datenträger ebenfalls ausreichend klimatisiert?

Auch die Klimatisierung dieser Räume (über eine getrennte Klimaanlage) gehört zu den Maßnahmen der Betriebssicherheit, damit Datenträger und Verbrauchsmaterial ohne Störungen benutzt werden können.

3.2 Hardware und Software

Untersuchung, Auswertung und empfohlene Maßnahmen erstrecken sich in diesem Abschnitt auf die Revisionsbereiche

- EDV-Anlage, Datenerfassungs- und Datenübertragungsgeräte

- System- und Anwendungssoftware.

Bild 11 zeigt eine Übersicht über Software-Begriffe.

EDV-Anlage, Datenerfassungs- und Datenübertragungsgeräte

010 Gibt es für die EDV-Anlage ein Konfigurations- und Leistungsdiagramm?

Über die Konfiguration der EDV-Anlage und ihre Nennleistungen sollte ein aktuelles Konfigurations- und Leistungsverzeichnis vorhanden sein.

020 Stehen Zentraleinheit, Übertragungskanäle und Peripherie in ausgewogenem Verhältnis zueinander?

FUTH	Hardware und Software Übersicht über Softwarebegriffe	Bild 11

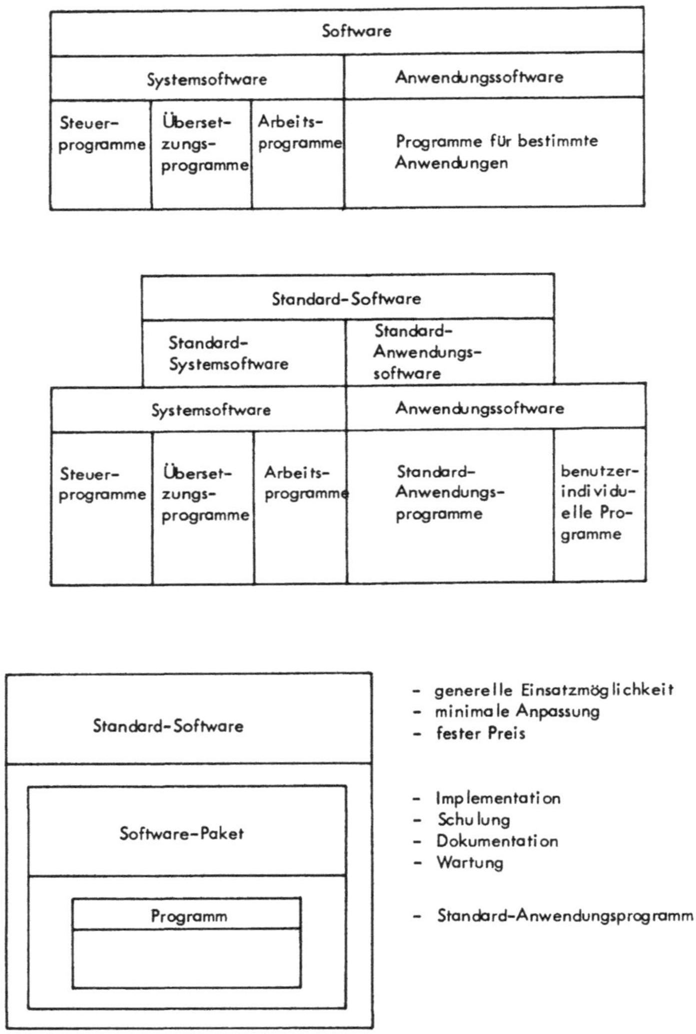

Ein Optimum an Leistung und Auslastung kann nur dann erzielt werden, wenn Zentraleinheit, Übertragungskanäle und Peripherie in ausgewogenem Verhältnis zueinander stehen.

030 Wird die Leistungsverteilung und Auslastung der Anlage durch Job-Accounting kontrolliert?

Die Leistungsverteilung und Auslastung von Zentraleinheit, Übertragungskanälen und Peripherie kann am besten mit Hilfe eines Job-Accounting-Programms ausgewertet werden.

040 Entspricht die EDV-Anlage dem technischen Fortschritt?

Technischer Fortschritt ist hier als wirtschaftliches Preis-Leistungsverhältnis, zeitgemäße Technik und günstige Softwareverwendung zu beurteilen.

050 Ist Mixed-Hardware eingesetzt?

Hier ist zu prüfen, ob alle wirtschaftlichen, technisch realisierbaren und sinnvollen Möglichkeiten zum Einsatz von Mixed-Hardware genutzt sind.

060 Sind Wartung, Reparatur und Ersatzteilbeschaffung sichergestellt?

Hier geht es darum, daß vorbeugende Wartung, Reparatur und Ersatzteilbeschaffung in akzeptabler Zeit (Abhängigkeit von Anwendung und Auslastung) vertraglich sichergestellt sind.

070 Werden Wartung und Reparatur auch innerhalb des Schichtbetriebes durchgeführt?

Notwendigkeit und zusätzliche Kosten der Schichtwartung sind hier gegeneinander abzuwägen.

080 Wo sind die Wartungstechniker erreichbar und wo ist das nächste Ersatzteillager installiert?

Zusätzlich zu den vertraglichen Vereinbarungen über rechtzeitige und ausreichende Wartung und Ersatzteilbeschaffung ist festzulegen, wo und wie die Wartungstechniker zu erreichen und wo die nächsten Ersatzteile gelagert sind.

090 Wie viele Stunden sind wöchentlich und monatlich für die vorbeugende Wartung erforderlich?

Hier ist zu prüfen, ob die vorbeugende Wartung (mit Grenzen nach oben und unten) innerhalb des üblichen Rahmens liegt und auch wirklich regelmäßig durchgeführt wird. Darüberhinaus ist festzustellen, ob die vorbeugende Wartung bei der Maschinenplanung und -belegung eingeplant wird.

100 Werden Statistiken über Störungen und Störungsbeseitigungen geführt?

Hier empfiehlt es sich, je Störung eine Störungsmeldung auszufüllen, die Beseitigung aufzuführen und sie durch den Wartungstechniker abzeichnen zu lassen. Die Störungsmeldungen können dann für weitere statistische Auswertungen verwendet werden.

110 Besitzt die EDV-Anlage einen Schalter für die Gesamtabschaltung?

Für Gefahren- und Katastrophenfälle muß sichergestellt sein, daß die Anlage mit einem einzigen Schalter abgeschaltet werden kann und der Schalter sich in sicherer und erreichbarer Nähe befindet.

120 Besteht ein richtiges Verhältnis zwischen zentraler und dezentraler Datenverarbeitung?

Hier kann nur ein Hinweis auf weitere Untersuchungen darüber gegeben werden, ob ein richtiges Verhältnis zwischen zentraler und dezentraler Datenverarbeitung besteht, sofern überhaupt zusätzlich dezentrale EDV-Anlagen eingesetzt sind.

130 Ist die EDV-Anlage gekauft oder gemietet?

Hier sollte nachträglich geprüft werden, ob die Kauf- oder Mietentscheidung richtig war, um Entscheidungsunterlagen für die Anschaffung der nächsten EDV-Anlage zu gewinnen.

140 Wie viele Schichten und Stunden wird die EDV-Anlage monatlich genutzt?

Aus wirtschaftlichen Gründen ist es ratsam, die EDV-Anlage "rund um die Uhr" zu nutzen. Dem steht ein Sicherheitsbedürfnis bei Ausfall und Wiederholungsarbeiten entgegen, weswegen es empfehlenswert ist, zwei Schichten einzuplanen und die dritte Schicht als Reserve bereitzuhalten.

150 Mit welchen Hardwaresicherungen ist die EDV-Anlage ausgestattet?

Neben den üblichen Hardwaresicherungen sollte geprüft werden, ob die Anlage höherwertige Datensicherungs- und Datenschutzeinrichtungen besitzt, wie z.B. Einrichtungen für den Speicherschutz.

160 Macht die Art der Anwendungen den Einsatz einer Duplex-Anlage erforderlich?

Hier ist zu prüfen, ob - insbesondere im Hinblick auf die Zukunft - eine Teil- oder Voll-Duplex-Anlage für eine erhöhte Betriebssicherheit erforderlich ist.

170 Bestehen Nachbarschaftsvereinbarungen über Nutzungsersatz bei Ausfall, sind die Voraussetzungen hierfür sichergestellt und wurde ein Ausfall in der Praxis geprobt?

Komplette Sicherheitsmaßnahmen gegen einen Ausfall der EDV-Anlage sind einmal sehr teuer und zum anderen kaum absolut zu verwirklichen. Aus diesem Grunde sollte eine feste vertragliche Vereinbarung mit einem oder zwei Unternehmen in der Nachbarschaft bestehen, damit ein begrenzter Ersatzbetrieb aufrechterhalten werden kann. Allerdings sind die Voraussetzungen für eine solche Fremdarbeit genau zu prüfen (für Hardware und Software) und für den Praxisfall zu proben.

180 Welche Risiken sind mit der Nutzung der EDV-Anlage verbunden?

Risiken sowie Haftung und Schadensersatz sind genau zu analysieren, der Höhe nach festzustellen und mit entsprechenden Gegenmaßnahmen (z.B. Abdeckung durch Versicherungen) zu begegnen.

190 Welche Risiken sind durch den Hersteller der EDV-Anlage abgedeckt?

Hier ist insbesondere zu prüfen, welche Risiken bei Beschädigung oder Zerstörung einer gemieteten EDV-Anlage durch den Hersteller abgedeckt sind bzw. vom Benutzer selbst gedeckt werden müssen.

200 Sind die verbleibenden Nutzungsrisiken durch Versicherungen gedeckt?

Sowohl bei Miet- als auch bei Kaufanlagen sollten die Hauptrisiken, die mit der Nutzung einer EDV-Anlage verbunden sind, durch entsprechende Versicherungen abgedeckt werden.

210 Entsprechen die eingesetzten Datenerfassungsgeräte einem fortschrittlichen technischen Stand?

Hier muß geprüft werden, ob die eingesetzten Datenerfassungsgeräte, bezogen auf Umfang, Anwendungsgebiete und Organisation der Datenerfassung, dem technischen und organisatorischen Fortschritt entsprechen. Magnetband- anstelle von Lochkartengeräten, optische und Markierungsbelegleser und die direkte Dateneingabe sind hier die Untersuchungspunkte, ohne daß heute für die Datenerfassung allgemein gültige Kriterien aufgestellt werden können.

220 Besteht ein richtiges Verhältnis zwischen Datenerfassungs- und Datenprüfgeräten?

Sofern sich die Datenerfassungs- von den Datenprüfgeräten unterscheiden, ist zu untersuchen, ob ein ausgewogenes Verhältnis (2 : 1 oder 3 : 2) zwischen beiden Gerätetypen besteht.

230 Sind die Datenerfassungsgeräte mit ausreichenden Hardwaresicherungen ausgestattet?

Dieser Punkt kann nur im Vergleich mit gleichen oder ähnlichen Geräten anderer Hersteller gesehen werden. Vor allem bei Anschaffung ist Wert darauf zu legen, daß ausgereifte und in der Praxis erprobte Geräte installiert werden.

240 Sind die Datenerfassungsgeräte programmierbar?

Um die Geräte für verschiedene Arbeiten flexibel und wirtschaftlich einsetzen zu können, ist es von Vorteil, wenn die Geräte programmierbar, d.h. kleine auswechselbare Programme für die einzelnen Anwendungen möglich sind.

250 Werden die Datenerfassungsgeräte ausreichend gewartet?

Um die Betriebssicherheit der Geräte zu erhöhen und Störungen möglichst einzuschränken, ist zu prüfen, ob eine regelmäßige vorbeugende und ausreichende Wartung durchgeführt wird.

260 Werden Statistiken über Störungen und Ausfälle der Datenerfassungsgeräte geführt?

Damit Störungen und Ausfälle analysiert werden können, ist es erforderlich, daß regelmäßig Statistiken über Anzahl, Umfang und Auswirkungen von Störungen und Ausfällen geführt werden.

270 Wie hoch ist die Auslastung der Datenerfassungsgeräte?

Im Hinblick auf die Wirtschaftlichkeit ist zu prüfen, ob die Datenerfassungsgeräte ausreichend und regelmäßig ausgelastet sind. Spitzenbelastungen können dadurch ausgeglichen werden, daß beispielsweise Servicebüros eingeschaltet werden.

280 Sind die Datatypistinnen ausreichend mit den technischen Einrichtungen der Geräte vertraut?

Da moderne Datenerfassungsgeräte komplexer und in ihrer Handhabung komplizierter geworden sind, ist es notwendig, daß die Datatypistinnen mit der Bedienungstechnik der Geräte ausreichend vertraut sind. Die üblichen Anlernzeiten wie bei Lochkartengeräten genügen bei anderen Geräten und Verfahren in der Regel nicht.

290 Sind die Datenerfassungsgeräte nach Dienstschluß ausreichend gesichert?

Beschädigungen und Zerstörungen von Datenerfassungsgeräten können zu einer empfindlichen Unterbrechung des Betriebsablaufs führen. Es ist deshalb zu überprüfen, ob diese Geräte - ähnlich wie die EDV-Anlage - nach Dienstschluß ausreichend gesichert sind.

300 Welche Verfahren werden zur Verhinderung von Übertragungsfehlern bei der Datenfernübertragung verwendet?

Die zeichenweise und blockweise Datensicherung oder ein zweimaliges Senden sind die hauptsächlich benutzten Verfahren. Die Auswahl des Verfahrens hängt von der Art der Leitung, den möglichen Übertragungsfehlern und der generellen Störanfälligkeit ab.

310 Verhindern diese Verfahren, neben Störungen auf den Übertragungswegen, auch Fehler der Datenübertragungsgeräte selbst?

In die Sicherung gegen Verlust und Zerstörung von Übertragungsdaten müssen nicht nur die Leitungswege, sondern auch die Datenübertragungsgeräte selbst eingeschlossen werden.

320 Werden besonders schutzbedürftige Daten bei der Datenübertragung, außer gegen Verlust und Beschädigung, auch vor Mißbrauch (Anzapfen der Leitungen) geschützt?

Der Mißbrauchsschutz dient dem Schutz von Geschäftsgeheimnissen und der Privatsphäre im Sinne des Bundes-Datenschutzgesetzes. Dieser Schutz kann nur durch Chiffrier- und Dechiffriermethoden bzw. durch Zerhacker (Scrambler) erreicht werden. Es sei aber darauf hingewiesen, daß aus Sicherheitsgründen die Chiffrierschlüssel oft gewechselt werden müssen, was die Kosten für den Datenschutz erheblich erhöht.

330 Welche Hardwaresicherungen sind in den Datenstationen eingebaut (Benutzeridentifikation)?

Den besten Schutz bieten hier gegenwärtig fälschungssichere Ausweise. Identifizierungsgeräte für Stimmprofile, Fingerabdrücke und Bildauswertung sind bisher nicht ausgereift und zu teuer.

340 Ist sichergestellt, daß bestimmte Benutzer nur an bestimmten Datenstationen die für sie bestimmten Daten abfragen können?

Neben der Benutzeridentifikation muß festgelegt und (durch Softwaremaßnahmen) gesichert sein, welche Zugriffsart (nur Lesen, nur Schreiben oder Lesen und Schreiben) den einzelnen Benutzern zugeordnet ist.

System- und Anwendungssoftware

350 Wird das der Konfiguration und Leistungsfähigkeit der EDV-Anlage entsprechende Betriebssystem verwendet?

Der Hersteller der EDV-Anlage empfiehlt für eine bestimmte Maschinengröße und -konfiguration ein bestimmtes Betriebssystem. Deshalb ist zu prüfen, ob das entsprechende Betriebssystem eingesetzt ist bzw. welche Gründe gegen seinen Einsatz sprechen.

360 Ist sichergestellt, daß jeweils die neueste Betriebssystemversion verwendet wird?

Auch hier ist zu prüfen, ob das Rechenzentrum die neueste Version des Betriebssystems benutzt bzw. was gegen eine solche Nutzung spricht.

370 Erfüllt das benutzte Betriebssystem die notwendigen Anforderungen?

Diese Prüfung zielt auf die im Betriebssystem enthaltenen Bausteine und Anschlüsse für Auswertungen, Testhilfen, Datenbanksysteme und Sicherheitseinrichtungen.

380 Arbeitet das Betriebssystem fehlerfrei?

Hier geht es um die Betriebssicherheit des betreffenden Betriebssystems selbst. Es muß festgestellt werden, ob das Betriebssystem genügend Sicherheit und Fehlerfreiheit besitzt.

390 Werden die Anschlußpunkte des Betriebssystems für weitere Auswertungen genutzt?

Im allgemeinen weisen die Betriebssysteme Anschlußpunkte für verschiedene Auswertungen (z.B. Dateiverwaltung, Job-Accounting u.a.) auf. Es ist zu prüfen, in welchem Umfange diese zusätzlichen Einrichtungen auch genutzt werden.

400 Leistet der Hersteller der EDV-Anlage ausreichend Unterstützung auf dem Gebiet der System-Software?

Die Unterstützung des Herstellers der EDV-Anlage auf dem Gebiet der System-Software, insbesondere bei den Betriebssystemen, ist unabdingbar und notwendig, auch wenn eigene Systemprogrammierer vorhanden sind.

410 Entspricht die neben dem Betriebssystem genutzte System-Software den gewünschten Anforderungen?

EDV-Hersteller und unabhängige Software-Unternehmen bieten eine Reihe von System-Softwarepaketen an. Deshalb muß geprüft werden, ob die eingesetzte System-Software technisch und wirtschaftlich den gestellten Anforderungen entspricht.

420 Ist das Rechenzentrum in ausreichender Weise mit System-Software ausgestattet?

Hier geht es um eine Übereinstimmung von angebotener und genutzter System-Software, soweit eine solche Software für das Unternehmen wünschenswert ist.

430 Gibt es eine Checkliste für die Auswahl von Software?

Standard-System- und -Anwendungssoftware sollte sehr sorgfältig und mit Hilfe einer Checkliste ausgewählt und geprüft werden, damit nur effektive, sichere und wirtschaftliche Softwarepakete eingesetzt werden.

440 Wer ist für die Beschaffung, Auswahl und Pflege von Standard-Systemsoftware verantwortlich?

Hier sollte eine eindeutige Aufgabenbestimmung und Verantwortung gegeben sein. Am besten ist es, diese Aufgabe dem Systemprogrammierer oder dem Leiter der Systemprogrammierung zu übertragen.

450 Gibt es Systemprogrammierer, und welche Aufgaben und Verantwortungen haben sie?

Selbst in kleineren und mittelgroßen Rechenzentren sollte es mindestens einen Systemprogrammierer bzw. einen Mitarbeiter mit den Aufgaben des Systemprogrammierers geben. Der Systemprogrammierer ist für die gesamte Systemsoftware verantwortlich und bildet die Kontaktstelle in Fragen Systemsoftware zu den eigenen Anwendungsprogrammierers bzw. zum Hersteller der EDV-Anlage und den Lieferanten der Systemsoftware.

460 Sind die Vollmachten und Eingriffsmöglichkeiten der Systemprogrammierer festgelegt, und wie werden sie kontrolliert?

Die Systemprogrammierer haben erhebliche Eingriffsmöglichkeiten in Programmbibliotheken und Datenbanken (soweit sie auch als Dateienverwalter fungieren), weswegen ihre Befugnisse besonders festgelegt und ihre Tätigkeiten mit Hilfe von Maschinenprotokollen kontrolliert werden müssen.

470 Wem unterstehen die Systemprogrammierer?

Von ihren Aufgaben her, aber auch einer besseren Überwachung wegen sollten die Systemprogrammierer nicht dem Rechenzentrum, sondern dem Chefprogrammierer oder sogar dem Leiter der EDV-Abteilung direkt unterstellt sein.

480 Sind die Systemprogrammierer ausreichend ausgebildet?

Es genügt nicht, wenn ein oder mehrere Anwendungsprogrammierer mit wenigen Systemkursen zum Systemprogrammierer umgeschult werden. Außer den umfangreichen Systemkenntnissen gehören auch die Datensicherung und der Datenschutz zum Wissensbereich des Systemprogrammierers.

490 Welche anderen Mitarbeiter haben Systemsoftwarekenntnisse und Eingriffsmöglichkeiten?

Soweit mehr als ein Systemprogrammierer eingesetzt ist, sollten sich die Kenntnisse und Eingriffsmöglichkeiten aus Gründen der Arbeitsteilung und Sicherung allein auf diese beschränken. Im Falle eines einzelnen Systemprogrammierers ist jedoch (beispielsweise durch einen Anwendungsprogrammierer) eine genau festgelegte und kontrollierbare Ersatzfunktion zu schaffen.

500 Werden sämtliche Eingriffe in Programmbibliotheken und Dateien zwangsprotokolliert?

Betriebssicherheit, Datensicherung und Datenschutz erfordern es, daß sämtliche Eingriffe in die Programmbibliothek und in die Dateien zwangsprotokolliert werden müssen.

510 Welche Standard-Anwendungssoftware wird eingesetzt?

Hier ist aufzuführen, für welche Arbeitsgebiete auf dem Markt beschaffte Standard-Anwendungssoftware eingesetzt wird, und zu prüfen, ob von dieser Möglichkeit ausreichender und richtiger Gebrauch gemacht wird.

520 Wer ist für die Beschaffung, Auswahl und Pflege von Standard-Anwendungssoftware verantwortlich?

Wegen der Anwendungsorientierung dieser Software sollten nicht die Systemprogrammierer, sondern die Projektleiter in Zusammenarbeit mit der betreffenden Fachabteilung für die Beschaffung und Auswahl verantwortlich sein. Die Pflege der Anwendungssoftware wird dann jeweils einem Anwendungsprogrammierer übertragen.

530 Ist die eingesetzte Standard-Anwendungssoftware zufriedenstellend?

Die eingesetzte Standard-Anwendungssoftware ist zu beurteilen. Sofern Schwierigkeiten auftreten, sind Maßnahmen für ihre Abwendung zu fordern.

540 Ist sichergestellt, daß keine (eigenen) fehlerhaften Programme und keine (fremden) unautorisierten Programme in die Programmbibliothek aufgenommen werden?

Da nicht genügend ausgetestete Programme oder unautorisierte Fremdprogramme zu Informationsverlust führen können, ist es notwendig, den Verarbeitungsprozeß vor solchen Programmen zu schützen. Als Schutz bietet sich ein System aus Benutzer- und Programmcode im Verein mit einer Nutzungstabelle des Systemprogrammierers an.

550 Sind softwaretechnische Benutzeridentifikationen vorhanden?

Sofern Datenstationen eingesetzt werden, kann die Benutzung hardwaremäßig oder aber auch softwaremäßig kontrolliert und gesichert werden. Die softwaremäßige Absicherung besteht in Kennwortverfahren (englisch: Password), wobei jedem Benutzer bzw. jeder Datenstation ein Kennwort zugeteilt wird, mit dessen Hilfe die Identifikation gegenüber dem System erfolgt.

560 Sind softwaremäßige Benutzungsberechtigungen eingebaut?

Auch der Grad der Benutzungsberechtigung (nur Lesen, nur Schreiben, Lesen und Schreiben) kann softwaremäßig mit Hilfe von Kennwortverfahren abgesichert werden. Hierdurch können Datenbanken, Dateien, Programme oder Unterprogramme bestimmten Benutzern zugeordnet bzw. für bestimmte Benutzer gesperrt werden.

570 Sind alle Programme und Daten gegen Mißbrauch geschützt?

Es empfiehlt sich, das gesamte System nach Benutzern, Programmen, Daten und Hardware-Elementen zu gliedern und jedem Element sowohl Benutzeridentifikationen als auch Benutzungsberechtigungen zuzuordnen, wobei man sich entweder für das Verbots- oder Erlaubnisprinzip entscheiden muß.

3.3 Arbeitsabläufe im Rechenzentrum

Untersuchung, Auswertung und empfohlene Maßnahmen erstrekken sich in diesem Abschnitt auf die Revisionsbereiche

- Arbeitsabläufe der Arbeitsvorbereitung (AV)
- Arbeitsabläufe der Datenerfassung (DE)
- Arbeitsabläufe des Maschinenraums (MR)
- Arbeitsabläufe der Kontrolle/Abstimmung (KA).

Die Bilder 12 - 15 zeigen eine Übersicht über die Arbeitsabläufe im Rechenzentrum.

Arbeitsabläufe der Arbeitsvorbereitung (AV)

010 Wird die AV bei der Planung neuer Projekte eingeschaltet?

Um die erforderlichen Kapazitäten und Maschinenzeiten während der Umstellungsarbeiten und nach der Umstellung bereitstellen zu können, ist es notwendig, daß die AV frühzeitig an der Planung neuer Projekte mitwirkt.

020 Welche Aufgaben erfüllt die AV während der Umstellungsarbeiten?

Während der Umstellungsarbeiten hat die AV für einen reibungslosen Closed-Shop-Testbetrieb zu sorgen und bei der Übernahme neuer Datenbestände mitzuwirken.

030 Welche Anweisungen und Unterlagen erhält die AV für den Testbetrieb?

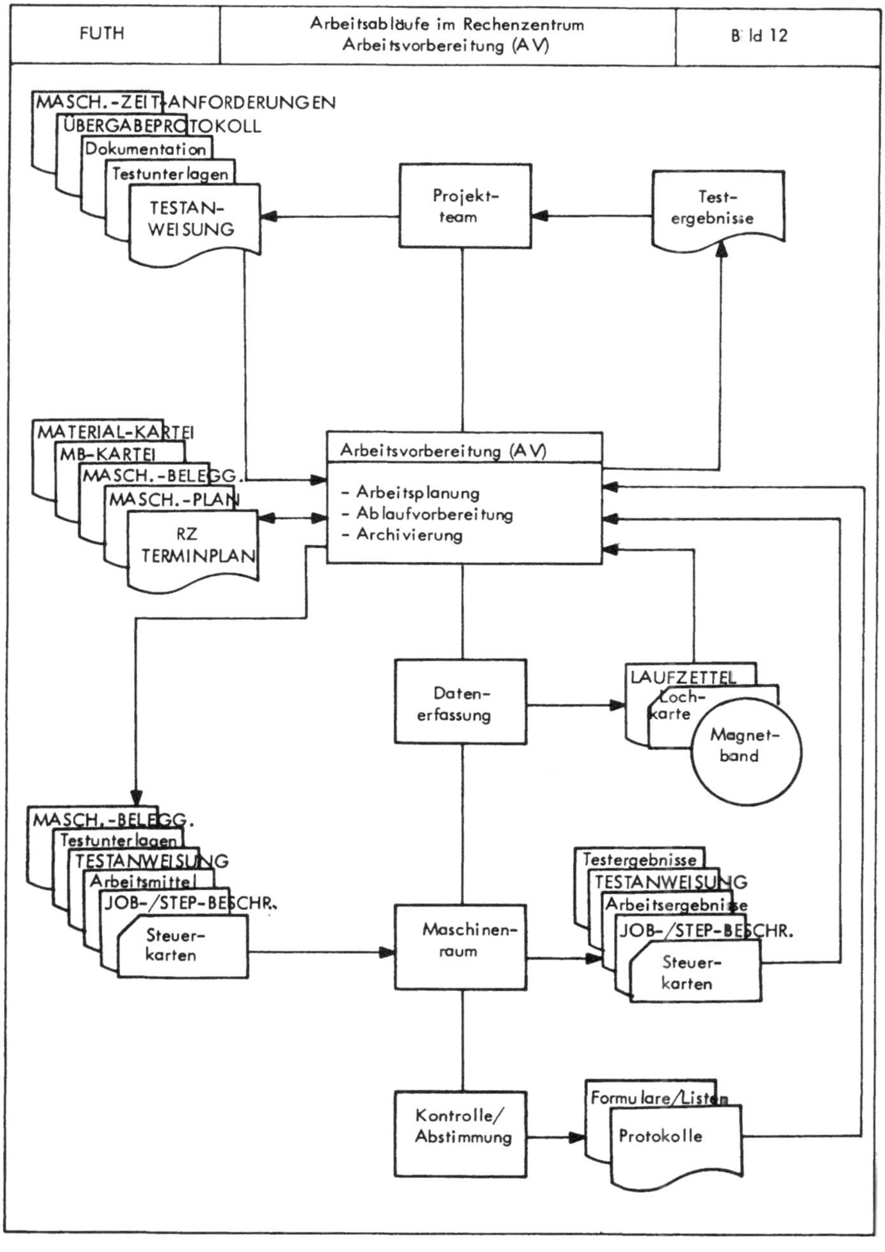
FUTH
Arbeitsabläufe im Rechenzentrum
Arbeitsvorbereitung (AV)
Bild 12
MASCH.-ZEIT-ANFORDERUNGEN
ÜBERGABEPROTOKOLL
Dokumentation
Testunterlagen
TESTANWEISUNG
Projekt-team
Test-ergebnisse
MATERIAL-KARTEI
MB-KARTEI
MASCH.-BELEGG.
MASCH.-PLAN
RZ TERMINPLAN
Arbeitsvorbereitung (AV)
- Arbeitsplanung
- Ablaufvorbereitung
- Archivierung
Daten-erfassung
LAUFZETTEL
Loch-karte
Magnet-band
MASCH.-BELEGG.
Testunterlagen
TESTANWEISUNG
Arbeitsmittel
JOB-/STEP-BESCHR.
Steuer-karten
Maschinen-raum
Testergebnisse
TESTANWEISUNG
Arbeitsergebnisse
JOB-/STEP-BESCHR.
Steuer-karten
Kontrolle/ Abstimmung
Formulare/Listen
Protokolle

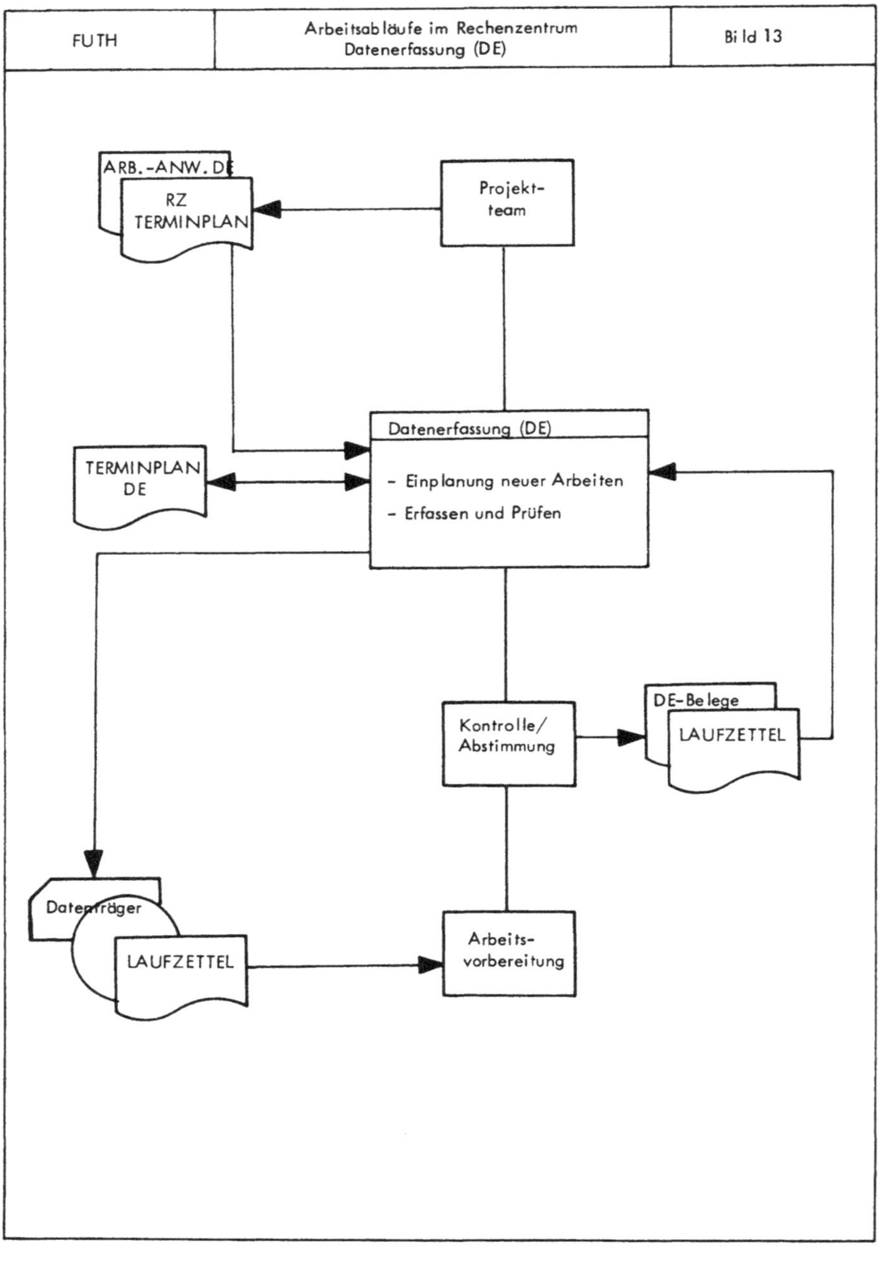
FUTH
Arbeitsabläufe im Rechenzentrum
Datenerfassung (DE)
Bild 13
ARB.-ANW. DE
RZ
TERMINPLAN
Projekt-
team
Datenerfassung (DE)
TERMINPLAN
DE
- Einplanung neuer Arbeiten
- Erfassen und Prüfen
DE-Belege
Kontrolle/
Abstimmung
LAUFZETTEL
Datenträger
LAUFZETTEL
Arbeits-
vorbereitung

FUTH	Arbeitsabläufe im Rechenzentrum Maschinenraum (MR)	Bild 14

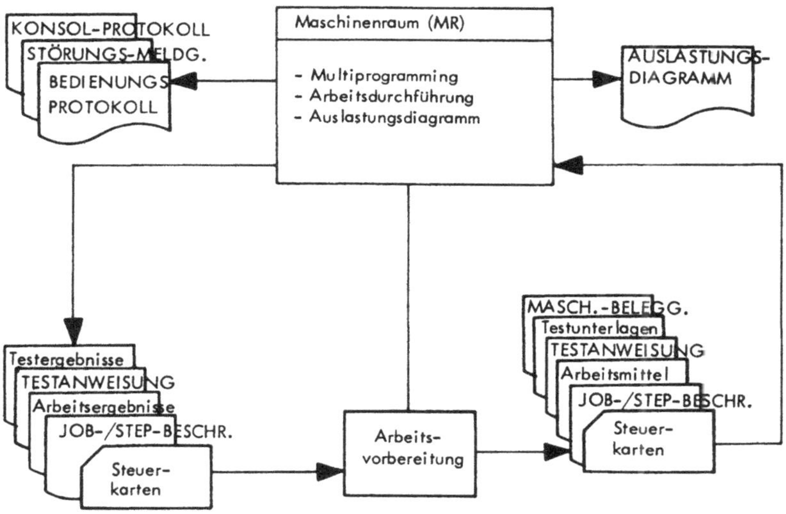

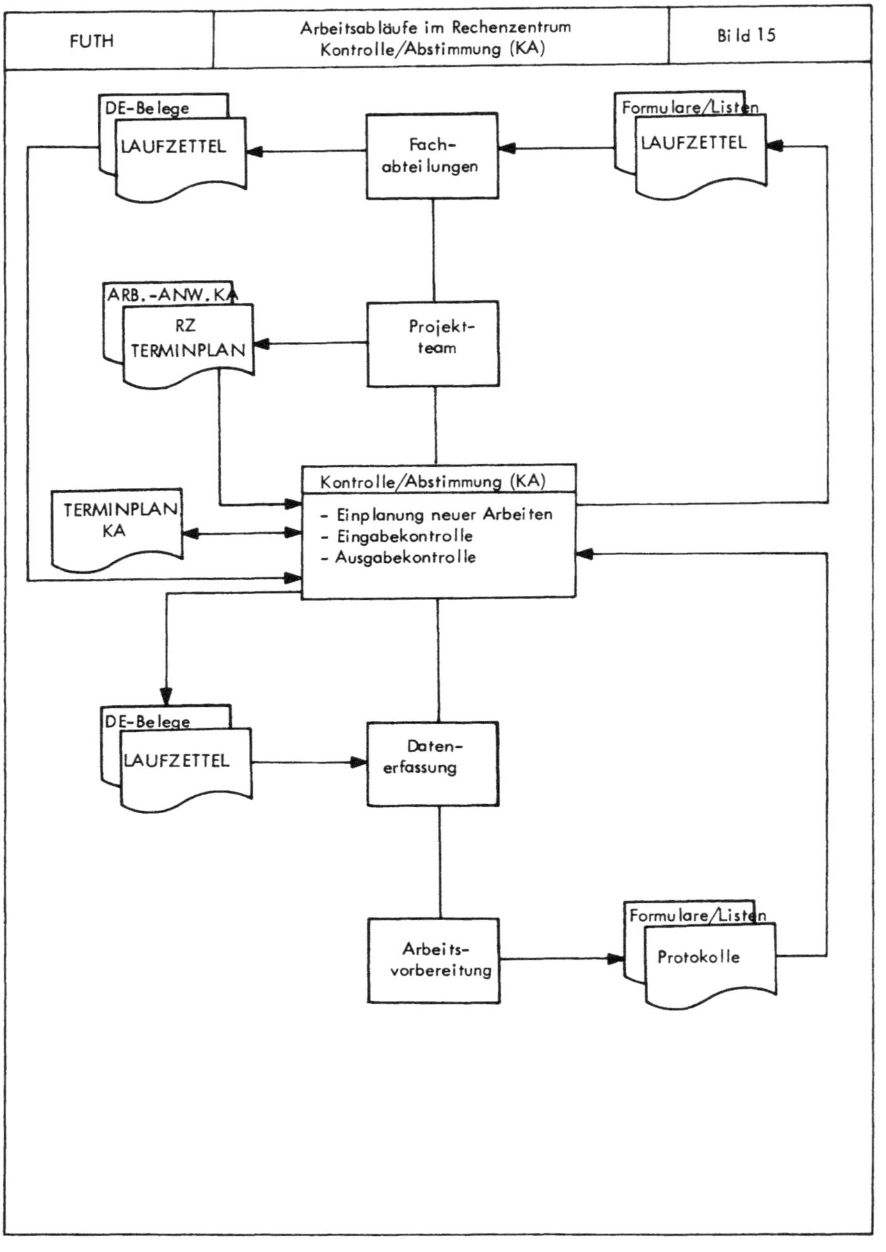
FUTH
Arbeitsabläufe im Rechenzentrum
Kontrolle/Abstimmung (KA)
Bild 15
DE-Belege
LAUFZETTEL
Fach-
abteilungen
Formulare/Listen
LAUFZETTEL
ARB.-ANW.KA
RZ
TERMINPLAN
Projekt-
team
Kontrolle/Abstimmung (KA)
- Einplanung neuer Arbeiten
- Eingabekontrolle
- Ausgabekontrolle
TERMINPLAN
KA
DE-Belege
LAUFZETTEL
Daten-
erfassung
Arbeits-
vorbereitung
Formulare/Listen
Protokolle

Bei erheblichen Abweichungen und Spitzenbelastungen sollte eine wöchentliche Meldung des Testbedarfs erfolgen. Mit den Testunterlagen zusammen erhält die AV je Programmtest eine Testanweisung.

040 In welcher Form ist die AV an der Einführung neuer Projekte beteiligt?

Die AV muß mit den Dokumentationsunterlagen vertraut gemacht und in der Handhabung des umgestellten Systems geschult werden.

050 Welche Dokumentationsunterlagen erhält die AV vom Projektteam?

Die für die Arbeitsdurchführung im Rechenzentrum benötigten Arbeitsunterlagen sind ein Gesamt-Datenflußplan (Programmfolgeplan), ein Terminplan sowie Arbeitsanweisungen für Operating, Datenerfassung und Kontrolle/Abstimmung.

060 Wie erfolgt die Übergabe eines umgestellten EDV-Systems an die AV?

Die Übergabe eines umgestellten Systems an das Rechenzentrum (vertreten durch die AV) sollte mit Hilfe eines Übergabeprotokolls dokumentiert und quittiert werden.

070 Wie sieht der Ablauf in der AV bei Programmänderungen aus?

Die AV muß eine Freigabemeldung über die Programmänderung erhalten, die insbesondere den Löschtermin der alten und den Starttermin der neuen Programmversion ausweist.

080 Mit welchen Stellen arbeitet die AV zusammen?

Abgesehen von Umstellungen und Änderungen arbeitet die AV mit der Datenerfassung, von denen sie die Datenträger erhält, mit der Kontrolle/Abstimmung, an die sie die Verarbeitungsergebnisse weiterleitet, und natürlich mit dem Maschinenraum zusammen.

090 Gibt es eine RZ-Gesamtplanung?

Alle sich wiederholenden und periodisch wiederkehrenden Arbeiten sollten in einer RZ-Gesamtplanung erfaßt sein, die die Aktivitäten und Termine aller am Ablauf beteiligten Stellen einschließlich der Fachabteilungen ausweist und die monatliche Verschiebung der Arbeitstage berücksichtigt.

100 Wie erfolgt die Maschinenplanung?

Ausgehend von der RZ-Gesamtplanung wird die wöchentliche Maschinenplanung einschließlich Test- und Wartungsarbeiten in Form eines Balkendiagramms aufgestellt.

110 Wie wird die Maschinenbelegung geplant?

Die Maschinenbelegung sollte pro Arbeitstag, besser je Arbeitsschicht, geplant werden. Sie baut auf der wöchentlichen Maschinenplanung auf und berücksichtigt die Testarbeiten und zusätzliche Maschinenzeitanforderungen.

120 Aufgrund welcher Unterlagen erfolgt die Ablaufvorbereitung?

Ausgehend von der Maschinenbelegung und unter Berücksichtigung inzwischen angefallener Dispositionsänderungen wird die Ablaufvorbereitung (Bereitstellung von Datenträgern, Verbrauchsmaterial und Arbeitsunterlagen) durchgeführt.

130 In welchen Zeitabständen wird eine Ablaufvorbereitung vorgenommen?

Die Ablaufvorbereitung sollte mehrmals je Schicht, unterteilt nach Jobs (nicht nach Programmen!), vorgenommen werden, damit auf der einen Seite keine Nachschublücken entstehen und auf der anderen Seite kurzfristige Änderungen und Umdispositionen berücksichtigt werden können.

140 Welche Unterlagen und Arbeitsmittel erhält der Maschinenraum von der Arbeitsvorbereitung?

Arbeitsunterlagen sind die Job-/Stepbeschreibungen (Operatoranweisungen) und Testanweisungen, Arbeitsmittel die Datenträger und das Verbrauchsmaterial

150 In welcher Form werden die Unterlagen und Arbeitsmittel dem Maschinenraum zur Verfügung gestellt?

Es empfiehlt sich, die Arbeitsunterlagen und Arbeitsmittel je Job zusammenzufassen und zusammen mit einem RZ-Arbeitsauftrag dem Maschinenraum auf einen Rollwagen zur Verfügung zu stellen.

160 In welchen Zeitabständen erfolgt der Rücklauf der Unterlagen und Arbeitsmittel aus dem Maschinenraum?

Um die Nacharbeiten schnell erledigen und die Unterlagen möglichst umgehend den Fachabteilungen zur Verfügung stellen zu können, sollten die Unterlagen und Arbeitsmittel sofort nach Arbeitserledigung der AV zurückgegeben werden.

170 Wie ist sichergestellt, daß die Arbeitserledigung in der AV vermerkt wird?

Hier ist zu prüfen, ob erledigte Arbeiten (auf dem Formular Maschinenbelegung) registriert werden und umgekehrt vermieden wird, daß Arbeiten vergessen bzw.

mehrmals abgewickelt werden. Sicherungsmaßnahmen hiergegen sind organisatorisch-administrative Sicherungen und eine automatische Protokollierung der Programmdurchführung.

180 Arbeitet die AV auch im Schichtbetrieb?

Ein Gleichlauf zwischen AV und Maschinenraum ist sehr vorteilhaft. Soweit die AV nicht in allen Schichten besetzt ist, muß unbedingt sichergestellt sein, daß Planungs-, Dispositions- und Archivierungsarbeiten nicht von anderen Kräften außerhalb der AV (beispielsweise durch die Operateure selbst) durchgeführt werden.

190 In welchen Räumen werden Magnetbänder und Magnetplatten gelagert?

Für die Magnetbandlagerung kommen im allgemeinen folgende Orte in Frage: Alle dispositiven Bänder im Bandarchiv und im (ausgelagerten) Sicherheitsarchiv, nicht disponierte Bänder im Maschinenraum (Arbeitsbänder), in der Programmierung (Testbänder) und bei Fremdfirmen (ausgeliehene Bänder). Da Magnetplatten im allgemeinen wenig gewechselt werden und ständig im Einsatz sind, ist es ratsam, sie direkt im Maschinenraum zu lagern.

200 Wie werden Magnetbänder und Magnetplatten gelagert?

Für die Lagerung von Magnetbändern und Magnetplatten ist zum einen eine entsprechende Temperatur und Luftfeuchtigkeit und zum anderen die Sicherung (in verschließbaren Schränken) erforderlich.

210 Wie sieht die Kennzeichnung der Datenträger aus?

Magnetbänder und Magnetplatten sollten mit unveränderlichen Aufklebern (Eigentümer, Archiv-Nr.) sowie mit veränderlichen Aufklebern oder Steckkarten (Dateiname,

Beschriftungsdatum, Freigabedatum, Generation usw.) gekennzeichnet sein.

220 Wer ist für die Archivierung verantwortlich?

Da die Sicherung von Daten und Datenträgern im Hinblick auf Sicherheit und Datenschutz an Bedeutung zunimmt, sollten Aufgaben, Verantwortung und Organisation der Datenträgerarchivierung eindeutig und schriftlich geregelt sein. Bei größeren Rechenzentren gibt es besondere Archivare, in kleineren und mittleren Rechenzentren gehört die Archivierung zu den Aufgaben der Arbeitsvorbereiter.

230 Wer hat Zugang zu den archivierten Datenträgern?

In die vorgenannte Regelung muß auch der Zugang zu den in den verschiedenen Räumen und Schränken gelagerten Datenträgern eingeschlossen sein.

240 Wer ist für die Bestandsführung und Disposition der Datenträger verantwortlich?

Am besten ist es, wenn die Bestandsführung, Disposition und Archivierung der Datenträger, von der eigentlichen Ablaufvorbereitung getrennt, einem Archivar übertragen werden (siehe oben).

250 Nach welchem System erfolgt die Disposition und Bestandsführung der Datenträger?

Am sichersten ist hier eine maschinelle Lösung mit Hilfe eines Systemsoftwarepaketes. Für eine manuelle Lösung ist die Ablage nach Archivnummern und die Disposition und Bestandsführung nach Dateinamen vorzuziehen.

260 Welche Anweisungen gibt es betreffend der Aufbewahrungsfristen?

Vom Projektteam sollte bereits bei der Umstellung festgelegt werden, welche Aufbewahrungsfristen bei den einzelnen Dateien vorzusehen sind. Es sollte zwischen Standardfrist (z.B. Dreigenerationenprinzip) und davon abweichenden Aufbewahrungsfristen unterschieden werden.

270 Werden die Schreibringe bei gesperrten Bändern sofort nach der Beschriftung entfernt und durch wen?

Die Schreibringe bei gesperrten Bändern sind sofort nach der Beschriftung und Rückgabe vom Maschinenraum durch den Arbeitsvorbereiter zu entfernen.

280 Wie werden Datenträger mit vertraulichem oder vermögenswirksamem Inhalt aufbewahrt?

Hier geht es vor allem un den Mißbrauchsschutz für Geschäftsgeheimnisse und vertrauliche Daten im Sinne des Bundes-Datenschutzgesetzes. Diese Datenträger sollten eine höhere Sicherheitsstufe erhalten und in einem gesonderten Schrank mit zusätzlichen Sicherungen und besonderer Zugangskontrolle aufbewahrt werden.

290 Wie erfolgt die Kontrolle über freiwerdende Datenträger?

Soweit eine maschinelle Datenträger-Bestandsführung und -Disposition durchgeführt wird, ist sie Bestandteil dieses Softwarepaketes. Bei einem manuellen System kann die Kontrolle mit Hilfe von Terminreitern auf den Dateikarten sichergestellt werden.

300 Ist die vollständige Rekonstruktionsfähigkeit der Daten gewährleistet?

Es ist unabdingbar und lückenlos zu gewährleisten, daß zerstörte oder beschädigte Daten rekonstruierbar sind. Die Rekonstruktionsfähigkeit muß Bestandteil der Datensicherung sein, sollte jedoch (was die Rekonstruktionszeit anbetrifft) im Verhältnis von akzeptabler Rekonstruktionszeit und Kosten gesehen werden.

310 Wie erfolgt der Transport der Datenträger innerhalb und außerhalb des Rechenzentrums?

Um die Datenträger vor Verlust zu sichern, sollten sie innerhalb, insbesondere aber außerhalb des Rechenzentrums durch einen Datenträger-Versandschein begleitet sein.

320 Ist sichergestellt, daß ausnahmslos Standard-Kennsätze mit vollem Inhalt zur automatischen Identifikation von Daten und Datenträgern verwendet werden?

Alle Dateien sind durch Kennsätze am Anfang und Ende zu kennzeichnen. Es sollte geprüft werden, ob die zwangsläufige Benutzung von Standard-Kennsätzen mit vollem Inhalt sichergestellt ist.

330 Ist das unbefugte Kopieren von Stamm- und Bestandsdaten ausgeschlossen?

Die Sicherung hiergegen kann einmal durch eine zuverlässige Bestandsführung, zum anderen durch Zugriffssicherungen und die automatische Protokollierung gewährleistet werden.

340 Welche Datensicherung wird bei Magnetbändern und Magnetplatten angewandt?

Bei Magnetbändern das Drei- oder Mehrgenerationenprinzip, und bei Magnetplatten das Kopieren von Beständen auf Magnetband oder anderen Magnetplatten, und zwar bei jeder Änderung oder in genau festgelegten Abständen. Daneben sollte es für den Einzelfall (insbesondere für vertrauliche Daten) zusätzliche Sicherungsmaßnahmen geben.

350 Welche besonderen Maßnahmen sind bei Magnetbändern und Magnetplatten hinsichtlich des Datenschutzes zu treffen?

Datenschutz ist Schutz vor Mißbrauch. Zu den Sicherungsmaßnahmen gehören die besondere Sicherung von Datenträgern mit vertraulichem Inhalt, die Benutzeridentifikation, die Zugriffssicherung sowie eine automatische Zugriffsprotokollierung.

360 Wer ist für die Archivierung der Dokumentation verantwortlich?

Soweit für die Datenträger ein gesonderter Archivar eingesetzt ist, sollte ihm auch die Dokumentationsarchivierung übertragen werden. Hierzu gehört die Aufnahme neuer Unterlagen in den Dokumentationsbestand, die Sicherungsauslagerung und ein geschlossener Kreislauf der Dokumentationsänderung.

370 Welche Anweisungen bestehen für die Archivierung der Dokumentation?

Durch eine Dokumentationsanweisung sollten Inhalt und Umfang der Dokumentation, Anzahl der Dokumentationsunterlagen, Verteilung der Dokumentation sowie Aufbewahrung und Änderung der Dokumentation festgelegt werden.

380 Ist die Änderung der Dokumentation bei Programmänderungen sichergestellt?

Innerhalb der Anweisungen für die Dokumentation ist ein geschlossener Kreislauf in der Dokumentation von Programmänderungen vorzusehen (siehe Abschnitt Änderungsdienst).

390 Wer ist für die Beschaffung von Datenträgern und Verbrauchsmaterial verantwortlich?

Neben der Datenträger- und der Dokumentationsarchivierung gehört die Materialdisposition zu den Aufgaben des Archivars.

400 Wie erfolgt die Disposition von Datenträgern und Verbrauchsmaterial?

Die Disposition sollte in Zusammenarbeit mit dem Einkauf durchgeführt werden.

410 Wie wird der Bedarf ermittelt und wer ist hierfür verantwortlich?

Der Bedarf an Verbrauchsmaterial hängt vom durchschnittlichen Verbrauch ab. Bei der Beschaffung sollten außer dem durchschnittlichen Verbrauch auch optimale Bestellmengen berücksichtigt werden. Die Verantwortung für die Bedarfsermittlung trägt der Archivar (in Zusammenarbeit mit dem betreffenden Projektleiter im Falle von Änderungen).

420 Wer führt die Bestellungen und die Terminüberwachung durch?

Bestellungen und Terminüberwachung sollten dem Einkauf überlassen werden.

430 In welcher Form werden die Materialbestände körperlich und karteimäßig geführt?

Es empfiehlt sich, die Lagerung getrennt in ein Haupt- und ein (nahe des Maschinenraums gelegenen) Handlager, unterteilt nach Regalen und Fächern, vorzunehmen. Für die Disposition und Bestandsführung eignet sich ein für die Materialdisposition und -bestandsführung übliches Karteisystem.

440 Ist die Vernichtung von Altmaterial geregelt?

Bei der Vernichtung von Altmaterial sollte Sorge dafür getragen werden, daß ausrangierte Magnetbänder und Magnetplatten zerstört und nicht benutzte Formulare und Listen zerkleinert werden.

Arbeitsabläufe der Datenerfassung (DE)

450 Von welchen Stellen und in welcher Form erfolgt die Anlieferung der Erfassungsbelege?

Alle Erfassungsbelege sollten über die Gruppe Kontrolle/Abstimmung und nicht direkt von den Fachabteilungen angeliefert werden. Sie sollten jeweils durch einen Datenträger-Versandschein begleitet sein.

460 Sind die Erfassungsbelege richtig aufgebaut?

Die hauptsächliche Voraussetzung für eine sichere und wirtschaftliche Datenerfassung ist der Aufbau der Erfassungsbelege. Es sollten Leitsätze für den Aufbau von Erfassungsbelegen herausgegeben werden, an die sich die EDV-Organisatoren, Systemanalytiker usw. zu halten haben.

470 Gibt es eine Arbeitsplanung in der Datenerfassung?

Ausgehend vom RZ-Gesamtplan sollte für alle periodischen Arbeiten in der Datenerfassung ein Terminplan bestehen.

480 Wie oft, wann und in welchem Umfang entstehen Engpässe in der Datenerfassung?

Wiederkehrende Engpässe sollten genau analysiert und möglichst reduziert werden (durch kontinuierlichere Beleganlieferung, Vergabe von Fremdarbeiten u.a.).

490 In welchem Umfange werden die Erfassungsbelege nicht rechtzeitig angeliefert?

Ausgehend von der Terminplanung sollte statistisch festgehalten werden, in welchem Umfange und aufgrund welcher Ursachen verspätete Beleganlieferungen von den Fachabteilungen erfolgen.

500 Wie oft und warum sind Rückfragen bei den Fachabteilungen erforderlich?

Fachliche Rückfragen sollten nur in Einzelfällen zulässig sein; in allen anderen Fällen muß eine Rückweisung der Erfassungsbelege erfolgen.

510 Haben die Datatypistinnen Arbeitsanweisungen, und durch wen werden diese erstellt?

Außer dem Programm sollte für jede Erfassungs- und Prüfarbeit eine Arbeitsanweisung vorhanden sein, die entweder durch die betreffenden EDV-Organisatoren oder aber durch die Arbeitsvorbereiter erstellt wird.

520 Werden in der Datenerfassung moderne Erfassungs- und Prüfgeräte eingesetzt und wirtschaftliche Verfahrenstechniken angewandt?

Eine solche Revision kann nur im Vergleich der eingesetzten Geräte und Techniken zu den angebotenen Geräten und Techniken erfolgen.

530 Wie hoch ist die Auslastung der Datenerfassungs- und Prüfgeräte?

Hier sollte eine möglichst kontinuierliche und hohe Auslastung sichergestellt sein. Spitzenbelastungen sind möglichst durch kontinuierlichere An- und Ablieferungen bzw. durch Vergabe an Fremdfirmen abzubauen.

540 Werden die erfaßten Belege gekennzeichnet?

Um sicherzustellen, daß alle Daten der Erfassungsbelege in Datenträger übertragen werden, ist eine Einzel- oder en-bloc-Kennzeichnung der Erfassungsbelege notwendig.

550 Werden Datenträger und Dateien mit Prüfvermerken gekennzeichnet?

Diese Kennzeichnung ist erforderlich, um feststellen zu können, ob die erfaßten Daten in einem zweiten Arbeitsgang geprüft wurden.

560 Gibt es spezielle Datatypistinnen für das Ablochen von Programmkarten?

Um den Maschinenaufwand bei der Programmumwandlung zu reduzieren, sollten spezialisierte Datatypistinnen für das Ablochen von Programmkarten vorhanden sein.

570 Werden in der Datenerfassung Fehlerstatistiken über mangelhafte und fehlerhafte Belege sowie über Erfassungs- und Prüffehler geführt?

Um die Fehlerquoten in der Datenerfassung zu senken und die Wirtschaftlichkeit zu erhöhen, sollten Fehlerstatistiken geführt und ausgewertet sowie Maßnahmen zur Verbesserung der Anlieferung und der Erfassungs- und Prüfarbeiten getroffen werden.

580 Wie hoch sind Leistungen und Auslastung in der Datenerfassung?

Eine zweite Statistik sollte aussagen, wie hoch die Leistungen der Datatypistinnen und die Auslastung der Datenerfassungsgeräte sind.

590 In welchem Umfange werden Überstunden in der Datenerfassung geleistet?

Neben der Leistungs- und Auslastungskontrolle sollte geprüft werden, ob regelmäßig Überstunden geleistet und wie sie reduziert werden können.

600 Welche zusätzlichen Sicherungseinrichtungen bestehen in der Datenerfassung?

Neben der Entwertung der Erfassungsbelege sowie der Kennzeichnung geprüfter Datenträger und Daten muß sichergestellt sein, daß Daten nicht zweimal erfaßt, Datenerfassungsbelege sofort nach der Erfassung und Prüfung an die Kontrolle/Abstimmung und die Datenträger an die Arbeitsvorbereitung weitergeleitet werden.

Arbeitsabläufe des Maschinenraums (MR)

610 Besteht eine klare Arbeitsteilung zwischen vorgelagerten, durchzuführenden und nachgelagerten Tätigkeiten?

Es ist sicherzustellen, daß die Maschinenbediener nur mit durchführenden, nicht jedoch mit planenden und vorbereitenden bzw. kontrollierenden Arbeiten befaßt sind.

620 Wird jede Schicht durch einen verantwortlichen Schichtleiter geleitet?

Verantwortungsteilung und -delegation im Maschinenraum bedingen, daß jede Schicht durch einen Schichtleiter bzw. Konsoloperator geleitet wird. Aufgaben und Verantwortung des Schichtleiters sind schriftlich und eindeutig festzulegen.

630 Besteht eine Trennung zwischen Konsol- und Peripherieoperateuren?

Eine solche Trennung ist von Vorteil, wobei jedoch sichergestellt sein muß, daß für den Konsoloperator Ersatz besteht.

640 Wie und durch wen erfolgt die Steuerung des Multiprogrammings?

In der Praxis hat es sich bewährt, daß die Planung des Multiprogrammings durch die Arbeitsvorbereitung, die Feinsteuerung jedoch durch den Konsoloperator erfolgt.

650 Werden die Arbeiten bei Programmstops oder Fehlern abgebrochen?

Eingriffe des Bedienungspersonals sollten unbedingt verhindert werden, weswegen die Arbeiten bei Programmstops und Fehlern abgebrochen und zusammen mit einer Ursachenkennzeichnung an die Arbeitsvorbereitung zurückgegeben werden müssen.

660 Wie viele Schichten werden disponiert und genutzt?

Die beste Ausnutzung der Maschinen erfolgt beim Betrieb rund um die Uhr, jedoch sollten möglichst nur zwei Schichten disponiert und die dritte Schicht als Reserve vorgesehen werden.

670 Mit wievielen Operateuren sind die einzelnen Schichten besetzt?

Aus Sicherheits- und Sicherungsgründen sollte jede Arbeitsschicht mit mindestens zwei Operateuren besetzt sein.

680 Wird die Arbeit auf der EDV-Anlage lückenlos protokolliert?

Im Interesse der Sicherheit und Wirtschaftlichkeit ist es erforderlich, daß alle Arbeiten auf der EDV-Anlage mit den notwendigen Angaben protokolliert werden. Die Protokollierung kann über die Konsolschreibmaschine, besser jedoch über den Drucker (mit Zwischenspeicherung auf Magnetband oder Magnetplatte) erfolgen.

690 Wie erfolgt die Protokollierung und wie sieht das Maschinenprotokoll aus?

Bei der Maschinenprotokollierung ist zwischen dem Steuerungs- und dem Sicherungsprotokoll zu unterscheiden. Das Steuerungsprotokoll dient dem Betriebssystem dazu, Nachrichten an den Konsoloperateur auszudrucken. Dies geschieht über die Konsolschreibmaschine auf blattnumerierten Endlospapier (das aus Revisionsgründen nicht getrennt werden darf). Im Gegensatz hierzu wird das Sicherungsprotokoll, einmal oder mehrmals je Schicht, von Magnetband oder Magnetplatte über den Schnelldrucker gewonnen. Es enthält Angaben über alle Programmläufe, Dateizugriffe, Benutzeridentifikation, Kontrollergebnisse u.a.

700 Wird ein Job-Accounting-Programm benutzt?

Mit Hilfe eines Job-Accounting-Programms kann sowohl die Nutzung der EDV-Anlage als auch die Auslastung der einzelnen Geräte und Einrichtungen ermittelt werden.

710 Werden die Arbeiten an die verursachenden Abteilungen weiterberechnet?

Vor- und Nachteile einer Kostenverrechnung halten sich die Waage. In jedem Fall sollten jedoch die Benutzer der EDV-Anlage nach Umfang und Häufigkeit statistisch ermittelt werden.

720 Gibt es Auswertungen über Nutzung und Auslastung der Hardware im Hinblick auf Originalarbeit, Wiederholung, Umwandlung, Test, Probelauf und Störungen?

Die Führung eines (manuellen oder besser maschinellen) Maschinen-Logbuches und entsprechende regelmäßige Auswertungen daraus sind unumgänglich zur Kontrolle von Leistung und Auslastung der EDV-Anlage.

730 Wird der Closed-Shop-Testbetrieb ohne Ausnahme durchgeführt?

Eine Ausnahmeregel vom Closed-Shop-Testbetrieb sollte aus Sicherheitsgründen nicht zugelassen sein.

740 Werden von Zeit zu Zeit Messungen über die interne Auslastung vorgenommen?

Zum Zwecke der richtigen Konfigurationsauswahl und der wirtschaftlichen Auslastung einer EDV-Anlage sollten permanent oder zumindest von Zeit zu Zeit Auslastungsdiagramme erstellt werden. Hierfür ist der Einsatz eines entsprechenden Softwarepaketes empfehlenswert.

750 Arbeiten die Operateure ausschließlich nach dem Funktionsprinzip?

Sowohl aus Sicherheits- wie auch aus Wirtschaftlichkeitsgründen sollte sichergestellt sein, daß die Operateure ausschließlich nach dem Funktions- und nicht nach dem Sachbearbeiterprinzip (d.h. bestimmte Operateure sind für bestimmte Sachgebiete verantwortlich) arbeiten.

760 Ist sichergestellt, daß keine Daten und Befehle über die Konsol-Schreibmaschine eingegeben werden?

Eingriffe durch das Bedienungspersonal sollten unterbleiben, weswegen die Eingabe von Operationen und Daten blockiert werden muß. Eine Ausnahme machen die vom Betriebssystem angeforderten Steuerungseingaben, die jedoch protokolliert werden müssen.

770 Werden die Konsolprotokolle sichergestellt und regelmäßig überprüft?

Das Konsolprotokoll (oder eine Kopie davon) ist sicher aufzubewahren und muß regelmäßig von der Revisionsabteilung überprüft werden.

780 Ist die besondere Vertraulichkeit bestimmter Abläufe gewährleistet?

Zusätzlich zu den Datei- und Programmsicherungen und einer automatischen Protokollierung ist durch besondere Maßnahmen (Operatorentfernung, Drucken in verdeckten Umschlägen, Verschlüsselung usw.) sicherzustellen, daß der Ausdruck vertraulicher und geheimer Informationen dem Bedienungspersonal verborgen bleibt.

790 Werden Maschinenstörungen protokolliert und ausgewertet?

Mit Hilfe einer Störungsmeldung sollte jede Störung gemeldet und regelmäßig ausgewertet werden.

800 Finden persönliche Kontrollen des Bedienungspersonals statt?

Da die Lückenlosigkeit aller Sicherungsmaßnahmen nicht absolut gewährleistet werden kann, sollten zusätzlich persönliche Stichprobenkontrollen des Bedienungspersonals vorgenommen werden. Hierzu zählen die Kontrolle der persönlichen Gegenstände (Mäntel, Taschen) genauso wie im Einzelfalle eine Überprüfung der Lebensgewohnheiten.

Arbeitsabläufe der Kontrolle/Abstimmung (KA)

810 Welche Anweisungen und Unterlagen erhält die Kontrolle/ Abstimmung für ein umgestelltes Arbeitsgebiet?

Die für die Durchführung der Aufgaben erforderlichen Unterlagen sind der RZ-Gesamtplan sowie die Arbeitsanweisungen für die Eingabe- und Ausgabekontrolle und für das Separieren und Schneiden der Formulare und Listen.

820 Mit welchen Mitteln werden die Arbeiten in der KA geplant?

Hilfsmittel ist hier ein Terminplan, der die Ein- und Ausgänge der anzuliefernden Daten sowie der abzuliefernden Ergebnisse terminlich ausweist.

830 Wie werden die Belege und Datenträger von und zu den Fachabteilungen transportiert?

Alle Belege und Datenträger, die zwischen den Fachabteilungen und der Kontrolle/Abstimmung transportiert werden, sollten durch einen Datenträger-Versandschein begleitet sein.

840 Welche Kontrollen führt die KA bezogen auf den Belegeingang durch?

Art und Umfang der Kontrollen und Abstimmungsarbeiten hängen von dem betreffenden Sachgebiet ab. In jedem Fall werden formelle Kontrollen (rechtzeitiger und vollständiger Belegeingang) durchgeführt, während sachliche Abstimmungen von den Möglichkeiten des betreffenden Sachgebietes abhängen.

850 Wirkt die Kontrolle/Abstimmung bei der Korrektur der Eingabe- und Fehlerprotokolle mit?

Soweit es sich um formelle Fehler handelt, kann die Korrektur durch die Kontrolle/Abstimmung vorgenommen werden. Dagegen muß unbedingt vermieden werden, daß die Kontrolle von Sachfehlern außerhalb der betreffenden Fachabteilung geschieht.

860 Auf welche Arbeiten erstreckt sich die Ausgabekontrolle?

Ausgabekontrollen sind in der Regel nur Vollständigkeitskontrollen. Alle weiteren Kontrollen sollten möglichst als programmierte Kontrollen innerhalb der betreffenden Programme vorgesehen sein.

870 Wo werden die Formulare und Listen separiert und geschnitten?

Um die einheitliche Verantwortung von Eingang und Ausgang zu wahren und um zunächst, wo dies möglich ist, eine Ausgabekontrolle durchzuführen, ist es ratsam, daß die Formulare und Listen erst nach der Ausgabekontrolle und innerhalb des Aufgaben- und Verantwortungsbereiches der KA separiert und geschnitten werden.

880 Wer ist für den Versand der Unterlagen an die Fachabteilungen verantwortlich?

Auch der Versand der Unterlagen an die Fachabteilungen sollte, nach dem Separieren und Schneiden, innerhalb des Verantwortungsbereichs der Kontrolle/Abstimmung durchgeführt werden.

890 Wird der Belegfluß zwischen Kontrolle/Abstimmung und Fachabteilungen durch Versandscheine begleitet?

Ähnlich wie bei jedem Materialtransport sollte auch die Weiterleitung von Erfassungsbelegen, Datenträgern sowie Formularen und Listen zwischen Fachabteilungen und Rechenzentrum durch Datenträger-Versandscheine begleitet sein.

900 Nach welchen Anweisungen und mit welchen Hilfsmitteln werden die Erfassungsbelege an die zentrale Datenerfassung weitergegeben?

Nach der Überwachung der rechtzeitigen Anlieferung und einer sachlichen Eingabekontrolle (soweit dies möglich ist) werden die Erfassungsbelege, begleitet durch einen Laufzettel, an die zentrale Datenerfassung weitergegeben.

910 Gehen die Datenträger von der Datenerfassung direkt an die Arbeitsvorbereitung oder über die Kontrolle/Abstimmung?

Im Regelfall sollten die Datenträger direkt an die Arbeitsvorbereitung gehen, jedoch ist es denkbar, daß innerhalb der Kontrolle/Abstimmung eine Zusammenfassung und Vollständigkeitskontrolle vor der Weitergabe an die Arbeitsvorbereitung erfolgt.

920 Ist die Kontrolle/Abstimmung auch für den termingerechten Durchlauf innerhalb des Rechenzentrums oder nur für die An- und Ablieferung der Belege und Listen verantwortlich?

Der termingerechte Durchlauf innerhalb des Rechenzentrums sollte einheitlich geplant und überwacht werden. Diese Aufgabe kann entweder der Arbeitsvorbereitung (Arbeitsplanung) oder der Kontrolle/Abstimmung übertragen werden. Die Überwachung selbst erfolgt mit Hilfe von Gesamt- Terminplänen und Laufzetteln.

930 Informiert die Kontrolle/Abstimmung die anderen Stellen des Rechenzentrums bei verspäteter Beleganlieferung?

Um rechtzeitig Umdispositionen (vor allem im Maschinenraum) vornehmen zu können, muß sichergestellt sein, daß die Kontrolle/Abstimmung unmittelbar bei Bekanntwerden die zentrale Datenerfassung und die Arbeitsvorbereitung über verspätete Beleganlieferung oder Restlieferungen informiert.

940 Ist die Kontrolle/Abstimmung für die Lagerung oder Weiterleitung von aufbewahrungspflichtigen Datenträgern verantwortlich?

Die Lagerung aufbewahrungspflichtiger Datenträger sollte im Verantwortungsbereich der betreffenden Fachabteilungen liegen. Die Sicherstellung und Übergabe dieser Datenträger an die Fachabteilungen gehört jedoch zum Aufgaben- und Verantwortungsbereich der Kontrolle/Abstimmung.

950 In welcher Form arbeitet die Kontrolle/Abstimmung mit der internen Revision zusammen?

Die Kontrolle/Abstimmung besitzt innerhalb des Rechenzentrums eine verhältnismäßig neutrale Funktion. Hierdurch ist es möglich, daß sie, als "verlängerter Arm" der internen Revision, Revisionsteilaufgaben übernimmt, ohne daß ihr jedoch selbst eine Verantwortung im Bereich der EDV-Revision übertragen wird.

4. Revision projektunabhängiger Bereiche

4.1 EDV-Anwendungen

Untersuchung, Auswertung und empfohlene Maßnahmen erstrekken sich in diesem Abschnitt auf die Revisionsbereiche

- Revision aller Anwendungen

- Revision einer Einzelanwendung.

Bild 16 zeigt eine Übersicht über ein Quantitäts- und Qualitätsdiagramm von EDV-Anwendungen.

<u>Revision aller Anwendungen</u>

010 Wie viele Arbeitsgebiete, Jobs und Programme werden auf der EDV-Anlage abgewickelt?

Bei dieser Prüfung handelt es sich um eine Quantitätsanalyse. Aus der Anzahl der umgestellten Arbeitsgebiete soll zunächst der Umfang der EDV-Anwendungen abgeleitet werden. Die Verteilung von Jobs je Arbeitsgebiet und Programmen je Job weist auf den programmtechnischen Integrationsgrad hin.

020 Wie verteilen sich die Jobs und Programme auf die Abwicklungsperioden?

Sowohl von der Auslastung der EDV-Anlage als auch von der Tagfertigkeit der Arbeiten her ist eine Verteilung

FUTH	EDV-Anwendungen Quantitäts- und Qualitätsdiagramm	Bild 16

Anzahl Jobs/Programme. Arbeitsgebiet:				
Routine- aufgaben	Dispositions- aufgaben	Planungs- aufgaben	Gestaltungs- aufgaben	Summe

der RZ-Abwicklung anzustreben. Es ist deshalb zu prüfen, ob zu viele Monatsabrechnungen durchgeführt werden.

030 Wie hoch sind die Laufzeiten der einzelnen Programme?

Auch hier geht es um den Integrationsgrad der Programme. Um den Gesamtaufwand der Rüstzeiten so gering wie möglich zu halten, sollte sichergestellt sein, daß weder zu viele kleine Programme auf der EDV-Anlage laufen noch Einzelprogramme (also nicht zu Jobs zusammengestellt) gefahren werden.

040 Welchen Kernspeicherbedarf haben die einzelnen Programme?

Es sollte angestrebt werden, daß weder zu kleine (geringer Integrationseffekt) noch zu große (Verhinderung von Multiprogramming) Programme auf der Anlage laufen.

050 Zu welcher EDV-Kategorie (Routineaufgaben, Disposition, Planung, Gestaltung) gehören die umgestellten Arbeitsgebiete?

Diese Überprüfung muß zu einem EDV-Qualitätsdiagramm führen. Um die Fähigkeiten der EDV-Anlage besser zu nutzen und die Wirtschaftlichkeit der EDV zu erhöhen, ist es erstrebenswert, neben der Abwicklung von Massen- und Routinearbeiten EDV-Anlagen auch im Bereich von Dispositions-, Planungs- und Gestaltungsaufgaben einzusetzen.

060 Welche Qualität und Aktualität besitzt die Dokumentation der umgestellten Arbeitsgebiete?

Hier geht es weniger um die Dokumentationsvorschriften als um die Beurteilung der vorliegenden Dokumentation. Soweit diese Dokumentation den Sicherungsanforderungen nicht genügt, sollte ein Plan für die Aktualisierung aufgestellt werden.

070 Gibt es in den Fachabteilungen Arbeitsanweisungen und wer stellt sie aus?

Alle EDV-bezogenen Aufgaben in den Fachabteilungen (Datenaufnahme und -erfassung, Stamm- und Bestandsdatenpflege, Auswertungen) sollten durch klare und schriftlich festgelegte Arbeitsanweisungen unterstützt werden. Die Ausarbeitung der Arbeitsanweisungen gehört zu den Aufgaben der Projektteams.

080 Gibt es in den Fachabteilungen Kontaktpersonen zur EDV-Abteilung und welche Aufgaben haben sie?

Die Kontaktpersonen in den Fachabteilungen wirken bei der Umstellung mit und haben nach der Umstellung die Aufgabe, die Handhabung des neuen Systems in den Fachabteilungen zu überwachen sowie Änderungen und Verbesserungen vorzuschlagen. Sie müssen in der EDV geschult sein und arbeiten auch nach der Umstellung mit der EDV-Abteilung zusammen.

090 Wer ist in den Fachabteilungen für die richtige Datenaufnahme und die rechtzeitige Weiterleitung der Datenerfassungsbelege an das Rechenzentrum verantwortlich?

Die Verantwortung für das richtige Ausfüllen der Datenerfassungsbelege und die rechtzeitige Weiterleitung der Belege an das Rechenzentrum gehört zu den Aufgaben und den Verantwortungsbereichen der Führungskräfte, die Teilaufgaben an ihre Mitarbeiter delegieren können.

100 Wie groß war im letzten Zeitraum der Personal- und Zeitaufwand für Programmänderungen, unterteilt nach Änderungsgruppen?

Hier sollte überprüft werden, welcher Änderungsaufwand insgesamt in der letzten Periode (z.B. im letzten Kalenderjahr) angefallen ist, und wie sich dieser Aufwand auf die Änderungskategorien: gesetzliche Änderungen, betrieblich notwendige Änderungen, programmtechnisch erforderliche und wünschenswerte Änderungen aufteilt.

110 Wer ist in den Fachabteilungen für die Korrektur der Eingabe- und Fehlerprotokolle verantwortlich?

Die Eingabe- und Fehlerprotokolle aus den Prüfungsläufen sollten über die Abteilungsleiter an die betreffenden Sachbearbeiter zur Korrektur verteilt werden.

120 Ist die Änderungsbefugnis von Stamm- und Bestandsdaten festgelegt?

Da der Eingriff in Dateien und Datenbanken zu erheblichen Sicherheitsproblemen und Mißbräuchen führen kann, sollte eine strenge Reglementierung hinsichtlich Befugnis und Kontrolle in den Fachabteilungen getroffen werden.

130 Werden alle Datenträger protokolliert und kontrolliert?

Alle Änderungen und Eingriffe in Dateien und Datenbanken sollten zwangsprotokolliert und die Protokolle den auslösenden Sachbearbeitern zur Kontrolle überreicht werden. Nur auf diese Weise ist sichergestellt, daß die Verantwortung für Eingriffe und Änderungen allein bei den Fachabteilungen liegt.

140 Welchen Kontrollen werden die Eingabedaten vor der Verarbeitung unterworfen?

Hier sollte geprüft werden, ob alle Eingabedaten vor ihrer Verarbeitung ausreichend kontrolliert werden. Zu nennen sind organisatorisch-administrative sowie die Vielzahl programmierter Kontrollen.

150 Welchen Umfang haben programmierte Kontrollen?

Die einzigen sicheren und lückenlosen Kontrollen der Eingabedaten sind programmierte Kontrollen. Deshalb sollte geprüft werden, ob die vorhandenen Möglichkeiten programmierter Kontrollen in ausreichendem Maße bekannt sind und genutzt werden.

160 Welche Anweisungen und Kontrollen bestehen im Hinblick auf Benutzungs- und Zugriffsberechtigung?

Im Sinne erhöhter Sicherungs- und Schutzmaßnahmen sollte in jeder Fachabteilung ein Katalog angelegt werden, der genau aussagt, welche Personen zu welchen Daten und mit welcher Zugriffsart (nur Lesen, nur Schreiben, Lesen und Schreiben) zu den Dateien und Datenbanken zugreifen dürfen.

170 Welche neuen Projekte sind für die nächsten 12 Monate geplant?

Es ist zu prüfen, ob die Fachabteilungen über die kurzfristige Projektplanung informiert sind und an den neuen Projekten mitwirken.

180 Gibt es eine mittel- und langfristige Projektplanung?

Auch diese Prüfung wird aus der Sicht der Fachabteilungen durchgeführt. Es muß untersucht werden, ob die Fachabteilungen selbst Vorstellungen und Pläne für eine mittel- und langfristige Projektumstellung haben.

190 In welchem Umfange kommt der Anstoß für neue Projekte sowie zur Verbesserung laufender Projekte von den Fachabteilungen?

Da die Verantwortung für neue Umstellungsprojekte und für die Verbesserung bestehender Projekte bei den Fachabteilungen liegen soll, muß geprüft werden, ob eine solche Rollenverteilung genügend bekannt ist und berücksichtigt wird.

200 Welchen Einfluß haben die Fachabteilungen auf die langfristige EDV-Planung?

Hier ist zu untersuchen, ob die Fachabteilungen (z.B. als Vertreter in der EDV-Koordinationsstelle) einen genügenden Einfluß auf Umfang und Stufe langfristiger EDV-Planungen besitzen.

Revision einer Einzelanwendung

210 Wie heißt das betreffende Arbeitsgebiet und welche Aufgaben und Ziele werden im einzelnen mit der maschinellen Abwicklung verfolgt?

Hier sollte geprüft werden, ob Aufgaben und Zielsetzungen für die maschinelle Abwicklung klar formuliert waren und auch realisiert bzw. erreicht wurden.

220 Wer ist für die Abwicklung der manuellen Vor- und Nacharbeiten in der betreffenden Fachabteilung verantwortlich?

Hier ist zu überprüfen, ob genau festgelegt ist, wer für die einzelnen EDV-bezogenen Aufgaben verantwortlich ist und welche Arbeitsanweisungen hierüber bestehen.

230 Wie verlief der Umstellungsprozeß?

Um entsprechende Maßnahmen für andere Umstellungen ergreifen zu können, ist es wichtig, daß die Zusammenarbeit zwischen EDV- und Fachabteilung während der Umstellung analysiert wird.

240 Ist das Umstellungsprojekt ausreichend dokumentiert und welche Qualität besitzt die Dokumentation?

Die Dokumentation ist auf ihre Form und ihren Inhalt sowie auf ihre Aktualität zu überprüfen.

250 Welche Änderungen sind seit der Übernahme aufgetreten, wer hat sie ausgelöst, welcher Änderungsgrund lag vor und wie groß war der Änderungsaufwand?

Aus den Änderungen soll einmal die Änderungsart und zum anderen der notwendige und vermeidbare Änderungsaufwand abgeleitet werden.

260 In welche EDV-Kategorie gehört das betreffende Arbeitsgebiet?

Hier soll geprüft werden, ob bereits höhere EDV-Kategorien erreicht sind, also die EDV hinsichtlich dieses Arbeitsgebietes in Dispositions-, Informations- oder Planungssysteme vorgestoßen ist.

270 Sind der betriebswirtschaftliche und der organisatorische Ablauf zweckmäßig gestaltet?

Für die Sicherung, insbesondere aber für die Wirtschaftlichkeit der EDV ist es von großer Wichtigkeit, daß vor der eigentlichen EDV-Umstellung der betriebswirtschaftliche und der organisatorische Ablauf zweckmäßig gestaltet wurden.

280 Wie groß ist der Integrationsgrad und wie sind die Programmstrukturen aufgebaut?

Hier geht es um die Untersuchung des betriebswirtschaftlichen, organisatorischen und programmtechnischen Integrationsgrades sowie um einen zweckmäßigen, modularen Aufbau der Programmstrukturen.

290 Sind die Dateien genügend gesichert?

Diese Prüfung bezieht sich einmal auf die fehlerfreie Verarbeitung originärer Daten (insbesondere durch programmierte Kontrollen) und zum zweiten auf die Absicherung gegenüber falscher Benutzung und Zugriffsberechtigung.

300 Ist die Aufbewahrung der Datenträger ausreichend gesichert?

Hier muß überprüft werden, ob Datenerfassungsbelege, Zwischendatenträger und die dazugehörigen Dateien in allen Bearbeitungsstufen und auf den Transporten genügen gesichert sind.

310 Sind die Programme vor unbefugter Nutzung geschützt?

Die Prüfung in diesem Bereich muß sich auf die Arbeitsvorbereitung und den Maschinenraum erstrecken. Im Einzelfalle muß geprüft werden, ob die Programmläufe protokolliert und überwacht werden.

320 Wie groß sind die Laufzeiten und welche Verlust- und Wiederholzeiten sind in den letzten Perioden aufgetreten?

Ausgehend von den Laufzeiten und der Menge der verarbeiteten Daten kann u.U. auf die Struktur und den Integrationsgrad der Programme geschlossen werden. Häufige Verlust- und Wiederholzeiten weisen auf Fehleranfälligkeit bzw. schlechte Handhabung im Maschinenraum hin.

330 Wie hoch sind die jeweiligen Zeiten für Datenaufnahme, Datenprüfung, Datenerfassung und

-übertragung und welche Engpässe und Störungen treten hierbei auf?

Hier wird die Übereinstimmung von Vorgaben auf dem Terminplan und die zeitliche Handhabung in der Praxis überprüft, bezogen auf alle Vorbereitungsarbeiten in Fachabteilungen und Rechenzentrum.

340 Welche Informationen werden innerhalb dieses Arbeitsgebietes gewonnen, wer erhält sie und welchen Zwecken dienen sie?

Die Überprüfung bezieht sich hier auf ein sinnvolles Informationswesen, getrennt nach Empfängern, Umfang und Inhalt der Informationen, Häufigkeit der Informationen, insbesondere aber auf den Nutzeffekt der von der EDV-Anlage bereitgestellten Informationen.

350 Welche Wirtschaftlichkeit und welcher Nutzeffekt wurde mit der Umstellung erreicht?

Hier sollte eine Gegenüberstellung von altem und neuem Verfahren im Hinblick auf Wirtschaftlichkeit und zusätzlichem Nutzen, aber auch hinsichtlich Schwierigkeiten und Nachteilen vorgenommen werden.

360 Sind in absehbarer Zukunft Änderungen, Erweiterungen oder Verbesserungen innerhalb dieses Arbeitsgebietes geplant?

Hier geht es um die Langzeitwirkung eines umgestellten Arbeitsgebietes. Deshalb sind neben dem bisherigen Änderungsaufwand die geplanten Änderungen, Erweiterungen und Verbesserungen auf ihre Notwendigkeit und ihren Aufwand hin zu analysieren.

4.2 EDV-Strukturorganisation

Untersuchung, Auswertung und empfohlene Maßnahmen erstrekken sich in diesem Abschnitt auf die Revisionsbereiche

- Einordnung der EDV-Abteilung im Unternehmen
- Gliederung der EDV-Abteilung
- Stellenbeschreibungen.

Die Bilder 17 und 18 zeigen die Gliederung einer EDV-Abteilung nach dem Funktionen- bzw. nach dem Sach- und Funktionenprinzip.

Einordnung der EDV-Abteilung im Unternehmen

010 Bestehen im Unternehmen mehrere EDV-Abteilungen oder Rechenzentren?

In diesem Falle sind die Beziehungen zwischen den einzelnen EDV-Abteilungen und Rechenzentren im Hinblick auf einheitliche Merkmale und Rationalisierungsmöglichkeiten zu prüfen.

020 Werden im Falle mehrerer EDV-Abteilungen bzw. Rechenzentren die EDV-Aktivitäten koordiniert?

Hier ist zu prüfen, ob bei mehreren EDV-Abteilungen oder Rechenzentren ein gemeinsamer Planungsstab besteht, einheitliche Verfahrenstechniken benutzt werden und eine Abstimmung bei den Anwendungen erfolgt.

030 Wie ist die EDV-Abteilung innerhalb des Unternehmens eingeordnet und wem untersteht sie?

Maßstab ist hier eine möglichst personenunabhängige Einordnung mit größtmöglicher Unabhängigkeit von ei-

FUTH	EDV-Strukturorganisation Gliederung einer EDV-Abteilung nach dem Funktionenprinzip	Bild 17

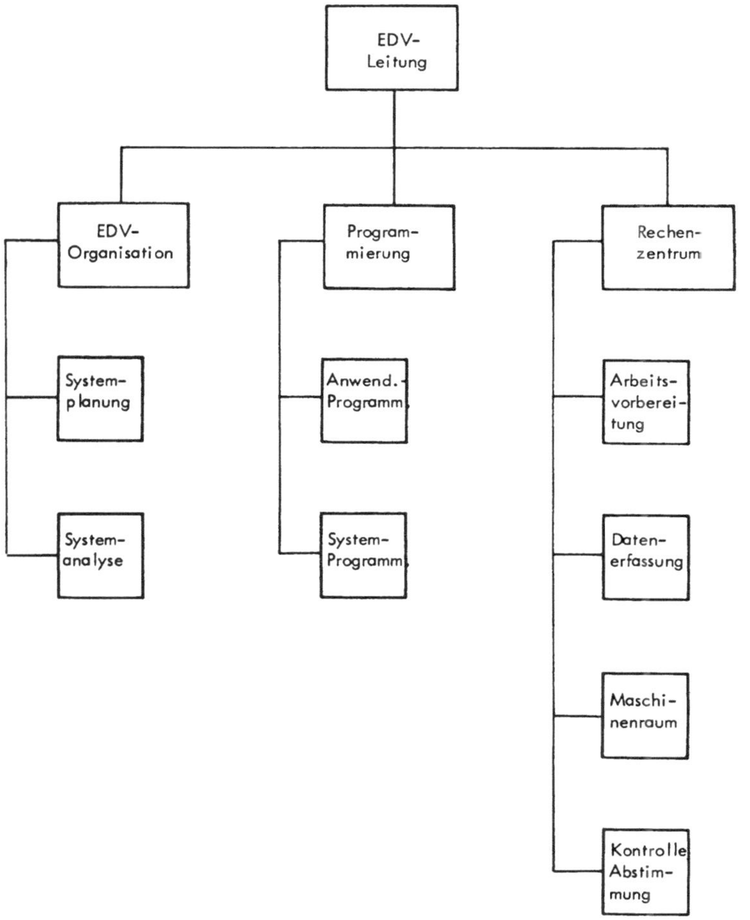

FUTH	EDV-Strukturorganisation Gliederung einer EDV-Abteilung nach gemischtem Funktionen-/Sachprinzip	Bild 18

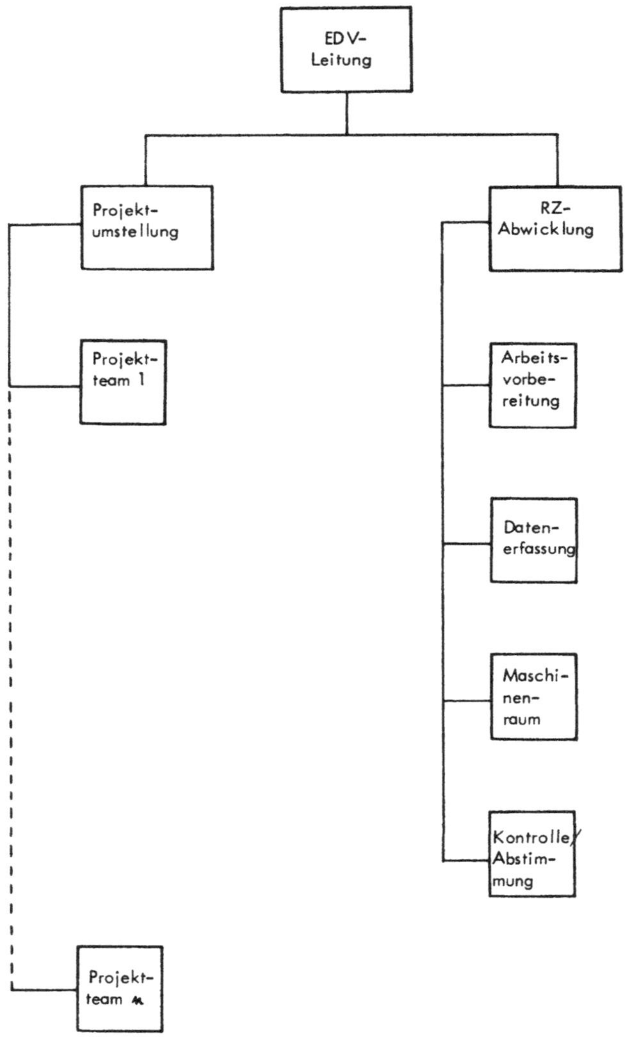

nem EDV-Benutzer. Die EDV-Abteilung sollte möglichst innerhalb der Geschäftsführung und nicht innerhalb eines Fachbereichs eingeordnet sein.

040 Sind EDV-Funktionen getrennt eingeordnet?

Eine gemeinsame EDV-Abteilung ist im allgemeinen als vorteilhaft anzusehen. Bei Funktionstrennung sollte die Trennung nicht zwischen EDV-Organisation und Programmierung, sondern besser zwischen EDV-Organisation und Programmierung auf der einen Seite und Rechenzentrum auf der anderen Seite erfolgen.

050 Ist die Einordnung der EDV-Abteilung schriftlich festgelegt und allen betreffenden Stellen bekannt?

Hier geht es um das Vorhandensein aktueller Organisationspläne, die allen Stellen im Unternehmen bekannt sind.

060 Welche Verbindungen bestehen zu anderen Stellen, z.B. zur Betriebsorganisation und der internen Revision?

Betriebsorganisation und Revision sollten unmittelbar bzw. mittelbar an der langfristigen EDV-Planung sowie an der Projektumstellung mitwirken.

070 Sind diese Beziehungen schriftlich festgelegt und verbindlich geregelt?

Ein Wohlwollen in der Zusammenarbeit genügt nicht. Stattdessen sollte die Zusammenarbeit zwischen EDV-Abteilung auf der einen und Betriebsorganisation und interner Revision auf der anderen Seite verbindlich geregelt und schriftlich festgelegt sein.

080 Besteht eine EDV-Koordinationsstelle im Unternehmen und welche Funktionen und Vollmachten besitzt sie?

An dieser Stelle geht es weniger um die EDV-Koordinationsstelle selbst, als um ihre Beziehungen zur EDV-Abteilung. Der Leiter der EDV-Abteilung und der Leiter der Betriebsorganisation sollten ständige Mitglieder der Koordinationsstelle sein.

090 Wer überwacht die EDV-Abteilung und wie sieht diese Überwachung aus?

Neben der Überprüfung durch die interne Revision sollte eine abgegrenzte Überwachung durch die EDV-Koordinationsstelle gegeben sein und, soweit eine EDV-Koordinationsstelle nicht durch ein Mitglied der Geschäftsleitung geleitet wird, eine Überwachung der EDV-Abteilung durch die Geschäftsführung ausgeübt werden.

100 Wie ist das Verhältnis zwischen Geschäftsleitung und EDV-Leitung und wie funktioniert es?

Es sollte festgelegt sein, in welchen Abständen und in welcher Form der EDV-Leiter der Geschäftsleitung über die EDV-Aktivitäten einschließlich Stand und Entwicklung aller Anwendungen berichtet.

Gliederung der EDV-Abteilung

110 Wie ist die EDV-Abteilung im einzelnen gegliedert?

Für die Gliederung der EDV-Organisation und Programmierung gilt entweder das Funktionenprinzip (getrennte Gruppen EDV-Organisation und Programmierung) oder das Sachprinzip (gemeinsame Gruppierung von EDV-Organisation und Programmierung nach sachbezogenen Projektteams). Für das Rechenzentrum ist eine Funktionenteilung in Arbeitsvorbereitung, Datenerfassung, Maschinenraum und Kontrolle/Abstimmung von Vorteil.

120 Wie ist die Verknüpfung zwischen der Linienorganisation und dem Projektmanagement gelöst?

Bei Bildung von Projektteams sollte jeder Projektleiter abgegrenzte Aufgaben und Verantwortungen erhalten, die sich vorwiegend auf die fachliche Leitung erstrecken und zur Linienorganisation scharf abgegrenzt sein müssen. Insbesondere sollte die Anordnungsbefugnis während der Projektmitgliedschaft zwischen Fachvorgesetztem und Disziplinarvorgesetztem abgegrenzt sein.

130 Sind die Organisationsstellen mit den Kostenstellen in der EDV-Abteilung identisch?

Um nicht nur organisatorische Abgrenzungen zu haben, sondern auch Kostenkontrollen durchführen zu können, ist es ratsam, daß die Organisationsstellen mit den Kostenstellen identisch sind.

140 Für welche Stellen bestehen kurzfristige, mittelfristige und langfristige Aufgabenpläne?

Für EDV-Organisation und Programmierung müssen unbedingt kurzfristige Aufgabenpläne vorhanden sein. Für den mittel- und langfristigen Dispositionszeitraum sind mindestens Rahmenpläne zu fordern.

150 Sind die Aufgaben und Verantwortungen zwischen den einzelnen Stellen klar abgegrenzt?

Aus Gründen einer organisatorisch sinnvollen Regelung, aus wirtschaftlichen Gründen, insbesondere aber wegen der Sicherheit ist zu fordern, daß die Aufgaben und Verantwortungen zwischen den einzelnen Stellen der EDV-Abteilung klar abgegrenzt und diese Abgrenzungen schriftlich festgelegt sind.

160 Wer ist für die Stellenkoordination innerhalb der EDV-Abteilung verantwortlich?

Die Stellenkoordination, d.h. die Kommunikation zwischen den einzelnen Gruppen, gehört zu den Aufgaben der Führungskräfte.

170 Gibt es innerhalb der EDV-Abteilung eine Stelle für Planung und Entwicklung?

Bei kleinen und mittleren EDV-Abteilungen kann diese Aufgabe vom EDV-Leiter übernommen werden, während es bei größeren EDV-Abteilungen empfehlenswert ist, einen Mitarbeiter (EDV-Assistent) für künftige Planungen und Entwicklungen einzusetzen.

180 Sind die einzelnen Stellen der EDV-Abteilung ausreichend und mit qualifiziertem Personal besetzt?

Die personelle Besetzung der EDV-Abteilung ist entscheidend für den Erfolg oder Mißerfolg aller EDV-Aktivitäten. Deshalb sollte geprüft werden, ob alle Stellen ausreichend und mit qualifizierten Mitarbeitern besetzt sind.

190 Wie sind die Mitarbeiter räumlich untergebracht?

Da die Unterbringung auf die Leistungen einwirkt, ist zu im Hinblick auf Räume, Lichtverhältnisse und Arbeitsplatzgestaltung zu prüfen, ob die Mitarbeiter aufgabengerecht untergebracht sind.

200 Welche Hilfs- und Arbeitsmittel stehen den Mitarbeitern zur Verfügung?

Auch hier ist zu prüfen, ob entsprechende Arbeitsmittel (Termintafeln, Wandtafeln, Projektoren usw.) ausreichend zur Verfügung stehen.

210 Wer plant die Aufgaben der Mitarbeiter?

Die Planung gehört zu den Führungsaufgaben und muß von oben nach unten vorgenommen werden. Es ist zu prüfen, ob eine solche Planung von oben nach unten besteht und alle Teilpläne aufeinander abgestimmt sind.

220 Wer überwacht die Durchführung der Arbeiten und kontrolliert die Arbeitsergebnisse?

Das Nebeneinander von Linienorganisation und Projektmanagement hat eine Aufspaltung der Überwachungs- und Kontrollfunktion zur Folge. Deshalb muß sichergestellt sein, daß weder doppelte und überlappende Überwachungs- und Kontrollfunktionen bestehen, noch Lücken in der Überwachung der Mitarbeiter vorhanden sind.

230 Welche Anleitungen und Anweisungen haben die Mitarbeiter?

Es erscheint ratsam, daß jeder Mitarbeiter der EDV-Abteilung ein Handbuch besitzt, in dem die für ihn spezifischen Anweisungen und Anleitungen übersichtlich zusammengefaßt sind.

240 Gibt es eine Informationspyramide innerhalb der EDV-Abteilung?

Hier sollte festgelegt sein, welche Informationsrechte und Informationspflichten (am besten innerhalb der Stellenbeschreibungen) der einzelne Mitarbeiter besitzt, mit Unterscheidungen nach der Informationspyramide.

Stellenbeschreibungen

250 Besitzen alle Mitarbeiter der EDV-Abteilung eine Stellenbeschreibung?

Stellenbeschreibungen sind ein ausgezeichnetes Organisationsmittel zur Beschreibung und Abgrenzung von

Aufgaben und Befugnissen. Es sollte deshalb gefordert werden, daß alle Mitarbeiter der EDV-Abteilung eine Stellenbeschreibung besitzen.

260 Welchen Inhalt besitzen diese Stellenbeschreibungen und wie sind sie aufgebaut?

Hier kann man sich an Mustern moderner Stellenbeschreibungen orientieren. Zum Inhalt gehören die Stellenbezeichnung, die Unter- und Überstellung, die Stellvertretung, Informationsrecht und Informationspflicht, Ziel der Stelle, besondere Befugnisse des Stelleninhabers und die einzelnen Aufgaben der Stelle.

270 Sind die Stellenbeschreibungen aktuell?

Es muß geprüft werden, ob die Stellenbeschreibungen auf dem neuesten Stand sind und jährlich einmal überarbeitet werden.

280 Ist für alle Führungs- und Mitarbeiterstellen in Schlüsselfunktionen eine Stellvertretung mit Umfang und Verantwortungsbereich festgelegt?

Um die Funktionsfähigkeit von EDV-Abteilung und Rechenzentrum nicht zu gefährden, ist es erforderlich, daß für alle Führungskräfte und Mitarbeiter in Schlüsselfunktionen die Stellvertretung eindeutig und schriftlich geregelt ist.

290 Wer arbeitet die Stellenbeschreibungen aus und wer legt sie verbindlich fest?

Die Ausarbeitung sollte durch die Mitarbeiter selbst oder aber durch ihre Mitwirkung erfolgen. Die Festlegung erfolgt dann durch die betreffenden Führungskräfte.

300 Ist mit der Stellenbeschreibung auch ein Anforderungsprofil verbunden?

Stellenbeschreibung und Anforderungsprofil sollten eine Einheit bilden. Im Anforderungsprofil werden die Anforderungsmerkmale (Schulbildung, Ausbildung, Berufserfahrung, Verantwortung, besondere Fähigkeiten), die Spezifizierung der Anforderungsmerkmale im Hinblick auf die Stelle und die Anforderungsbewertung (z.B. Hilfskraft, Junior-Fachkraft, Fachkraft, Senior-Fachkraft, untere Führungskraft, mittlere Führungskraft, obere Führungskraft) je Stellenbezeichnung festgelegt.

310 Werden die Stellenbeschreibungen und Anforderungsprofile auch für die Mitarbeiterbeurteilung herangezogen?

Stellenbeschreibungen und Anforderungsprofile bilden die Voraussetzung für eine systematische Mitarbeiterbeurteilung.

4.3 EDV-Personalsystem

Untersuchung, Auswertung und empfohlene Maßnahmen erstrekken sich in diesem Abschnitt auf die Revisionsbereiche

- Personalplanung und -beschaffung
  (Personalbedarfsermittlung,
  Personalplanung,
  Personalbeschaffung)

- Personalmanagement
  (Mitarbeiterbeurteilung,
  Karriereförderung,
  Gehaltsfindung,
  Aus- und Weiterbildung).

Bild 19 zeigt eine Übersicht über die Aufgaben im Bereich des EDV-Personalwesens.

FUTH	EDV-Personalsystem Personalaufgaben	Bild 19

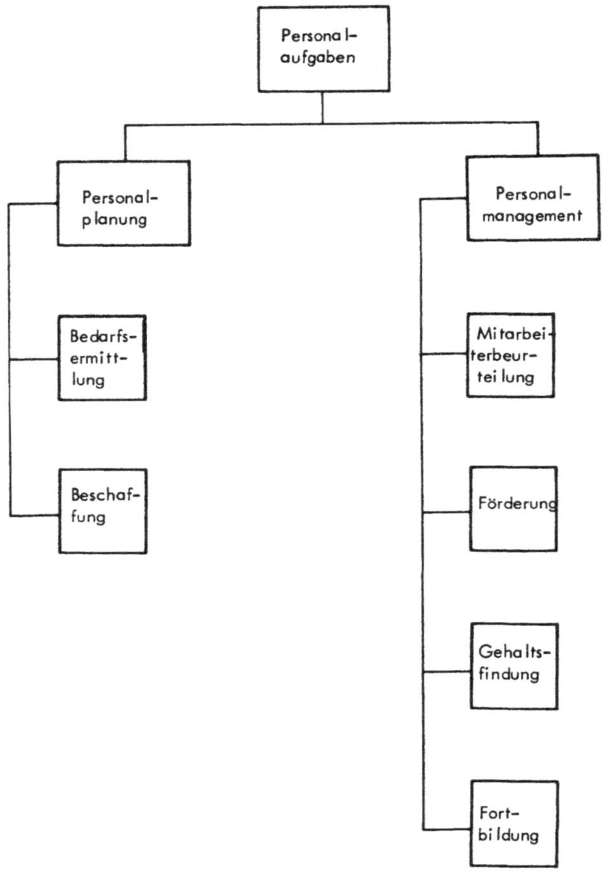

Personalplanung und -beschaffung

010 Ist ein Stellenplan vorhanden?

Es sollte ein aktueller Stellenplan vorliegen, der jederzeit auf dem neuesten Stand ist, d.h. die Istzahlen der Mitarbeiter je Stelle sowie die kurzfristig (ca. für 1 Jahr) geplanten Mitarbeiteränderungen ausweist.

020 Wie viele Stellen sind gegenüber der Stellenplanung gegenwärtig unbesetzt?

Hier muß überprüft werden, warum die offenen Stellen unbesetzt sind.

030 Welche Personaländerungen mit Zu- und Abgängen gab es innerhalb der letzten 3 Jahre und welches sind die Gründe hierfür?

Diese Frage zielt einmal auf eine zu große Fluktuationsquote und zum anderen auf einen zu schnellen Aufbau oder Ausbau der EDV-Abteilung. In beiden Fällen sind die Gründe zu überprüfen.

040 Wie viele zusätzliche Stellen sind für das nächste Geschäftsjahr geplant?

Hier ist zu prüfen, ob die zusätzlichen Stellen genehmigt sind und der Ausbau gerechtfertigt ist.

050 Ist die Relation der einzelnen Stellen zueinander richtig?

Bei EDV-Organisatoren zu Programmierern rechnet man heute mit einer Relation 2 :1 bzw. 1,5 : 1, während im Rechenzentrum ein ausgewogenes Verhältnis von Arbeitsvorbereitern, Operateuren und Arbeitsnachbereitern (Kontrolle/Abstimmung) herrschen sollte.

060 Reicht die Qualifikation des vorhandenen Personals aus?

Hier ist zunächst eine Aufteilung nach der Gauß'schen Normalverteilung vorzunehmen und auf Übereinstimmung mit dem Idealbild zu vergleichen. Darüber hinaus muß geprüft werden, ob die Einstufung auch der Anforderung an Kenntnissen und Erfahrungen entspricht.

070 Gibt es besondere Engpässe in der Personalausstattung und welches sind die Gründe hierfür?

Alle Engpässe in der Personalausstattung sollten quantitativ und qualitativ analysiert werden. Auch ist zu prüfen, ob partielle Engpässe nicht durch Fremdaufträge beseitigt werden können.

080 Wie lange sind die EDV-Kräfte durchschnittlich in der EDV beschäftigt?

Bei Führungs- und ersten Fachkräften sollte man eine mindestens fünfjährige, bei mittleren Fachkräften eine drei- bis fünfjährige und bei Nachwuchskräften eine ein- bis dreijährige Erfahrungszeit ansetzen.

090 Wie lange gehören diese Kräfte der betreffenden Stelle an?

Hier muß geprüft werden, in welchem Maße horizontale und vertikale Umstufungen bzw. Umsetzungen vorgenommen wurden und ob solche Maßnahmen zu Recht bestehen.

100 Wie viele der vorhandenen EDV-Kräfte stammen aus dem Unternehmen und wie viele kamen von außerhalb des Unternehmens?

Im allgemeinen ist eine gute Mischung empfehlenswert. In jedem Fall ist aber darauf zu achten, daß die Mitarbeiter weder ausschließlich aus dem eigenen Unternehmen hervorgehen noch überwiegend auf dem Markt angeworben werden.

110 Wird die Personalbeschaffung planvoll und systematisch durchgeführt?

Ausgehend vom Stellenplan und den geplanten und genehmigten Einstellungen sollte rechtzeitig ein Personalbeschaffungsplan aufgestellt werden, der insbesondere die erforderlichen Aktivitäten in ihrer Reihenfolge, mit Terminen und Aktivitätenaufteilung zwischen Personal- und EDV-Abteilung versehen, enthält.

120 Wie verteilen sich die Aktivitäten und Verantwortungen bei der Personalbeschaffung zwischen Personalabteilung und EDV-Abteilung?

Diese Aufteilung sollte ebenfalls aus dem Personalbeschaffungsplan hervorgehen. Im allgemeinen liegen die fachlichen Aktivitäten der Beschaffung bei der EDV-Abteilung, während die formalen Aktivitäten durch die Personalabteilung erledigt werden.

130 Woher werden Nachwuchskräfte beschafft und gibt es eine eigene Nachwuchsausbildung?

Nachwuchskräfte ohne EDV-Erfahrungen sollten, soweit möglich, aus dem eigenen Unternehmen kommen. Eine eigene Nachwuchsausbildung ist aus verschiedenen Gründen vorteilhaft, setzt jedoch eine bestimmte Größenordnung voraus.

140 Wie sieht die Vorgehensweise bei der Personaleinstellung im einzelnen aus?

Telefonische oder schriftliche Kurzbewerbungen, vollständige Bewerbungen, persönliche Gespräche, Einstellung oder Ablehnung sind hier die Merkmale.

150 Gibt es bei der Personalauswahl persönliche und fachliche Eignungstests?

Persönliche und fachliche Eignungstests, zusätzlich zu den Fachgesprächen, können ein gutes Hilfsmittel für Einstellungen sein, jedoch setzt ihre Anwendung geeignete Hilfsmittel und richtige Beurteilungsverfahren voraus.

160 Werden Gespräche der Bewerber auch mit den Fachkräften der EDV-Abteilung geführt?

Neben den Bewerbungsgesprächen mit den Führungskräften der EDV-Abteilung und den Mitarbeitern der Personalabteilung sollten auch qualifizierte Mitarbeiter der EDV-Abteilung zur Bewerberbeurteilung herangezogen werden.

170 Erhalten die Bewerber Stellenbeschreibungen und Anforderungsprofile?

Diese beiden Unterlagen sind ein grundlegendes Hilfsmittel für Bewerbungen, um die ausgeschriebenen Stellen und die Anforderungen an den Stelleninhaber genau zu beschreiben.

180 Welche unternehmensinternen Richtlinien müssen bei der Einstellung zusätzlich beachtet werden?

Alle an der Einstellung mitwirkenden Führungs- und Fachkräfte der EDV-Abteilung müssen genau darüber unterrichtet sein, welche unternehmensinternen Richtlinien (Tarifverträge, Anstellungsverträge usw.) bei der Einstellung zu beachten sind.

190 Wird in der EDV-Abteilung über alle Mitarbeiter eine Personalkarte geführt und was beinhaltet sie?

Die Personalkarte in der EDV-Abteilung dient vorwiegend dem richtigen Einsatz der Mitarbeiter. Sie enthält deshalb die wichtigsten Daten der Schulbildung, Ausbildung, Berufserfahrung und besondere Fähigkeiten und nimmt darüber hinaus die laufenden Angaben aus Weiterbildung und Einsatz auf.

Personalmanagement

200 Wird eine Mitarbeiterbeurteilung durchgeführt?

Eine Mitarbeiterbeurteilung im EDV-Bereich ist besonders wichtig, weil sich auf diese Weise am besten Leistungen und Leistungsverhalten des Mitarbeiters messen und Förderungsmaßnahmen ableiten lassen.

210 Zu welchen Anlässen erfolgt eine Mitarbeiterbeurteilung?

Die Mitarbeiterbeurteilung sollte einmal jährlich sowie bei allen Umstufungen, Umsetzungen und nach Beendigung der Probezeit durchgeführt werden.

220 Gibt es ein systematisches Beurteilungsverfahren?

Eine richtige und wirksame Mitarbeiterbeurteilung ist nur dann möglich, wenn sie nicht nur regelmäßig, sondern auch systematisch anhand eines geeigneten Verfahrens durchgeführt wird.

230 Welche Auswirkungen hat die Mitarbeiterbeurteilung?

Aus der Mitarbeiterbeurteilung sollten sich Gehaltsfestlegung, Umsetzung und Umstufung, Weiterbildung und alle anderen Förderungsmaßnahmen ableiten.

240 Werden die rechtlichen Bestimmungen bei der Mitarbeiterbeurteilung beachtet?

Für die Mitarbeiterbeurteilung müssen die Bestimmungen des Betriebsverfassungsgesetzes eingehalten werden. Sie bestehen vor allem in der Mitwirkung des Betriebsrates bei der Einführung. Die Mitarbeiter müssen jeweils eine Kopie der Beurteilung erhalten.

250 Haben alle Mitarbeiter schriftliche Arbeitsverträge und wie sehen diese aus?

Diese Frage hängt naturgemäß mit der Frage der Arbeitsverträge im Unternehmen überhaupt zusammen. Es sollte jedoch geprüft werden, ob die Anstellungsverträge Sicherungsmaßnahmen hinsichtlich Schutz von Daten und Geschäftsgeheimnissen beinhalten.

260 Welche Kündigungszeiten gelten für die einzelnen Mitarbeitergruppen?

Um die Betriebskontinuität sowohl bei den Umstellungsarbeiten als auch bei der RZ-Abwicklung zu gewährleisten, ist es wichtig, daß in der EDV-Abteilung ausreichende Kündigungsfristen bestehen. Im allgemeinen wird eine Zwölfmonatsfrist für den EDV-Leiter, eine Sechsmonatsfrist für mittlere Führungs- und obere Fachkräfte und eine Dreimonatsfrist für alle übrigen EDV-Mitarbeiter für empfehlenswert gehalten.

270 Für welche Mitarbeiter gibt es Karrierepläne und was beinhalten sie?

Das Karrierestreben in der EDV sollte von der Einhaltung fester Anforderungsprofile je Stelle und Gruppe abhängig gemacht werden. Dies bedeutet für die Praxis, daß alle EDV-Mitarbeiter einen Anspruch auf Umsetzung und Umstufung haben, sofern sie das entsprechende Anforderungsprofil voll erfüllen.

280 Gibt es eine Karrierestruktur in der EDV-Abteilung?

Die EDV-Abteilung sollte in vertikale Stellen (EDV-Organisator, Programmierer, Operator usw.) und in horizontale Stufen (Hilfskraft, Junior-Fachkraft, Fachkraft, Senior-Fachkraft, untere Führungskraft, mittlere Führungskraft, obere Führungskraft) gegliedert sein.

290 Gibt es feste Gehaltsstrukturen in der EDV-Abteilung und wie sehen diese aus?

Die Gehaltsstrukturen der EDV-Abteilung sollten entsprechend der vertikalen Stellenstruktur und der horizontalen Stufenstruktur aufgebaut sein. Für die einzelnen Stellen und Stufen werden - mit entsprechend fester Relation - Richtfaktoren festgelegt, denen dann die jährlichen Richtgehälter entsprechen, von denen wiederum - mit Hilfe der jährlichen Mitarbeiterbeurteilung - die individuellen Gehälter abgeleitet werden.

300 Sind die EDV-Gehälter an außer- oder innerbetriebliche Tarifverträge gekoppelt?

Im allgemeinen gibt es in der EDV-Abteilung nur für die unteren Gehaltsgruppen Bindungen an Tarifverträge. Für alle übrigen Gruppen ist eine Kopplung an Tarifverträge wenig sinnvoll.

310 Wie wird das Gehaltsniveau in der EDV-Abteilung beurteilt?

Hier ist nur ein Vergleich zu gleichgelagerten anderen Unternehmen sowie zu entsprechenden jährlichen Veröffentlichungen möglich.

320 Wie oft werden Gehaltsüberprüfungen vorgenommen und wovon hängen diese ab?

Soweit eine Gehaltsstruktur besteht und regelmäßige Mitarbeiterbeurteilungen durchgeführt werden, sollten Gehaltsüberprüfungen und -festsetzungen möglichst nur einmal jährlich und in Abhängigkeit von Gehaltsstruktur und Mitarbeiterbeurteilung vorgenommen werden.

330 Welche zusätzlichen Vorteile und Leistungen werden den Mitarbeitern gewährt?

Für einen Vergleich zu anderen Gehältern innerhalb und außerhalb des Unternehmens müssen auch die zusätzlichen Vorteile und Leistungen (Urlaubsgeld, Weihnachtsgeld, Zuschüsse, Prämien usw.) in die Beurteilung einbezogen werden.

340 Gibt es eine Überstundenbezahlung?

Soweit nicht tarifliche Bestimmungen für die Überstundenbezahlung vorliegen, sollten Überstundenregelungen mit aller Vorsicht getroffen werden. Dies gilt sowohl für das Rechenzentrum (vorübergehende Überstunden können zur festen Wahrung des Besitzstandes führen) als auch für Organisatoren und Programmierer, die kaum in der Lage sein dürften, über einen längeren Zeitraum hinweg mehr als 6 - 8 Stunden täglich wirkliche Leistungen zu erbringen.

350 Welche Rolle spielen Alter und Firmenzugehörigkeit bei der Gehaltsbemessung?

Der Charakter des Leistungsgehalts sollte in der EDV-Abteilung vorherrschen. Alters- und Firmenzugehörigkeitszuschläge sollten in Grenzen bleiben und nicht in die Vergleichsgehälter einbezogen werden.

360 Für welche Mitarbeiter gibt es ein langfristiges Weiterbildungskonzept?

Ein solches langfristiges Weiterbildungskonzept sollte für alle qualifizierten Mitarbeiter der EDV-Abteilung bestehen. Es orientiert sich an den zukünftigen Anforderungen und berücksichtigt Ausbildung und Fähigkeit der einzelnen Mitarbeiter.

370 Gibt es jährliche Schulungspläne, sind sie verbindlich und wie werden sie festgelegt?

Für alle qualifizierten Mitarbeiter der EDV-Abteilung sollte (abgeleitet aus den künftigen EDV-Ausgaben) ein jährlicher Schulungsplan aufgestellt werden, der in Grenzen verbindlich ist und sich am langfristigen Weiterbildungskonzept des einzelnen orientiert.

380 Wie viele Schulungstage sind jährlich je Mitarbeiter geplant oder verbindlich festgelegt?

Unter Berücksichtigung von notwendiger Weiterbildung im EDV-Bereich und EDV-Personalkosten kann eine jährliche Fortbildung von 10 - 15 Tagen als realistisch angesehen werden.

390 Wie erfolgt die Auswahl und Beurteilung der Ausbildungsstätten?

Für jedes besuchte Seminar sollte eine Seminarbeurteilung ausgefüllt werden. Die Auswahl der Ausbildungsinstitute und Seminare sollte langfristig aufgrund der Seminarbeurteilungen geschehen.

400 Werden Seminare im eigenen Unternehmen durchgeführt?

Firmeneigene Seminare sind aus den verschiedensten Gründen von Vorteil, bedingen jedoch eine entsprechende Größenordnung. Sie sollten vor allem dort durchgeführt werden, wo eine größere Anzahl von EDV-Mitarbeitern zu schulen ist.

410 Welche Regelungen gibt es hinsichtlich Zeitschriften- und Literaturstudium?

Zeitschriften- und Literaturstudium sind neben der Weiterbildung gleichgeordnete Maßnahmen, die systematisch betrieben und nicht nur als Recht, sondern auch als Pflicht des einzelnen EDV-Mitarbeiters gelten müssen.

4.4 EDV-Kosten

Untersuchung, Auswertung und empfohlene Maßnahmen erstrekken sich in diesem Abschnitt auf die Revisionsbereiche

- Kostenerfassung
- Leistungserfassung
- Kosten-/Leistungsverrechnung.

Bild 20 zeigt eine Übersicht über die EDV-Kosten.

Kostenerfassung

010 Wie werden die EDV-Gesamtkosten beurteilt?

Hier ist eine Relation zum Umsatz oder zu einem anderen wertmäßigen Unternehmensmerkmal zu finden, und zwar im Vergleich zu gleichartig gelagerten Unternehmen. Vergleichszahlen werden im jährlichen Diebold-Bericht und in Fachzeitschriften veröffentlicht.

FUTH	EDV-Kosten Einmalige und laufende EDV-Kosten	Bild 20

EDV-Kosten 1974 (in TDM)						
Plan-/Istkosten / Kostenarten	Einmalige Kosten			Laufende Kosten		
	Plan	Ist	Abw.	Plan	Ist	Abw.
Personalkosten						
1. Leitung EDV						
2. EDV-Organisation						
3. Programmierung						
4. RZ-Leitung						
5. Arbeitsvorbereitung						
6. Datenerfassung						
7. Maschinenraum						
8. Kontrolle/Abstimmung						
Summe						
Maschinenkosten						
1. DE-Geräte						
2. DFÜ-Geräte						
3. EDV-Anlagen						
4. Konventionelle Maschinen						
5. Sonstige						
Summe						
Sonstige Kosten						
1. Materialkosten						
2. Energiekosten						
3. Verwaltungskosten						
4. Sonstige						
Summe						
Gesamtkosten						

020 Wie haben sich die EDV-Gesamtkosten in den letzten 3 bis 5 Jahren entwickelt?

Die Relation sollte etwa gleichgeblieben sein, da im allgemeinen höhere Personalkosten durch geringere Hardwarekosten (z.B. durch Mixed-Hardware) kompensiert werden.

030 Wie werden sich die EDV-Kosten in den nächsten Jahren voraussichtlich entwickeln?

Auch hier sollte aus den vorgenannten Gründen eine etwa gleichbleibende Relation Ziel der Kostenentwicklung sein.

040 Wie verteilen sich die EDV-Gesamtkosten auf die einzelnen Kostenarten?

Die beiden Hauptkostenarten sind die Hardware- und Softwarekosten auf der einen und die Personalkosten auf der anderen Seite. Während früher von einem Verhältnis etwa 1 : 1 ausgegangen wurde, muß heute mit einem Verhältnis von 1 : 2 bzw. 1 : 1.5 gerechnet werden.

050 Hat sich die Relation der einzelnen Kostenarten zueinander verschoben und wie wird die künftige Kostenrelation aussehen?

Im allgemeinen kann davon ausgegangen werden, daß die Softwarekosten im Vergleich zu den Hardwarekosten steigen und die Personalkosten sich im Vergleich zu den Hardware- und Softwarekosten ebenfalls erhöhen werden.

060 Werden Wirtschaftlichkeitsvergleiche und Kostenkontrollen für Umstellungsprojekte durchgeführt?

Jedes Umstellungsprojekt sollte sorgfältig geplant, auf wirtschaftlichere Alternativen untersucht und nach der Abwicklung auf Kosteneinhaltung kontrolliert werden.

070 Werden Wirtschaftlichkeitsvergleiche und Kostenkontrollen bei RZ-Abwicklungen vorgenommen?

Auch hier sollte geprüft werden, was die einzelne Abwicklung eines Arbeitsgebietes kostet und wie hoch die Kosten je Buchungsfall oder dergleichen sind.

080 Gibt es Alternativen zur eigenen RZ-Abwicklung?

Die Mitbenutzung einer anderen EDV-Anlage oder die Arbeitsvergabe an ein Lohn-Rechenzentrum können insbesondere für kleine und mittlere Unternehmen eine wirtschaftliche Alternative zur eigenen Datenverarbeitung sein.

090 Wie verhalten sich die Personalkosten von Neuumstellungen und Änderungen zueinander?

Hier muß geprüft werden, ob alle Maßnahmen zur Reduzierung des Änderungs- und Pflegeaufwandes ausgeschöpft sind. Die Personalkosten des Änderungs- und Pflegedienstes sollten höchstens 25-30% verglichen mit den Personalkosten für Neuumstellungen betragen.

100 Welcher Betrag wurde in den letzten drei Jahren jährlich für die Mitarbeiterschulung ausgegeben?

Hier sollte geprüft werden, ob eine ausreichende Mitarbeiterschulung betrieben wurde. Pro Jahr und Fachkraft muß mit DM 2.000,-- bis DM 3.000,-- direkten Schulungskosten gerechnet werden.

110 Wurde die Vertragsart für die Maschineninstallation richtig gewählt?

Kauf, Miete und Leasing sind bei Anschaffung einer EDV-Anlage gegenüberzustellen und auf ihre verschiedenen Auswirkungen hin zu untersuchen.

120 Sind alle Einsparungen bei der Hardware ausgeschöpft?

Der Einsatz von Mixed-Hardware, ein Modellwechsel der EDV-Anlage oder eine Konfigurationsänderung können sowohl Leistungssteigerungen bringen als auch z.T. erhebliche Hardwarekosten einsparen.

130 Wurden alle steuerlichen Gesichtspunkte berücksichtigt?

Hier ist sicherzustellen, daß bei Neuinstallationen die einzelnen Vertragsarten ausreichend auf steuerliche Gesichtspunkte hin untersucht werden.

140 Sind alle Einsparungen bei den Personalkosten ausgeschöpft?

Eine Erhöhung der Leistung durch Fortbildung, die Auftragsvergabe an Fremdfirmen bei Spitzenbelastungen und die Vermeidung bezahlter Überstunden sollen hier als Beispiele genannt werden.

150 Werden die Softwarekosten ausreichend kontrolliert?

Der Kostenbestandteil der Software wird eher zu- als abnehmen. Deshalb ist es erforderlich, daß die einzelnen Softwarepakete nicht nur leistungs-, sondern auch kostenmäßig untersucht werden, wobei vor allem auf eine richtige Auswahl und Beurteilung der Software Wert gelegt werden muß.

160 Sind Einsparungen bei den Betriebskosten möglich?

Zu den Betriebskosten gehören insbesondere die Energiekosten. Hier muß geprüft werden, welche Möglichkeiten zur Senkung der Betriebskosten bestehen.

170 Sind alle Einsparungen bei den Materialkosten ausgeschöpft?

Die Verwendung von Tabellierpapier anstelle von Vordruckformularen, die Wahl des richtigen Lieferanten und das Aushandeln der günstigsten Einkaufsbedingungen sind hier die Hauptgesichtspunkte.

180 Werden die einzelnen Kostenarten jährlich überprüft?

Eine Reihe von Kostenarten sind einem ständigen Wechsel unterworfen, weswegen einmal jährlich (in Zusammenarbeit mit den Abteilungen Einkauf, Kostenrechnung und Revision) untersucht werden sollte, ob die einzelnen Kostenarten in ihrer Höhe und Relation gerechtfertigt sind.

190 Werden Kostenerhöhungen und Einsparungen an der richtigen Stelle vorgenommen?

Eine Kostenerhöhung oder -reduzierung nach dem Gießkannenprinzip kann für die EDV-Abteilung nicht nur wirkungslos sein, sondern zu erheblichen Gefahren und Problemen führen. Deshalb müssen Kostenerhöhungen und -reduzierungen sorgsam überlegt und gezielt vorgenommen werden.

200 Sind unvorhergesehene Kosten durch entsprechende Versicherungen gedeckt?

Gefahren und Schadensersatzansprüche können im einzelnen zu erheblichen Kostensteigerungen führen, weswegen für die möglichen Schadensfälle ein ausreichender Versicherungsschutz angestrebt werden sollte.

Leistungserfassung

210 Welche Leistungen in EDV-Organisation und Programmierung werden erfaßt?

Neben der Leistungserfassung in der RZ-Abwicklung sollten auch die Leistungen der Organisatoren und Programmierer erfaßt und beurteilt werden.

220 Sollen die Leistungen von Organisation und Programmierung nach dem Verursachungs- oder nach dem Ergebnisprinzip ermittelt werden?

Hier ist nur eine Leistungserfassung nach dem Verursachungsprinzip, d.h. aufgrund der den Leistungen entsprechenden Kosten, möglich. Die Ergebnisse der Organisation und Programmierung quantitativ messen und bewerten zu wollen, dürfte nicht oder nur in Größenordnungen möglich sein.

230 Werden auch die Leistungen für Änderungen und Programmpflege erfaßt?

Auch diese Leistungen sollten nach dem Kostenverursachungsprinzip erfaßt und untersucht werden.

240 Werden die Leistungen der Datenerfassung erfaßt?

Hier muß für den Einzelfall entschieden werden, ob man eine permanente Leistungsauswertung und -messung durchführen oder aber durch Stichproben Leistungswerte erfassen und beurteilen will.

250 Wie erfolgt die Leistungserfassung im Maschinenraum?

Im Gegensatz zur Datenerfassung muß bei der EDV-Anlage eine permanente und lückenlose Leistungsaufzeichnung geführt werden.

260 Berücksichtigt die Leistungserfassung im Maschinenraum auch das Multiprogramming und den Spool-Betrieb?

Soweit ein Job-Accounting-Programm eingesetzt ist, wird die Leistungserfassung genau, d.h. auch unter Berücksichtigung von Multiprogramming und Spool, durchgeführt. In allen anderen Fällen kann der Leistungszuwachs bei Multiprogramming und Spoolbetrieb geschätzt werden.

270 Erfolgt die Leistungserfassung im Maschinenraum manuell, oder wird ein Accounting-Programm eingesetzt?

Der Einsatz eines Accounting-Programms muß in Relation von Programmkosten und differenzierter Leistungsmessung gesehen werden.

280 Werden auch Programmwiederholungen mit ihren Ursachen erfaßt und beurteilt?

Programmwiederholungen gehören nur dann zu den (verrechenbaren) Leistungen, wenn sie aufgrund von Ursachen, die der Auftraggeber zu vertreten hat, erforderlich sind.

290 Erstreckt sich die Leistungserfassung auch auf Umwandlungs- und Testläufe?

Umwandlungs- und Testläufe sind echte Leistungen, auch wenn sie nicht weiterverrechnet werden.

300 Erfolgt auch eine Erfassung der Rüstzeiten?

Auch Rüstzeiten sind Leistungen. Sie sollten jedoch nicht einzeln erfaßt, sondern den Leistungen als Zuschlag zugerechnet werden.

Kosten-/Leistungsverrechnung

310 Werden die Kosten und Leistungen weiterverrechnet?

Eine genaue Weiterverrechnung der Leistungen auf die verursachenden Kostenstellen ist mit Schwierigkeiten verbunden und kann nur weniger oder mehr exakt vorgenommen werden. Soweit eine Verrechnung nicht vorgesehen ist, sollten Kosten und Leistungen zumindest statistisch erfaßt werden.

320 Welche Kosten und Leistungen werden weiterverrechnet?

Soweit Kosten und Leistungen verrechnet werden, sollten die Projektumstellungs-, die Projektänderungs- und die Projektabwicklungskosten im Rechenzentrum weiterverrechnet werden.

330 Was erfolgt mit den nicht direkt zurechenbaren Kosten und Leistungen?

Diese Kosten und Leistungen sollten den verrechenbaren Kosten und Leistungen prozentual zugeschlagen werden.

340 Welche Kostensätze werden für die EDV-Anlage und die einzelnen Geräte angesetzt?

Hier sollte ein monatlich neu zu ermittelnder Faktor angesetzt werden, der sowohl die entsprechenden Maschinenkosten als auch die Maschinennutzung berücksichtigt.

350 Nach welchen Schlüsseln erfolgt die Kosten- und Leistungsverrechnung?

Schlüssel sollte hier der Zeitfaktor unter Berücksichtigung von Multiprogramming sein.

360 Nach welchen Grundsätzen werden die Verrechnungssätze gebildet?

Diese Grundsätze sind Inanspruchnahme auf der einen und Deckung der Kosten auf der anderen Seite.

370 Wer ist für die Bildung der Verrechnungssätze verantwortlich und wer kontrolliert sie?

Bildung und Kontrolle der Verrechnungssätze sollte in der Verantwortung der Abteilung Kostenrechnung, in Zusammenarbeit mit dem Leiter der EDV-Abteilung, liegen.

380 In welcher Form und wie oft erfolgt die Weiterverrechnung auf andere Kostenstellen?

Die monatliche Verrechnung kann entweder direkt in die Kostenstellenrechnung einfließen oder aber nur statistisch ohne Einfluß auf die Kostenstellenrechnung erfolgen.

390 Wird die EDV-Anlage von Fremdfirmen benutzt und wie erfolgt in diesem Falle die Berechnung?

Hier sollte ein höchstmöglicher marktorientierter Preis erzielt werden, wobei mindestens Kostendeckung erreicht werden muß.

400 Werden Kosten- und Leistungsvergleiche zu anderen Anwendern und freien Rechenzentren durchgeführt?

Ein Vergleich der Kosten und Leistungen ist unbedingt erforderlich und sollte von Zeit zu Zeit mit gleichgelagerten Rechenzentren anderer Unternehmen oder mit Service-Rechenzentren durchgeführt werden.

Anhang

Begriffserklärungen

Ablaufvorbereitung	Teilgebiet der Arbeitsvorbereitung, im einzelnen Bereitstellung von Arbeitsunterlagen und Arbeitsmitteln für die Durchführung von Praxisarbeiten und Programmtests
Abschlußarbeiten	Bezeichnung für die Arbeiten nach Abschluß einer Projektumstellung, im einzelnen Starthilfe und Abschlußdokumentation
Abschlußdokumentation	Überarbeitung und Zusammenstellung aller Unterlagen für die Absicherung eines Arbeitsablaufs nach Abschluß einer Projektumstellung
Abschlußkontrolle	Kontrolle des Zeit-, Personal- und Kostenaufwandes nach Abschluß einer Projektumstellung (Soll-/Istvergleich)
Änderungsantrag	Antrag, meist von der betreffenden Fachabteilung, zur Durchführung einer Programmänderung

Änderungsauftrag	interner Auftrag der EDV-Abteilung an einen Programmierer zur Durchführung einer Programmänderung
Änderungsdienst	Bezeichnung aller Aktivitäten für die Durchführung von Programmänderungen
Änderungsdurchführung	Bezeichnung der Aktivitäten für die Abwicklung einer Programmänderung
Änderungsfreigabe	Freigabe eines geänderten Programms nach Überprüfung und Abnahme
Analyse der Programmvorgabe	erster Schritt der Programmierung: Zerlegung und Überprüfung der Programmvorgabe für die Durchführung einer Programmierung
Anwendungsprogramm	Programm für die Durchführung einer speziellen Praxisarbeit
Anwendungssoftware	Summe aller Anwendungsprogramme
Arbeitsplanung	Teilgebiet der Arbeitsvorbereitung, im einzelnen Einplanung neuer Arbeitsgebiete und Aufstellung des wöchentlichen Maschinenplans bzw. der täglichen Maschinenbelegung
Arbeitsvorbereitung	Bezeichnung der Stelle im Rechenzentrum, die sich mit der

	Arbeitsplanung, der Ablaufvorbereitung und der Archivierung beschäftigt
Archiv	Raum zur Aufbewahrung von Datenträgern, insbesondere Magnetbänder und Magnetplatten
Aufbewahrungsfrist	Zeitangabe in Tagen, Wochen oder Monaten für die Aufbewahrung von Datenträgern
Ausgabedaten	Arbeitsergebnisse der maschinellen Datenverarbeitung
Ausgabekontrolle	Kontrolle der Ausgabedaten
Benutzeridentifikation	Absicherung gegenüber unbefugter Benutzung einer Datenstation bzw. von Programmen und Daten
Benutzungsberechtigung	softwaremäßige Überprüfung eines Speicherzugriffs hinsichtlich Art (nur Lesen, Schreiben und Lesen, nur Schreiben) und des Berechtigungsumfangs
Beschriftungsdatum	Datum, an dem ein Datenträger mit neuen Daten belegt wurde
Bestandsdaten	Daten, die einer periodischen Fortschreibung unterliegen (Materialbestände, Konten u.a.)

Betriebssystem	Hauptbestandteil der System-software zur Steuerung der Hardware
Checkliste	Hilfsmittel für die Durchführung bestimmter Tätigkeiten in einer vorgeschriebenen Reihenfolge
Checkpoint	Aufsetzpunkt innerhalb eines Programms, um bei Ausfall der EDV-Anlage oder der Stromversorgung an einem bestimmten Punkt innerhalb des Programms wieder aufsetzen zu können
Chefprogrammierer	Leiter der Programmierung
Closed-Shop-Betrieb	abgeschlossener Maschinenraum, zu dem nur bestimmte Personen mit Genehmigung Zutritt haben
Closed-Shop-Testbetrieb	Maschinenraum, in dem die Programmierer nicht mehr selbst im Eigentest auf der EDV-Anlage testen, sondern die Durchführung der Tests mit Hilfe von Testanweisungen durch die Operateure vorgenommen wird
Cobol	problemorientierte Programmsprache für kommerzielle Anwendungen
Code	anderer Ausdruck für Schlüssel

Codierung	Verschlüsselung eines Programms in die benutzte Programmsprache
Cross-Datei	Ausdruck für die Verknüpfung einer Datei zu anderen Dateien
Datatypistin	Mitarbeiterin der Stelle Datenerfassung für die Erfassung und Prüfung von Daten
Datei	Bezeichnung eines zusammenhängenden Datenbestandes
Dateibibliothek	meist auf Magnetplatte gespeichertes Dateienverzeichnis
Dateiname	programmtechnische Kurzbezeichnung einer Datei
Dateiverwalter	Mitarbeiter in einem größeren Rechenzentrum, der für die Verwaltung und Sicherung von Dateien verantwortlich ist
Dateiverwaltung	karteimäßige Führung und Verwaltung von Magnetbändern und Magnetplatten
Dateiverzeichnis	manuell oder maschinell geführtes Verzeichnis aller benutzten Dateien
Datenbank	Bezeichnung von verschiedenartigen, miteinander verknüpften und besonders struk-

turierten Daten, die von verschiedenen Programmen bearbeitet werden

Datenerfassung — Erfassung der von äußeren oder inneren Stellen eingehenden Daten und ihre Übertragung in Datenträger; gleichzeitig Bezeichnung der Stelle Datenerfassung

Datenerfassungsgerät — Gerät für die Übertragung von Daten in Lochkarten, Lochstreifen, Magnetbändern u.a.

Datenfernübertragung — Übertragung von Daten mit Hilfe von Fernsprech- oder Fernschreibleitungen

Datenflußplan — Darstellung eines Arbeitsablaufs in schaubildlicher Form

Datenmengengerüst — Zusammenstellung nach Art und Umfang der Daten, die ein- und ausgegeben sowie gespeichert werden

Datenprüfgerät — Gerät für die Prüfung der erfaßten Daten, dem Datenerfassungsgerät ähnlich

Datenschutz — Schutz vor Mißbrauch von Daten, insbesondere Geschäftsgeheimnisse und personenbezogene Daten

Datensicherung	Maßnahmen und Verfahren für die Rekonstruktion von Daten bei Verlust und Zerstörung
Datenstation	englisch Terminal; Bildschirmgerät mit Tastatur zur Ein- und Ausgabe von Daten
Datenträger	Mittel für die Speicherung von Daten bei der elektronischen Datenverarbeitung: Lochkarte, Lochstreifen, Magnetband, Magnetplatte u.a.
Datenträgerarchivierung	Disposition und Verwaltung von Datenträgern
Datenträger-Versandschein	Begleitschein für den Transport von Datenträgern
Detail-Datenflußplan	oder Fein-Datenflußplan; schaubildliche Darstellung eines Arbeitsablaufs, auch als Programmfolgeplan bezeichnet
Detailorganisation	Projektstufe, die sich mit der organisatorischen Feinplanung eines EDV-Systems befaßt
dezentrale Datenverarbeitung	Einsatz mehrerer, meist kleinerer EDV-Anlagen in verschiedenen Bereichen eines Unternehmens
Dialogverkehr	Bezeichnung für ein Auskunftssystem, bei dem mit Hilfe von Datenstationen eine unmittel-

	bare Bearbeitung und Ergebnisausgabe von dezentral eingegebenen Daten erfolgt
Direktumstellung	Umstellungsverfahren, bei dem ein altes Verfahren zu einem bestimmten Stichpunkt durch ein neues Verfahren abgelöst wird
Dreigenerationenprinzip	Verfahren der Datensicherung bei Magnetbändern, bei dem ein Magnetband erst dann gelöscht wird, wenn die beiden folgenden Verarbeitungsperioden richtig abgewickelt wurden
Duplex-Anlage	hardwaremäßige Absicherung eines DV-Prozesses durch Einsatz von zwei miteinander gekoppelten EDV-Anlagen
EDV-Analyse	oder Voruntersuchung; Kurzuntersuchung vor Beginn eines DV-Umstellungsprojektes
EDV-Antrag	Antrag für die Durchführung einer EDV-Analyse
EDV-Antragsverfahren	organisatorische Regelung für die Einleitung von EDV-Anträgen
EDV-Anwendungen	Ausdruck für den Einsatz einer EDV-Anlage im Hinblick auf bestimmte praktische Anwendungen

EDV-Auftrag	Auftrag einer Fachabteilung an die EDV-Abteilung, ein bestimmtes Arbeitsgebiet auf der Grundlage der Ergebnisse aus der Voruntersuchung umzustellen
EDV-Auftragsverfahren	organisatorische Regelung für die Erteilung eines EDV-Auftrages
EDV-Ausschuß	oder EDV-Koordinationsstelle; Ausschuß für die Koordination von EDV-Umstellungen im Unternehmen
EDV-Kategorie	Einteilung der EDV-Anwendungen in Routineaufgaben, Dispositionsaufgaben, Planungs- und Gestaltungsaufgaben
EDV-Koordinationsstelle	siehe EDV-Ausschuß
EDV-Kosten	Aufteilung der Kosten einer EDV-Abteilung in verschiedene Kostenarten
EDV-Organisator	Mitarbeiter der EDV-Abteilung für die organisatorischen Aufgaben bei Projektumstellungen; auch als Systemplaner oder Systemanalytiker bezeichnet
EDV-Personalsystem	organisatorische Regelungen für die Planung, Beschaffung und Erhaltung von EDV-Personal

EDV-Programmrevision	Überprüfung von Anwendungsprogrammen im Sinne der Grundsätze ordnungsmäßiger Buchführung
EDV-Projektsteuerung	interne Planung und Kontrolle von Umstellungsprojekten
EDV-Strukturorganisation	Einordnung und Gliederung der EDV-Abteilung
EDV-Systemrevision	Überprüfung des gesamten Geschehens in der EDV-Abteilung
Eingabedaten	Daten, die in den Bearbeitungsprozeß der EDV-Anlage eingehen
Eingabekontrolle	visuelle oder programmtechnische Kontrolle der Eingabedaten
Eingabeprotokoll	Ausdrucken eines Protokolls über die eingegebenen Daten
Entwurf der Programmlogik	Bezeichnung für die Entwicklung eines Programmablaufs
externe Revision	hier: EDV-Revision durch Wirtschafts- oder Betriebsprüfer bzw. Unternehmensberater
Fehlerprotokoll	Ausdrucken einer Fehlerliste aufgrund programmierter Kontrollen
Feldname	programmtechnische Bezeichnung eines Datenfeldes

Freigabedatum	Datum, an dem gespeicherte Daten gelöscht werden dürfen
Funktionenprinzip	Gliederung einer EDV-Abteilung nach Funktionen, also z.B. EDV-Organisation, Programmierung, Rechenzentrum; Gegensatz: Sachbearbeiterprinzip
Hardware	Ausdruck für die Zusammenfassung aller technischen Einrichtungen der Datenerfassung, Datenübertragung und Datenverarbeitung
Hardware-Kontrollen	in die EDV-Anlage fest eingebaute Kontrollen
Hardware-Sicherungen	siehe Hardware-Kontrollen
Integrationsgrad	Umfang der zu einem Arbeitsablauf zusammengefaßten Arbeitsgebiete bzw. zu einem Programmkomplex gehörenden Programme
interne Revision	hier: EDV-Revision durch Mitarbeiter der betriebsinternen Revisionsabteilung
Ist-Datenfluß	Datenfluß des gegenwärtigen Arbeitsablaufs
Job	Zusammenfassung von mehreren Programmen (Steps) eines Arbeitsgebietes für die gemeinsame Planung, Einrichtung und Durchführung der Verarbeitung auf der EDV-Anlage

Job-Accounting	Hilfsprogramme für die Speicherung und statistische Auswertung von Arbeiten auf der EDV-Anlage
Job-/Stepbeschreibung	Operatoranweisung je Job, unterteilt nach Programmen, mit allen Angaben für die Abwicklung eines Jobs auf der EDV-Anlage
Katastrophenplan	Hilfsmittel in Form organisatorischer Maßnahmen für den Fall des Zusammenbruchs einer Projektumstellung
Kennsatz	besonderer Datensatz am Anfang und Ende einer Datei mit Angaben über die betreffende Datei, wie z.B. Beschriftungsdatum, Bezeichnung, Dateiumfang usw.
Kennwortverfahren	englisch Password; programmtechnische Sicherungsmaßnahme zur Benutzeridentifikation und zum Prüfen der Zugriffsberechtigung mit Hilfe von Kennwörtern
Kernspeicherkapazität	Größe des vorhandenen Kernspeicherplatzes oder des benötigten Kernspeicherbedarfs
Klimaeinrichtungen	Einrichtungen zur Klimatisierung der EDV-Anlage und der EDV-Räume

Konfigurations- und Leistungsdiagramm	Übersicht über die Geräte und Leistungen einer EDV-Anlage
Konsoloperator	Maschinenbediener für die Konsole einer EDV-Anlage
Konsolprotokoll	Endlospapier der Konsolschreibmaschine zur Protokollierung des Arbeitsablaufs auf der EDV-Anlage
Konsolschreibmaschine	Schreibmaschine zur Ein- und Ausgabe von Steuerungsangaben
Kontrolle	von vornherein in einem Arbeitsablauf oder Programm eingebaute Sicherungsmaßnahme
Kontrolle und Abstimmung	Stelle des Rechenzentrums zur Durchführung der Eingabe- und Ausgabekontrolle
Magnetband	Datenträger mit sequentiellem Zugriff
Magnetplatte	Datenträger mit direktem Zugriff
Maschinenbelegung	tag- oder schichtbezogene Feinplanung für den Maschinenraum
Maschinenplanung	wöchentliche Maschinenbelegung, unterteilt nach Arbeitstagen und -schichten

Maschinenprogramm	Programm in der Maschinensprache, aus dem Programm in der Programmiersprache gewonnen
Maschinenprotokoll	siehe Konsolprotokoll
Maschinenraum	Teilbereich des Rechenzentrums, in dem die EDV-Anlagen und Hilfsmaschinen aufgestellt sind
Maschinentest	im Gegensatz zum Schreibtischtest ein Programmtest, der auf der EDV-Anlage durchgeführt wird
Mixed-Hardware	Ausdruck für den Anschluß von Aggregaten und Geräten verschiedener Hersteller an einer EDV-Anlage
Multiprogramming	Ausdruck für die überlappte Programmverarbeitung in der EDV-Anlage
normierte Programmierung	Vereinheitlichung der Programmablaufsteuerung
Operating	Bedienung einer EDV-Anlage
Operatoranweisung	Anweisung an den Operator, im einzelnen Testanweisung oder Job-/Stepbeschreibung
Organisationsaufbau	Über- und Unterordnung der einzelnen Stellen im Unternehmen

Organisationsprogrammierer	Programmierer, neben der Programmierung mit der Detailorganisation befaßt
Organisationsstand	Bezeichnung für den Grad der organisatorischen Regelungen in einer Abteilung
Organisationsvorschlag	Zusammenstellung der Dokumentations- und Arbeitsunterlagen zum Schluß der Projektstufe Systemplanung
organisatorisch-administrative Kontrollen	im Gegensatz zu Software- und Hardwarekontrollen handelt es sich hier um organisatorische Kontroll- und Sicherungsmaßnahmen
Parallelumstellung	im Gegensatz zur Direktumstellung laufen bei der Parallelumstellung altes und neues Verfahren eine Zeitlang nebeneinander
Peripherie	Bezeichnung für alle Geräte einer EDV-Anlage außer der Zentraleinheit
Peripherieoperator	im Gegensatz zum Konsoloperator ein Mitarbeiter, der die peripheren Geräte, im wesentlichen also Lochkartenlesegerät, Magnetbandgeräte, Magnetplatteneinheiten und Drucker, bedient
Problemanalyse	Teilgebiet der Projektstufe Systemplanung

Programmablaufplan	schaubildliche Darstellung eines Programmablaufs
Programmänderung	Änderung, Ergänzung oder Erweiterung eines bestehenden Programms
Programmbibliothek	meist auf Magnetplattenspeicher geführtes Programmverzeichnis
Programmdokumentation	Zusammenstellung aller Programmunterlagen zur Sicherung eines Programms
Programmfolgeplan	schaubildliche Darstellung der Programmreihenfolge für die Abwicklung eines Arbeitsgebiets; meist mit dem Detail-Datenflußplan identisch
Programmierer-Handbuch	Arbeitshandbuch für den Programmierer, alle generellen Arbeitsanweisungen enthaltend
programmierte Kontrolle	in ein Programm eingebaute Kontrolle
Programmierung	Bezeichnung für die Übersetzungsarbeiten von der Programmvorgabe in ein Programm
Programmkarten	Dokumentation eines Programms in Lochkarten
Programmname	programmtechnische Bezeichnung eines Programms

Programmrevision	Überprüfung eines Programms im Sinne der Grundsätze ordnungsmäßiger Buchhaltung
Programmsprache	Regeln für die Programmcodierung in der Sprache des Programmierers
Programmstruktur	einheitlicher Aufbau der Programmablaufsteuerung
Programmtest	Überprüfung eines Programms auf seine Übereinstimmung mit der Programmvorgabe, als Schreibtisch- oder Maschinentest
Programmversion	Kennzeichnung eines geänderten Programms
Programmverzeichnis	manuelle oder maschinelle Zusammenstellung aller benutzten Programme
Programmvorgabe	Zusammenstellung von Unterlagen aus der Detailorganisation für die Ausarbeitung eines Programms
Projektkontrolle	Teil der Projektumstellung, mit dem Termine sowie Zeit- und Kostenaufwand kontrolliert werden
Projektleiter	fachlich orientierter Leiter eines Projektteams
Projektmanagement	organisatorische Regelungen für eine Projektrealisierung

	außerhalb der Stab-/Linienorganisation
Projektplanung	Teil der Projektumstellung, mit dem Termine sowie Zeit- und Kostenaufwand für ein Projekt geplant werden
Projektrealisierung	im Gegensatz zur Projektplanung und -kontrolle die Abwicklung eines Projekts, unterteilt nach Projektstufen
Projektsteuerung	Planung, Überwachung und Kontrolle der Projektrealisierung innerhalb der EDV-Abteilung
Projektstufe	oder Umstellungsstufe; Unterteilung der Projektrealisierung nach Systemplanung (Problemanalyse und Systementwicklung), Systemrealisierung (Detailorganisation und Programmierung) und Systemeinführung
Projektteam	zeitweilige Zusammenfassung von Mitarbeitern aus der EDV-Abteilung und den von der Umstellung betroffenen Fachabteilungen zur Umstellung eines Projektes auf die EDV
Projektumstellung	Oberbegriff über Projektplanung und -kontrolle, Projektrealisierung und Änderungsdienst

Quellenprogramm	im Gegensatz zum Maschinenprogramm handelt es sich hier um ein in einer bestimmten Programmsprache dargestelltes Programm
Realtimebetrieb	oder Echtzeitbetrieb; Ausdruck für die Sofortverarbeitung eingegebener Daten und Ausgabe des Arbeitsergebnisses an den Benutzer
Rechenzentrum	Zusammenfassung aller Aktivitäten der EDV-Abwicklung, unterteilt nach Arbeitsvorbereitung, Datenerfassung, Maschinenraum und Kontrolle/Abstimmung (Arbeitskontrolle)
Rekonstruktionsfähigkeit	Ausdruck für die Wiederherstellungsmöglichkeit verlorener oder zerstörter Daten
Restart	Wiederanlauf eines Programms
Revision	hier: Überprüfung von EDV-Abteilungen, unterteilt nach Programm- und Systemrevision
Revisions-Antwortbogen	Hilfsmittel für die Aufnahme von Revisionstatbeständen
Revisions-Empfehlungsbogen	Revisionsmittel für die Aufnahme organisatorischer Empfehlungen
Revisions-Ergebnisbogen	Revisionshilfsmittel für die Aufnahme der Revisionsauswertungen

Revisions-Fragebogen	Revisionshilfsmittel für die Aufnahme der Revisionsfragen
RZ-Abwicklung	Zusammenfassung aller Aktivitäten innerhalb des Rechenzentrums
RZ-Gesamtplanung	oder RZ-Arbeitsplan; Hilfsmittel für die Planung sich regelmäßig wiederholender Arbeiten, unterteilt nach Perioden
Sachbearbeiterprinzip	oder Sachprinzip; im Gegensatz zum Funktionenprinzip eine organisatorische Gliederung nach Sachgebieten
Satzbeschreibung	verbale Beschreibung des Datensatzes
Satzname	programmtechnische Bezeichnung eines Datensatzes
Schlüsselverzeichnis	zentrales Verzeichnis aller benutzten Schlüssel
Schreibring	Plastikring bei Magnetbändern, der - nach Entfernung - das Überschreiben gespeicherter Daten verhindern soll
Schreibtischtest	im Gegensatz zum Maschinentest ein Programmtest, bei dem der Programmablauf am Schreibtisch simuliert wird
Sicherungsbeauftragter	oder Datenschutzbeauftragter; Mitarbeiter, der Geschäfts-

	führung oder Revisionsabteilung unterstellt, zur Überprüfung aller Datensicherungs- und Datenschutzmaßnahmen
Software	im Gegensatz zur Hardware die Summe aller System- und Anwendungsprogramme
Software-Kontrollen	siehe programmierte Kontrollen
Soll-Datenfluß	geplanter Datenfluß
Speicherschutz	in der Hardware eingebaute Kontrollen zur Verhinderung des Überschreibens gespeicherter Daten
Stammdaten	Daten, die nicht ständig verändert werden
Standard-Anwendungssoftware	Ausdruck für einheitliche Anwendungsprogramme, die auch von anderen Anwendern benutzt werden können
Standard-Systemsoftware	Ausdruck für einheitliche Systemprogramme, die auch von anderen Anwendern benutzt werden können
Standard-Unterprogramm	Unterprogramm zum Einfügen in andere Programme, standardisiert
Starthilfe	Hilfe der EDV-Organisatoren und Programmierer beim Anlaufen eines umgestellten Projekts

Symboltechnik	genormte Zeichen für die Darstellung von Datenflüssen und Programmabläufen
Systemanalytiker	anderer Ausdruck für EDV-Organisator
Systemdokumentation	Dokumentation zur Sicherung eines umgestellten Arbeitsgebietes
Systemeinführung	letzte Stufe der Projektrealisierung
Systementwicklung	neben der Problemanalyse zweites Teilgebiet der Systemplanung
Systemplaner	anderer Ausdruck für EDV-Organisator
Systemplanung	erste Stufe der Projektrealisierung, unterteilt nach Problemanalyse und Systementwicklung
Systemprogrammierer	im Gegensatz zum Anwendungsprogrammierer ein EDV-Mitarbeiter, der sich ausschließlich mit der Systemsoftware beschäftigt
Systemrealisierung	zweite Stufe der Projektrealisierung, unterteilt nach Detailorganisation und Programmierung
Systemsoftware	im Gegensatz zur Anwendungssoftware Steuerungs- und

	Hilfsprogramme, die sich nicht auf bestimmte Anwendungen beziehen
Systemtest	Abschlußtest bei der Projektumstellung, unterteilt nach Programmfolgetests und Organisationstests
Systemübergabe	Teilgebiet der Systemeinführung
Testanweisung	Anweisung an den Operator zur Durchführung eines Programmtests im Closed-Shop-Testbetrieb
Testauswertungen	Überprüfung der Testergebnisse
Testbedarf	wöchentliche Planung der Maschinentests
Testdaten	simulierte Daten zur Durchführung von Programmtests
Testdurchführung	Abwicklung eines Programmtests
Testergebnisse	Ergebnisse eines Programmtests
Testhilfen	Programme zur Unterstützung bzw. Kontrolle von Programmtests
Testliste	Ausdruck von Testergebnissen

Texterklärungen	zusätzliche Codierung von Texthinweisen zur Erleichterung von Programmänderungen
Übergabe	Abschluß einer Projektumstellung und Übernahme des umgestellten Projekts in die Praxisarbeit
Übergabeprotokoll	Hilfsmittel für den Abschluß von Umstellungsarbeiten und Übergabe eines Projekts vom Projektteam an das Rechenzentrum
Übernahme von Datenbeständen	Aufbau von Stamm- und Bestandsdaten
Übertragungskanal	Hardwareeinrichtung in der Zentraleinheit zur Übertragung von Daten zwischen Zentraleinheit und peripheren Geräten
Umstellungsmethode	Verfahren zur Übernahme eines Projektes auf die EDV, unterteilt nach Direktumstellung, Parallelumstellung und gemischter Umstellungsmethode
Umstellungspriorität	Festlegung der Reihenfolge von Umstellungsarbeiten
Umstellungsstufen	siehe Projektstufen
Umwandlungsliste	oder Journal; Protokoll über die Umwandlung eines Pro-

	gramms aus der Programmiersprache in die Maschinensprache
Unterprogrammverzeichnis	maschinelle oder manuelle Auflistung aller Unterprogramme, die zu einem Programm gehören
Versionsnummer	Kennzeichnung eines geänderten Programms
Versorgungseinrichtungen	Bezeichnung aller Einrichtungen, insbesondere der Elektrizitätsversorgung, für die Versorgung eines Rechenzentrums
Voruntersuchung	siehe EDV-Analyse
Wartungsteam	oder Pflegeteam; Arbeitsgruppe für die Durchführung von Programmänderungen und Programmpflege
Zentraleinheit	Aggregat einer EDV-Anlage für die Durchführung von Verarbeitungsoperationen und für die interne Speicherung
zentrale Datenverarbeitung	Einsatz einer einzigen EDV-Anlage im Unternehmen bzw. Einsatz einer Großanlage, die mit mehreren kleinen EDV-Anlagen (Satellitenanlagen) gekoppelt ist

Sachregister

Bei Fragen zur Produktsicherheit wenden Sie sich bitte an:
If you have any questions regarding product safety, please contact:

Walter de Gruyter GmbH
Genthiner Straße 13
10785 Berlin
productsafety@degruyterbrill.com